LEMAIRE 1900

VOYAGE
EN ALGÉRIE

OU

ÉTUDES SUR LA COLONISATION

DE L'AFRIQUE FRANÇAISE

PAR

Le Docteur Thém. LESTIBOUDOIS

Maître des requêtes au Conseil-d'État, ancien Député, ancien Représentant, Membre correspondant de l'Institut (Académie des sciences), de l'Académie impériale de médecine, de la Société impériale d'agriculture de Paris, de la Société des Sciences et Arts de Lille, etc., etc.

LILLE
IMPRIMERIE DE L. DANEL, GRAND'PLACE
1853

I.

VOYAGE
EN ALGÉRIE,

OU

ÉTUDES SUR LA COLONISATION

DE L'AFRIQUE FRANÇAISE,

PAR

Le Docteur Thém. LESTIBOUDOIS,

Maître des requêtes au Conseil-d'État, ancien Député, ancien Représentant, Membre correspondant de l'Institut (Académie des sciences), de l'Académie impériale de médecine, de la Société impériale d'agriculture de Paris, de la Société des Sciences et Arts de Lille, etc., etc.

LILLE,

IMPRIMERIE DE L. DANEL, GRAND'PLACE.

—

1853.

INTRODUCTION.

MISSION. — ITINÉRAIRE.

La question de l'Algérie a jusqu'à présent préoccupé plus particulièrement les départements français qui bordent la Méditerranée. Elle a cependant une telle importance et engage si fortement la prospérité de la France qu'elle doit attirer l'attention de tous les hommes chargés d'étudier les intérêts publics, lors même qu'ils ont pour mission spéciale la défense des départements du nord. M. Denissel, représentant du Pas-de-Calais, M. Duquenne et moi, représentants du Nord, nous pensâmes qu'il serait intéressant d'étudier sur les lieux mêmes si l'agriculture de la Flandre pourrait avec avantage transporter ses méthodes sur la terre que nos armes ont placée récemment sous notre loi, si les plantes industrielles qui ont fait la fortune de nos cultivateurs prospéreraient sur la côte septentrionale de l'Afrique, si les hommes de nos froides contrées pourraient s'acclimater au pied de l'Atlas, si enfin nos industrieuses cités pourraient établir des relations avantageuses avec l'ancienne régence d'Alger. Nous fîmes part de nos pensées au Ministre de la guerre, et lui demandâmes une mission qui nous permît de les réaliser.

Le 31 octobre 1849 nous recevions du général Rulhières la lettre suivante :

Paris, le 31 octobre 1849.

« Messieurs et chers collègues, j'ai reçu la lettre que vous m'avez fait l'honneur de m'écrire collectivement pour me demander à vous rendre en Algérie, avec une mission de mon département, mais à vos frais, afin d'étudier, d'une part, la possibilité d'y introduire la culture des plantes industrielles, le commerce des laines, de l'autre, l'action du climat sur la population des départements du nord de la France.

Je ne puis qu'applaudir, Messieurs et chers collègues, à la pensée généreuse que vous m'exprimez, et je vous prie d'agréer tous mes remerciements pour le concours que vous voulez bien prêter à mon département dans cette circonstance. Toutes les questions que vous vous proposez d'étudier en Algérie ont un grand intérêt pour la France et pour la colonie ; et vos lumières, votre expérience pratique vous mettent particulièrement à même de les traiter d'une manière complète et réellement utile.

J'ai pris, à la date de ce jour, une décision qui vous confie la mission que vous m'avez demandée, et j'ai adressé des instructions au gouverneur-général pour l'inviter à prendre toutes les mesures qu'il jugera propres à vous faciliter l'accomplissement de votre tâche.

Recevez, Messieurs et chers collègues, l'assurance de ma très-haute considération. »

Le Ministre de la Guerre,

RULHIÈRES.

Bientôt, M. le général d'Hautpoul, confirmant la mission que nous avait donnée son prédécesseur, nous remettait une lettre qu'il écrivait à M. le général Charon, gouverneur-général de l'Algérie, et qui était ainsi conçue :

« Monsieur le gouverneur-général de l'Algérie, MM. Lestiboudois, Denissel et Duquesne, représentants du peuple, se rendent en Afrique pour y accomplir la mission qui a fait l'objet de la dépêche ministérielle du 31 octobre dernier. . . . . . .

Je leur remets la présente lettre d'introduction auprès de vous, et vous prie de leur faciliter, par tous les moyens dont vous disposez, l'accomplissement d'une tâche toute bénévole de leur part, et qui intéresse à un si haut point le commerce et la colonisation de l'Algérie.

Je me réfère d'ailleurs complétement aux instructions contenues dans la dépêche de mon prédécesseur du 31 octobre dernier.

Recevez, etc. »

Le Ministre de la Guerre,

D'HAUTPOUL.

Nous devions être accompagnés par M. Destombes-Versmée, négociant à Tourcoing, qui s'occupe de l'achat des laines et des huiles propres au peignage ; mais il n'a pu nous rejoindre. M. Duquenne fils se joignit à nous. Nous pensions réunir les qualités nécessaires pour faire une étude profitable des questions que nous nous étions posées. M. Denissel est cultivateur et se livre aux industries agricoles ; M. Duquenne dirige un grand commerce de grains et de mouture. Médecin, professeur de botanique, occupé depuis longtemps des questions économiques dans la chambre des députés et dans les conseils électifs, j'espérais apporter mon tribut dans le travail commun. Mes collègues voulurent bien me nommer président et rapporteur de la commission, et nous songeâmes à un prompt départ.

Les pays que nous allions parcourir sont fertiles en enseignements. Ils sont bien faits en même temps pour intéresser les touristes, par leur originalité, leurs souvenirs et leur nature grandiose. Il serait à souhaiter qu'on s'habituât à visiter l'Afrique française, comme on a pris l'habitude de parcourir certaines contrées de l'Europe qui, certes, ne méritent pas plus l'attention. Ces promenades, car les voyages sur la Méditerranée ne sont plus que des promenades, seraient fructueuses pour notre colonie ; on y porterait quelqu'argent, on en rapporterait l'amour d'une grande et utile entreprise. Le voyage, en vérité, serait plein de charmes si l'on se rendait en Algérie en visitant quelques points importants de la côte d'Italie, de la Sardaigne, de la Sicile et même Malte, cette gardienne de l'Orient, pour atteindre Tunis et Bone, et suivre toute la côte septentrionale de l'Afrique, de l'est à l'ouest, jusqu'à Oran et Tlemcen, et revenir, en mettant le pied sur l'Espagne, cette sœur des régions africaines.

Des paquebots sont établis pour faire rapidement ce grand circuit de la Méditerranée occidentale qui doit plus que toute autre région ressentir l'influence de la France.

Notre voyage ne fut point ainsi tracé : nous avions hâte de toucher Alger, le centre de la domination française. Nous devions nous aboucher avec les autorités supérieures, et régler, d'après leurs avis, notre itinéraire sur la terre qu'ils arrachent à la barbarie.

Les événements firent pourtant que nous pûmes visiter la dominatrice du monde méditerranéen, dans l'antiquité.

Le 16 novembre, à dix heures du matin, nous nous mettons en route ; nous parcourons la première section du chemin de fer de Paris à Lyon, et nous descendons, à quatre heures du soir, à Tonnerre, pour monter immédiatement dans la diligence qui doit nous conduire à Dijon. Nous sommes huit dans la *rotonde !* Les bâtiments négriers doivent être des paradis, si on les compare à cette maudite caisse dans laquelle on a voulu résoudre ce problème : entasser le plus d'êtres humains dans le plus petit espace possible. Mais grâce au ciel, le chemin de fer n'a plus maintenant de lacunes !

Nous arrivons à Dijon à sept heures du matin, deux heures après le départ du convoi que nous devions atteindre. La terre est couverte de neige.

On nous retient à la gare du chemin de fer par la crainte de manquer le deuxième convoi, de sorte que nous ne voyons Dijon qu'en perspective. Heureusement, je connaissais et le Palais des États, et le Musée, et les tombeaux des ducs de Bourgogne si miraculeusement restaurés, et la Chartreuse, et le Puits de Moïse, et le Jardin botanique, et le parc, et les mannequins de l'horloge enlevée à la Flandre.

Nous partons à huit heures vingt minutes.

Nous glissons sur les rails posés dans la magnifique vallée de la Saône, la plus riche de la France peut-être. A notre droite est la *Côte-d'Or* et ses vignes renommées, Nuits, Beaune, Romanée, Champ-Bertin, Clos-Vougeot, Pommard, Meurceaux, bien connus dans le Nord. A gauche est la plaine, puis la grande rivière, puis le Jura, par-delà le Mont-Blanc.

Nous sommes à dix heures quarante-cinq minutes à Châlons. Je revois avec plaisir son vaste quai ; une heure après, le bateau que nous montons prend sa course. Les coteaux de la rive droite de la Saône, Moulin-à-Vent, Thorin, Mâcon, où réside Lamartine, passent devant nous, comme une toile qu'on déroule au théâtre ; le flot et la vapeur nous entraînent.

Une froide matinée a rendu les appétits exigeants. On se ferait difficilement une idée de l'entrepont du bâtiment à vapeur où les convives se pressent, s'entassent, et dévorent tout ce que leurs cris leur font obtenir : ils sont insatiables ; il n'y a pas jusqu'aux jeunes et jolies femmes qui ne deviennent vulgairement voraces. Nous ne pûmes nous asseoir que lorsque la cohorte affamée eut quitté les tables. Maigre fut notre pitance.

Quand la faim fut apaisée, et que le gros des passagers fut remonté sur le pont, la conversation se lia, s'anima, devint intime ; les chapeaux liliputiens des Maconnaises et leurs élégantes dentelles noires flottantes en firent d'abord les frais, ainsi que le chapeau des *Bressanes* avec son bonnet de guipure et ses dentelles bouffantes, frisées, crispées, faisant pompon au-dessus du chapeau, le débordant en bas. Une fermière de la Bresse a deux ou trois de ces chapeaux qui coûtent 150 fr. l'un, puis des robes de velours de couleurs éclatantes et des collerettes de dentelle. Tout cela est coquet, gracieux, riche, pimpant. La conversation était devenue si familière, la connaissance était si bien faite que nous pûmes faire placer le chapeau bressan sur la tête d'une jeune et fringante Andalouse. C'était ravissant. Il n'y a qu'en France qu'on jase, qu'on rit, qu'on se lie de cette façon avec gens qu'on ne connaît pas.

L'île Barbe! nous entrons dans Lyon, nous touchons le quai; des torches arrivent, on se pousse, on crie, on se mêle, on éparpille des montagnes de malles, de caisses, de bagages de toutes sortes. Chacun fait effort, s'agite, s'élance tant et si bien que tout le monde reste immobile, qu'aucun fardeau ne peut être déplacé, et qu'on court le risque de rester toute la nuit sur cet infernal bateau, après l'abordage des pirates, qu'on nomme portefaix. La première chose à faire, maintenant que le chemin de fer est en communication avec la Saône, c'est d'installer au point d'arrivée, une salle aux bagages semblable à celles des stations des chemins de fer. On aura plus fait, pour les voyageurs, que si on avait abrégé la navigation d'un tiers.

Je connais Lyon, son admirable emplacement, son fleuve, ses quais, ses coteaux, son hôpital, son hôtel-de-ville, son musée, son jardin botanique, sa place Bellecourt, sa cathédrale, son théâtre, ses *antiquailles*, etc. Nous ne nous arrêtons pas. Le 18 novembre, à cinq heures du matin, nous sommes sur un bateau, qui a 100 mètres de long et porte deux redoutables machines, car le fleuve auquel il doit se confier est immense, impétueux, courant à la mer droit comme une flèche. On attend qu'il fasse grand jour pour manœuvrer et se lancer au milieu du courant, à travers les ponts de la grande ville.

Nous doublons bientôt la presqu'île de Péraches. Nous sommes en plein Rhône; nous naviguons entre deux rangées de montagnes, à droite sont les monts du Forêt, à gauche ceux du Dauphiné, déjà couverts de neige. Nous sommes poussés et fouettés par un vigoureux *mistral*, que nous appelons la *bise*, nous autres Flamands, et qui nous glace, malgré un triple paletot. Nous voyons Givors, Vienne, Condrieux; nous passons en grelottant vis-à-vis *Côte-Rôtie*, que le président Dupaty, brûlé du soleil, trouvait si bien nommée;

puis paraît Saint-Pérais, puis l'Hermitage, noms chers aux gourmets du Nord. On ne se figure pas la magnificence des vignobles du Rhône, ce sont d'immenses coteaux pelés, d'où la main de l'homme a extrait de formidables amas de cailloux, pour former des murs qui soutiennent d'étroites terrasses, escaliers titaniques qui semblent faits pour escalader à l'aise Pélion et Ossa. Nous voyons longtemps le mont Pilat, sur lequel herborisait J.-J. Rousseau. Voici Valence, en face de laquelle nous nous arrêtons, toujours glacés. Nous descendons majestueusement le fleuve, et suivons le chenal au milieu d'un immense lit de galets; les montagnes du Vivarais se dressent à droite, à gauche le mont Ventoux, isolé et superbe, rendez-vous traditionnel des botanistes, qui cache maintenant ses richesses végétales sous un blanc linceul. Au loin sont les Alpes. Nous sommes en admiration devant un pareil spectacle, nous autres habitants des riches plaines de la Flandre.

Le pont Saint-Esprit nous barre le chemin. Il s'agit de lancer notre énorme bâtiment à travers l'une de ses arches étroites ; un pilote le guide ; nous marchons avec une effrayante rapidité; le pont est franchi; nous avons à peine eu le temps de voir l'anneau de pierre que nous avons traversé.

Il fait grand jour; il est quatre heures et demie. Mais le capitaine ne veut plus marcher. Vous n'êtes plus sur la Saône, messieurs, et vous allez descendre ici !

Comment une ville si restreinte et de si mince apparence donnera-t-elle des lits à ce flot de voyageurs? Aux plus agiles la préférence. Nous ne fûmes pas les derniers à nous emparer de notre gîte, et bon nombre de nos compagnons dûrent coucher sur les banquettes du salon flottant. C'est encore là un des inconvénients de la navigation ! Depuis on nous a annoncé des bateaux qui feraient toujours la descente entre l'aube et le crépuscule, et feraient la remonte d'Avignon à Lyon en seize heures!

A cinq heures du matin nous nous rendons à bord, traversés par le froid ; décidément le *midi* est une mystification. Nous attendons le jour, car le capitaine est décidé à ne pas trop se fier à son vieux camarade le Rhône. Enfin nous dérapons et prenons une vitesse de quatre lieues à l'heure ; nous voyons les mêmes monts que la veille, mais les coteaux deviennent plus stériles, et à mesure que nous avançons vers la *belle Provence*, tout devient sable, roc et ruines. Les montagnes à pic sont couronnées d'antiques châteaux presque détruits et menaçant encore le pays.

On s'arrête. Nous touchons le quai d'Avignon, la ville des Papes. Un immense rocher s'élève sur le bord du Rhône et porte le château féodal de la Papauté. Des tours carrées, des créneaux, des machicoulis, des murailles à perte de vue le composent. Nous avons le temps de gravir la montagne, de faire le tour du château proprement dit, et de visiter *Notre-Dame des Doms*, église sombre et massive, dont les murs sont recouverts de peintures, les voûtes en plein ceintre; les vitreaux petits, représentant Clément VI et la comtesse de Provence, répandent dans l'église une clarté indécise qui impressionne ceux qui viennent de voir la voûte lumineuse du ciel méridional. On se trouve en présence du tombeau de Benoit XIV, et l'on entend des chants graves mais harmonieux, non traînants comme dans les psalmodies du nord. Tout cela étonne, rend muet et recueilli. Mais il faut se hâter. Nous ne pouvons que traverser les terrasses qui s'élèvent au-dessus de la contrée, comme la tiare s'élevait au-dessus du moyen-âge; il faut descendre, nous appartenons à la vapeur.

On nous place dans des wagons et nous sommes lancés vers Marseille. Nous voyons Tarascon et son imposant château; Arles et son port maritime. Mais tout cela n'est qu'une lanterne magique; le seul changement, c'est qu'on a trouvé plus commode de faire passer les spectateurs que de faire passer les verres et les images. Nous avons le temps cependant de remarquer quelques types de ces Arlésiennes, descendantes directes des Romaines, dont la belle figure et la taille s'accommodent bien de leur costume sévère, pittoresque, difficile à porter ; bonnet blanc, plat, entouré de plusieurs larges tours de velours, corsage de drap bordé pareillement de velours, force bijoux. Mais déjà nous sommes loin, bien en pleine Provence, terrain stérile, remué, sablonneux, rocailleux, désert, et au milieu de cette nature désolée, des amandiers, des oliviers chargés de fruits, des vignes, des mûriers, partout où il y a un peu de terre et d'eau une végétation luxuriante. Nous cotoyons l'immense étang de Beer, qui communique avec la mer près de Bouc, et qui serait le plus beau port du monde, si on lui donnait de la profondeur. Nous passons au-dessus de ses salines et de ses cabanes de pêcheurs; nous nous élançons dans un souterrain d'une lieue et demie, nous traversons un pays plus désolé, plus ravissant, plus stérile, plus magnifique. Nous allons, nous allons, comme si nous étions sur l'hippogriphe; voilà des maisons de campagne variées, des *bastidons*; le temps est splendide, le ciel serein; le vent se tait, la mer est unie; évidemment nous sommes à Marseille.

Nous entrons dans la ville bâtie par les Phocéens, la reine de la Méditerranée occidentale, le troisième port commercial de l'Europe, qui ouvre à la France les marchés de l'Italie, de l'Espagne, de l'Orient, et pour qui la conquête de l'Algérie a préparé un avenir immense. Le jour de notre arrivée était un véritable jour de fête: on célébrait la venue des eaux de la Durance, au sommet des monts, sur la croupe desquels se tiennent les habitations Marseillaises. Toutes les figures sont rayonnantes du succès obtenu au prix de plus de quarante millions et de travaux plus grands que ceux des Romains. Nous allons aussitôt voir cette énorme cascade, qui doit servir de moteur à d'immenses usines, distribuer l'eau à tous les étages des maisons, donner à tous les habitants cette première nécessité de la vie, ce grand luxe des climats chauds, laver les rues, proverbialement mal propres, rafraîchir et balayer le port, réceptacle d'immondices.

En voyant ce port, on apprécie toute la valeur de l'antique cité. Cet admirable et vaste bassin semble creusé dans la pierre par la main des hommes, tant il s'avance régulièrement au centre d'un amphithéâtre de montagnes qui l'enveloppent et l'abritent, tant il se sépare bien de la mer avec laquelle il ne communique que par un étroit passage. La ville l'entoure comme la source de sa vie et de sa prospérité; la partie vieille occupe le bord occidental, la partie moderne, rivalisant avec les plus belles cités, en occupe le fond et le côté oriental. Il est couvert de 1,000 vaisseaux, arithmétiquement énumérés, venus de toutes les parties du monde, portant des hommes de toutes races, de toute figure, de toute nation, de tout langage, et des marchandises de toutes espèces, de toutes valeurs, de toutes provenances. L'espace manque; il a fallu ajouter à l'ancien bassin le port de la Joliette, conquis sur la mer, défendue par une jetée, et communiquant avec l'ancien port par un canal qui permet aux navires de s'y rendre en tout temps, pour y attendre l'heure du déchargement, ou le jour du départ. Les moments sont comptés aux bâtiments qui viennent à quai déposer ou prendre leurs marchandises, tant est grande leur foule!

Si telle est la situation d'un port dont le commerce est énormément actif, comment se fait-il qu'on tolère des procédés si défectueux et si lents pour transmettre au rivage des denrées encombrantes? Par exemple, nous avons vu décharger du blé avec une perte de temps infinie: les grains sont pris à bord dans des paniers de joncs, jetés sur le quai, placés sur un crible de parchemin, qu'on agite doucement, et qui laisse passer la poussière et les petits grains, les *bales* ou pailles, que le mouvement a amenées au-dessus du grain sont prises à la main et jetées au vent. Le grain nettoyé est ensuite placé en tas entourés de planches; repris au moyen des paniers de joncs; placé dans un bac de bois, qui le conduit, au moyen d'un trou fermé par une glissoire, dans une petite mesure égalant à peine un quart d'hectolitre, *rasé* par une barre; et, enfin, versé dans un sac.

Cette méthode peut donner un mesurage uniforme, mais elle prend un temps énorme et coûte fort cher. Ne faudrait-il pas faire exécuter toutes ces préparations loin du lieu du déchargement que doivent occuper tant de navires qui attendent, ou au moins ne devrait-on pas prescrire l'emploi des machines à vanner qui accélèrent si puissamment l'opération et la rendent si économique ? En général, dans le midi, on ne veille pas à diminuer les frais accessoires imposés au commerce. Cela peut conduire les étrangers dans d'autres ports et restreindre l'étendue de nos transactions. Le Gouvernement devrait évidemment intervenir quand les autorités locales poussent trop loin le respect des priviléges et des corporations.

Nous donnons peu de temps à Marseille que nous devons revoir au retour ; et nous nous embarquons le 20, à une heure après midi. Le temps était superbe ; une chaloupe nous prend au bas de la *Cannebière* et nous conduit à bord du *Pharamond*, navire de petite dimension, mais fort joli. Nous sommes installés dans le salon d'honneur. L'ancre est levée, la machine jette feu, flamme et fumée ; nous franchissons l'entrée du port, et entrons dans la rade dont les eaux sont limpides et vertes comme l'aigue marine. Nous rangeons les îles de Pomégue, de Ratoneau, le château d'If ; nous doublons les longs promotoires qui ferment la rade ; nous sommes en pleine mer. Nous tournons les yeux vers la terre de France, avec cette tristesse dont on ne peut se défendre, quand on met l'abîme entre soi et la patrie.

Le jour baissait, la mer était assez douce ; les beaux vers d'Horace me revenaient à l'esprit :

> Sic te diva potens Cypri,
> Sic fratres Helenæ, lucida sidera,
> Ventorumque regat pater,
> Obstrictis aliis, præter Iapyga,
> Navis......

Le mouvement du vaisseau me paraissait plutôt voluptueux que désagréable.

— Le mal de mer est un mythe, disais-je en riant à mes compagnons ; c'est un symbole pour exprimer les serrements de cœur qu'on éprouve quand on quitte des êtres bien-aimés ; mais de vomissements il n'en est point question. Là-dessus je me mis à écrire.

Mal m'en a pris ; nous traversions le golfe de Lyon encore tout bouleversé de la tempête de la veille. Les nausées me saisirent violemment. Oh! que je maudissais Bouillabès, Clovis et autres horribles choses provençales qui avaient fait le fonds de notre déjeûner. Tous les passagers furent dans le même état, excepté notre collègue Denissel, qui resta impassible au milieu de nos efforts désespérés.

La nuit, la mer fut atroce, c'est le mot du commandant. Le navire bondissait et craquait dans toute sa membrure. Le flot battait horriblement les murailles contre lesquelles nous reposions, ou s'élevait jusqu'à la hauteur de la cheminée, et retombait sur le pont avec fracas; la machine, tournant à vide, quand une roue était en l'air, nous imprimait des secousses qui semblaient devoir nous briser. Le navire vibrait et se trémoussait comme une corde basse qui résonne. Tout cela ne laisse pas que d'être tant soit peu saisissant pour celui qui, une première fois, met le pied sur un navire; ajoutez à cela des tourments horribles et anti-digestifs, et vous aurez une nuit abominable. Le poète a dit juste:

> Illi robur et æs triplex,
> Circa pectus erat, qui fragilem truci,
> Commisit pelago ratem,
> Primus..........

Pourtant, au milieu du tintamare de la nuit, roulé, cogné, abîmé, bercé par la tempête et ses monotones horreurs, je finis par m'endormir. Au réveil je n'étais pas vaillant : au moindre mouvement, à la moindre ingurgitation, j'étais prêt à recommencer mes exercices de la veille. Mais on signala les Baléares. Je ne pus résister à l'envie de les voir. Je montai sur le pont, je me couchai dans une chaloupe que l'on y avait prudemment retiré pour que la mer ne nous fit pas le mauvais tour de nous l'enlever: le temps était magnifique, pas un nuage, le soleil resplendissait, la mer était devenue paisible ; nous passions majestueusement entre Mayorque et Minorque. Nous rangions les montagnes, les villes, les ports. Nous apercevions l'île de Cabrera, où périrent tant de

Français, prisonniers des Espagnols ; puis un navire, qui employait la belle journée à refaire ses mâts que la nuit avait brisés.

Notre marche était rapide, les terres basses s'enfonçaient dans l'eau, puis les tours, puis les montagnes. Ainsi *Chiò*, dit Chapelain, qui par hasard, fit un bon vers :

« s'abaisse, blanchit et disparaît. »

Les Baléares avaient fui, et s'étaient effacées ; nous nous trouvions en pleine mer, rien autour de nous. Pourtant, il faut le dire, l'impression que je ressentais n'était pas celle de l'infini comme le disent tous ceux qui se sont trouvés entre l'immensité du ciel et l'immensité de l'eau. L'aspect de la mer pour celui qui monte un vaisseau, est celle d'une plate-forme circulaire, au centre de laquelle il se trouve et dont l'horizon ne lui semble pas fort éloigné ; l'étendue est bien plus saisissante quand on aperçoit la mer du haut d'un cap ou d'une tour élevée.

La nuit était venue ; j'étais toujours couché dans ma chaloupe, couvert d'un amas de manteaux, car il faisait très frais ; j'avais sous les yeux un spectacle dont la splendeur n'a pas d'égale : nous avancions dans un fleuve d'argent, c'était le large reflet de la lune ; à l'arrière, un sillage de feu tracé au milieu des eaux phosphorescentes ; de deux côtés le gouffre noir ; au-dessus de nos têtes, sur le ciel parsemé d'étoiles plus scintillantes cent fois que dans nos climats brumeux, se dessinaient, comme un immense convoi de chars aériens, les longs flots de fumée et de vapeur vomis par la cheminée. Ils couraient vers la France, emportant des millions d'étincelles, comme s'ils se chargeaient des pensées que nous adressions en notre pays.

Il fallut s'arracher aux rêveries de la soirée, on fermait les écoutilles. La nuit fut bonne et douce ; et le lendemain, avant le jour, nous étions sur le pont attendant le lever du soleil et de la terre d'Afrique. Avant l'aurore, les monts se montraient à nous ; elle éclaira bientôt le plus vaste panorama, le massif d'Alger, derrière l'Atlas, à droite le Jurjura couvert de neige. Successivement sortirent de la mer la pointe de Sidi-Ferruch et le cap Matifou ; la ville apparut en amphithéâtre, la côte se dessina, on distingua les forts, les mosquées, les maisons, le môle, les hommes, nous étions dans le port.

Nous avions traversé en quarante-trois heures, en ligne droite, en toute sécurité, cette Méditerranée sur laquelle, en 1809, Arago était capturé et conduit en esclavage par les Algériens; la science européenne a pris sa revanche; elle a détruit la piraterie des barbaresques.

Le canot officiel nous vient prendre et nous conduit à terre; nous montons vers la place du Gouvernement. Là, s'offre aussitôt a nous un indescriptible spectacle ; on ne peut dire l'effet que produit ce peuple aux jambes nues, couvert de haillons pittoresquement ou insolitement drapés, Maures, Kabyles, Arabes, Turcs, Juifs, Nègres, Chrétiens, et quels Chrétiens ! de tous les pays de la terre, vivant là, au soleil, dans une horrible malpropreté.

Le climat est changé, la lumière est vive, la température très-chaude ; le froid nous a abandonné aux Baléares.

La place jouit de la plus belle vue du monde, elle fait face à la haute mer et domine la magnifique baie d'Alger. Au nombre des maisons neuves qui la bordent se trouve l'hôtel de la Régence.

Nous nous y installons et nous empressons de visiter les autorités, le lieutenant-général Charron, gouverneur-général, M. Latour-Mézerai, le préfet qui venait d'arriver à son poste, Mgr. Pavis, l'évêque d'Alger, le secrétaire-général du gouvernement, l'intendant-général, M. Appert, qui nous firent l'accueil le plus empressé, et eurent la bonté de se mettre à notre entière disposition.

Nous fîmes une première inspection de la ville qui monte raidement sur une côte très-élevée. Elle forme sur sa croupe un labyrinthe de rues étroites, obscures, tortueuses, souvent couvertes par les maisons qui se touchent, parfois transformées en escaliers. **Les plus spacieuses seulement sont accessibles aux ânes.** Au point culminant de la ville est la Casbah, palais du Dey, où l'on montre encore le cabinet dans lequel retentit le fameux coup d'éventail qui donna l'Algérie à la France : ce palais, entouré d'une enceinte fortifiée, est maintenant une caserne, et au moment où nous l'avons visité, il conservait peu de traces de la splendeur qu'il a pu avoir autrefois.

La montagne qui porte Alger plonge son pied dans la mer ; mais sa partie inférieure a été coupée et nivelée pour former le quai, la place et les deux rues qui en partent pour suivre horizontalement le bas de la ville, et se diriger l'une vers *Bab-Azoun*, l'autre vers *Bab el Oued*, les deux portes opposées qui s'ouvrent près du rivage de la mer.

Bab Azoun nous conduisit à l'établissement qui excitait le plus vivement mon intérêt, le *Jardin d'essai*, situé à quelques kilomètres d'Alger, au bord de la mer, sur le territoire de Moustapha, dans la direction de Kouba et de la Maison carrée, au pied de coteaux élevés qui fournissent, pour les irrigations, une eau abondante et féconde. Nous nous y rendîmes en compagnie du Dr Baudens qui se trouvait à Alger, et nous y trouvâmes le Directeur, M. Hardy, dont le zèle et la science concourent au développement de ce magnifique établissement, dans lequel se cultivent tous les végétaux qu'on distribue aux colons ou dont on essaie l'acclimatation.

En visitant Alger avec la curiosité que mérite cette ville importante et singulière, nous pénétrâmes dans ses maisons qui n'ont à l'extérieur que de simples lucarnes ou des balcons saillants, le tout fermé de volets et de barreaux de fer croisés et rapprochés. Le rez-de-chaussée, dans les rues marchandes, forme des boutiques qui n'ont pas de communication avec l'intérieur. Dans ces étroits magasins sont réunies des marchandises de toutes sortes, en petites quantités, pauvrement rassemblées et étalées, gardées par un maure accroupi et silencieux dont la famille semble devoir vivre bien maigrement avec le profit d'un aussi mince commerce de détail.

Dans d'autres rez-de-chaussées sont des artisans de toute espèce, forgerons, orfèvres, selliers, tisserands, des gens qui font de la farine au moyen de moulins à bras, etc., etc. Quelquefois on voit assis sur le plancher un peu élevé d'une boutique tout ouverte à l'extérieur, une espèce de notaire, propre, soigné, grave, qui attend les clients qui lui feront rédiger un acte.

Quelques unes de ces maisons dont l'extérieur a la plus chétive apparence, présentent à l'intérieur une grande richesse. On en a conservé plusieurs, autrefois à l'usage des grands du pays et qui méritent véritablement d'être décrites.

La maison dans laquelle l'évêque voulut bien nous faire un honorable et cordial accueil était le logis où le dey recevait ses hôtes. La porte, en chêne bruni, à compartiments variés comme nos vieux meubles, parsemée d'énormes clous de bronze ciselés, est entourée d'un entablement de marbre blanc couvert d'arabesques élégamment sculptées. Comme celles de presque toutes les maisons mauresques, elle est latérale, et donne accès à un corridor garni de colonnes et d'arcades en forme d'alcôves, dans lesquelles sont des divans : c'est là qu'on attendait le maître, c'est là qu'il donnait ses audiences aux étrangers, auxquels il est interdit de pénétrer dans l'intérieur; là est maintenant l'oratoire de l'évêché. On n'a ménagé à la suite de l'entrée qu'un corridor peu étendu qui conduit dans la cour et vers l'escalier. La cour est carrée, entourée d'arcades surmontées d'une galerie à arcades pareilles. Le pavé du corridor est en marbre blanc, celui de la cour en marbre blanc, le bassin du jet d'eau qui en occupe le centre, les colonnes à grosses nervures torses, les chambranles des portes, les encadrements des fenêtres, les marches de l'escalier en marbre blanc. Tous ces marbres sont taillés et sculptés avec une finesse qui atteste un art bien supérieur à celui du pays : ils viennent d'Italie. Les arcades ont cette forme qui caractérise le style mauresque; ogivales au sommet, elles s'élargissent beaucoup latéralement. Les chapitaux des colonnes sont richement sculptés, souvent dorés et colorés. Des carreaux de fayence, composant des dessins originaux, tapissent les murs et les arcades.

La galerie du rez-de-chaussée, conduit dans des pièces peu importantes ; pourtant la salle où se tenaient les esclaves, garnie de colonnes, d'arcades, de ciselures, de carreaux de fayence est assez remarquable. Toutes les fenêtres intérieures ont des grillages en bronze fort artistement travaillés.

L'escalier, dont les murs sont couverts de carreaux de fayence, a ses plafonds formés de poutres de chêne sculptées, sur lesquelles se lisent des inscriptions arabes exprimant, nous dit-on, des souhaits de bonheur aux voyageurs et pèlerins reçus dans le palais.

Le pavé du premier étage est formé d'un carrelage en fayence d'un effet singulier et brillant, frais et correspondant admirablement aux nécessités du pays, alors qu'il n'était pressé que par le pied nu des esclaves, ou les babouches des maîtres. Mais on a transporté ce pavage dans les hôtelleries, là, sous le talon des bottes européennes, les carreaux sont usés, brisés, bouleversés, et d'un bien mauvais usage.

La galerie supérieure a une balustrade en chêne, sculptée de la manière la plus recherchée ; elle donne accès à tous les appartements. Ceux-ci sont longs et étroits, munis de petites fenêtres grillées, encadrées d'arabesques, quelquefois fermées par une pierre découpée comme une broderie, placées presque toutes du côté de la galerie, et ne donnant accès qu'à un jour faible et indécis. Dans l'intérieur se retrouvent les colonnes de marbre de formes variées, les arcades, les arabesques ; les pavés sont recouverts de tapis, les murs revêtus jusqu'aux 2/3 de leur hauteur de carreaux émaillés, aux mille couleurs, souvent dorés, formant les dessins les plus variés et les plus originaux, imitant des tapis d'Orient. La partie supérieure des parois est blanche, présentant des ciselures variées, capricieuses, élégantes, insaisissables. On a dit que l'architecture gothique imitait une dentelle de pierre, ici c'est littéralement une guipure ; les arcades sont dentelées, frisées, bouillonnées, comme si leur garniture était faite au fuseau.

Les plafonds, aux compartiments nombreux, pleins de fantaisies, se font remarquer par leurs dessins insolites, jamais les mêmes, peints en noir, en rouge, en vert, avec force dorures.

Dans quelques-unes de ces chambres, il y a des marabouts, petits dômes dont les sculptures et les voûtes sont plus riches encore, et toujours dans le même genre; dans les murs sont ménagées des armoires dont les portes, dans le goût des plafonds, sont étincelantes d'or et de couleurs éclatantes. Sous les dômes, véritables alcôves, sont des divans. Quand tout cela est garni de tentures, de portières, de coussins, éclairé par des lampes et des bougies, c'est féérique. Les *mille et une nuits* n'ont eu rien a inventer, elles n'ont eu qu'à décrire. La maison du gouverneur, celle de l'intendant militaire sont exactement dans le même style, mais sont fort différentes par les détails; au lieu de guipure, on trouve des fruits, des fleurs, des oiseaux peints en couleurs vives, des ornements d'une variété indicible.

La préfecture a été formée d'une maison mauresque agrandie par des appartements dont l'ornementation a été bien mariée au style ancien. Une soirée qui nous a été donnée dans ses salons était d'un effet fort pittoresque.

Ces maisons sont couvertes de terrasses, où, le soir, on vient respirer un air frais et jouir du magnifique spectacle que donne le golfe immense.

C'est une belle et bonne pensée d'avoir conservé les types de l'architecture orientale, peu en rapport avec nos usages, peut-être, mais satisfaisant parfaitement aux exigences du climat. Toutes les maisons construites dans les quartiers neufs, sont de forme européenne; quelques rues sont bordées de galeries à arcades, comme la rue de Rivoli, à Paris. Dans les hôtels, on se croirait à Marseille.

On n'a pas été aussi heureux pour la cathédrale que pour les maisons principales. Une mosquée fort belle, dit-on, et parfaitement ornée, si l'on en juge par les sculptures en marbre qui en restent, existait près la maison du gouverneur. On a voulu la transformer en église. A cela l'on n'a rien à dire : mais on a voulu l'agrandir, la restaurer, la dénaturer ; puis lorsqu'elle a été bien remaniée, on a reconnu qu'elle ne serait pas assez vaste, on l'a démolie, et, sur son emplacement, on a construit une église qui a déjà coûté 700,000 fr., et à laquelle on a donné un air mauresque original, en formant ses arcades dans le dessin oriental, en ornant ses murs de guipures, en fermant ses fenêtres par des pierres découpées en arabesques, en surmontant ses nefs latérales par une série de petits dômes. Les colonnes en marbre qui separent les nefs sont celles de l'ancienne mosquée.

Près du port était une mosquée vaste, mais sans ornement, qu'on pouvait provisoirement consacrer au culte chretien. Par une singularité remarquable, elle a la forme d'une croix latine. Une légende dit : « Qu'un dey chargea un chretien architecte, réduit en esclavage, de lui construire une mosquee. Celui-ci s'acquitta de sa tâche, mais donna au temple musulman la forme des églises d'occident ; il paya de sa tête cette profanation, aussitôt que le dey en eut connaissance. » Toujours est-il qu'il y avait là une église beaucoup plus vaste que celle qu'on a edifiée. mais la position n'a pas convenu, et l'architecture n'en était pas assez ornée.

Nous avons visité, avec un vif intérêt, les fortifications modernes qui doivent faire d'Alger une place à l'abri de toute attaque, les batteries du môle, et l'immense jetée qui donnera à la capitale de l'Algérie un vaste port militaire, au lieu d'une simple darse commerciale ; la base en est faite en pierres d'un médiocre volume, car, l'agitation des flots ne se fait sentir qu'à 7 ou 8 mètres de profondeur. La partie supérieure est faite de blocs artificiels énormes. M. Beghin, habile ingénieur, chargé de ce travai colossal, a fait exécuter, devant nous, toutes les opérations au moyen desquelles ils sont confectionnés et projetés dans l'eau ; le sable, la pouzzolane, la chaux, la pierre, apportés dans la partie supérieure du chantier établi sur le flanc de la montagne, mêlés en proportion constante et jetés à travers une grille, dans un tonneau à mortier, sont arrosés et mélangés au moyen d'un axe tournant garni d'ailes. Ils en sortent et tombent sur des plans inclinés, où s'achève leur mélange ; le mortier est conduit dans des moules en bois, à parois mobiles dans lesquels il est tassé pour former des blocs dont le poids est de 34,000 kil.

Lorsque ces blocs sont séchés, ils ont acquis une solidité considérable ; ils sont débarrassés des parois qui forment le moule, numérotés, et enlevés, à leur tour, au moyen de chaînes qui sont passées dans des chambres laissées dans la partie inférieure, et que soulèvent d'énormes vérins tournés par dix-huit hommes. Sous les blocs viennent se placer, au moyen d'un chemin de fer, un petit chariot portant un plateau dont la face inférieure est savonnée. Ces chariots sur lesquels les blocs sont descendus, viennent se placer eux-mêmes sur un autre chariot qui roule sur une voie commune. Celle-ci arrive à une cale inclinée entrant dans la mer.

Arrivé là, le plateau savonné qui porte le bloc est poussé sur la cale, au moyen de crics ; le premier est arrêté par un rebord de la cale, le second par une chaîne transversale, sur laquelle appuie sa partie moyenne.

La cale est armée de quatre tourillons qui portent chacun une chaîne qu'on attache à deux flotteurs cylindriques.

Un remorqueur à vapeur entraîne les flotteurs sur l'emplacement de la jetée : à ce point, la chaîne transversale est déclichée, et la masse transportée dans une situation oblique, fait la bascule et disparaît.

Les blocs qui forment le couronnement de la jetée sont conduits par un chemin de fer établi sur la portion déjà formée, et sont culbutés au moyen de crics.

Lorsque l'enrochement est arrivé à fleur d'eau, son couronnement est nivelé au moyen d'un béton solide qui forme bientôt une terrasse inébranlable. En cet état, la jetée est livrée au génie chargé du soin d'établir les forts et les batteries.

Les ingénieuses dispositions prises pour confectionner les blocs artificiels qui composent la digue, ont amené un prix qui est de 46 p. 100 moindre qu'il n'était à l'origine. Selon M. Beghin, ce prix serait encore abaissé de 12 p. 100, si les travaux étaient livrés à l'industrie particulière. La situation du chantier est telle qu'on pourrait doubler les travaux exécutés, et diminuer ainsi relativement les frais généraux.

Heureusement ce grand et magnifique travail avance vers son terme ; on a lancé des blocs sur toute la longueur de la jetée, dans presque toute son étendue, elle s'élève au-dessus des flots, (en 1850 elle était entièrement sortie de l'eau), il ne restera à faire que le couronnement en béton et les travaux de défense ; il faudra ensuite construire la jetée qui commencera à la côte au pied du fort Bab-Azoun, et garantira les navires du ressac ; alors le port d'Alger pourra abriter les plus fortes escadres. La roche El-Djefna élevée à fleur d'eau dans l'intérieur du port en battra l'entrée, elle est déjà couronnée d'une plate forme, et va être livrée au corps du génie qui y élèvera une batterie. On sait que la direction de la jetée a été le sujet d'un fort long débat ; d'abord on voulait la conduire plus au large ; par des motifs d'économie on l'a commencée en la rapprochant plus de la côte ; mais pendant l'exécution on a trouvé à propos de l'en écarter. La digue fait ainsi une courbe dont la concavité regarde la mer. Il se trouve, par hasard, que la direction suivie, en diminuant seulement de 5 hectares la superficie du port, a fait économiser une douzaine de millions, en raison de la moindre profondeur de la mer, et que la courbe de la jetée est favorable à sa résistance dans les gros temps. Cette masse, composée de blocs isolés, qui portent des forteresses et des canons, est traversée par les flots qui mugissent, mais elle reste inébranlable au milieu des vagues qui se brisent.

Après avoir vu les établissements maritimes, nous allâmes visiter le grand atelier de construction et de réparation des instruments aratoires, situé près Bab-el-Oued, et dirigé par le capitaine Renaux et le lieutenant Thomas, officiers du génie, qui s'occupent de leur mission avec un grand zèle, et sont parvenus à fabriquer, à bon marché et dans les meilleures conditions de solidité, les outils employés par les colons. L'activité, l'intelligence, une bonne distribution du travail se font remarquer partout dans ce vaste atelier, dans lequel sont employés des ouvriers militaires et civils, tous à la tâche.

En suivant le chemin qui commence à Bab-el-Oued, et qui, cotoyant la mer, est souvent couvert par la vague, nous arrivâmes à l'hôpital installé dans les jardins du Dey. Le bâtiment principal, maison mauresque fort belle et disposée comme celles dont nous avons parlé, est entouré d'orangers et de bananiers; le rez-de-chaussée est réservé à la matière médicale; le premier étage appartient aux officiers. D'immenses barraques, dont on aperçoit la longue ligne de la rade, blanchies, élevées, bien ventilées, dont le plancher est au-dessus du sol, forment des salles contenant 100 lits ; elles sont bâties dans les jardins plantés de vignes et de figuiers arrosés par des sources ; l'hôpital peut contenir 3,000 malades.

Dans ces jardins, M. Brauwers, pharmacien, a établi des bassins pour la reproduction des sangsues : il a ainsi offert une étude curieuse et des avantages pécuniaires importants.

On ne peut guères séjourner à Alger sans prendre un bain maure ; j'allai donc à l'établissement qu'on dit installé dans les bâtiments des anciens bains du dey. Je confesse que je fus arrêté en entrant : la malpropreté, la mauvaise odeur, le grand délabrement des murailles contrastant avec la richesse de l'architecture primitive, la pauvreté de l'ameublement, la figure rébarbative des baigneurs glacèrent mes désirs d'essayer la nouveauté. On ne se laisse aller aux expériences de cette nature que lorsqu'on est séduit par tous les sens et les miens se révoltaient. Je leur imposais silence toutefois, et me livrai aux agents qui s'emparèrent de ma personne.

Je traversai un vestibule, avec divan, sur lequel sont accroupis des Maures, et j'entrai dans une salle ornée de colonnes à nervures et cannelures spiralées. Là est un divan élevé de plusieurs marches; sur le divan, des nattes et des matelas fort durs; au centre est une vasque portant un petit obélisque chargé d'ornements turcs finement sculptés ; le pavé est en marbre, ainsi que les colonnes, le divan, la vasque, etc. ; dans cette pièce, un maure vous déshabille, vous ceint les reins d'une toile de coton, et, dans cet état, vous vous rendez, par un corridor obscur et infect, dans la salle de bains, qui est grande, à quatre angles coupés, surmontés d'un dôme ; ses côtés présentent des arcades formant alcôves dans lesquelles sont deux demi-vasques en marbre blanc avec des robinets, dans les angles coupés sont des portes qui conduisent dans des cabinets. Au milieu est un divan qui est en marbre ainsi que le pavé. Les colonnes, les vasques sont d'une exquise élégance. Ce pavé est brûlant et vaporise l'eau ; la température de cette pièce est étouffante, mais on s'y habitue assez aisément.

On se livre alors aux *masseurs* ; ils vous étendent sur le pavé, dans les alcôves qui sont pour deux personnes, ou les cabinets qui n'en contiennent qu'une ; ils placent sous votre tête un oreiller dur, formé de linges pliés, vous pressent tous les muscles, appuyent sur toutes les articulations, vous distendent, vous retournent, vous compriment le dos, la poitrine, etc. ; ils vous brossent avec un gant de drap la peau des membres et du tronc, placent leur main sous votre col, allongent vos bras en prenant vos mains entre leurs orteils, enlèvent les matières sécrétées par la peau en les roulant, et se complaisent à vous les montrer.

Après ces opérations, ils étendent sur tout le corps, au moyen de gros tampons de lin doux, un savon noir qu'ils font mousser, puis vous inondent d'eau chaude. Enfin, ils vous placent sur le bord du divan central, et avec de longues toiles de coton moëlleux ils vous entourent les reins, vous font un haïck, une sorte de burnou et un turban. Vous avez une toilette arabe complète. C'est bien comme cela que se sont constitués les costumes primitifs des gens qui ne savaient point coudre.

Ainsi vêtu, vous repassez dans la salle où l'on vous a déshabillé, et vous vous couchez ; on vous présente le chibouc (la pipe), du thé fort chaud, ou du café, puis de la limonade fraîche. Enfin on vous essuie, et l'on vous habille. Ne sachant pas le prix de toutes ces opérations, je présentai 2 fr. et fus comblé de remerciements et de *salamalec*. Je ne sais si des bains pareils, pris avec tout le luxe et les accessoires que comportent les mœurs orientales, peuvent être agréables, mais dans leur état actuel ils ne me paraissent pas préférables à nos bains tranquilles. Il y a à Alger des maisons mauresques transformées en établissements de bains semblables à ceux de Paris, où je me suis baigné à des prix très-modérés.

Nous avons pu étudier en détail la ville d'Alger, mais seulement par des visites successives : notre premier séjour fut extrêmement court. Le lendemain de notre arrivée, nous allâmes visiter l'établissement des Trappistes de Staoueli. Monseigneur l'évêque d'Alger, homme d'un esprit éminent, voulut nous conduire lui-même dans sa voiture; nous partîmes, avec le préfet, le vendredi 23 novembre, et traversâmes pour nous rendre au couvent agricole, une partie du Sahel bien peu peuplée, couverte de broussailles, de palmiers nains, etc.

Staoueli, à trois lieues et demie d'Alger, est dans une fort belle situation, sur un terrain assez élevé qui s'abaisse vers la plage, et d'où l'on aperçoit du côté de la mer, Sidi-Ferruch, du côté du Sahel les villages de Saint-Ferdinand, Sainte-Amélie, Ouled-Fayet.

Le bâtiment est carré, au centre est une cour, sur les quatre côtés règne un cloître ou corridor à arcades, comme dans les maisons mauresques ; il conduit à la salle capitulaire, à la chapelle, etc.; les dortoirs sont au-dessus du rez-de-chaussée ; toutes ces pièces sont fort propres et d'une grande simplicité.

Sur l'un des côtés du bâtiment principal est une grande cour carrée, entourée de hangars, à usage d'étables, d'écuries, contenant un manége à battre le grain, et tous les accessoires nécessaires à l'exploitation; au-dessus de ces dépendances sont les greniers, vis-à-vis du côté opposé du bâtiment principal sont, en rangée, les ateliers de menuiserie et de charronnage, la forge, la buanderie, la boulangerie, le logement des étrangers et quelques blockhaus défendant l'établissement. On évalue ces constructions à 300,000 fr.

Les Trapistes, installés à Staoueli, sont arrivés au nombre de 40; en peu de temps 26 sont morts et ont été remplacés. Au moment de notre visite, 80 frères habitaient la maison, à eux se joignaient 20 auxiliaires; il y avait parmi les ouvriers un arabe, tout-à-fait attaché au couvent.

La concession, de 2,000 hectares, est presque entièrement couverte de palmiers nains; des oléandres croissent dans les parties basses, des taillis sur les hauteurs; 120 hectares ont été défrichés; les défrichements continuent et sont opérés à la pioche, par des militaires auxquels on donne 5 c. par mètre carré de palmiers ou d'oléandres; ils coûtent de 200 à 500 fr. par hectare, selon l'étendue des souches à enlever. Après les défrichements, on a semé du seigle, de l'orge, de l'avoine qui croît mieux que l'orge, du blé qui exige du fumier, du maïs, du sorgho dont les grains nourrissent les volailles, et dont les tiges servent à former des balais, des betteraves pour les bestiaux, des choux à haute tige qui ont passé l'été en perdant leurs feuilles, et ont repoussé à l'automne.

Sur les champs dont la récolte a été enlevée, se sont formées, sans soin, des prairies, composées de graminées, de trèfle, de sainfoin qui s'élève à un mètre. Elles ne donnent qu'une seule coupe et durent deux ans. Elles sont ensuite labourées et ensemencées; les pièces de terre sont entourées de mûriers qui ne paraissent pas réussir parfaitement.

Le jardin est vaste, il est planté de noyers, poiriers, cerisiers, abricotiers; les pommiers y réussissent très-difficilement. On y cultive des légumes de toutes sortes, comme pommes de terre, betteraves, choux, oignons, variétés de chicorée, oseille, laitues, artichauds, turneps, asperges, tomates, patates, aubergines; les pommes de terre ne produisent que 24,000 kil. par hectare, les patates donnent 40,000 kil. de tubercules par hectare; le tabac vient bien, il est semé en novembre, sous abri; les vignes, les orangers, les citronniers, les oliviers, les ricins, la canne à sucre y poussent parfaitement.

L'eau d'une source voisine est amenée par des tuyaux près de la maison ; elle forme un jet d'eau et un abreuvoir pour les bestiaux ; le trop plein coule dans le jardin et sert à l'irriguer. Sur un ruisseau est établi un moulin à moudre le blé, qui a deux roues, l'une au-dessus de l'autre, prenant l'eau par leur partie supérieure, et marchant durant huit mois.

L'établissement possède 100 bêtes bovines, 500 de race ovine ; 15 à 16 chevaux ; il obtient un hectolitre de lait d'une vingtaine de vaches ; les bestiaux ont produit 700 mètres cubes de fumier.

La collection des instruments aratoires se compose de chariots, charrettes, tombereaux, charrues de Dombasle, charrue à avant-train, herse triangulaire en fer, bêche plate propre aux terrains meubles, pioche à pic et à lame tranchante ou à deux lames tranchantes en sens inverse, petite faulx qu'on repasse à la lime, et qui sert à tondre les palmiers avant leur arrachage, grande faulx avec rateau pour la récolte des céréales et des foins; machine à battre mise en mouvement avec son crible par un manége. Le battage s'opère immédiatement après la récolte, à raison de 212 gerbes par heure. Les charrues sont attelées de quatre bœufs, ou de deux bœufs et deux mules, quoique la terre soit meuble. Cela tient surtout au poids de l'instrument et au mode d'attelage des bœufs soumis au joug, au lieu de tirer au collier. Ces bœufs sont du reste petits, trapus, ramassés, vigoureux. Deux labours sont donnés pour le blé, après grosses fèves ; le blé est chaulé.

Le régime des Trappistes est entièrement végétal ; ils ajoutent seulement aux légumes et aux fruits, du lait et du fromage, ils ne s'accordent pas de beurre ni d'œufs. Le supérieur nous a offert un repas fort suffisant, qui a donné aux bons religieux un instant de trouble. Monseigneur l'évêque, avec sa courtoisie ordinaire, voulut me faire asseoir à la place d'honneur. On juge quelle était l'inquiétude des frères devant la possibilité de voir la prééminence ôtée au supérieur, aux pieds duquel ils se prosternent. On sent parfaitement que je ne donnai pas ce scandale au couvent : le successeur de saint Augustin eut la place qui lui appartenait.

L'établissement de Staoueli est susceptible d'acquérir une grande importance, et il a reçu du gouvernement des encouragements considérables, des militaires pour les défrichements, le prêt d'une somme fort importante. L'esprit de suite, qui manque à beaucoup d'établissements, formera de cette institution agricole une sorte de ferme-modèle, où pourraient se placer les ouvriers avant d'entreprendre une exploitation à leur compte. A ces avantages, d'autres établissements religieux en joignent un autre fort considérable qui manque à celui-ci, c'est d'instruire les enfants et de contribuer ainsi au développement de la colonie.

Le lendemain, samedi 24 novembre, nous partons pour aller visiter Médéah, en compagnie du préfet, de MM. Daru, inspecteur de la colonisation, Borelli de la Sapie, président du comice agricole, Boisredon, secrétaire du préfet. Nous traversons une partie du Sahel bien cultivée, et les jolis villages de Birmandreys et de Birkadem, qui ont de belles fontaines ; nous descendons un instant dans un café élégant à la française, et voyons de plus un café maure, où des arabes accroupis boivent ce fameux café réduit en poudre très-fine qui est avalée avec l'infusion.

Nous arrivons à Bouffarick, ville de 1,500 habitants, bien bâtie, dans un canton marécageux de la Mitidja ; elle était d'une insalubrité telle, dans l'origine, que la population en a été plusieurs fois renouvelée ; maintenant elle est parfaitement assainie ; elle a des rues larges, une maison d'école, une église qui a coûté 30,000 fr., et qu'entoure une remarquable plantation de mûriers, un caravansérail placé hors de l'enceinte qui a coûté 120,000 fr. et qui jamais n'a abrité un voyageur. La pépinière, établie aux frais du gouvernement, est assez négligée, parce qu'elle va être supprimée ; les arbres en seront distribués, et le terrain partagé. Elle renferme des mûriers nombreux et vigoureux, des noyers, des pommiers, des platanes, des frênes (fraxinus excelsior), des nopals, des aubépines (mespylus oxyacantha), des néfliers du Japon, des poiriers, des pruniers Mahaleb (bois de Sainte-Lucie), des amandiers, des gleditzia, etc., les frênes, les chênes, les bouleaux y sont très-médiocres ; on voit encore des acacias, des melia azedarach, arbres peu utiles, des caroubiers, arbres très-précieux, mais qui ne viennent bien que dans les terrains secs; leurs feuilles sont recherchées par les bestiaux, leur bois est propre au charronnage, leurs fruits macérés donnent une boisson rafraîchissante.

Les peupliers, les saules poussent avec rapidité dans cette localité ; les orangers y prospèrent.

Bouffarick possède 2,000 hectares qui vont être mis en culture et dont un cinquième peut être irrigué ; 850 seront cultivés en froment, 350 en orge, 130 en avoine, 150 en plantes sarclées ; il existe dans la commune 64 chevaux, 760 bœufs, 146 vaches, 146 porcs, 1,020 moutons, 7 chèvres.

On récolte en moyenne 15 quintaux de blé par hectare ; le maïs, le sésame, le lin, la garance, le tabac réussissent. Cette dernière plante a donné, par hectare, 15 quintaux qui se sont vendus à 100 fr. le quintal. Les frais de culture varient, parce que la culture elle-même est fort variable ; ils ne s'élèvent pas à moins de 700 fr. Les légumes y croissent abondamment ; on nous a servi un choufleur de 0^m 33 de diamètre. La viande est à bas prix. Les Arabes s'associent volontiers aux travaux des colons ; on les paie 1 fr. 50 c. par jour, mais ils produisent moins qu'un européen.

En sortant de Bouffarick, nous visitons la ferme importante de *Soukali*, anciens haras du Dey, qui a été concédée à M. Borelly de la Sapie ; il nous en fait lui-même les honneurs. L'ancien bâtiment a été conservé ; on y a ajouté des écuries qui, selon l'usage du pays, ne sont que des hangars entièrement ouverts du côté de la cour. Au-dessus des écuries est un vaste grenier très-aéré, dont le toit est en planche, et qui a servi de magnanerie et de sécherie de tabac.

Une briqueterie établie sur les lieux, rend les constructions moins dispendieuses ; les briques coûtent 65 fr. le mille quand on les achète, 30 fr. quand on les fabrique ; elles ont 0,30 de longueur, 0,16 de largeur, 0,06 d'épaisseur ou 2,880 centimètres cubes. Les briques qu'on fabrique dans les environs de Lille, et qui coûtent 8 fr. lorsqu'on fournit la terre, n'ont guère que 0,21 de longueur, 0,10 de largeur, 0,05 d'épaisseur ou 1,050 centimètres cubes. Pour payer le même prix les briques d'Algérie, il faudrait les payer 22 fr. au lieu de 30 ; l'augmentation n'est que de 8 fr par mille briques algériennes, ou 2 fr. 91 pour l'équivalent de mille briques du Nord. Ce n'est pas considérable.

La ferme de Soukali a 500 hectares de bonne terre, dont une partie marécageuse a été saignée ; 400 hectares sont en culture, et ont produit des céréales, beaucoup de tabac, etc. Une belle pépinière a été formée ; elle renferme beaucoup d'arbres tels que mûriers, platanes, poiriers, aubépines, orangers, caroubiers, peupliers blancs. Les plantations de mûriers ont réussi, et ont servi à la production de la soie en 1849; de vieux mûriers, de vieux oliviers et de beaux peupliers blancs existent encore sur le sol : 2 hectares ont été plantés en vignes de Provence.

La ferme possède 70 à 80 bœufs, 12 vaches, 10 juments employées à la production. Elle n'a pas de moutons.

La charrue est celle de Dombasle ; elle est attelée de quatre bœufs, nourris à la paille et au pâturage.

Le rouleau destiné à écraser la terre est garni de pointes de fer.

Pour faire sortir le grain des épis, on emploie un rouleau de pierre à très grosse taille, traîné par trois chevaux.

La culture, d'abord faite directement par M. Borelly, est remise maintenant à des métayers, européens ou arabes, à moitié fruit. Les Arabes vivent en parfaite harmonie avec les Européens ; ils ont construit près de la ferme un *gourbis* d'un aspect misérable ; la charpente des huttes est formée par des perches, les parois par des tiges d'arundo enduites de terre, le toit avec les tiges du même gramen garnies de feuilles ; le mobilier se compose de nattes, de rideaux, de miroirs, de plats de bois, propres à fabriquer le couscousou. Nous avons vu exécuter cette fabrication par les femmes : de la farine est projetée dans le plat ; elle est légèrement aspergée d'eau, de manière que lorsque la main est passée rapidement sur la farine, celle-ci se prend en petits globules qu'on roule plus ou moins longtemps du plat de la main.

Le gourbis de Soukali est intéressant en ce qu'il montre la possibilité d'associer le travail arabe au travail européen.

Après Soukali, nous voyons plusieurs villages :

Souma, pourvu d'une enceinte, d'une fontaine, d'un lavoir, et dont les terres sont bien cultivées et les maisons bien agglomérées. Les orangers et les mûriers de M. Deule sont prospères.

Les quatre fermes appartenant à des colons qui possèdent 50 hectares chacun. Ils nourrissent des troupeaux de moutons de haute taille et à laine dure, comme ceux de race flamande.

Dalmatie, bien bâti, entouré d'un fossé garni d'une haie de cactus; les entrées sont munies de portes, défendues par des blockhaus. Les jardins et les champs commencent à se cultiver ; quelques irrigations sont pratiquées.

Le soir nous sommes à *Blidah* : nous avions parcouru des routes aussi faciles que les plus belles routes de France.

Nous sommes reçus par l'excellent général Blangini, commandant la division d'Alger. Blidah en est le chef-lieu. Par conséquent les chefs de service y résident ; parmi eux est le colonel du génie, dirigeant les immenses fortifications d'Alger. Cela peut avoir quelque inconvénient, mais on a voulu porter les troupes et les éléments de colonisation à l'intérieur. Les centres d'action placés au-delà de l'Atlas donneront des résultats encore plus avantageux.

Nous consacrons la matinée du dimanche à visiter la jolie ville de Blidah, située au pied de l'Atlas, presque à l'entrée des gorges d'où sort l'Oued-Kébir, dont les belles eaux servent aux irrigations, et donnent le mouvement à des usines importantes. Elles pourraient servir de moteurs à trente moulins : en ce moment il y en a un, dans la ville, qui a deux roues et deux paires de meules, un autre dans la vallée, et de plus sept ou huit moulins arabes, sortes de turbines qui ont des roues horizontales.

La ville de Blidah est entourée d'une enceinte agrandie, formée d'un mur crénelé, garni d'une banquette de terre du côté intérieur. Servant de point d'appui et de lieu de ravitaillement aux colonnes qui se portent au-delà de l'Atlas, elle a de nombreux établissements militaires, casernes d'infanterie et de cavalerie, écuries du train militaire, magasins de grains, farines, biscuits, café, sel, moulins à moudre, manutention, place d'arme spacieuse, télégraphe, un hôpital militaire important, à deux étages, dont les salles, larges de huit mètres, sont élevées, aérées, divisées par des rangées de piliers de bois. Les lits sont formés de deux chevalets de fer soutenant un fond de planches, par conséquent très-faciles à démonter, à transporter. La cour de l'hôpital est plantée de vieux orangers et forme une agréable promenade.

L'administration civile de Blidah commence à s'installer : il existe dans cette ville un fondouk, simple hangar, que les Arabes fréquentent parce qu'ils n'ont à payer que 10 cent. pour y placer un cheval, 15 cent. pour un chameau. Le marché est très-bien approvisionné de fruits, légumes, etc., etc. Il n'offre aucun abri ; la location des places rapporte pourtant 12.000 fr. à la ville. La municipalité demande une halle couverte, mais les lenteurs administratives font attendre l'approbation nécessaire depuis près d'un an. L'église est une ancienne mosquée : ses arcades mauresques, son dôme, son carrelage rappellent son origine. Elle renferme le tombeau de Richard d'Harcourt, tué dans un combat. La ville a des écoles, un abattoir ; elle demande une salle d'asile.

Le quartier habité par les Européens, qui sont au nombre de 3,000, est tout moderne et bien bâti ; il renferme de bonnes hôtelleries, des bureaux de diligences pour Alger, des fontaines, des lavoirs.

Le quartier habité par les Musulmans, dont le nombre est de 2,500, a conservé son caractère primitif ; les rues en sont étroites et tortueuses, les maisons sont des sortes de huttes en *pisé*, de deux à trois mètres de côté, formant des boutiques d'orfèvres, de cordonniers, de barbiers, de forgerons, des boucheries où la viande se vend au morceau, des cafés maures, des magasins dans lesquels on rencontre confondus navets, piments, oignons, glands, figues, savon, oranges, tabac, étoffes, charbon, orge, œufs, beurre, olives, sel gros et fin, semoule, couscousou, fèves, raisins secs, grenades, ocre rouge et jaune, sumac, cordes, balais, noix, couffins (paniers), etc., etc. La mosquée a ses arcades mauresques, ses nattes, ses galeries en bois où l'on monte par une échelle, sa chaire, la niche en faïence où s'assied le Marabout ; tout cela a un aspect pauvre et grossier.

On trouve hors la ville d'assez grands établissements qui préparent le maroquin rouge ; les peaux de mouton sont traitées d'abord par la chaux, puis placées dans des vases de bois ou de terre, avec l'écorce de chêne préalablement pilée dans un mortier de bois. Ces peaux sont enfin teintes en couleurs diverses.

Les environs de Blidah, abondamment arrosés, sont un véritable jardin. Ils sont célèbres par les admirables orangers, grands comme de beaux poiriers, qui y croissent en bosquets touffus, en vergers régulièrement plantés, dont l'étendue n'est pas moindre de 90 hectares. Outre ces arbres que nous trouvons couverts de fruits, nous en voyons beaucoup d'autres, tels que grenadiers, bananiers, figuiers, vignes, citronniers, bergamotiers, mûriers, amandiers, abricotiers énormes, oliviers, caroubiers, pins pignons, quelques dattiers, jujubiers, noyers, cyprès ; quelques arbustes d'ornement, comme le volkameria ; des pois et des fèves en fleurs, des fraisiers en fruits, etc. La moitié des jardins est encore possédée par les Arabes, qui n'ont point changé leurs habitudes, mais qui pourtant ont des maisons plus propres, dans lesquelles on remarque des lits, etc. Un joli bois d'oliviers est près de l'Atlas.

Au lieu de modifier et de rebâtir quelques quartiers de Blidah, afin de les adapter aux usages européens, on avait songé d'abord à bâtir une ville nouvelle, et à cet effet on avait construit une vaste enceinte renfermant 40 hectares qui a ensuite été abandonnée. Bien des choses ont été ainsi faites en Afrique. Le maire de Blidah pense qu'il serait avantageux d'établir un haras sur ce terrain; mais la moitié en appartient à Saboundji, l'autre moitié appartenait au domaine et a été partiellement concédée; l'enceinte est détruite dans une assez notable étendue. Il y a donc peu de profit à tirer des travaux entrepris.

Montpensier et *Joinville*, anciens postes militaires, sont de jolis villages situés près de Blidah, bien bâtis, entourés d'un fossé et d'un parapet; les cultures y commencent. Montpensier a 6 hectares de vignes; un nouveau vignoble de 4 hectares 1/3 est formé, par M. Grenier de Cette, près de l'enceinte abandonné. La culture du sésame a été essayée et a réussi. Un hectare peut donner 12 à 15 quintaux de cette graine.

Nous partons de Blidah, le dimanche 25 novembre à midi, pour Médeah, en voiture, avec le préfet et les personnes qui l'accompagnaient. Nous franchissons la Chiffa et nous pénétrons bientôt dans les gorges profondes du petit Atlas, d'où découle cette rivière.

La vallée de la Chiffa est étroite, sauvage, encaissée de chaque côté par d'immenses montagnes souvent couvertes de bois, qui contiennent beaucoup de chênes-liéges. J'y mesure un olivier sauvage de 1 mètre de diamètre. Dans les lieux humides croissent des tamarix. Des rochers énormes, des torrents mugissants, des cascades nombreuses, des précipices, des singes sur les arbres, des vautours dans les airs, tout cela forme un tableau pittoresque, singulier, émouvant, sur lequel ne se dessine aucune population visible. Pourtant toute cette terre est possédée; nous avons vu un européen tenant une pauvre auberge à la montée du Nador, ne pouvant obtenir un champ à cultiver, et payant aux Arabes une rente de 40 fr. pour le sol de sa maison. Cette situation si désastreuse pour la colonisation se présente presque partout.

Cette vallée serait impraticable, si l'on n'avait formé une route en corniche au flanc de la montagne, travail de géant entrepris par l'armée et qui n'est point encore achevé ; ce qui est à faire est prodigieux ; rien ne l'est plus que ce qui est exécuté. La route, étroite, n'ayant en certains points que la largeur d'une voiture, s'élève quelquefois à des hauteurs considérables, d'où l'on aperçoit la Chiffa comme un gouffre béant ; le sol de la route s'écroule sous les pieds dans quelques parties ; dans d'autres, le rocher sans solidité menace vos têtes. Quand la route nous manque, nous descendons dans le lit de la rivière, où l'on marche sur des blocs volumineux chariés par la violence des eaux.

Nous franchissons la rivière qui vient des mines de Mousaïa, et qui a enlevé la route qui conduit à ce grand établissement ; le pont qui est jeté sur ce cours d'eau, à son embouchure dans la Chiffa, n'est point achevé. Enfin, nous nous élevons, par un lacet sans fin, jusqu'à la crête du Nador, dont la hauteur est de 1,500 mètres, et le soir, éclairés par une lune brillante, nous redescendons à Médéah, situé sur le versant méridional. Nous sommes bien reçus à notre arrivée par le colonel de Cambrai, commandant la subdivision. J'étais déjà connu dans cette lointaine contrée ; j'arrivais après les journaux qui rendaient compte de la discussion que j'avais eu à la chambre, relativement à l'Algérie, avec M. Emile Barrault, la veille de mon départ. Logé dans une maison mauresque, j'occupais la chambre qu'avait habité le duc d'Aumale. Cette maison avait une distribution analogue à celles d'Alger, mais elle était aux riches maisons de la capitale ce que la chaumière est aux palais. Au moins y a-t-on fait des cheminées, ce qui n'est pas sans utilité à cette hauteur.

Nous passons à Médéah la journée du lundi 26 novembre. Cette ville, comme les principales cités de l'Algérie, est assise sur un plateau escarpé de tous côtés, ne tenant que par un côté étroit à l'Atlas qui la surmonte et lui verse ses eaux. Un long aquéduc, formé de nombreuses arcades, et un souterrain vont recueillir une belle source qui satisfait aux besoins de Médéah. Cet aquéduc, qui exige d'importantes réparations, est attribué aux beaux temps des Maures ; il ne porte pourtant pas les caractères de leur architecture. Il fait partie de l'enceinte de la ville.

L'enceinte nouvelle est agrandie considérablement ; elle est crénelée, appuyée d'une banquette de terre ; beaucoup d'anciennes habitations ont été renversées, de nombreuses constructions ont été faites, et l'on voit s'élever des cafés, des cercles, des boutiques de parfumeries, etc., etc.

Il reste cependant des quartiers anciens habités par les indigènes, généralement malpropres et déguenillés. Là sont entassés, comme à Blidah, des huttes et des boutiques de toutes sortes. Elles sont moins misérables cependant que celles de cette dernière ville, et nous y remarquons des ateliers où se fabrique une magnifique sellerie orientale, où l'on file au fuseau de la bourre de soie qui sert à broder les burnous et les haïks qu'on fabrique en ville et dans le désert, et dont les étoffes sont bien supérieures, pour l'usage, à tout ce que fournit l'industrie européenne ; elles sont plus fortes, plus solides, plus imperméables. Les Arabes repoussent les tissus français qu'ils désignent, avec mépris, par le terme de *fabrica*.

La population se compose de 3,000 musulmans, 600 juifs, 2,000 européens.

Médéah a des écoles, un marché, des mosquées pareilles à celles de Blidah, flanquées de minarets octogones, portant un balcon près du sommet. L'une est réservée au culte musulman ; une seconde a été tranformée en église ; une troisième sert de magasin.

On se procure facilement dans la ville tout ce que réclame la vie européenne. Des troupeaux superbes de chèvres maltaises viennent se faire traire ; chacune donne deux litres de lait par jour ; le prix d'une de ces chèvres est de 80 fr.

La Casbah est au haut de la ville ; elle renferme une caserne et un hôpital spacieux et solidement bâti. Malheureusement, la difficulté de transporter des bois de grande dimension dans cette localité éloignée a engagé à soutenir les plafonds de ces édifices par d'énormes piliers et des arcades qui font perdre une partie de l'espace, de l'air, de la lumière. Ces inconvénients sont surtout graves pour l'hôpital. De la Casbah on aperçoit les divers massifs de l'Atlas, qui s'élèvent jusqu'à 4 et 5,000 mètres et dont les sommets sont couverts de neige. On est là au point dominateur de l'Algérie ; les deux chaînes de l'Atlas s'y joignent : d'un côté on descend dans les grandes vallées de l'est, de l'autre dans celles de l'ouest; on est adossé à la Mitidja qui conduit à Alger, la reine de la mer d'Afrique, on touche le haut Chélif qui mène au Sahara.

Médéah fait un commerce de laine assez considérable avec le sud, par Boghar. On demande avec instance une route qui conduise à ce dernier point. On propose d'y bâtir un fondouck. Nous avons vu de nombreux échantillons de laines ou grossières ou assez fines. Celles de Titeri (Tell) sont fort sales ; celles des hauts plateaux, où les moutons vivent sur le sable, sont beaucoup plus propres. Un seul commissionnaire avait acheté cette année, pour le compte des européens, 30 à 40,000 toisons au commerce libre, et 90,000 provenant de l'impôt. Ces toisons, qui pèsent 3 livres, valent 0 fr. 90 dans les tribus; le gouvernement les prend pour 1 fr. Les Arabes portent dans le sud du blé, de l'orge, de la graisse de mouton, des laines brutes. Ils donnent 30 à 40 toisons pour un aouli (grand haïk) qu'ils revendent à Médéah 50 boudjoux. Ils rapportent aussi des tapis grossiers, etc.

Notre influence s'est fortement consolidé à Médéah ; l'impôt de la subdivision s'élève à 700,000 fr. et se perçoit régulièrement jusqu'à Boghar et au-delà.

La sécurité est complète dans la campagne. Le curé allait seul, le lendemain, à Boghar, pour célébrer un mariage ; un européen devenu presque sauvage, devait, dans quelques jours, s'en aller vers les montagnes qui bordent les hauts plateaux, espérant y rencontrer des panthères. Le califat de l'Aghouat bâtit, à Médéah, une maison de bains maures en marbre, etc. Il y dépense 200,000 fr.

Les environs de Médéah ont de beaux jardins, presque tous cultivés par les indigènes. Des fermes couronnent la crête du bassin que domine la ville. Les européens s'occupent surtout de la culture des fourrages et de la vigne. Les anciens vignobles donnent un vin blanc agréable, qui n'est pas sans analogie avec le vin du Rhin.

Nous allons visiter le village de Damiette, *colonie agricole*, placé très près de la ville, sur la route qui va s'ouvrir de Médéah à Constantine, par Aumale, route peu difficile à établir, mais montueuse.

Ce village est sur un plateau sablonneux ; il a 1196 hectares et 120 familles encore baraquées. Les maisons en construction sont bâties en pierres, extraites du sol même, et en terre recouverte d'un enduit de chaux ; le toit est en planches, portant des tuiles romaines débordant beaucoup les murs ; les croisées sont vitrées ; l'ensemble de ces habitations est propre. Chaque ménage a d'abord une salle et une chambre, mais les constructions sont disposées de manière qu'il sera possible d'y ajouter une autre chambre. Une fontaine est établie ; on va construire un abreuvoir et un lavoir. Un détachement militaire exécute les travaux de défrichement ; on va faire les plantations. Le sol a conservé des peupliers blancs, des saules, des cognassiers, de beaux figuiers, des amandiers, des vignes, des chênes-verts, des oliviers sauvages couverts de fruits. Chaque colon possède dans la première zone un jardin assez fertile, arrosé, de 7 à 8 ares et un terrain de 70 à 80 ares dans la deuxième zone; les terres arables sont fort éloignées et séparées du village par un vallon très profond.

Les enfants de Damiette ont été atteints par la diarrhée et la fièvre typhoïde ; ils commencent à s'acclimater. Nous avons vu de jeunes gaillards se roulant dans la poussière sous les yeux de leurs mères, jeunes femmes jolies et élégantes. Les colons sont peu travailleurs, ignorant pour la plupart l'art agricole. On trouve parmi eux un orfèvre; un peintre, un batteur d'or. Ils font entendre des plaintes nombreuses et mal fondées : ils se récrient surtout contre le travail en commun auquel on les soumet pour le défrichement des terres arables.

En revenant, nous visitons la ferme de Saint-Amand, jolie construction flanquée de quatre petits bastions crénelés, entourée d'une belle terre bien cultivée. Nous nous arrêtons à la pépinière qui a 3 hectares arrosés, couverts de tous les arbres fruitiers et forestiers communément répandus sur la terre algérienne. Il est question de déplacer cette pépinière. Ce serait un tort.

Nous allons ensuite à Lodi, situé sous le sommet du Nador, à un ou deux kilomètres de Médéah, sur la route commencée de cette ville à Mousaïa. Cette colonie agricole, formée de 135 familles, a 1200 hectares. Sa terre est glaiseuse, pierreuse; de nombreux dépierrements ont déjà été opérés; il n'existe pas un arbre sur ce point; on commence des plantations; les jardins sont formés. Des sources nombreuses sortent du Nador et rendent ce sol assez humide. Des tranchées sont nécessaires.

Le sol des maisons devrait être relevé; il faut descendre une marche pour entrer dans plusieurs d'entre elles. Du reste, elles sont contruites comme celles de Damiette; quelques-unes sont doubles, à quatre pièces, et ont coûté 4,500 fr. Une briqueterie a été établie sur ce point.

La population de Lodi a été cruellement éprouvée : vingt-huit enfants de deux à trois ans sont morts à la suite de diarrhées. Les colons sont très laborieux, animés d'un tout autre esprit que ceux de Damiette. Ils réclament aussi contre le travail en commun commandé pour le défrichement ; 250 hectares seront ensemencés cette année. La charrue qui est en usage est celle de Dombasle, en fonte; elle est trop lourde et cassante : on la remplace avec avantage par une petite charrue analogue au brabant. La herse a ses dents recourbées, en fer; 50 bœufs font le travail commun.

Le mardi 27, à sept heures du matin, nous montons à cheval avec l'intention de nous rendre à Milianah, en nous détournant pour visiter les mines de Mousaïa ; nous sommes accompagnés par le colonel de Cambray et le chef de bureau arabe, escortés de cavaliers français et indigènes.

Nous suivons la route de Lodi, puis un chemin de mulet qui a été construit pour conduire à Médéah nos colonnes qui débouchaient habituellement par le col de Mousaïa. Ce chemin traverse le pays le plus difficile : ce sont d'énormes coteaux glaiseux, des ravins profonds, des pentes abruptes; on marche quelquefois sur des crêtes étroites que bordent des précipices et que la moindre pluie rend glissantes, impraticables. On arrive ainsi au pied du revers méridional du petit Atlas ; le chemin serpente sur les premiers contreforts de ces monts, puis s'élève sur la pente principale, en vue du plateau, qu'on nomme le *Camp des Réguliers;* c'est là qu'Abd-el-Kader attendait nos colonnes avec ses bandes et ses bataillons disciplinés, dominant également la route de Médéah et celle de Milianah. Montant toujours, la route va passer entre les deux pitons qui forment le col de Mousaïa, témoin de tant de combats, de tant d'héroïques efforts, de tant d'audacieuses entreprises, lorsque nous tentions de porter notre domination au-delà de la première barrière de l'Atlas.

L'établissement des mines est situé au pied de la chaîne des montagnes : il est entouré de forts beaux oliviers sauvages chargés de fruits. On commence à greffer ces arbres précieux. Les bâtiments sont disposés de manière à former un carré entier, clos et garni de meurtrières, bastionné aux angles.

Les habitations prennent jour sur la vaste cour; elles ont un corridor qui règne le long du mur extérieur, de manière que les portes de toutes les chambres sont en face des meurtrières. Une salle d'armes contient bon nombre de fusils en excellent état ; des ateliers de différentes sortes sont joints aux logements.

Les mines de cuivre sont situées aux flancs de l'Atlas, à une hauteur considérable; le filon qui est exploitée a $1^m.50$ d'épaisseur ; il est perpendiculaire ; on y a pratiqué deux galeries d'exploitation communiquant par des puits et une galerie d'assèchement. La route qui conduit aux travaux est raide, **tortueuse, difficile.**

Le minerai est composé de cuivre uni au soufre, à l'antimoine, au nickel, à l'argent. Apporté à l'établissement principal, il est trié ; celui de premier choix est expédié en nature par une route tracée dans la vallée du ruisseau de Mousaïa, qui va se jeter dans la Chiffa.

Le minerai moins pur est brocardé, lavé, broyé au moyen de machines hydrauliques. L'eau prise au ruisseau est amenée à l'établissement au moyen d'un aquéduc de 250 mètres ; elle se verse sur la partie supérieure d'une roue de 10 mètres de diamètre qui met en mouvement les pilons à brocarder. Une autre roue de 8 mètres est destinée à faire mouvoir une soufflerie à piston, animant un fourneau qui doit réduire le minerai ; mais jusqu'à présent, la fusion a rencontré de grands obstacles, de sorte que l'on s'est borné à expédier le minerai en France et en Angleterre. On a essayé, près de Bouc, à le traiter par la voie humide, mais sans succès.

Un fort somptueux déjeûner nous a été servi ; il offrait des viandes succulentes à notre vif appétit, et parmi elles était un morceau bien capable de fixer notre attention, c'était un filet de panthère, qui était d'excellent goût.

Après le repas, nous visitons l'établissement et les mines ; nous nous séparons ensuite du colonel et de son escorte, et nous montons à cheval pour nous diriger vers la demeure de Bou-Alem, Bachaga du Djendel, à travers d'immenses solitudes, sans routes tracées, sans autres habitations que de rares gourbis qu'on distingue avec peine sur les flancs des montagnes, tant ils se confondent avec les broussailles. De vastes étendues de terre sont défrichées et portent encore la base des chaumes ; l'on comprend difficilement que des habitants si clair-semés, aient pu ensemencer une pareille superficie. Evidemment, les cultivateurs ont durant l'été porté leurs tentes ailleurs, et déjà nous en voyons reparaître quelques-uns. Nous traversons des rivières, à des gués connus des seuls Arabes ; nous suivons le bord de ravins à pic, nous nous enfonçons dans les broussailles ; nos guides se perdent eux-mêmes au milieu de ces déserts, et font des courses rapides pour aller au loin interroger des laboureurs ; ils vont en droite ligne, à travers tout, faisant de véritables courses au clocher, si clocher il y avait.

Nous rencontrons des tribus du sud, amenées par la disette, faisant paître des moutons très beaux et très propres, des chèvres petites, des chameaux, des bœufs, des vaches, qui errent loin des tentes blanches et noires dressées çà et là.

Nous contournons le Gontas ; nous apercevons le télégraphe, dans la maison duquel, il y a deux ans, trois hommes, plusieurs femmes et plusieurs enfants furent assassinés.

La nuit était venue, nous marchions en file, sur une sorte de corniche, au bord d'un escarpement considérable, lorsque le cheval de notre ami Denissel s'abat et manque de rouler au fond du précipice; il est retenu, avec son cavalier, par quelques buissons.

Bientôt le terrain s'aplanit ; la lune éclaire la plaine ondulée et couverte de broussailles ; tout-à-coup apparaît devant nous, à une distance assez grande, une troupe de cavaliers armés de fusils et d'yatagans, lancés à toute bride à notre rencontre, couverts de burnous ou noirs ou blancs flottant au vent ; ils arrivent, ils nous touchent, mettent le pied à terre et viennent nous baiser la main. Ceux qui portent les burnous noirs sont le frère, les fils, les neveux de Bou-Alem qu'un spahis dépêché par le commandant du bureau arabe avait prévenu de notre arrivée, et qui nous envoyait complimenter, à deux lieues de sa résidence. Les cavaliers arabes se replacent sur leurs coursiers, dont quelques-uns sont magnifiques, et nous font cortége. Ils sont assis sur de hautes selles richement brodées; ils portent une double paire de bottes en maroquin rouge dont l'extérieur est armé d'éperons aigus, longs de deux décimètres, argentés, ciselés, tenus par des courroies brodées en or. Les chevaux ont des brides et des colliers brodés, plaqués d'argent, portant des croissants suspendus à des chaînes d'argent. Tout cela forme une escorte qu'on aurait pu copier pour un tableau représentant une scène du temps des Croisades.

A une lieue plus loin, une troupe nouvelle arrive à grand bruit ; c'est Bou-Alem lui-même, se portant au-devant des hôtes qu'il attend ; il vient aussi nous baiser la main, et grossit notre cortége. Enfin, nous arrivons à la demeure du Bachagha ; tous les hommes de la tribu sont assemblés et nous reçoivent. Deux Arabes se placent à chacun de nos étriers, nous accompagnent jusqu'à la porte et nous aident à descendre. Véritablement nous nous trouvons au temps féodal ; les siècles n'ont pas marché, nous sommes en plein moyen-âge.

Nos chevaux sont entravés ; on leur donne l'orge en plein air, où ils passeront la nuit. Nous sommes reçus dans la *maison des hôtes*, espèce de caravansérail placé au-devant de la maison principale, auquel on arrive par une allée de peupliers ; il est composé d'un vestibule ouvert et d'une salle longue, présentant aux extrémités et sur les côtés, des arcades dans lesquelles sont des sortes de divans couverts de tapis, comme le pavé qui est en béton.

Bou-Alem, entouré de ses parents, nous complimente de nouveau. Ce chef est le type de la race arabe ; il est grand, sec, musculeux, basané ; sa barbe est longue et noire, ses yeux vifs, pénétrants ; mais sa figure est grave, par l'effet de sa volonté ; il est prévenant, empressé, surtout pour nous, sans que sa gravité réfléchie disparaisse entièrement. Il s'est vaillamment battu dans nos rangs. Sur son burnou brille la croix d'honneur. Son frère a assez de ressemblance avec lui ; il a perdu un œil dans les combats.

On sert le café, puis on va visiter la maison que ce chef vient de substituer à la tente du nomade ; elle a la disposition orientale ; mais elle annonce, par des signes non équivoques, que des mains européennes ont contribué à l'orner. Au sommet est une girouette représentant un arabe à cheval, découpé par un ferblantier de Paris. La cour centrale est pavée de marbre blanc, mais non entourée d'arcades ; elle sera bientôt rafraîchie par un jet d'eau. Le vestibule est peint, garni de divans. Les appartements sont étroits, longs, revêtus inférieurement de carreaux de fayence, couverts supérieurement d'ornements rouges et blancs. Le salon d'honneur est au premier étage ; il a une vue superbe sur la vallée du Chélif. Les tapis du Maroc, de Smyrne, du désert y sont à profusion ; quatre divans meublent les arcades creusées dans les murailles ; ils sont garnis de coussins en soie damassée, brochée en or. (On nomme cette étoffe *francia* quoiqu'elle vienne du levant). Ces divans ont un mince matelas, ou en soie, ou en damas de laine et coton, bleu et blanc, fabriqué à Roubaix. Sur les étagères sont des tasses de porcelaine, des objets en filigrane, des vases à boire, en argent, à figures repoussées, garnis de chaînes, comme un encensoir, qui permettent de puiser l'eau sans descendre de cheval. Des vases de formes singulières, à cols étroits, renferment des parfums ; on nous asperge d'eau de fleurs d'oranger et d'eau de Cologne ; contre les murs sont des trophées d'armes, des sabres, des poignards, des yatagans, des fusils à incrustations d'ivoire, d'argent, de corail, de pierreries. Toutes ces armes sont dans des étuis de velours rouge. Dans le salon sont divers autres meubles, tels qu'une caisse en fer, un coffre à clous dorés, et au centre une petite table, à pieds rapprochés, haute de $0^m,40$, couverte d'incrustations de nacre ; comme pour faire contraste avec ce luxe oriental et attester un goût encore sauvage, sont appendues, en cette nouvelle demeure, deux gravures coloriées, *Françoise* et *Rose*, qu'on achète 10 sous sur nos boulevards, deux glaces à cadre doré tout modernes, un lustre de cristal venant de Paris ; sur les portes, formées de compartiments irréguliers, sont fixées douze de ces pommettes en cristal colorié qui nous servent à fermer nos portes et qu'on a prises pour des ornements, et de nombreuses patères, qui n'avaient pas de rideaux à soutenir ; les fenêtres ne sont en quelque sorte que des lucarnes garnies de barreaux de fer croisés ; celle qui prend jour à l'extérieur est garnie d'un balcon fermé, d'où pend une main rouge et d'autres signes qui préservent des maléfices. La partie de la maison qui renferme les femmes ne nous est pas montrée, pas même indiquée. Nous n'apercevons pas la trace d'un **individu du sexe féminin.**

On sert le dîner au préfet, aux trois représentants, au commandant du bureau arabe, dans le salon d'honneur; Bou-Alem s'assied avec nous; son frère et ses fils sont debout autour de la table, selon les anciens us toujours respectés; ils ne fument même pas devant le chef de la famille. Les siéges sont des coussins; la table est celle que nous avons remarquée; elle porte un large plateau d'étain; au centre est placé un grand vase du même métal, garni de son couvercle. Celui-ci enlevé, nous voyons un potage au vermicelle, lequel nous mangeons au moyen de cuillers de bois, comme des soldats à la gamelle. Les vases couverts se succèdent, renfermant du mouton aux navets, du mouton aux amandes, du mouton de toute façon et à toute sauce, énergiquement poivré. Bou-Alem prend gracieusement un morceau avec les doigts, le déchire et m'en offre par honneur une partie; tout le monde alors de plonger les doigts dans le plat pour en retirer les morceaux. On mange la viande avec des galettes chaudes très bonnes; on boit une eau peu claire dans le vase d'argent que nous avions remarqué, et que les fils de Bou-Alem nous présentent à la ronde. Enfin, on se lave les mains; ce n'était pas un soin de luxe pur; on nous fait passer successivement un très-grand bassin de cuivre; au centre est une cupule renfermant du savon vert, le fond est double, le superieur est percé de trous pour laisser passer l'eau savonneuse; on arrose nos mains au moyen d'une aiguière, à bec long et recourbé, dont la forme étrange nous fait penser qu'elle vient par héritage des premiers patriarches.

On nous conduit alors dans la maison des hôtes, et l'on nous sert le couscousou dans le grand plat de bois où on le fait; il a été cuit à la vapeur dans un plat percé de trous, puis assaisonné de beurre, de poivre, entremêlé de raisin et des éternels morceaux de mouton. Ce mets national ne serait pas désagréable si les corps gras qu'on y introduit n'étaient horriblement rances, et si la manière dont les Arabes puisent dans la gamelle commune n'offensait tant soit peu la délicatesse européenne.

On sert ensuite le café, et l'on se prépare à se coucher. Déjà le confortable européen s'introduit même dans la maison des hôtes. On apporte sur les divans qui nous sont spécialement destinés, des matelas en coutil ; mais le coucher dans une salle commune, sur des estrades assez dures, ne nous promet pas le sommeil dont nous avions besoin. Je fais demander, par le commandant du bureau arabe qui nous sert d'interprète, s'il ne serait pas possible d'obtenir pour nous une chambre particulière. Après des négociations, qui ne furent pas trop longues, on fit fléchir la règle ordinaire. On nous introduisit avec le préfet dans la maison de Bou-Alem, et l'on nous installa dans le salon d'honneur.

Alors se présenta une difficulté imprévue : il fallait prendre les précautions qu'un européen n'oublie pas avant de se coucher. Nous n'avions plus d'interprète ; je fis comprendre au Bachagha lui-même de quoi il s'agissait. Avec une gravité solennelle il me fit signe de le suivre et me conduisit dans un endroit écarté du jardin. Bien des campagnes de France en sont encore là ! La nuit était belle et non silencieuse ; on ne peut se faire une idée des hurlements que poussaient les chacals, dans toutes les directions.

Nous nous couchâmes bientôt, en nous roulant dans des couvertures d'une longueur énorme, qu'il faut replier six fois sur elles-mêmes ; elles sont d'une laine très-douce, et peintes en rouge, d'une manière assez bizarre. Elles viennent du Maroc.

Le mercredi 28 novembre, nous nous levons à 7 heures du matin. Chérif, l'un des fils de Bou-Alem, s'était couché, au dehors, en travers de notre porte. Est-ce par honneur, est-ce par défiance ? nous n'avons pas cherché à le savoir. On se rend à la *maison des hôtes*. On apporte des *brascro*, dont quelques-uns sont de jolie forme. On sert le café, puis nous visitons le jardin, qui renferme des vignes, des amandiers, des cactus, des abricotiers, etc., etc.

Le Bachagha nous montre avec complaisance son écurie : c'est une cour aussi vaste que la maison, entourée de hangars ouverts intérieurement, et renfermant de nombreux coursiers, dont plusieurs noirs, luisants, de haute taille, sont d'une rare beauté.

L'Arabe commence à mépriser la tente. Le frère de Bou-Alem

se fait aussi bâtir une maison. Nous allons la visiter : elle est plus petite, mais peut-être plus élégante. Des carreaux de fayence en ornent l'extérieur, et lui donnent un air assez coquet. Ce sont des ouvriers arabes qui la construisent, ils en sont les architectes en même temps que les maçons, comme les constructeurs de nos cathédrales, et ne manquent certainement pas de quelque goût. Du reste le système suivi dans ces constructions atteste l'enfance de l'art. Les lattes des plafonds sont des roseaux ; les combles des toits sont des perches sur lesquelles sont placées en travers et liés par des cordes les roseaux qui portent les tuiles.

Enfin nous allons visiter les tentes et les gourbis qu'habite la tribu ; celle qui entoure le chef est le Magzem, ou la tribu des guerriers ; d'autres tribus sont formées de Marabouts ou d'hommes religieux, d'autres de travailleurs ou plébéiens.

Il est huit heures et demie du matin, il faut partir pour nous rendre à Milianah ; on tire l'orge des silos, réservoirs en forme de bouteille, creusés dans la terre sèche. Ce grain est d'une fort belle qualité ; il paraît tiède, sous l'influence de l'air frais du matin. Nous partons accompagnés de Bou-Alem et escortés de tous ses cavaliers, qui marchent en avant, en arrière, sur les côtés, à leur gré, s'étendant au loin comme s'ils fouillaient le terrain, et faisant la fantasia. Nous suivons la vallée du Chélif, en gravissant les coteaux pour couper les sinuosités du fleuve, et vers dix heures du matin, nous arrivons au lieu où se tient le marché de l'arba (mercredi) du Djendel.

Au milieu d'une vaste plaine, dans laquelle on n'aperçoit pas un arbre, pas une construction, au bord du Chélif, Bou-Alem a fait dresser sa tente : elle est doublée d'étoffes jaunes, rouges, bleues ; des tapis couvrent le sol. Aux piquets sont fixés des crochets où sont suspendus les éperons du chef et de ses enfants ; à l'entrée de la tente est tendue une toile en forme d'auvent. On s'assied, on prend le café, et les Caïds viennent embrasser le Bachagha au front. Devant celui-ci comparaissent les Arabes qui ont des différents, ou qui sont coupables de quelques méfaits. Il rend sommairement justice, pendant qu'autour de lui, une foule composée de plus de 10,000 personnes se livre aux opérations commerciales : le sol est couvert d'une infinité de marchandises diverses, chevaux, bœufs, blé, laines noires et blanches à 2 fr. 50 la toison, pesant 2 kil., poil de chèvre, ânes, moutons, étoffes variées, beurre fondu ou graisses, glands, figues, farine, burnous, des couffins ou paniers de joncs d'une capacité de 2 hectolitres environ, des œufs, des babouches, des cribles dont le bord est formé de torsades de joncs et le fond de tiges d'alpha parallèles, reliées entre elles d'espace en espace et aussi régulièrement placées que des fils de fer ; des charrues grossières, mais à bas prix ; nous voyons un colon français venu de la commune du Marabou située sous Milianah, acheter pour 2 fr. 50 le bois d'une charrue. Tout ce peuple, dont le costume est si singulier, dont les mœurs sont primitives, dont la physionomie est si énergique, si animée, et traitant pourtant si pacifiquement ses affaires, nous donne longtemps le plus curieux des spectacles. Nous prenons enfin congé de Bou-Alem qui fait porter des présents au préfet d'Alger ; il nous donne une escorte et nous partons en suivant la superbe vallée du Chélif qui est presque entièrement cultivée, et semble pourtant une éternelle solitude. Nous allons déjeuner chez un Caïd du Djendel, sorte de vassal du Bachagha, prévenu de notre visite. Il a fait bâtir une maison assez jolie, couverte en tuiles, entourée de misérables gourbis et de beaucoup de meules de paille défendues par des rameaux de jujubiers amoncelés à l'entour. Le jardin est planté de cactus disposés en lignes régulières.

On étend sur le gazon des tapis du Maroc et du désert, dont quelques-uns ressemblent à nos coussins de laine tricotée, qui imitent la mousse ; on nous sert une moitié de mouton et un plat de couscousou au raisin : nous eûmes à nous louer de la cordialité de notre hôte.

Après l'avoir quitté, nous atteignons bientôt la belle route qu'on commence dans la vallée du Chélif, et qui nous conduit jusqu'à Milianah. Nous venions de voir la vie arabe pure, dans une contrée où nul établissement européen n'existait encore, mais où déjà pénètrent nos usages et les objets de notre industrie. Nous rentrions dans un des cercles où notre activité commence à se déployer.

De loin en loin, quelques maisons se montrent. Nous suivons le pied du Zaccar qui abrite Milianah ; nous voyons le village de Aïn Sultan, en construction, et le télégraphe, dont les employés ont été assassinés comme ceux du télégraphe du Gontas.

Le commandant Fénélon, chef du bureau arabe, arrive au-devant de nous, à la tête de ses spahis, aux burnous rouges ; il vient nous offrir l'hospitalité du général Camou, averti de notre visite par le télégraphe. Nous voyons le village d'Affreville, nous sommes sur l'Oued-Boutan, formé par les sources de Milianah.

Avant de nous engager dans la vallée de l'Oued-Boutan pour remonter vers cette ville, nous visitons le camp bâti au pied du Zaccar. Le maréchal Bugeaud préférait à Milianah une position dans la plaine, au pied de l'Atlas, parce que les expéditions, venant de Mousaïa ou de la Chiffa, n'avaient pas à gravir le mont pour trouver un abri, et que les colonnes qui marchaient vers le sud ne devaient pas perdre un jour pour se former dans la plaine. Aussi y a-t-il construit une vaste enceinte fortifiée entourée de fossés et de plantations, enfermant des maisons, des magasins, des étables, etc. Mais la beauté et la force de la position de Milianah, l'établissement de la route de l'Oued-Djer, plus facile que celle de la Chiffa, ont conservé sa prééminence à l'ancienne forteresse. La ville a été reconstruite, et le camp est habituellement abandonné. Cependant il formera toujours un poste avancé très-important. Il est mis actuellement à la disposition des Provençaux qui vont former un village sur l'Oued-Zean, un peu à l'ouest de l'Oued-Boutan.

Nous entrons dans la vallée que parcourt cette dernière rivière, fortement encaissée, débitant 800 litres d'eau par seconde, avec l'Oued Anasser qui s'unit à elle, se précipitant par une pente de plus de 420^m depuis Milianah jusqu'au pied de la montagne. Nous suivons une route que bordent des jardins irrigables, contenant nombre de vignes, figuiers, mûriers, amandiers, caroubiers, poiriers, oliviers,etc. Enfin, après une rude montée, nous arrivons à la ville.

Le plateau escarpé sur lequel elle est bâtie est à 8 ou 900 ^{m}. au-dessus de la mer, à 5 ou 600^m au-dessus du Chélif. Le fleuve a donc une pente de 300 ^{m} sur un parcours de 200 kilomètres, à peu près; ce qui donne la déclivité énorme de 1 millimètre 1/2 par mètre. Aussi, en novembre, l'avons-nous passé à pied sec, en marchant sur les cailloux de son lit; après les pluies, il coule à pleins bords, et comme ses rives ont 12 ^{m} de hauteur, que sa largeur est d'au moins 100 ^{m}, son débit est tantôt réduit presque à zéro, tantôt il est représenté par une section de 1,200 mètres carrés.

Au nord de la ville, et très-près de ses murs, le Zaccar, très-droit, couvert de bois, la dépasse de 600 mètres.

Milianah est presqu'entièrement rebâtie ; ses rues sont larges, belles, plantées de peupliers et de platanes, arrosées abondamment par les belles sources de l'Anasser et du Boutan. Elle est habitée par 1,200 européens, 600 juifs et 300 indigènes ; 2,000 arabes sont répandus dans les jardins de la vallée. Elle est entourée de murs et d'ouvrages de fortifications qui battent le seul côté par lequel elle est abordable.

Milianah possède une belle pépinière située entre la ville et le Zaccar, renfermant deux hectares, produisant des plants de frênes, micocouliers, mûriers, amandiers, poiriers et de beaucoup d'autres arbres fruitiers.

Les officiers de la garnison ont établi un cercle, au milieu d'un délicieux jardin, bien arrosé, et dont les arbres poussent avec une telle vigueur, qu'un peuplier blanc, âgé de cinq ans, dont nous avons pris la mesure, nous a donné une circonférence de 1 ^{m}, 50.

Le plus bel édifice de la ville est sans contredit l'hôpital ; commencé en 1844 et achevé en 1846, il a coûté 350,000 fr. quand les transports coûtaient 20 fr. le quintal ; ils coûtent maintenant 7 fr. Sa façade a 138 m. de longueur et deux étages; les salles contiennent 300 lits, elles ont au centre des piliers de bois qui n'empêchent ni le renouvellement de l'air, ni l'entrée de la lumière.

Les fenêtres sont garnies de persiennes, l'eau est répandue à tous les étages; les latrines sont bien lavées; les salles de bains et toutes les dépendances sont belles et spacieuses.

De la terrasse de l'hôpital, on jouit de la perspective la plus splendide; on aperçoit les riches jardins qui s'étendent dans toute la vallée en suivant le cours de l'Oued Boutan ; sur la croupe de l'Atlas, les villages que font bâtir les Arabes par les ouvriers européens, et dont treize sont achevés ; à gauche, Aïn-Sultan, destiné aux colonies agricoles, le camp à l'entrée de la plaine, Affreville au-dessus, à droite le nouveau village de M. Rosières, et plus au sud l'immense massif de l'Ouenseris, déjà couvert de neige; en face, dans le lointain, Teniet-el-Had occupant les crêtes qui séparent le Tell des hauts plateaux et sur les flancs desquelles s'étend une magnifique forêt de cèdres qui a cinq lieues de longueur ; ces cèdres, qu'on emploie aux constructions et à la fabrication des meubles, ont de grandes dimensions ; j'ai compté sur une table, formée d'une section transversale, de 1 mètre de diamètre, 384 couches, représentant autant d'années. J'en ai mesuré une autre qui avait 1 m. 50 de diamètre; il en existe de 2 m. 50 de diamètre. Les fûts dans lesquels on les prend ont 25 m. de hauteur, au-dessous des branches.

Autour de Milianah, on a établi déjà plusieurs moulins sur les admirables cours d'eau qui sortent des flancs de l'Atlas : l'un sur l'Anasser, a une chute de 8 m. 50. L'eau frappe une roue horizontale à palettes courbes. Un autre, dont les bâtiments sont beaucoup plus grands, est établi d'après le même système et jouit d'une chute de 9 m. 50, qui ne fait mouvoir, jusqu'à présent, qu'une seule paire de meules. Il y a dans ces usines une énorme perte de force, et, même dans la mieux installée, l'agencement des services est assez mal entendu. Elles étaient employées à moudre du blé dur, lequel donne un pain très-savoureux.

Nous dînons chez le général Camou, qui habite une maison mauresque dans la cour de laquelle a été planté un peuplier blanc, qui, âgé de cinq ans, dépasse la maison et la couvre de sa couronne. A sa table, nous rencontrons M...... capitaine du génie, distingué, laborieux et pratique, qui a présidé aux belles constructions de Milianah, et qui a bien étudié le pays dans lequel il réside.

Je loge chez le capitaine Fénélon; la maison dans laquelle il demeure est aussi mauresque. Le milieu de la cour est occupé par une fontaine dont la vasque, de marbre blanc, d'un fort beau style, a été trouvée dans les ruines de Milianah. Mon appartement, avec ses arcades, ses marabouts, rappelant entièrement l'architecture arabe, est tout tapissé des gravures qu'on voit aux étalages des boulevards de Paris.

Dans l'avant-cour de la maison sont deux aigles et un lion de haute taille, âgé de 15 mois, qui a été allaité par une chèvre; il est nourri maintenant avec de la viande cuite, et fait sa résidence habituelle dans une petite cour dans laquelle il est en liberté. Venu dans l'avant-cour, pour faire honneur aux visiteurs, il se trouve au milieu de vingt-cinq personnes qui le caressent; il les frotte et les pousse rudement. Tous les Arabes sont disparus; un seul est resté, tapis dans un coin. Le lion le visite à son tour, s'anime à son contact, le presse de ses flancs, le bat de sa queue, le flaire, bondit et pousse un rugissement. L'Arabe a les jambes nues, il répand l'odeur propre à beaucoup de gens de sa nation. Ces circonstances ont-elles réveillé les instincts de l'animal, je ne sais, mais nous sommes effrayés pour l'Arabe; il nous semble que le lion va essayer sur lui ses terribles dents. Nous entourons tous la bête carnassière, et faisons rapidement sortir l'homme qui semblait exciter si vivement ses appétits, et qui, en vérité, pouvait être déchiré. Il y a un danger certain pour ceux qui vivront dans l'intimité d'un pareil hôte. (Depuis, je l'ai vu au jardin des plantes de Paris).

Nous nous apprêtons à partir le jeudi 29 novembre, à midi. Notre désir eut été de nous rendre de Milianah à Orléansville, afin d'atteindre la province d'Oran par la voie de terre. Mais on n'osa nous assurer la sécurité du passage. On ne put nous promettre des gîtes dans le long trajet que nous avions à aire dans la vallée du Chélif ; rien n'etait prêt pour l'expédition que nous voulions tenter ; force nous fut de renoncer à notre projet et de nous diriger vers Alger, en repassant le petit Atlas. Nous suivîmes d'abord la route qui doit conduire à Cherchell et qu'on taille en corniche sur le versant sud du Zaccar; nous la quittâmes ensuite pour suivre le chemin qui passe dans une profonde dépression, entre le Zaccar et le Gontas, et arrive dans la vallée de l'Oued-Djer. Ce col nous paraît celui qui donne le plus facile accès dans la vallée du Chélif.

On descend dans la vallée de l'Oued-Djer par une route en corniche qui n'est point sans difficulté, et qui est longue parce qu'elle contourne les anfractuosités et les ravins qui découpent les flancs de la vallée principale. Le temps et l'argent ont manqué pour exécuter les ponts et remblais nécessaires pour les franchir. En suivant les flancs de ces montagnes, nous avons occasion, comme en cent autres circonstances, de constater l'agilité des chevaux et la hardiesse des cavaliers arabes : l'un de nos spahis aperçoit sur les sommets une compagnie de perdrix rouges ; il lance son cheval sur la montée rapide et la gravit en un clin-d'œil. Nous entendons un coup de fusil sur le plateau, et bientôt le cavalier descend, en courant, la terrible pente, et nous rapporte un perdreau.

Nous voyons le village commencé d'Aïn-Benian qui a une fort belle source, puis Sidi-Abd-el-Kader-Bou-Medfa, et le bel établissement des eaux chaudes. Nous arrivons au relais situé au bas de la montagne, où se trouve une auberge, une briqueterie et tous les signes d'une activité commençante.

Nous suivons une route difficile sur laquelle nous remarquons de fort beaux caroubiers. Bientôt nous sommes de nouveau dans la Mitidja ; nous arrivons à neuf heures du soir à Marengo, placé sur un plateau peu élevé, près de Aïn-Meurad, et non loin du Chenouan qui, d'un côté, s'unit à la masse de l'Atlas, de l'autre au pic des Benassers qui s'avance jusqu'à la mer, et ferme ainsi à l'ouest la plaine demi-circulaire qui ceint le Sahel.

Le vendredi 30, nous faisons l'étude de ce nouveau village.

que sa situation destine à devenir une ville importante ; il est à l'extrémité occidentale de la Mitidja, entre Alger, Cherchell et Milianah. Le capitaine Malglève en dirige les constructions et les travaux avec beaucoup d'intelligence et de zèle. L'enceinte est un fossé dont les terres forment du côté intérieur un parapet, garni à son pied d'une double haie de cactus ; aux angles et aux portes sont de petits bastions fermés par une muraille crénelée. Cette enceinte a coûté 9,000 fr.

Les maisons, au nombre de 300, sont disposées autour d'une place centrale très grande ou le long de rues très larges ; elles sont unies deux à deux, composées de deux pièces, entourées d'un petit jardin de 6 ares. Elles ont coûté 2,000 fr. Elles renferment des lits assez bien entendus, composés de deux petits bancs portant deux barres qui soutiennent une toile sur laquelle reposent les literies.

La population a été cruellement frappée par les fièvres et le choléra ; elle a eu 40 décès à enregistrer ; elle a compté 800 individus ; elle est réduite à 640 ; elle est intelligente, et paraît animée des meilleurs sentiments.

Le territoire se compose de 1,700 hectares d'une qualité assez variable, mais généralement bonne.

La première zone a été divisée en jardins de 16 ares. Ils sont déjà assez bien cultivés. Le capitaine a accordé aux colons qui creuseraient des puits des primes de 1 fr. par mètre d'enfoncement, et déjà 100 puits de 2 à 8 mètres de profondeur ont été formés et munis de bascules.

La deuxième zone a été divisée en lots de 1 h. 50. Ils ont été tous défrichés en commun, sous la surveillance du propriétaire de chaque lot ; la journée des travailleurs est payée à 1 fr. 50 c. Cette dépense sera couverte par la moitié de la récolte mise en réserve pour le trésor de la colonie. Les premiers lots défrichés sont les plus fertiles.

Les lots de la troisième zone seront distribués aux travailleurs qui auront fourni la preuve qu'ils sauront tirer parti de la terre qui leur sera concédée, et refusés à ceux qui se livrent au travail avec répugnance.

Un très beau bois de 100 hectares, situé au pied du Chenouan, formé de trembles, ormes, frênes, etc., a été réservé comme domaine communal. On a déjà exploité les ormes et les frênes pour le charronnage.

Le troupeau de la colonie se compose de 218 bœufs. On y a joint 30 vaches et 200 bœufs mis en pension par l'administration. En outre, le village a 3 mulets et 200 porcs distribués à ceux des colons qui en ont fait la demande. Chacun d'eux a le droit de placer les bêtes qu'il possède dans le troupeau commun, à la charge de payer les frais de garde.

Toutes ces dispositions intelligentes nous ont paru propres à faciliter le développement de la commune importante confiée aux soins du capitaine Malglève, et doivent lui faire honneur.

En quittant Marengo, pour nous rendre à Blidah, nous trouvons à 5 kilomètres, le village de la Bourkika, dont la construction est interrompue comme celle de Aïn-Benian. Il est en face du lac Alloula qui baigne le pied du Sahel, sur une longueur de deux lieues, et dont la largeur est d'une demi-lieue.

Nous traversons le pays des Adjoutes, qui nourrissent d'innombrables troupeaux, et cultivent successivement de vastes espaces que la jachère a fertilisés. Leurs gourbis et leurs tentes sont répandus dans la plaine. Ces dernières sont basses, irrégulières, à nombreux piquets, et formées d'un tissu épais dont la chaîne est en poil de chèvres, et la trame en laine. Nous voyons les femmes revenir de la montagne, chargées de bois, et ne faisant nulle difficulté de regarder les étrangers. Les hommes sont d'une gravité imperturbable, et ne jettent pas un coup-d'œil sur nous.

Nous voyons Ameur-el-Aïn, dont le défrichement et le peuplement sont aussi interrompus par décision législative, et dont les constructions ne se poursuivent que pour satisfaire aux obligations contractées envers les entrepreneurs.

Nous traversons l'Oued-Djer, dont les bords sont couverts de magnifiques oliviers, dévastés pour les besoins d'une tuilerie.

El-Afroun vient ensuite; il est bâti, sous la direction du lieutenant Bacquet (du train d'artillerie), au pied de l'Atlas, en face de Koléah, dans l'angle compris entre l'Oued-Djer et le Bouroumi; son plan est celui de Marengo; mais il n'a pas d'enceinte. Il a eu jusqu'à 150 familles, y compris 20 familles habitant un hameau voisin; elles sont réduites à 120, composées de 384 individus qui n'ont point été atteints par le choléra, et n'ont eu à souffrir que de fièvres peu intenses.

Ce village a une source; un barrage du Bouroumi permettrait d'arroser une grande partie du territoire, composé de 1,311 hectares; 680 hectares sont susceptibles d'être cultivés; le reste s'étendant sur la montagne est couvert de bois.

Le territoire d'El-Afroun, comme celui des autres colonies agricoles, a été divisé en trois zones : la première est consacrée aux jardins; ces jardins ont 25 ares; ils sont défrichés, mais à peine cultivés et non irrigués. Quatre compagnies de zouaves y sont, sous la tente; deux compagnies sont employées au défrichement, deux autres aux travaux de la route. Chaque famille a reçu un bœuf; les colons travaillent par escouade de 8, parce qu'il faut souvent atteler 8 bœufs à la charrue. Les colons qui ont un cheval s'unissent deux à deux pour le travail. On compte 2 hectares défrichés par famille.

Nous revoyons bientôt le col de Mousaïa que nous avons vu par son autre face, lorsque nous étions au sud de l'Atlas. Vis-à-vis ce point important, mais trop loin du pied de l'Atlas, est le village civil qui a reçu, à cause de sa situation, le nom de Mousaïa. On y a construit deux bassins; deux autres sont indiqués sur le plan, mais il n'y a pas d'eau. Il serait bien important d'y amener les sources qui sortent du pied de la montagne, là où les Romains avaient bâti, et où l'on trouve encore des colonnes, des pierres, etc. Les habitants n'ont maintenant que l'eau des puits.

L'enceinte est formée d'un fossé et d'un parapet en terre; elle est fortifiée par de fort beaux blockhaus en pierre, à **deux étages** percés de meurtrières et surmontés d'une terrasse crénelée, garnie de machicoulis sur les quatre faces.

Les maisons, bâties aux frais des colons, sont en bois, en pisé, en moellons, en briques non cuites ; plusieurs ont un grenier, et pour cave, un trou creusé dans la terre qui atteste la nécessité de cet accessoire.

Nous atteignons la *Chiffa*, village civil, bâti à l'entrée de la gorge profonde et difficile d'où sort la rivière de ce nom ; il est entouré d'un fossé avec parapet, sans bastions ni blockhaus. Ses maisons sont très variées, comme celles construites aux frais des colons; elles sont en général moins spacieuses que celles qui sont bâties par l'autorité militaire, mais elles ont presque toutes une cave et un grenier. M. Laîné, qui possède 100 hectares, a bâti une fort jolie maison en briques, sans étage, longue de 14 mètres, large de 12, qui a coûté 12,000 fr., non compris l'ornementation.

La Chiffa a une belle fontaine avec abreuvoir et lavoir ; 50 familles l'habitent ; elles possèdent 560 hectares. De nouvelles concessions sont sollicitées dans cette localité, mais sans succès. Elles ont éprouvé l'an dernier des fièvres meurtrières, mais moins intenses cette année. Nous rencontrons pourtant encore bien des hommes au teint jaune, amaigris, épuisés. Au premier aspect, on reconnaît fort facilement ceux qui ont eu à subir les terribles accès de la maladie.

Les populations des villages civils sont en général bien plus énergiques et plus dévouées au travail que celles des colonies agricoles ; mais elles ont besoin d'aide ; on a trop fait pour les uns, pas assez peut-être pour les autres. Les habitants du village sollicitent des semences, et leurs sollicitations n'ont pas de succès ; ils ont un curé, mais point d'église.

Nous rentrons à Blidah le soir après avoir traversé la rivière de la Chiffa, sur laquelle a été construit un beau pont en charpente qu'ont brûlé les Arabes, par accident, dit-on.

Le lendemain nous sortons de Blidah, dite la *prostituée* au temps des Arabes, pour nous rendre à Koleah, la *sainte*. Nous revoyons

Joinville et Montpensier, traversons la plaine qui devient de plus en plus marécageuse à mesure qu'on se rapproche du pied du Sahel, passons le Masafran sur un pont à l'américaine, c'est-à-dire construit de façon que le tablier est supporté par les côtés formés de poutres longitudinales, à joints croisés, unies et soutenues par des poutres diagonales retenues au-dessous du tablier et à quatre mètres au-dessus par des poutres transversales. Ce mode de construction permet de former une travée très longue, sans pilier, et de ne donner conséquemment aucune prise au courant impétueux ; c'est l'origine du pont tube.

Nous entrons dans la magnifique ferme de Saint-Charles, située sur notre route, et bâtie par M. Bruat, sur une concession de 1,200 hectares, dont 600 peuvent être cultivés. La cour a 1 hectare ; elle est entièrement entourée de bâtiments. La maison d'habitation a deux étages ; les vastes bergeries sont surmontées d'un étage ; les porcheries peuvent contenir 200 porcs ; les écuries très vastes contiennent 30 juments ou poulains, 16 chevaux de travail, 100 bêtes à cornes, parmi lesquelles on remarque des buffles, et ces admirables bœufs romains, au pelage gris, aux cornes immenses ; ils sont au nombre de 9 ; leur taille est de 1^m 60 au gareau. La ferme possède une machine à battre, une noria, etc. Elle n'a pas de plantations. Elle a coûté 200,000 fr. à bâtir. Elle a été revendue 300,000 fr. avec toutes les terres, deux belles maisons à Alger, une briqueterie et toute la récolte ; il est vrai que cette dernière n'a rapporté que les frais de moisson et de battage. Il est évident qu'on risque fort de se ruiner quand on commence des établissements agricoles avec de telles mises de fonds, en partie très inutiles. Cette année, la ferme Saint-Charles n'a pas de culture.

Nous gravissons le Sahel, sur la crête méridionale duquel est posée Koleah ; en nous retournant, nous apercevons la magnifique plaine de la Mitidja, enveloppée par l'Atlas, communiquant avec la mer, des deux côtés du Sahel, par l'Harrach et le Masafran. Quand les milles ruisseaux qui sortent de la grande chaîne de montagnes seront retenus et répandus en irrigations; quand les eaux qui séjournent au pied du Sahel seront jetées dans un canal de ceinture qui débouchera à l'est et à l'ouest, la Mitidja sera le plus beau jardin de l'univers.

Nous arrivons à Koleah, où nous sommes parfaitement reçus par le commissaire civil, M. Calandini.

La ville est belle, habitée par 1,100 Arabes, et 600 Européens ; elle renferme un grand nombre de constructions modernes, mais conserve beaucoup de maisons mauresques ; elle est défendue par des blockhaus en pierres très rapprochés et par une citadelle admirablement posée, entourée d'un mur crénelé du côté extérieur, et d'un fossé avec parapet du côté de la ville ; elle formait notre camp avancé alors que nos troupes ne pouvaient s'étendre au-delà du Sahel, sans voir fondre sur elles des nuées d'ennemis.

Nous avons remarqué dans cette cité les jardins de Sidi-Ambarack, formés d'un délicieux ravin arrosé et planté d'orangers, d'oliviers, de figuiers, de citronniers, de grenadiers, de dattiers.

Les tombeaux de ce personnage et de sa famille, qui sont en grande vénération, sont placés sous un dôme dont la porte est en plein cintre, porté par des pilastres ; l'encadrement est à rosaces d'un goût pur, n'ayant rien de mauresque. Dans un angle, pourtant, on remarque un croissant.

Les tombeaux sont en bois couverts d'arabesques et d'inscriptions arabes ; deux sont recouverts d'une cage sculptée, portant des étoffes, des drapeaux, des cierges, des lustres de cristal, etc.

Au monument qui renferme les tombeaux est annexée une mosquée qui a été transformée en hôpital qui n'est pas dans d'excellentes conditions : c'est un très grand carré formé de cinq rangées d'arcades mauresques, ou de cinq nefs. Il est orné d'un dôme, de terrasses, d'un très élégant minaret, près duquel s'élève un superbe dattier de 25 mètres de haut.

On a bâti, à Koleah, un caravansérail qui a coûté 40,000 fr. ; il est resté sans usage. On va le convertir en église ; malheureusement il est situé à l'une des extrémités de la ville.

Dans le Sahel est Douéra, entourée d'une enceinte crénelée, bastionnée. Nous nous y arrêtons un instant pour voir ses grands établissements militaires, son bel hôpital, ses rues larges plantées de mûriers et bordées de trottoirs, ses maisons neuves, son église élégante et bien située, ses fontaines, son temple protestant. Primitivement, Douéra était une forte station militaire, située sur l'unique route qui conduisait à Blidah. Ses habitants, au nombre de 1,200, privés du commerce de détail auquel donnait lieu une forte garnison, ont tourné leurs efforts vers l'agriculture ; ils possèdent en moyenne chacun 3 hectares qu'ils commencent à bien cultiver.

Delly-Ibrahim, que nous traversons, est un beau village tout neuf, qui a une jolie église, un hôpital pour les convalescents, une grande maison forte qui peut servir de refuge aux habitants.

Nous nous arrêtons à Ben-Aknoun, qui a un aqueduc arabe et possède un établissement d'orphelins, dirigé par les Jésuites, installés dans un ancien bâtiment maure auquel ont été ajoutées des constructions nouvelles ; les classes, le réfectoire sont trop petits et sont des pièces assez pauvres. La culture présente un fort bel aspect : elle s'étend sur 100 hectares, portant du blé, de l'orge, de l'avoine, des fourrages ; de vastes jardins renferment toutes sortes de légumes et de fruits, des oliviers, des orangers anciens, des bananiers. Les carrés cultivés sont encaissés par des chemins relevés qui portent des rigoles en maçonnerie qui distribuent les eaux des norias.

Les enfants sont employés aux diverses cultures, selon leur âge. Quelques-uns sont exercés aux professions agricoles, comme celles de charron, forgeron, etc., et aussi à celles de tailleurs, cordonniers. Ils consacrent à l'étude la soirée pendant l'hiver, le milieu du jour pendant l'été ; ils apprennent à lire, écrire et compter. Le directeur pense qu'il ne faut pas trop les instruire, et en effet, ils nous paraissent peu instruits : on fait lire devant nous un jeune homme qui est dans la classe la plus avancée, et qui n'est pas bien habile.

Le prix payé par le gouvernement, pour chaque élève, est de 21 fr. par mois pour la pension, plus les appointements des professeurs qui s'élèvent de 720 fr. à 1,000 fr. pour 10 élèves, soit 72 fr. à 100 fr. par élève ; plus 60 fr. pour le trousseau. L'État ne paie plus rien pour les élèves âgés de plus de quinze ans. Ils demeurent dans l'établissement jusqu'au moment où ils se marient, et à cette époque ils doivent recevoir, pour dot, ce qui est nécessaire à l'installation d'une exploitation agricole. Il serait à désirer que cette dot fût plus exactement déterminée.

La nuit était venue. Nous nous dirigeons, à travers le Sahel, vers Alger, où nous sommes rendus le samedi 1.er décembre, à sept heures et demie du soir.

Nous séjournons dans cette capitale pendant plusieurs jours, et nous employons notre temps à revoir les différents établissements que nous avions visités, notamment le jardin d'essai, et à étudier ceux que nous n'avions pu encore examiner. Nous assistons, avec M. le préfet, à une séance du comice agricole, tenue dans l'église nouvelle. Le président du comice, M. Borelli de la Sapie, prononce un discours dans lequel il s'attache à repousser les assertions de M. de Rancé, tendant à faire croire que l'Algérie dépérissait. Un colon prononce un discours sur toutes sortes de sujets. Je m'attache à dire en quelques paroles comment j'appréciais la grandeur de l'Algérie, ce qui avait été fait, ce qui restait à faire. Un membre du comice présente d'excellentes vues sur l'élève du bétail ; et le président termine la séance en indiquant les principaux objets à étudier, la culture des céréales, celle des oliviers et des bois de construction, l'établissement des silos si indispensables pour la conservation des grains, la manière d'acclimater les européens et les mettre en position de se livrer à un travail lucratif. Il indique les avantages que les colons doivent retirer de l'étude de la langue arabe, qui les mettra en rapport avec le *peuple* qui nous fournit de bons ouvriers, fidèles et capables de nous défendre contre les *chefs* ; il invite les membres à s'occuper de la rédaction d'un manuel agricole, et annonce que la culture dépasse **de un tiers celle de l'an dernier.**

Après avoir revu les autorités, qui continuent à nous accueillir avec un extrême empressement, nous partons le mardi soir, 4 décembre, pour Oran, par le bateau............, commandé par M. d'Armangant. Nous avions à bord M. Tripier, lieutenant-colonel du génie, qui a bien étudié l'Algérie, et dont la conversation nous intéresse infiniment ; il eut beaucoup de bontés pour nous à Oran.

Aux premières clartés du matin, nous voyons Cherchell ; mais un fort vent d'ouest, qui agite violemment la mer, nous empêche d'y aborder.

Nous sommes, à la nuit tombante, à la hauteur de la masse énorme de montagnes qui forme le cap Ténès. La ville est bâtie sur un plateau au-dessus de la mer ; quelques constructions sont au bas, près des flots. Nous ne pouvons aborder tant la mer est houleuse ; mais des canots viennent recueillir quelques passagers.

A six heures du matin, nous apercevons Mostaganem qui se perd dans les brouillards. Nous ne pouvons y toucher tant le vent est violent, tant les courants du Chélif accroissent les difficultés.

Nous voyons s'ouvrir devant nous le vaste golfe d'Arzen ; voici les grandes plaines de l'ouest qui s'abaissent et rendent les débarquements faciles : depuis Sidi-Ferruch, les monts, plongeant leurs pieds dans la mer, rendaient le rivage presque inabordable.

Nous entrons dans le port à trois heures ; je me fais descendre à terre : nous avons eu le vent debout depuis Alger, et nous avons essuyé un tel tangage, que j'en ai été cruellement tourmenté. L'eau saumâtre qu'on boit dans la ville ne contribue pas peu à prolonger les effets du mal de mer ; je le ressentais encore le lendemain. Heureusement, les usages français s'implantent sur la terre d'Afrique : je trouvai dans un café la *limonade gazeuse* que fabrique si bien Paris, et cette délicieuse eau de Seine m'apporta un grand soulagement.

Le port d'Arzen (portus divini) est formé par une pointe de

terre élevée qui se recourbe, comme presque toutes celles de la côte algérienne, de l'ouest à l'est; elle se continue dans la mer en formant une chaîne interrompue de rochers dont il faudra combler les intervalles. Il faudra aussi empêcher le ressac, en prolongeant le môle qui se détache de terre et forme le lieu de débarquement. Aujourd'hui, quand la mer est agitée, le port ne jouit que d'un demi-calme, et la vague passe au-dessus du môle.

On a commencé les travaux de défense de ce point très important qui commande le golfe. Un fortin est bâti sur la pointe qui domine le port et bat la pleine mer; un blockhaus et une redoute sont sur la partie la plus élevée ; une batterie est établie à la côte, au sud de la ville; celle-ci est entourée d'un mur crénelée. Sur un îlot s'élève le phare.

La ville s'étend le long du rivage; ses habitations neuves, fort belles, sont en grande partie abandonnées, depuis la crise qui a suivi la révolution, et le choléra qui a enlevé 147 militaires sur 700, et 105 habitants.

La ville est entourée de jardins dont le sol a été dépierré, et qui sont pourvus de norias. Il n'y a pas un arbre dans les environs; la plaine est généralement pierreuse, mais on la dit fertile et donnant 25 pour 1.

Nous avons à nous féliciter du bon accueil qui nous est fait par le commandant M. Tellet, chef d'escadron au 2.ᵉ régiment des chasseurs d'Afrique.

Le vendredi 7 décembre, nous nous mettons en mesure de visiter les plaines qui se déploient avec magnificence sur ce rivage. En face de nous, vers la pointe opposée du golfe, s'étend Mostaganem, dont les cultures se développent rapidement et qui a un haras important. Là réside Sidi-Laribi qui passe pour avoir 500,000 fr. de rentes, dont une partie provient des prélèvements qu'il effectue sur les impôts que nous le chargeons de lever, et des appointements que nous lui allouons.

Dans tout le contour du golfe, des fermes apparaissent sur la côte; au centre est le Vieil-Arzen, et au-dessus, sur le plateau, sont les colonies agricoles de *Saint-Leu* et de *Damême*, placées sous la direction de M. Robert des Hongues.

Pour former leur territoire, il a fallu faire des échanges avec les Arabes, ou leur acheter des terres au prix de 15 fr. l'hectare.

Saint-Leu a 476 hectares dont 79 sont en dunes, 107 défrichés. On demande que le territoire soit porté à 1.500 hectares. Le niveau des puits, sur le plateau, est à 11 mètres de profondeur; sur la pente qui regarde la mer sont des sources légèrement saumâtres, dont le débit est de 100 litres à la minute. Leurs eaux sont conduites, par des rigoles de construction romaine, dans des réservoirs de même origine, qui ont été déblayés. La partie élevée de la ville antique a conservé de magnifiques citernes, dont les alignements montrent l'emplacement des rues, et qui pourront certainement être utilisées.

Un télégraphe fortifié est au-dessus du village, une église au centre des habitations ; les jardins sont en bas, et peuvent être arrosés : les défrichements s'opèrent par les colons qui sont assez laborieux, ils sont aidés par les soldats. Les bœufs sont de fort petite taille, mais passent pour travailler mieux que les grands bœufs qui viennent de la frontière du Maroc.

Le choléra a fait des victimes à Saint-Leu ; sur 176 personnes, 23 sont mortes.

Tout le plateau est couvert de ruines romaines, dans lesquelles nous avons pris un morceau de mosaïque. On y voit aussi un village habité par des Arabes, possédant peu de troupeaux, adonnés spécialement à l'agriculture, logés dans des maisons très basses, couvertes de terrasses grossières, formant un dédale inextricable de rues étroites dans lesquelles un homme à cheval ne saurait pénétrer. Nous y avons remarqué un puits, une école, de beaux figuiers. Le tout est entouré d'immenses plantations de cactus (figuiers de Barbarie) qui forment une barrière infranchissable.

A quatre lieues de Saint-Leu est un lac salé qui forme l'extrémité de la série de lacs qui s'étend au-delà de Miserghin ; lorsque l'évaporation de l'été l'a mis à sec, il a sur son fond une couche épaisse de sel très pur qu'on exploite et qu'on livre 1 fr. le quintal. Un navire en formait son chargement à Arzeu, à notre arrivée.

Damème, annexe de Saint-Leu, est plus rapproché d'Arzeu-le-port ; cette colonie a 354 hectares ; ses habitants paraissent peu laborieux : plusieurs veulent partir. Près du village, M. Ami a fondé une belle ferme : il a fait des défrichements étendus ; il a établi un beau vignoble avec des ceps de Malaga ; il en a planté un autre de vignes de Muscat dont les fruits seront séchés : malheureusement les chacals font de grands ravages dans les vignes : on a été forcé de cueillir les raisins avant leur maturité.

A trois heures et demie nous prenons la diligence qui va de Mostaganem à Oran, en passant par Arzeu. Le premier village que traverse la route, après cette ville, c'est Sainte-Léonie, bâti aux frais de l'État, sur un beau plateau, entouré d'un fossé d'enceinte, composé de maisons de jolie apparence, mais qu'on dit peu solides, habité par des Prussiens qui passent pour indolents. L'étendue du terrain défriché est assez grande. Un moulin à vent a été construit.

La route passe en vue de *Négrier*, bâti au pied de la montagne qui borde la côte, puis traverse Meffessour, colonie civile, à constructions conséquemment variées, située au centre d'une plaine immense couverte de broussailles, au milieu desquelles on voit beaucoup de tamarins. Cette colonie possède, dans la vallée qui est au sud, une belle pépinière bien irriguée. Le fossé d'enceinte n'est pas fait.

Ensuite se présente *Saint-Cloud*, colonie agricole dirigée par M. Bouzon, capitaine au 12e léger ; nous la visitons avec beaucoup d'intérêt. Elle compte déjà 300 maisons ; on en bâtit encore pour d'anciens militaires, et on projette une caserne. L'église est construite, et un canal de dérivation amène des eaux abondantes de la montagne. Le fossé d'enceinte n'a pas été creusé, et le directeur n'en veut pas. La colonie a 2,000 hectares, et a l'espoir d'agrandir son territoire. Les troupes auront défriché 450 hectares au mois de mars; les jardins sont plantés de mûriers; des trous sont faits pour les plantations qui doivent border la route; un vaste terrain est préparé pour la pépinière; il est irrigable comme toutes les cultures environnantes; quelques vignes sont plantées, mais les plants manquent; on sollicite des ceps de Bourgogne. Nous remarquons une belle ferme bâtie aux abords du village par M. Campillo, qui a créé des jardins très remarquables; il possède un superbe troupeau de chèvres espagnoles.

Les habitants de Saint-Cloud travaillent, et probablement continueront leur entreprise; ils montrent l'humeur parisienne dans toute sa gaîté; ils ont une salle de bal, et ils ont établi un spectacle d'amateurs avant de songer aux ensemencements. On n'a pas connu les fièvres intermittentes à Saint-Cloud; le choléra n'a fait qu'une seule victime sur 80 malades.

De Saint-Cloud une route se dirige sur Christel, village situé sur la côte et peuplé par des Espagnols.

Arcole est le dernier village que nous reconnaissons; il a 53 feux.

Nous contournons la montagne des Lions, en parcourant des plateaux étendus, et arrivons à *Oran* à neuf heures et demie du soir.

Nous consacrons plusieurs jours à visiter cette ville, l'une des plus pittoresques qu'on puisse voir : elle occupe les deux côtés d'un ravin profond, dans lequel, à 80 mètres au-dessus de la mer, fait irruption une magnifique source qui distribue l'eau dans la ville, arrose les terrains cultivés, et, près du rivage, fait tourner un moulin. Le ravin conserve quelques belles cultures; malheureusement on a eu la barbarie d'en combler une partie pour former des terrains à bâtir, sur l'emplacement des délicieux jardins qu partageaient la ville en deux parties.

Le quartier de la ville construit sur le côté gauche du ravin (ouest), aujourd'hui le moins important, est l'ancienne ville espagnole; elle montre des restes de ses fortifications antérieures. Au dehors de cette partie de la ville a été formé un cimetière.

Le quartier qui occupe le côté droit du ravin, est comme une autre cité ; elle est la plus considérable et presque entièrement neuve ; ses rues ont des pentes énormes. Au-dessus de cette ville européenne en est une autre habitée par les Juifs. Dans le bas est la ville maritime que les barques viennent aborder. Enfin, sur le haut de l'entonnoir on voit un village habité par des Arabes, et un autre habité par des Nègres.

Ce qui domine dans la population d'Oran, c'est l'élément espagnol. Les hommes de cette nation habitent surtout la ville maritime. On les reconnaît à leur costume pittoresque : ils ont un chapeau souvent en velours, garni de pompons sur le bord, et vers le haut, *crânement* posé de côté, une veste brodée en applications rouges, jaunes, etc., comme les maroquineries du Levant, et garnie d'un capuchon. Ils sont vifs, passionnés, violents et laborieux. Le préfet, M. Garbé, nous dit qu'il y a parmi eux nombre d'échappés des présides. Les nègres sont hommes de peine. Tous ces citoyens, chrétiens, arabes, juifs, nègres, sont électeurs, de par la loi ; pourtant on n'admet à voter que les propriétaires. Oran fait en ce moment même ses élections municipales. La population chrétienne est assez agitée, mais l'administration compte entièrement sur la population arabe, qui a, avant tout, le respect de l'autorité.

Oran renferme sur le coteau de l'ouest, un bel hôpital, dont les bâtiments sont neufs, mais qui a conservé une mosquée et un minaret carré, très-élégant, orné d'arabesques formées par les briques en saillie, entre lesquelles sont des vestiges d'incrustation de fayence ; parmi ces dessins capricieux, on ne peut s'empêcher de remarquer des fleurs de lys, montrant très-nettement leurs trois pointes supérieures et les trois inférieures ; ces dernières, qui sont surtout caractéristiques, sont bien déterminées, et plusieurs portent encore leur pièce de fayence distincte.

On remarque sur le coteau de l'est une mosquée assez grande, mais basse, mal tenue, sans ornements, possédant cependant un fort joli minaret. Dans les cloîtres y attenant, sont reçus les voyageurs arabes ; ils y sont en assez grand nombre.

La position d'Oran est très-forte : la ville est entourée d'une muraille crénelée ; à l'ouest elle est couverte par de solides fortifications ; au sommet de l'immense coteau nommé Santa-Cruz, est un château en ruine qui sera réparé sans de grandes dépenses. Vers le milieu du ravin est une grosse tour mauresque bastionnée. Au bord de la mer, à l'est, sur le coteau qui se lie à la montagne des Lions, est le château neuf, bâti par les Espagnols, en pierres de taille, formant une escarpe immense ; il domine la rade et la ville, comme la grosse tour avec laquelle il communique. Dans le château neuf, dont l'étendue est considérable, sont réunis presque tous les établissements militaires, ainsi que la ravissante demeure du gouverneur, qui rappelle les beaux palais des Maures. Le général Pélissier nous y offre l'hospitalité avec une parfaite cordialité, et nous fait trouver à sa table les autorités de la province. Il prend la peine de nous faire voir les beautés de sa résidence : il nous fait remarquer une panthère, grimaçant, s'élançant violemment contre les barreaux de sa cage, présentant tous les signes de la plus grande férocité, et se laissant pourtant gratter familièrement le sourcil par son maître.

Du côté de la terre, à l'entrée de l'entonnoir d'Oran, est une coupure abrupte, qu'on a utilisée pour l'établissement des carrières, et qui mettrait dans une position périlleuse les assaillants qui voudraient s'approcher des murailles. La crête porte une ligne de blockhaus et le fort Philippe. Entre cette ligne et la ville sont le village arabe et celui des Nègres, et un caravansérail, bâti avec luxe, dans le style oriental qui a été converti en hôpital, faute d'emploi.

La rade d'Oran est immense, peu profonde aux abords de la ville, ouverte et peu sûre, quoiqu'abritée contre les vents d'ouest par la pointe de Mers-el-Kébir. Mais celle-ci couvre un beau port, qui a plus d'eau que celui d'Arzeu, et qui est plus tranquille, quoiqu'il ne jouisse pas d'un calme parfait. Sur l'immense rocher qui forme la pointe de Mers-el-Kébir sont établis plusieurs forts, un phare à feux tournants et de nombreuses batteries dont les inférieures sont casematées. Quelques-uns de ces ouvrages sont fondés sur des blocs artificiels, semblables à ceux employés à Alger, mais presque tous reposent sur le rocher. Ces grands travaux, ces fortifications énormes qui battent la mer et la rade, font de ce point un poste formidable. Au pied des forts est un joli village qui a reçu le nom de Mers-el-Kébir ; il est uni à Oran par une route, taillée dans le rocher, garnie d'un parapet dans presque toute son étendue, contournant tout un côté de la rade, et traversant près d'Oran, le petit village de St.-André. Toutes ces constructions sont vraiment cyclopéennes. A Mers-el-Kébir, réside en ce moment M. Kremer, pharmacien militaire, botaniste distingué, qui se livre à l'étude de la flore algérienne avec beaucoup de zèle et de succès. Les entretiens que j'ai eus avec lui ont été pleins d'intérêt pour moi.

La plaine d'Oran, qui commence au haut du ravin dans lequel s'est nichée la ville, a une pente inverse à celle du rivage, de sorte que ses eaux s'éloignent de la mer, et se rendent dans des lacs sans issue. La crête, dont nous avons parlé, porte des moulins à vent, mûs par quatre grandes ailes triangulaires, entre lesquelles des voiles plus petites sont quelquefois intercalées, utiles usines dans un pays où l'eau est rare, et doit être utilisée pour les irrigations. Le sol de la plaine est léger, un peu sablonneux, souvent pierreux ; les eaux y sont généralement saumâtres, pourtant la culture s'y étend plus, peut-être, qu'en aucune autre localité : tous marchands, tous employés, qui ont des économies, les placent en terres et commencent une exploitation.

A travers ce vaste terrain, des routes ont été tracées, mais non encore empierrées, elles s'étendent en rayonnant d'Oran, et sont reliées par quatre chemins de ceintures, et quelques-uns en diagonale.

On voit, au loin, vers la base d'une chaîne de monts peu élevés, la Senia, bâti depuis quatre années, Valmy, ou Le Figuier, village civil, Mangin, colonie agricole, Sidi Chamy. A droite, la plaine arrive au grand lac, et en-deçà, dans un pli de terrain, se cache Miserghin. Les Arabes ont presqu'entièrement abandonné les environs d'Oran : on a repris les *Mectas*, comprenant 2,000 hectares.

dont les beys donnaient la jouissance à certaines tribus, et que les Arabes ont vendus sans droit. Mais on les concède aux acquéreurs dépossédés, auxquels on accorde, d'ailleurs, quelques subsides. Cette année on a distribué des encouragements s'élevant à 40,000 fr. et des primes pour constructions, atteignant la même somme. Ce système a donné d'excellents résultats.

En parcourant la plaine, nous allons visiter la ferme de M. Andrieux, qui a acheté son terrain, comme beaucoup d'autres habitants. C'est le premier colon de ce canton : il a commencé son exploitation dès 1836 ; il a labouré, son fusil sur l'épaule, a subi un siége dans sa maison, et a repoussé les Arabes ; mais ils lui ont volé quarante-cinq bêtes à cornes. Il a creusé, avec un plein succès, un puits pour recueillir et absorber les eaux d'un ravin qui ravageait ses terres. Ce colon a défriché plus de cent hectares ; il se sert d'une charrue à avant-train, traînée par deux chevaux ; il sème sur les jachères un mélange de vesces, avoine, orge et seigle, qui lui donne une coupe en février, une deuxième en mai ou juin. Il prend le fumier d'une caserne de cavalerie.

Nous voyons ensuite la maison carrée ou la maison blanche (Dar beida) près de laquelle est établi un vignoble et une plantation de mûriers ; le défrichement y a coûté de 130 à 150 francs par hectare.

Nous voyons ensuite une petite maison qui a coûté 1,200 fr. et qui forme une habitation assez convenable. Puis la ferme *Marquis*, bien conduite et bien plantée ; l'*Étoile*, village qui n'a encore que trois habitations ; les autres entoureront une place circulaire, formée au point d'intersection de six routes, et s'étendront sur les bords de ces routes ; enfin la Senia, joli village qui se relie à Oran par une belle route plantée de quatre rangées de beaux mûriers ; les propriétaires des terrains riverains les ont plantés en contre-allées ou en quinconces, de sorte que la route ressemble à celles qu'on admire aux abords des capitales.

Entre la plaine et la mer, à l'ouest d'Oran, s'élève une chaîne de montagnes qui laisse entre leur pied et le rivage la plaine élevée des Andalouses, dans laquelle deux villages sont préparés. Les gens de Mers-el-Kébir, qui n'en sont séparés que par leur montagne, y vont porter leur culture. Tous les villages de la plaine d'Oran sont ouverts. C'est, à notre avis, oublier les règles de la prudence ; il serait nécessaire de placer de solides maisons de manière à défendre l'agglomération des habitations.

Le dimanche, 9 décembre, à 4 heures du matin, nous montons dans une voiture traînée par quatre chevaux arabes, et conduits par deux espagnols. Nous prenons la route de Tlemcen qui côtoie le grand lac. Nous avons été forcés de laisser à Oran notre ami Denissel, indisposé depuis Alger. Une consultation de médecins, résidant en Afrique, avait déclaré qu'il était convenable de le faire passer en France, sans délai, mais il n'a pas voulu mettre fin à son voyage. Nous traversons Miserghin, avant que le jour soit venu ; à peine pouvons-nous discerner le grand lac dont une petite partie conserve ses eaux. Au-delà de Miserghin, le chemin est à peine tracé. Au lieu nommé Bredia, nous trouvons des chaumières en roseau, bâties par des gardiens de porcs. Nous voyons là à quel point le vainqueur a respecté religieusement la propriété du peuple vaincu. Un vieux soldat, qui a seize ans de service, a construit une cabine de vingt pieds de long sur dix de large : il paie, pour le fonds, dix francs par mois aux Arabes !

Sur la gauche nous apercevons un grand village neuf.

Nous sommes toujours sur les bords du grand lac, dont les eaux pendant l'hiver s'élèvent à 0^m. 50, mais qui maintenant, par l'effet de l'évaporation, est totalement desséché dans sa partie occidentale ; il ne représente qu'une immense plaine nue, jaune, unie, tellement imprégnée de sel que toute végétation y est impossible. C'est le désert. Sur les bords du lac, dans les parties qui ont été couvertes par des eaux assez fortement salées, on voit pousser des salicornes et d'autres plantes maritimes ; ensuite des *statice limonium* et autres espèces ; puis viennent, dans les bas-fonds qui sont restés couverts d'eau peu chargée de sel, des plantes marécageuses ordinaires, telles que le juncus acutus,

Sur les rives non inondées apparaissent les graminées, et le chamærops qui couvre de vastes espaces, et plus haut des broussailles épaisses.

Après nous être arrêtés quelques instants sur ce point curieux, nous continuons à traverser des solitudes jusqu'aux *six puits*, grande halte, où ont été creusés nombre de puits pour satisfaire aux besoins des voyageurs et des troupeaux. Nous en comptons huit, dont trois sont abandonnés, les cinq autres en bon état, et garnis de leurs poulies. L'eau est à cinq mètres de profondeur, et n'est nullement saumâtre. Un peu plus loin est une belle noria, composée d'une corde sans fin, garnie d'une double série de seaux s'élargissant au fond, et non percés de trous. Ce chapelet est mis en mouvement par une lanterne qui est placée en haut, et que fait tourner la roue à engrenage d'un manége.

Aux six puits a été bâtie une hôtellerie à murailles crénelées, susceptible d'une bonne défense. L'hôte est un chasseur : il nous sert un déjeuner dont le sanglier, les perdrix rouges, et le lapin font le menu. Il nous vend deux peaux de lynx.

Près de cet établissement, M. Genard, Alexandre, de l'Isère, boulanger et boucher, a déjà construit une autre maison en clayonnage, et demande à conserver l'emplacement de sa baraque. C'est là une difficulté! Evidemment si un territoire était disponible en ces lieux, un village important ne tarderait pas à se développer.

Les porcs pullulent dans ces cantons : quinze truies ont formé, en deux années, un troupeau de cent cinquante têtes, bien qu'on ait vendu une quantité d'élèves suffisante pour payer les mères. Ce troupeau est estimé six mille francs ; il ne coûte rien à nourrir. Les porcs mangent le *raisin* du palmier nain (la grappe des fleurs et des fruits), les tubercules qui croissent sur les racines, les innombrables escargots qui se cachent sous les feuilles du chamærops. Le palmier nain qu'on est habitué à regarder comme le fléau de l'Algérie, y rend cependant de bien grands services : il abrite les herbes dont se nourrissent les troupeaux : quand le soleil a tout brûlé, lui seul résiste et nourrit les bœufs, les moutons, les porcs, les chameaux, l'homme lui-même en mange le cœur : le tissu charnu de la souche, quoiqu'un peu acerbe, n'a pas un goût désagréable ; ses fibres peuvent servir à la fabrication du papier.

Nous avons pu voir, en ces lieux écartés, la culture arabe, avec tous ses caractères primitifs : le laboureur a une charrue formée d'un soc en bois, terminé par un fer plat, imitant assez bien la semelle d'un soulier. Sur ce soc est implanté un long mancheron en bois grossier, assez droit, rendu raide au moyen d'une double corde d'alpha, qui va s'attacher au soc et se tord par un petit bâton, comme la corde d'une scie. A cet instrument sont attelés deux chevaux grêles, dont tout le harnais est aussi formé d'alpha ; il consiste en un licol qui remplace la bride, et qui tient à une corde qui va entourer le cou du laboureur, et en une sorte de bricol, garni de lambeaux de drap ou de cuir, d'où partent les traits qui vont s'attacher à une traverse fixée au bois de la charrue.

L'Arabe choisit le terrain qu'il veut ensemencer, c'est un point où les broussailles laissent des intervalles nus. Il les entoure d'un sillon sinueux. Il est muni d'un couffin plein de grains, il en prend dans un pli de son vêtement et les répand avec parcimonie sur l'espace irrégulier qu'il a circonscrit ; alors il en déchire la superficie avec sa charrue sans versoir. Cela fait, il attend l'époque de la moisson.

Nous continuons notre route par un temps superbe; depuis notre arrivée en Afrique, le soleil était brillant, la température chaude; c'était le plus magnifique printemps. Nous traversons un pays un peu montueux, sablonneux, couvert de broussailles, sans habitation: nous rencontrons seulement çà et là, des tentes, des troupeaux de moutons, de bœufs, de chameaux. Nous arrivons au *Rio Salado*, rivière encaissée, dont les eaux sont salées, et qu'on traverse sur un pont à l'américaine.

Au-delà de ce cours d'eau important, le sol est plus montueux, mais non difficile, il est d'abord assez fertile, les broussailles deviennent élevées, touffues, et peuvent passer pour es taillis, elles sont formées de lentisques, de chênes, de phillyrea, etc. Le terrain est ensuite alternativement sablonneux, pierreux, fertile. De loin en loin on aperçoit des gourbis.

Nous arrivons de bonne heure à *Aïn Temouchent*, colonie qui se fonde, et où nous trouvons un gîte passable (1). Une belle source, qui arrose des jardins fertiles, en assure la prospérité: pourtant une partie du territoire disponible, celle qui est située sur la côte, est extrêmement pierreuse. Sur cette côte sont les ruines d'une cité romaine, des citernes restent entières, et l'opinion des officiers est qu'on réussit toujours quand on s'installe sur un emplacement choisi par le peuple roi. Au bas est une vallée dans laquelle coule une petite rivière, qui reçoit la source d'Aïn Temouchent et qui va s'unir au Rio Salado. Près des ruines a été formé un camp retranché dans lequel loge une compagnie, un capitaine, un chirurgien, un chef de bureau arabe, qui nous font très-bonne réception. L'officier chargé des affaires arabes paraît avoir bien étudié les indigènes, et nous parle de leur organisation : les chefs sont nobles, ou *marabouts ;* les terres de la tribu sont *communales,* mais le riche, qui seul a des bœufs et des instruments aratoires, tire exclusivement profit du sol. Les mœurs sont fort dissolues dans les tribus ; l'adultère y est fort fréquent ; il est puni d'une amende de vingt francs ; les maladies vénériennes y sont très répandues et invétérées.

Partis d'Aïn Temouchent le lundi, dix décembre, à sept heures du matin, nous traversons un pays qui devient à chaque pas plus montueux ; sur de larges espaces, dépourvus de palmiers et de broussailles s'étendent les cultures arabes ; nous trouvons abondant et touffu le grand gramen (arundo festucoïdes) qu'on coupe pour la nourriture des chevaux et que les Arabes nomment Difa. Bientôt la pluie commence et le pays devient de plus en plus difficile. La route qu'on n'a pu se contenter de tracer seulement, s'établit sur le flanc des monts ; nous passons près d'Aïn-Cabalek.

---

(1) Un décret du Président (janvier 1852), vient d'ordonner la formation d'un centre de population à Aïn-Temouchent.

belle fontaine située sur la route et près de laquelle on propose de placer un village. La pluie tombe alors par torrents. Quand par instants l'eau cesse de ruisseler, nous voyons les nuages courir et rouler sur les pentes des vallons voisins ; ils s'épaississent autour de nous de manière à nous empêcher de distinguer les objets à cinquante mètres de distance ; les vapeurs se résolvent en eau, elles nous enveloppent, nous pénètrent et nous inondent : nous pouvons vraiment juger ce que sont les pluies d'Afrique. La route devient effroyable. Nos coursiers arabes, frêles, abattus, incapables de tirer, sortent à grand peine des bourbiers qui viennent de se former. Enfin nous arrivons sur l'Isser, au point où l'on construit un pont en maçonnerie, et nous passons sur un pont provisoire formé de bateaux, les seuls que nous ayons vus sur les cours d'eau de l'Algérie. Nous parvenons à nous abriter sous une baraque de branchages et de planches, où sont entassés les ouvriers constructeurs, et où nous obtenons à grand peine quelques aliments.

Nos chevaux étaient harassés ; il leur était absolument impossible de nous tirer de là. Heureusement un camp avait été formé pour défendre et aider les travailleurs. J'écrivis au commandant du camp, le capitaine Guimas, du 9e de ligne, et le priai de nous procurer un attelage. L'entrepreneur mit à notre disposition six chevaux, et nous pûmes reprendre la direction de Tlemcen.

De l'Isser à cette ville le chemin s'établit sur la crête des monts, parcourt des plateaux étendus, traverse quelques vallées peu profondes, quelques ravins, quelques ruisseaux que nous trouvons très-grossis. Nous apercevons, surtout à notre droite, de longues vallées qui semblent parallèles ; enfin après quelques heures de marche, un immense bassin s'ouvre devant nous et sur un plateau surmonté de cîmes élevées, nous apercevons, à droite, la ville célèbre, autour de laquelle, à une certaine distance, s'élèvent déjà des bâtiments européens. Nous traversons le village Négrier, en construction ; puis des vergers plantés de nombreux et superbes oliviers. Nous sommes à la porte de Tlemcen.

Le chef du poste nous remet une invitation du général Mac Mahon, qui prévenu de notre arrivée, nous engage à nous rendre au quartier général. Le gouverneur nous y reçoit d'une manière toute amicale, et nous fait dîner avec M. le lieutenant-colonel Bazin, chef du bureau arabe, M. Gobert, commandant du génie, M. d'Abrantès, aide-de-camp du général, les autorités civiles, etc.

La conversation roule naturellement sur les questions qu'on peut plus facilement résoudre, dans l'un des postes les plus avancés de la colonie, sur les relations qu'on peut établir avec le pays situé au-delà de la région des forêts, dont Tlemcen n'est séparé que par un espace de dix lieues. Notre influence se consolide dans les *hauts plateaux* : quatre puissants chefs de ces contrées venaient de faire leur soumission et avaient fait leur visite au général Mac Mahon, avec un cortége de 4,000 chameaux. Notre commerce avec les tribus qui les habitent prend de l'extension; nous leur fournissons du blé; nous pourrons facilement leur vendre les produits de l'industrie européenne, et nous les porterons jusque dans le Maroc. Autrefois les indigènes livraient en échange des marchandises dont ils s'approvisionnaient, un grand nombre de nègres; ils ne peuvent plus maintenant en amener en Algérie, mais ils en vendent encore beaucoup en route. Ils nous livrent, comme jadis, des quantités considérables de laines. Les moutons prospèrent dans les plaines immenses qui s'étendent au-delà des crêtes du Tell : quelques puits fournissent une eau sulfureuse suffisante pour abreuver les moutons, qui ne boivent que tous les quatre jours, et là chacun a droit de faire paître les troupeaux qu'il peut élever. Le parcours est ouvert même sur les propriétés individuelles, lorsquelles ne sont pas cultivées. La toison de quatre livres vaut actuellement à Tlemcen 1 fr. 75; au printemps elle vaut 1 fr. 50; les Arabes en diminuent souvent le poids et le réduisent même à deux livres.

Les officiers avec lesquels nous nous entretenons sont grands partisans de l'administration militaire; ils la jugent infiniment active et économique : le commandant de place ajoute à ses fonctions celle de juge de paix, celle de juge consulaire. Il faudra dépenser 20,000 fr. si on lui enlève ses attributions. On dépensera 56,000 fr. en ingénieurs et employés, quand on ôtera les routes, etc., aux officiers du génie, etc. Il y a beaucoup de vrai dans ces assertions, pourtant on ne peut se dissimuler que certaines fonctions, celles des juges par exemple, sont peu compatibles avec le commandement militaire; il faudra les séparer quand les intérêts coloniaux se compliqueront davantage. Parmi les projets qui doivent améliorer la colonisation de la subdivision de Tlemcen, on signale comme le plus important, l'établissement d'un port à l'embouchure de la Tafna; il servirait à approvisionner les grades vallénes qui s'étendent dans l'ouest de la régence, et même l'empire du Maroc; il faut éviter avec beaucoup de soin de faire de grandes dépenses là où une rade foraine est suffisante; mais sans doute, on admettra la nécessité d'ouvrir un refuge à nos navires presque au débouché du détroit de Gibraltar.

Nous allons prendre un repos que notre rude voyage a rendu nécessaire, impatients de jouir bientôt de la vue de la capitale des rois de Tlemcen, de qui relevaient Grenade et Cordoue, et qui, dans l'ouest, étaient aussi puissants que l'étaient dans l'orient les califes de Bagdad.

Aux premiers rayons du jour, nous visitons avec curiosité l'antique cité, la reine de l'Afrique, la perle de l'occident : la métropole des Maures n'est pas au-dessous de sa réputation; elle est assise sur un admirable plateau, élevé de 800 mètres au-dessus de la mer, escarpé de tous côtés, terminant l'immense amphithéâtre sillonné partout des affluents de la Tafna; elle est adossée à la montagne à pic, qui l'abrite des vents du midi et lui verse en sources et en cascades les eaux vives qui répandent partout la fraîcheur, et vont arroser les délicieux jardins qu'embaument les orangers et les citronniers, que parent les vignes, les figuiers, les grenadiers, de vigoureux oliviers. Ce séjour devait être choisi par les fastueux monarques qui venaient de l'Orient, et allaient répandre en

Espagne les merveilles de leur civilisation, météore lumineux au milieu des ténèbres du moyen âge.

La ville a eu une étendue considérable et conserve de nombreux et notables vestiges de sa grandeur passée ; nous distinguons d'abord les restes de ses sept enceintes successives, qui ont été en se rétrécissant, à mesure que la puissance des Maures déclinait, et que le nombre des habitants s'éloignait du chiffre de **200,000**, atteint aux époques de splendeur ; elles sont formées de blocs de béton, dont on distingue les joints ; elles sont crénelées, munies de banquettes vers le haut, flanquées de tours rondes ou carrées ; elles rappellent enfin les plus beaux types de l'âge féodal. L'enceinte actuelle enferme 32 hectares.

Parmi les monuments qui frappent l'attention, est une grande mosquée, disposée comme celle d'Alger, mais plus vaste, plus élevée, à arcades mauresques très-profondément découpées et dentelées, du plus curieux effet. Ses murailles sont creusées de découpures élégantes, capricieuses, d'un fini admirable ; des traces de peintures mauresques remarquables font penser qu'un grand luxe était déployé dans la décoration de ce temple. Le portail et le minaret sont couverts de fayence, formant des arabesques, enduit éclatant, splendide, ne ressemblant à rien de ce que nous connaissons. Ces fayences ne sont pas des carreaux dont on reconnaît les joints ; elles sont formées de pièces de configurations diverses et faites expressément pour s'adapter aux dispositions de l'édifice et dissimuler les points d'assemblage, imitant ainsi les fragments des verrières gothiques. Cette peinture vitrifiée, appliquée à l'architecture extérieure, d'un style vraiment oriental, rappelle en quelque sorte les mosaïques byzantines, mais ne représente pas de personnages; et conserve de la régularité dans son ensemble, parce que les arabesques qu'elle forme sont symétriques.

Une autre mosquée plus petite est peut-être encore plus remarquable que celle dont nous venons de parler : Elle a aussi des faïences sur ses façades, mais elles sont encadrées, dans les dessins originaux formés par les briques en saillie, analogues à celles de l'hôpital d'Oran. On croit aussi reconnaître des fleurs de lys dans les attaches des lignes gracieusement contournées formées par les briques saillantes ; mais la partie inférieure de la fleur de lys n'apparaît pas comme dans le minaret d'Oran. A l'intérieur, la mosquée a des colonnes de marbre blanc de style antique, des découpures d'un fini exquis, délicates comme une guipure, ne constituant plus une fantaisie : ces traits dont les contours si capricieux couvrent les murs, forment des inscriptions en caractères arabes; ce sont des versets du Coran, dont les lettres sont *illustrées*, plus élégamment que celles des vieux missels des moines. La voûte présente des restes de menuiserie à compartiments à jour, disposés de manière à cacher la charpente du toit, et formant une décoration d'une rare élégance. Cette mosquée sert maintenant de magasin au fourrage.

C'est à Tlemcen qu'on comprend l'architecture mauresque ; Alger n'en donne qu'un souvenir traditionnel, ses ouvriers n'en avaient pas l'intelligence; les guipures des murs n'y ont plus de sens, elles sont une imitation matérielle, sans l'esprit ; les carreaux de faïence réguliers, et vendus au cent, dans la boutique, bien que n'étant pas sans originalité, ne sont qu'une grossière traduction des belles compositions de Tlemcen qui forment une peinture d'un éclat éternel, admirablement harmonisée avec l'architecture ; les charpentes grossières qu'on trouve quelquefois dans les belles constructions algériennes, sont bien semblables aux squelettes de la construction de Tlemcen, mais on a oublié leur élégant vêtement de bois artistement découpé, peint, doré, merveilleusement assorti à l'ensemble des édifices.

Tlemcen a conservé un magnifique bassin qui vient d'être déblayé : sa superficie à plus de trois hectares ; ses murs construits en béton ont 9 mètres d'épaisseur; il était rempli par les eaux de la cascade qui tombe de l'angle de la montagne, près de l'Almansour, et les répandait dans les jardins ou dans les palais.

L'Almansour, est un monument fort singulier : C'est un immense pentagone irrégulier, grand comme une ville, entouré d'une enceinte haute, crénelée, flanquée de tours de 20 mètres en 20 mètres, construite en blocs de béton d'une énorme épaisseur. Elle renferme les ruines d'une mosquée qui conserve la moitié de son minaret; il a été comme fendu dans toute sa hauteur, la moitié sud a été détruite, la moitié nord reste debout tout entière, haute de plus de cent pieds, comme pour nous montrer l'élégance des arabesques, des mosaïques en faïence, des colonnes de marbre blanc qui ont orné cet édifice d'un aspect ravissant. A l'intérieur, le minaret présente des voûtes servant de paliers à des plans inclinés qui remplacent les marches. A quoi à servi cette vaste forteresse, dans laquelle on ne retrouve d'autres ruines que celle de la mosquée? La légende dit qu'Almansour (le victorieux) qui vint de Fez pour s'emparer de Tlemcen, ne pouvant la prendre, resta dix ans sous ses murs, et construisit un camp fortifié pour mettre son armée à l'abri des attaques des assiégés. Je laisse à de plus habiles le soin de discuter cette opinion.

A l'extrémité de la ville opposée à l'Almansour est le *Méchouar*, ou citadelle de Tlemcen que défendit si bravement le général Cavaignac contre tant d'Arabes, et certes avec leurs moyens d'attaque, ils resteront plus longtemps qu'Almansour devant une telle forteresse, défendue par une poignée de Français. Là, sont réunis tous les établissements militaires.

Près de la citadelle est la maison du gouverneur, solidement bâtie par le génie militaire, vaste, renfermant plusieurs cours dans l'une desquelles est réuni un troupeau d'autruches que le général fait manœuvrer comme un escadron.

Le quartier qu'habitent les Européens, au nombre de 1,500, est neuf et bien bâti; celui habité par les indigènes, au nombre de 15,000 est formé de maisons misérables, bordant des rues à peine praticables. Elles renferment un grand nombre de fabriques de sellerie, de bijouterie, d'étoffes pour haïk, etc.

La ville est entourée des plus beaux jardins, tous parfaitement irrigués et ombragés par des bosquets charmants d'arbres fruitiers de toute espèce ; les orangers sont couverts de fruits ; mais les oranges sont plus petites et moins douces que celles de Blidah ; elles mûrissent difficilement sur le plateau élevé de Tlemcen, elles acquerront de meilleures qualités dans la plaine. Les oliviers ont des fruits très-gros et paraissent provenir de boutures, fournies par les anciennes cultures des Maures.

La contrée que domine Tlemcen creusée en vallées convergentes parcourues par la Tafna, l'Isser et leurs affluents, est magnifique, fertile, couverte d'oliviers, entièrement cultivée ; 10,000 hectares y sont actuellement à la disposition de l'administration française, un tiers est susceptible d'être irrigué. Le général estime à plus de 140,000 hectares le nombre des terres disponibles dans la subdivision. Cela tient à ce qu'Abd-el-Kader a forcé toute la population à le suivre, quand il s'est réfugié dans le Maroc, et que beaucoup de familles sont encore en émigration.

Il sera facile d'obtenir d'autres terres encore ; les indigènes consentiront à livrer une partie de leurs propriétés, si l'on veut améliorer l'autre ; le barrage de l'Isser permettra d'irriguer 800 hectares appartenant à un seul arabe ; on lui a proposé de lui en laisser 200 irrigués, et de prendre le reste, il y a consenti. Il y a dans de tels arrangements deux avantages, livrer une partie du sol aux Européens, conquérir l'arabe à la civilisation ; 500 concessionnaires ont déjà reçu 10 hectares chacun ; l'administration a reçu 400 demandes de concessions nouvelles.

Nous montons à cheval pour parcourir le vaste et riche territoire dans lequel le général Mac-Mahon a déjà fait élever trois villages pour les colonies agricoles, Saf-Saf supérieur, Négrier, Bréa, et marqué l'emplacement d'un quatrième. Tous, placés sur des hauteurs, faisant face à la mer, recevant les vents d'ouest et du nord, abrités contre ceux du sud, sont bien pourvus d'eau, et entourés d'un fossé, avec un parapet, et un bastion aux angles. L'un de ces fossés soigneusement terrassé, et dont les bastions sont muraillés a coûté 20,000 fr., un autre assez grossièrement fait a coûté 3,000 fr. Le général qui veut que tous les villages soient fermés, estime ce dernier suffisant.

La dépense des fontaines s'est élevée à 3,000 fr. par village; celle de chaque maison n'a pas dépassé 1,500 fr., parce que les tuiles ont été posées sur des roseaux portés par des combles bruts, et que la hauteur du bâtiment est moindre que dans les autres localités, ce qui n'a aucun inconvénient; les colons ajouteront certainement un étage à leur habitation; ils y ajoutent déjà une cave et des étables; les cultures commencent avec facilité dans les champs qui étaient tous labourés par les Arabes ; la charrue préférée par les colons est une sorte de *brabant* avec avant-train.

Après les quatre villages, on en construira d'autres formant une deuxième zone, puis une troisième, tous les centres de population, s'appuyant les uns les autres.

A trois lieues de Tlemcen, il y a une belle forêt composée de chênes-lièges et chênes blancs qu'on peut exploiter pour les constructions. On a mis le feu à certaines parties et on va couper les ronces secs.

A cinq ou six lieues dans l'est, sont les ruines d'une ville romaine, d'une grande étendue, dont M. Maccarty relève actuellement le plan; l'administration dispose de 1,800 hectares irrigables près de la ville des Romains; ils seront concédés.

Les grands conquérants ont occupé Tlemcen même, car nous y avons vu des pierres tumulaires avec inscriptions latines.

Nous avons parcouru, à cheval, tous les sites où s'élèveront bientôt, on doit l'espérer, des communes françaises, qui profiteront des dons du plus beau climat de la terre; nous étions arrivés sur le territoire des tribus, en vue des montagnes abruptes, au milieu desquels le général Mac-Mahon fit une si rude guerre aux Arabes qu'il fallait dépister de rochers en rochers, et poursuivre sur des escarpements droits comme des murailles. Vers le soir, des multitudes de cavaliers sortent des plis du terrain, se présentent devant nous, les agahs, les drapeaux, et la musique en tête; cette musique se compose de sortes de tambours de basques faits de pots de grès, et de cornemuses bizarres dont les tuyaux sont en corne. Les drapeaux portent au coin un yacht tricolore, témoignage de la fidélité du goum ; les agahs et les cheicks, dont plusieurs portent la croix d'honneur, sont couverts de leurs burnous d'investiture; de couleur écarlate ; ils se détachent, mettent pied à terre, viennent nous baiser la main, se remettent en selle, et retournent vers leurs gens. Tous les cavaliers du goum alors se précipitent sur nous ventre à terre, tirent leur coup de fusil à dix pas de nos rangs, s'arrêtent brusquement, se retournent et s'en vont au galop, brandissant leurs armes, jettant leur fusil en l'air, le faisant tourner au-dessus de leurs têtes; ils reviennent en courant, les burnous flottant au vent, se répandent autour de nous, et continuent ainsi leur étourdissante fantasia ; enfin nous poursuivons notre route, et ils nous forment une tumultueuse escorte. Partout, quand nous passons au-devant des douaires, on nous présente le lait, et les guerriers grossissent notre cortége.

Vous voyez ces hommes, nous disaient les officiers qui chevauchaient avec nous, ils sont dévoués, ils ont combattu avec nous, ils ont reçu des blessures à notre service, plusieurs sont décorés, eh bien ! notre opinion à tous, est que les plus attachés ne résisteraient pas à l'entraînement de la révolte, si elle se ralumait. Ils regardent notre expulsion comme marquée dans le temps; toujours amateurs du merveilleux, ils attendent le Messie vainqueur, qui apparaîtra avec des signes miraculeux. Un spahis fidèle, qui a reçu trois blessures dans nos rangs, invité à faire admettre son fils dans les rangs, comme enfant de troupe, répondait au général : « Non ! moi je vous ai donné mon âme; mais vous serez chassés avant que mon fils soit mort! je ne veux pas qu'il soit maudit des siens. »

Les Arabes, dans les douaires, ne travaillent que six semaines par an, causent beaucoup politique, se transmettent toutes les nouvelles, les commentent et les dénaturent; il se forme ainsi une opinion publique, qui entraîne parfois toutes les populations et les jette dans les entreprises les plus téméraires.

Ces Arabes sont gouvernés par des chefs nobles pour lesquels ils ont une grande vénération; quelques vexations qu'ils leur fassent endurer, ils n'admettraient pas un chef de famille roturière ; la tribu perdrait de sa considération et passerait pour *mesquine*.

Les Kabyles, dans l'ouest comme ailleurs, sont essentiellement démocrates; ils ont une Djemma (assemblée) par village, par tribu ; ils sont fort jaloux de leurs droits et demandent à changer souvent leurs caïds, etc., comme les Arabes, ils tirent vanité de l'illustration des familles revêtues de l'autorité. Ils ont une force d'inertie insurmontable ; ils disent à nos généraux : « Tu es Sultan, tu es fort, tu peux faire ce que tu veux ; mais nous n'obéirons pas à un chef *de peu*. »

Ainsi nous discourions sur les Arabes, ayant sous les yeux les sujets dont on nous parlait. Le soir était venu et nous marchions à travers les broussailles, accompagnés de cette multitude devenue silencieuse ; notre marche avait quelque chose de fantastique qui reportait involontairement l'imagination aux temps qui se présentent à nos souvenirs entourés de fictions merveilleuses.

Aux portes de Tlemcen, les tribus prennent congé de nous, et nous arrivons bientôt à la maison du gouverneur ; nous y retrouvons sa splendide et gracieuse hospitalité. Le lendemain nous lui faisons nos adieux et lui adressons nos remerciements. Nous nous mettons en route pour Oran. Nous aurions voulu prendre le chemin de Sidi-bel-Abbès ; mais rien n'était préparé pour nous transporter dans cette direction ; nous reprenons donc, le 12 décembre, la route que nous avions parcourue ; mais notre marche fut très-rapide. Nous déjeûnons au camp de l'Isser, où l'on nous donne une fantasia, et puis une escorte. Nous dînons à Aïn-Témouchen, où nous nous entretenons de nouveau avec nos braves officiers. Vers le soir, nous nous apprêtons à traverser le pays désert qui nous séparait d'Oran. La route était bien longue. Mais le général Pélissier nous avait fait préparer des relais, et à des points convenus, au milieu de la nuit, conducteurs et chevaux sortaient des broussailles, et enlevaient rapidement notre voiture, en suivant une voie à peine tracée. Nous arrivons à notre destination à trois heures du matin, le jeudi 13 décembre.

Nous employons cette journée à visiter plus en détail la ville d'Oran qui doit devenir une station si importante, et le lendemain nous entreprenons le voyage de Saint-Denis-du-Sig : la route atteint la Sénia, puis le Figuier; elle surmonte une colline et traverse une belle plaine dépendante du grand lac, dans laquelle quelques terres sont salées, et où commencent des constructions assez multipliées; elle gravit ensuite une autre colline et descend dans une vaste plaine, sans palmiers ni broussailles, qui s'étend jusqu'au Tlélat. Au pied du mont, la culture commence, des villages et des habitations isolées sortent de terre; dans les montagnes, les Arabes bâtissent des demeures solides.

Le chemin s'engage dans une vallée étroite, peu profonde, bientôt élargie, dont les bords sont pierreux et le fond de bonne nature. Les Arabes y font des cultures entre les jujubiers et les palmiers. Le plateau de la montagne peu élevé, pierreux et parsemé de broussailles est pareillement cultivé.

Après une demi-lieue, on se trouve dans une vallée transversale, rocailleuse, coupée de buissons, de souches d'oliviers, de vieux lentisques, cultivée çà et là par des Arabes qui ont bâti des villages. On sort de la vallée en suivant une large dépression de terrain, au fond de laquelle est le lit d'un ruisseau à sec. Le sol est non cultivé, mais susceptible de l'être; il se couvre de buissons; des touffes d'oliviers sortent des racines de gros troncs coupés; enfin apparaissent vers la crête des oliviers de haute stature; le versant opposé, ondulé et à peine en pente en est presque couvert, avec ces arbres croissent des lentisques, des thuya articulata, des rhus pentaphyllum, etc. : on est dans le bois d'Ismaël, dont les arbres peu serrés, permettent aux Arabes de faire quelques cultures entre leurs troncs.

Le bois s'éclaircit de plus en plus, le sol devient nu et une plaine immense se déroule devant les yeux, c'est celle du Sig.

Nous étions ainsi parvenus dans ce vaste bassin, sans difficultés : nous avions laissé les plus grosses montagnes à gauche, vers le bord de la mer. A la sortie du bois est un relais, la maison d'un garde forestier, et plus loin un village bâti par les Français pour les Arabes, aux frais de ces derniers. Tout le terrain, depuis le bois d'Ismaël jusqu'à la rivière distante de plusieurs lieues, est sans eau potable; un puits a été creusé jusqu'à vingt-deux mètres, sans résultat.

Le Sig sort d'une gorge profonde, étroite, sauvage qui pénètre dans la masse des montagnes au-delà desquelles est Mascara, il traverse la plaine, et fournit, même en automne, une grande quantité d'eau ; mais il est si profondément encaissé, que la terre ne peut profiter de cette source de fécondité. Pour remédier à cet inconvénient, le général Lamoricière a fait exécuter un barrage, dans la gorge même, sur les fondements d'anciens travaux. Le point du barrage ne pouvait être mieux choisi : en ce lieu, la gorge est pour ainsi dire réduite à la largeur du lit de la rivière; celle-ci se précipitait de plusieurs mètres, de sorte qu'il a fallu une maçonnerie peu élevée pour déverser les eaux sur les rives et les répandre dans la plaine. Peut-être aurait-t-on pu l'exhausser davantage, car il faut porter l'eau le plus haut, et le plus loin possible ; peut-être pourrait-on même convertir la vallée sauvage au fond de laquelle roule le Sig en un réservoir considérable. On craint que le talus en maçonnerie qui reçoit l'eau versée par le trop-plein ne soit trop raide, et ne donne au courant une rapidité telle qu'il produise des affouillements, mais aucun dégat réel ne s'est encore manifesté. On a pratiqué une dérivation sur chacune des rives. Celle de la rive gauche ne rend pas encore beaucoup de services. On l'a arrêtée dans son développement, parce que le sable d'un ravin la comblait; on l'a ramenée à un niveau inférieur ; il eût été bien préférable de parer à l'inconvénient signalé par d'autres moyens, des plantations par exemple, car il faut s'efforcer de porter l'eau à une élévation suffisante, pour qu'elle puisse arriver jusqu'au débouché de la forêt d'Ismaël.

La dérivation de la rive droite offre déjà un beau courant ;

mais au lieu de la laisser à un niveau convenable, on lui laisse faire des chutes qu'on prétend utiliser. L'eau est trop précieuse, en ces climats pour en faire un pareil usage. Dès à présent, la dérivation de la rive droite arrose les jardins de Saint-Denis du-Sig, bâti tout récemment au pied des montagnes comme Blidah ; ce village a 3,000 hectares déjà concédés, les défrichements sont fort peu importants ; les fièvres y sévissent avec intensité ; les habitants n'en sont guères exempts que durant les mois de janvier, février et mars. Le choléra a fait de nombreuses victimes. On se plaint des habitants : le brigadier de gendarmerie nous dit qu'il se commet beaucoup de vols. La milice est forcée de monter la garde pendant la nuit.

Saint-Denis réclame une fontaine, un lavoir et un abreuvoir, constructions de première nécessité ; il demande que l'administration lui fournisse des bestiaux, qu'elle lui donne une garnison de cavalerie, ou qu'elle achète ses fourrages et ses grains sur place. C'est là une réclamation universelle dans un pays qui n'a point de routes ; mais si les cultivateurs ne peuvent faire les transports, l'administration ne le peut guères plus qu'eux ; dans une situation pareille, le premier élément de succès c'est l'élève des bestiaux.

Non loin de Saint-Denis, nous inspectons la ferme de *l'Union du Sig*, association formée pour 99 ans, et dans laquelle les lots et les bénéfices sont en raison du capital, du travail et de l'intelligence. Il sera toujours bien difficile de juger le travail et surtout l'intelligence !

La ferme formera un vaste carré entouré de murailles percées de meurtrières, flanqué de bâtiments saillants, mais qui sont trop distants. Les murs de clôture, présentent à une certaine hauteur des ouvertures cintrées, qu'il faudra boucher, car elles diminuent beaucoup la sûreté de la clôture. Du reste, un seul côté du mur est bâti, de sorte que l'établissement n'est pas fermé. On a construit des forges, des ateliers de charronnage, de menuiserie, de charpenterie, etc., des dortoirs pour huit personnes, situés au rez-de-chaussée, etc. l'union possède 2,000 hectares, dont un fort petit nombre a été défriché. Une pépinière a été formée, mais les plantations faites sont peu importantes : Les eaux abondantes amenées par une dérivation du Sig sont encore peu utilisées.

Nous avons trouvé au Sig des colons qui nous ont guidés avec un zèle et un empressement dont nous ne saurions trop les remercier. Nous voulions pousser notre course jusqu'à Mascara. Mais il nous aurait fallu plusieurs jours pour visiter ce point intéressant. Le départ du courrier d'Alger nous forçait de retourner à Oran. Nous avions atteint le but principal de notre voyage : Nous avions vu l'un des principaux travaux hydrauliques entrepris en Algérie et reconnu le parti qu'on peut tirer des barrages pour fertiliser une terre que le soleil comblera de ses dons ; nous avions constaté qu'on passe sans difficulté d'Oran dans le bassin du Sig ; il n'y en a pas davantage pour passer dans celui du Chelif. Une communication très-aisée existera donc entre les plaines de l'ouest et Milianah, des travaux seront seulement nécessaires pour relier plus commodément ce dernier point à la Mitidja.

Le soir était venu ; nos obligeants colons, en poussant leurs chevaux à toute vitesse, nous accompagnèrent jusqu'à la maison du garde ; celui-ci nous escorta dans la forêt d'Ismaël et nous remit aux postes arabes établis le long de la route. Nous étions en pleine nuit, la pluie était survenue après une belle journée, les chemins étaient bien difficiles, et nous ne pouvions manquer de nous égarer dans cette contrée où l'on ne rencontre âme qui vive, si les spahis, sur la foi desquels nous voyagions, ne nous avaient remis de poste en poste, à leurs coréligionnaires bien mal vêtus, bien mal montés, habitant des huttes de branchages bien misérables, peu satisfaits d'ailleurs de courir par un horrible temps, dans une obscurité complète, à une heure indue pour toutes les nations. Enfin, nous arrivâmes à Oran, non sans avoir manqué mainte fois de nous briser dans les ravins, contre les pierres, contre les souches, contre les troncs abattus.

Nous devions partir le 15 ; mais le bateau ne levait l'ancre que le soir. Nous voulûmes employer notre journée à revoir Miserghin qui a des établissements importants. Cette ville garde la plaine entre le grand lac et les montagnes du littoral; elle fut un de nos postes avancés, lorsque nous commencions à sortir des villes du littoral; elle a un fort quadrangulaire, sur un plateau qui domine les environs; 2,000 habitants résident en deux groupes de maisons, l'un placé près du fort, l'autre au bas du plateau; les eaux sont belles, elles peuvent se répandre sur 50 hectares; 2,000 hectares sont concédés, les défrichements sont fort peu étendus, on pense acheter aux Arabes 500 hectares pour la somme de 13,000 fr.

La belle pépinière, établie sur 20 hectares parfaitement irrigués, est dirigée par M. Grandjean; elle est fertile et produit mûriers, cyprès, thuyas, ormes, nopals, bananiers, fruitiers de toutes espèces; tous ces végétaux croissent avec beaucoup de vigueur. Les greffes de mûrier ont donné des jets de 3 à 4 mètres, elles sont faites à *œil dormant*; quand elles ne réussissent pas elles sont remplacées au printemps par un *œil poussant*. Des oliviers de deux ans, provenant de semis, ont 1 m. 50 c. de hauteur, 2 c. de diamètre; d'autres pieds de quatre ans ont 4 m. de haut, et 15 c. de circonférence; ils donnent déjà de fort volumineuses olives; ils proviennent de boutures ou drageons, fournis par de très-vieux oliviers qui croissent dans l'établissement ainsi que dans le jardin des orphelins; trente-cinq espèces de vignes donnent des raisins généralement gros, noirs, succulents, propres à la fabrication du vin. Les orangers croissent avec rapidité; les pêches y sont très-bonnes.

La pépinière à vendu, cette année, pour 6,000 fr. d'arbres, elle en a livré gratuitement aux colons une quantité double, le prix de vente ne représentant que le cinquième des prix du commerce, le produit réel de la pépinière a été de 80 à 90,000 fr.

L'établissement des orphelins est situé près de la pépinière; il est dirigé par les frères de l'Annonciation de Montpellier; fondé depuis un mois, il renferme 13 enfants, il en pourra contenir 2 à

300 ; le gouvernement lui a concédé 40 hectares ; en raison de cette circonstance, le taux de la pension est un peu moindre que celui de Ben-Aknoun; on paie pour les enfants 21 fr. par mois et 60 fr. de trousseau, mais on n'a pas à payer les professeurs. Le jardin des orphelins touche à celui de la pépinière, de sorte que les enfants y pourront être facilement utilisés ; depuis notre visite, le gouvernement a donné à cette institution la caserne des spahis (1).

De retour à Oran, le soir, nous nous rendons à Mers-el-Kebir; nous montons à bord du *Phare*, et quittons le port à huit heures. La nuit est calme ; le 16 au matin, le vent d'est fraîchit, sans nous tourmenter beaucoup ; nous revoyons les côtes que nous avions déjà aperçues ; et bientôt nous nous trouvons dans des eaux jaunes et troubles qui contrastaient singulièrement avec les flots limpides et bleus de la Méditerranée ; nous voguons sur un fleuve bourbeux : c'était le Chélif qui étendait son courant à plusieurs lieues au large. Nous charmions les loisirs de la traversée, en conversant avec le colonel du 5.ᵉ de ligne, qui connaissait bien l'Afrique, et parlait d'une manière compétente de son administration ; il est un des rares militaires, qui aperçoivent dans les bureaux arabes, la tendance à étendre les droits, à fortifier l'organisation, à développer le travail, les possessions des populations musulmanes, à consacrer le pouvoir, les attributions, les profits de leurs chefs. Il voudrait que, par les moyens légitimes, l'élément arabe fût graduellement écarté de la zone du littoral.

Le temps continuait d'être beau, et pour la première fois, je ne ressentis pas les inconvénients de la navigation.

A quatre heures du matin, nous étions en face de Cherchell, qu'on discernait à peine dans l'obscurité. Le canot portant le capitaine du port accosta notre navire. Désireux de voir une an-

---

(1) Voir le discours du général d'Hautpoul. *Moniteur*, 1851.

cienne ville romaine, après avoir visité la ville espagnole et la ville des Maures, nous annonçons l'intention de débarquer et de gagner Alger par la voie de terre. Le canot nous dépose bientôt au pied de la ville.

Cherchell, *Julia Cæsarea*, jadis si vaste et si belle, renferme aujourd'hui 800 européens et 800 indigènes ; elle est bâtie sur la croupe de la montagne, dont la base escarpée plonge dans la mer. Le port romain est abrité par quelques rochers, mais ouvert au nord-est. Pour mettre les navires à l'abri du vent, on a creusé dans le roc un joli bassin qui s'ouvre dans l'ancien port, et qui a coûté 1,200,000 fr. Il a 4 mètres d'eau dans une grande partie de son étendue, mais le batardeau qui défendait les travaux a été enlevé par la mer avant que la totalité du bassin eût acquis la profondeur requise, de sorte que les bateaux à vapeur n'y peuvent tourner. Il ne peut donc remplir son but. Du reste, le port de Cherchell est inabordable pendant les gros temps ; on a donc fait là des dépenses considérables sans grande utilité. L'ancien port déblayé suffisait aux besoins actuels. Il doit approvisionner Milianah ; mais cette ville a une assez bonne communication avec Alger. Une autre dépense, moins justifiable, a été faite à Cherchell : on y a bâti un caravansérail dans lequel jamais un arabe n'est entré. Le lavoir a une eau qui ne dissout pas le savon, l'abreuvoir et les fontaines sont à sec pendant l'été ; un seul jardinier se livre à la culture des plantes potagères ; les légumes viennent de Blidah, aussi un chou se vend 0^{fr}, 30 ; 1 kilog. de pomme de terre 0^{fr}, 20. La montagne qui s'élève au-dessus de la ville est couronnée de blockhaus et de redoutes placées sur l'enceinte romaine.

Ce qui intéresse particulièrement à Cherchell, c'est l'innombrable quantité de débris de l'architecture et de la sculpture antiques qu'on y a découverts, et dont on a formé un musée ; ce sont de magnifiques corniches, des frises, des colonnes, dont quelques-unes ont 0, 80 de diamètre, des chapitaux de divers ordres et notamment de l'ordre corinthien en marbre blanc, en porphyre, en jaspe, en granit ardoisé et autres pierres ; des statues entières ou mutilées en marbre blanc ou en bronze, paraissant des copies des modèles antiques qui sont dans nos musées ; quelques-unes originales cependant, par exemple celle nommée une *Vestale numide ;* divers objets industriels, un moulin, un tuyau de plomb, des inscriptions, une tête de lion, une de bœuf, des lampes nombreuses en terre cuite portant le monogramme du Christ. J'en ai rapporté un beau spécimen.

Cherchell a conservé de belles citernes, entre autres cinq qui ont 20 mètres de longueur. 5 de largeur et 6 de hauteur; on y voit un reste de cirque, etc.

Le lieutenant-colonel nous fit gracieusement les honneurs de la place qu'il commande, et, après notre visite, il eut l'obligeance de nous fournir les moyens de franchir les monts qui nous séparaient de la Mitidja, et ce ne fut pas facile ; il trouva cependant des mulets arabes, garnis de leurs bâts, tristes montures !

Partis après midi, nous suivons le bord de la mer, surmontons quelques collines peu élevées, traversons quelques ravins sur lesquels ont été construits des ponts, à côté desquels passe la route dont les redressements ne sont pas terminés, et nous descendons dans une fort riante et fraîche vallée, celle de l'Oued-Hachim, dans laquelle, de loin en loin, sont encore des séries d'arcades entières qui ont supporté l'aqueduc romain qui passait au-dessus des vallées où s'établissait sur le flanc des montagnes pour conduire l'eau à Cherchell. Ces constructions ont été faites si solidement que souvent les arcades sont soutenues par des piles qui ont perdu toutes les pierres qui en formaient le revêtement, et n'ont conservé que leur noyau de béton.

Par un singulier contraste, plusieurs ponts qui ont été construits hier sur l'Oued-Hachim, sont lézardés et disloqués au point que les voyageurs continuent de traverser la rivière à gué.

En haut de la vallée, sur le bord de la rivière, est *Zurich,* colonie agricole, dirigée par M. Klenck, capitaine au 2e bataillon d'Afrique, défendue par une garnison de 25 hommes. Il a succédé à plusieurs autres officiers ; pour lui, il a beaucoup de zèle et de goût pour ses fonctions, et semble vouloir se fixer sur la terre qu'il contribue à féconder. Les fièvres et le choléra ont fait de grands ravages dans cette colonie : 140 familles, formant une population de 400 personnes, y ont été installées ; 43 seulement y sont encore ; le reste est parti ou a été enlevé par les maladies ; 22 hommes seulement sont parfaitement valides. Toutefois a situation de Zurich paraît belle et riante. Ce village est abrité, au midi, par les montagnes ; il reçoit ses vents de la mer, mais il est sur un sol trop bas, entouré presque entièrement par la rivière, et dans une partie rétrécie de la vallée. Les colons ont été logés d'abord dans des baraques ; l'enceinte n'est pas achevée ; les maisons sont sur le modèle de celles des autres colonies. On reçoit de nouveaux colons pour réparer les pertes qu'on a faites.

Les eaux sont abondantes ; un canal de dérivation va être creusé pour pratiquer des irrigations. Le territoire se compose de 1,000 hectares à peu près ; les défrichements et les semailles ont été faits par des corvées arabes, mais la moisson a été gaspillée.

Après avoir donné le temps nécessaire à l'étude de ce point, qui deviendra important, nous partons, toujours sur nos mules, et suivons un sentier rapide, long, difficile qui nous conduit sur une crête fort élevée, qui unit le Chenouan aux montagnes des Beni-Menasser, qui fait partie de la masse du petit Atlas. C'est là la seule difficulté un peu notable qu'on rencontre entre Alger et Cherchell. Au faîte, nous dominons toute la Mitidja ; nous jouissons quelques instants de ce magnifique panorama, et nous descendons le revers de la montagne, en suivant un chemin sablonneux tracé à travers un bois composé surtout de pins, de thuya articulata, d'erica arborea, d'arbutus unedo, etc.

Arrivés dans la plaine, nous sommes bientôt à Marengo, où nous retrouvons M. Malglève. Déjà cinq heures étaient sonnées ; il était important pour nous de gagner El-Afroun le soir même, afin d'arriver, le lendemain 18 décembre, à Blidah, assez tôt pour prendre la diligence d'Alger. Nous voulions ne pas manquer le bateau qui partait le 21 pour Philippeville, et nous avions besoin de quelques jours pour faire nos préparatifs. M. Malglève nous fait donner des chevaux de gendarmes, et le brigadier se met en route avec nous.

La nuit vient brusquement ; nous suivons la voie à peine tracée à travers les palmiers ; le faible quartier de la lune nouvelle ne tarde pas à disparaître ; les étoiles nous restent pour nous guider. Mais bientôt des nuages épais couvrent le ciel, et nous sommes plongés dans l'obscurité la plus profonde. Nous marchions à l'aventure dans l'immensité des broussailles, nous avions perdu toute trace de chemin. Nous rencontrons les affluents du Massafran dont il faut suivre longtemps les bords escarpés ; un éboulement nous permet de descendre dans le lit de la rivière, et nous en suivons le cours au milieu des obstacles, jusqu'à ce que nous rencontrions une rampe qui nous permette de gravir la rive opposée. Nous marchons ainsi des heures entières, totalement égarés, sans armes, dans la plaine des Hadjoutes, si célèbre par les meurtres qui s'y commettaient jadis. Enfin, nous apercevons à notre droite des feux qui, selon nos présomptions, devaient être non loin du pied de l'Atlas ; nous marchons vers eux, en droite ligne, autant que les broussailles voulaient le permettre, et nous tombons au milieu d'un douaire.

A l'instant nous sommes entourés d'Arabes, de chiens innombrables, dont les effroyables aboiements se mêlaient aux hurlements des chacals, que cherchaient à surpasser les cris des hommes. Tous ces êtres vociférants étaient éclairés par des feux vacillants, qui leur donnaient un aspect fantastique. En vain nous cherchons à nous faire entendre par des paroles ou par des gestes, en vain nous répétons : *El-Afroun*, *El-Afroun !* force nous est d'abandonner ces meutes insurgées, et de prendre la direction que nous supposons celle de l'Atlas.

Nous avions quitté le douaire depuis quelques instants, quand nous apercevons quatre Arabes, se mettant à notre poursuite. Que fallait-il faire ? mettre nos chevaux au galop ? C'était à se rompre le cou ! Nous attendons nos Bédouins ; nouveaux cris, nouveaux gestes. Pour conclusion, ils se mettent en tête de nos chevaux et nous font signe de les suivre. Peut-être cela n'était-il pas bien sûr, mais nous n'avions pas d'autre parti à prendre. Nous marchons derrière ces hommes aux burnous blancs, traversons quelques ravins, et nous retrouvons enfin une route qu'on peut reconnaître. Nous payons nos guides, poussons nos chevaux au galop, et arrivons à El-Afroun, fort tard, nous disant qu'évidemment l'Afrique était devenue parfaitement sûre.

Nous revoyons M. Bacquet, le chef si aimé de cette colonie, qui nous offre une hospitalité bien nécessaire. Le matin, après avoir revu les travaux de ce village commençant, nous marchons, grand train, vers Blidah.

Nous arrivons à midi, visitons l'excellent général Blangini, qui nous donne des nouvelles de notre ami Bou-Alem qui venait de faire arrêter un courrier des Kabyles portant des lettres propres à exciter l'insurrection.

Nous retenons nos places au bureau de la diligence, comme on aurait fait en France, et bientôt nous faisons le voyage de Blidah à Alger, par le temps le plus chaud, en compagnie d'Arabes, de Maures et de Mauresques aux yeux noirs, au teint bruni, à la figure régulière.

Nous rencontrons Beni-Mered, que nous n'avions pas vu. Ce village a une enceinte et une belle fontaine surmontée d'une pyramide qui rappelle la courageuse défense du sergent Blondel ; dans la campagne sont de nombreuses plantations d'oliviers.

Nous traversons rapidement Bouffarick, puis la plaine ; nous passons aux quatre chemins, et commençons à gravir les collines du Sahel.

Nous nous retournons pour voir encore la Mitidja, qu'on aperçoit tout entière, et nous voyons devant nous Douera qui surmonte son vallon, Brescia, Babhassin, remarquable par ses plantations d'oliviers, El-Hachour à droite, Sidi-Ferruch et Staoueli, puis la mer à gauche. Au loin, sur le long prolongement des derniers contreforts du Sahel, le tombeau de la Chrétienne ; ces perspectives sont admirables.

Nous traversons Douera, Dely-Ibrahim, Ben-Aknoun, Abian, réunion de jardins charmants, et arrivons à Alger à cinq heures et demie du soir.

Nous ne pouvions, avant de quitter cette ville, nous dispenser de visiter les exploitations de deux cultivateurs du Nord, MM. Rouzé et Chuffart, qui ont transporté nos judicieux procédés agricoles sur la terre atlantique.

Le 19 décembre, nous allons à *Ouled-Fayet*, où s'est établi M. Rouzé de Douai, qui cultive 80 hectares selon la méthode flamande, modifiée selon les exigences du pays. Son assolement se compose ainsi : orge après fumier, blé, jachère ; lorsqu'il ne possède pas assez de fumier pour procéder de cette façon, il commence par la jachère, puis orge et blé après fumier.

La jachère produit, selon les années, une herbe touffue qui est fauchée, ou le grand sainfoin d'Espagne, qui s'élève jusqu'à 1 mètre 50. Un labour ou un binage est toujours exécuté après la récolte ou après la fenaison, pour préparer la terre qui doit être ensemencée à l'automne ou qui doit donner du fourrage. M. Rouzé fait entrer souvent dans son assolement, en place de la jachère ou des céréales, les plantes commerciales qui enrichissent la Flandre, le lin, le colza, la cameline, le tabac ; elles ont toutes parfaitement réussi.

Ses instruments sont ceux qui sont employés dans le département du Nord, c'est la même herse, le bineau, la petite charrue nommée *brabant*, entièrement en fer, etc.

Le jour de notre visite à Ouled-Fayet, nos agriculteurs avaient réuni plusieurs colons, MM. Renoux et Thomas, directeurs de l'atelier d'Alger, M. Bonnemain, inspecteur de la colonisation, etc., pour décider par expérimentation : *quelle est la charrue à laquelle il faut donner la préférence ; de quelle manière il faut l'employer sur les pentes un peu fortes.* Nos cultivateurs se mirent à l'œuvre, et nous firent l'honneur de nous admettre au jugement. Nous recon-

7

naissons, dans cette manière de procéder, la prudente et sûre conduite de nos intelligents praticiens, et nous suivons avec intérêt les épreuves et les discussions qui les suivent.

De toutes les charrues, celle qui fonctionne le mieux nous semble évidemment celle qui est employée dans les environs de Lille, sous le nom de *brabant*. La charrue *Dombasle* et celle de *Grignon*, généralement adoptées par les colons, n'en sont que des modifications. Celle de Grignon paraît avoir obtenu la préférence, bien que la charrue Dombasle ait plus d'assiette et pénètre mieux le sol, parce que son versoir est moins écarté et que son coutre, placé en avant du soc, coupe mieux la terre.

Ce sont ces modèles qui ont été adoptés par le gouvernement, et qui ont été exécutés en fonte dans le grand atelier d'Alger. Il y a quelques années, les instruments qui en sortaient avaient de graves défauts ; le cep, l'étançon et le soc étaient trop faibles et cassaient fréquemment. MM. Renoux et Thomas nous disent que les deux premières pièces ont été fortifiées, et que le soc est maintenant fait en fer. A notre avis, il faut adopter pareillement le fer forgé pour toutes les parties qui fatiguent. Le nombre des instruments en réparation que nous avons vus, lors de notre visite du grand atelier, est pour nous la démonstration que nous sommes dans le vrai. On nous dit bien que les pièces en fonte se remplacent facilement, tandis que les réparations sont presque impossibles dans les colonies isolées ; mais on peut avoir des pièces de rechange en fer aussi bien qu'en fonte ; elles casseront moins souvent, elles ne donneront pas un énorme poids à l'instrument, elles ne seront pas perdues quand elles auront été endommagées, on les enverra aux ateliers de réparation. Quant au bois, nous pensons qu'en raison des circonstances qui rendent les réparations difficiles, on fait bien de l'exclure de ces constructions.

Le *brabant*, la *dombasle*, etc., qui ont des qualités si précieuses, ont cependant un défaut : ayant leur versoir fixe, elles ne peuvent travailler qu'en un seul sens ; elles ne peuvent tracer le sillon nouveau sur celui qui vient d'être tracé ; elles doivent labourer en carré, allant prendre successivement deux des côtés sur lesquels elles suivent une direction inverse. On perd ainsi le temps qu'on emploie pour aller d'un côté à l'autre, temps d'autant plus long, que la surface labourée devient plus large; et lorsqu'on en commence une nouvelle, parce que la première est excessive, on laisse entre les deux une partie basse qui n'est pas sans inconvénient. Pour obvier à ces défectuosités, plusieurs instruments ont été inventés et essayés; le plus ancien est sans doute la charrue *mahonnaise*, qu'on nous avait vantée, à cause de sa simplicité, et qui n'est pas autre que la charrue arabe, à laquelle on a ajouté deux bâtons faisant oreille de chaque côté, à peu près comme dans notre bineau. Cet instrument ne peut faire un bon labour; pour le faire marcher, il faut l'incliner fortement, de manière à faire sortir de terre l'oreille opposée à celle qui doit faire l'office de versoir.

La charrue du Nivernais, à oreille mobile et avant-train, a été essayée par M. Bonnemain; son soc est trop étroit, son versoir en bois est mal attaché, et ne retourne pas la terre.

La grande charrue à avant-train et versoir mobile, connue dans le Nord sous le nom de *brabançonne*, a fait un travail infiniment préférable; elle a formé des sillons de 0,^{m}22 de large.

Ce serait donc celle-là qu'il faudrait préférer, pour labourer dans les deux sens, en revenant sur le sillon qu'on a tracé, si des instruments d'invention nouvelle, n'avaient un versoir bien plus perfectionné. Nous avons trouvé à Ouled-Fayet une charrue construite par M. Thomas, qui a le versoir fixe et qui pourtant marche alternativement dans les deux sens; elle a un double soc et un double versoir; le mancheron et le palonnier pivotent sur l'axe de manière à porter l'attelage alternativement devant l'un et l'autre soc. Cet instrument, qui fait vraiment honneur à M. Thomas, est précisément la charrue à double soc qui a été inventée dans les environs de Lille, et qui fonctionne presque exclusivement dans la ferme-école de M. Demesmay, à Templeuve. Seulement, la charrue de Templeuve a reçu les perfectionnements qu'un long usage a indiqués comme nécessaires, et est bien préférable à celle de M. Thomas. Nous conseillons donc à nos compatriotes de prendre encore dans leur propre pays la charrue à double soc, qui leur est nécessaire surtout dans les localités qui ont des pentes assez rapides.

Pour suivre l'utile programme que s'étaient imposé nos studieux cultivateurs, il fallait décider dans quel sens on tracerait les sillons sur les pentes; s'ils seraient faits en suivant la déclivité du terrain, ou s'ils seraient horizontaux. Nos colons avaient jusqu'alors adopté cette dernière méthode, parce qu'elle exige un effort de traction moins considérable que celle dans laquelle il faut marcher en remontant. L'expérience de notre collègue Denissel, qui habite l'Artois dont la superficie est montueuse, leur a fait comprendre que les sillons horizontaux en retenant les eaux les portent en abondance sur certains point, où elles ravinent le terrain; que de plus, toute la couche labourée peut glisser sur le sol inférieur s'il est glaiseux et mouillé par les pluies, et arriver en une seule masse jusqu'au fond de la vallée. Il a donc été reconnu que la méthode suivie jusqu'alors devait être modifiée.

M. Chuffart d'Ennevelin, près Lille, qui nous intéressait au même titre que M. Rouzé, et dont nous voulions connaître les pratiques, a établi sa culture près d'Alger. Il possède 36 hectares seulement; 12 sont soumis à l'assolement flamand, et reçoivent le blé, l'orge, la pomme de terre, l'œillette (pavot), etc. Dans ses jachères, ce n'est pas le sainfoin d'Espagne qui vient spontanément et alternativement avec l'herbe, mais la lupuline ou le trèfle jaune. La hauteur de ce fourrage naturel est notable. Quand on sème des plantes fourragères, on ne réussit pas. Tous les instruments de M. Chuffart viennent du Nord; il possède la charrue à double soc de Lille, et s'en sert avec beaucoup d'avantages. Il laboure le fond des vallées et le pied des pentes avec le *brabant*, et les flancs des coteaux avec la charrue à double soc; il fait aussi ses sillons horizontaux, contrairement aux saines indications.

Le vendredi, 21 décembre, par un temps magnifique, nous

quittons Alger, vers midi, à bord du *Météore*, commandé par M....... Nous traversons le vaste golfe, dont la capitale de la France africaine occupe la pointe occidentale. Nous doublons le cap Matifou, et le soir nous sommes en vue de Dellys, dont la rade est ouverte et sans sûreté. La ville est bâtie sur le penchant d'une colline ; au pied sont de nombreux jardins, dans lesquels sont cultivés les excellents raisins qui approvisionnent Alger. L'enceinte de Dellys est immense. Il a fallu pour défendre contre les Kabyles les terrains qu'on voulait cultiver, les entourer d'une muraille continue. C'est une dépense énorme, faite pour un assez mince résultat.

Le 22 décembre, à la pointe du jour, nous sommes à Bougie. Le temps est devenu très-mauvais, mais nous trouvons un abri sûr à l'ancrage que protége la montagne qui dérobe la ville à notre vue. Notre station à Bougie est courte, et nous continuons notre marche; le soir nous sommes en face de Djigelli, bâtie sur des rochers escarpés. La mer est très agitée ; les signaux du capitaine du port font connaître d'abord qu'on peut toutefois amarrer au *Corps-Mort*, puisqu'il est dangereux d'approcher et qu'il faut prendre le large. Il faut donc virer de bord, en courant de grands risques de briser le navire sur le rocher.

La nuit est affreuse, et me fatigue d'une manière horrible.

Le dimanche 23 décembre, à 9 heures du matin, nous sommes à Stora ; il m'était impossible d'endurer la mer plus longtemps ; je me fais débarquer, me proposant de me rendre à Bone par voie de terre. MM. Denissel et Duquenne poursuivent leur route, et je descends sur le rivage avec M. Bonnemain, qui vient d'Alger avec nous.

Stora est un admirable port, qui est précisément à Phillipeville ce que Mers-el-Kébir est à Oran ; ce qu'Arzeu-le-port, est au vieil Arzeu : la rade immense, au fond de laquelle on a bâti Philippeville pour servir d'entrepôt à Constantine, se termine à l'ouest par une masse de rochers qui se recourbe à l'est, et forme ainsi un vaste abri, où les vaisseaux sont protégés contre les vents d'ouest et ceux du nord. Mais la pointe n'est pas assez prolongée pour le défendre contre le vent du nord-est, et la rade est trop ouverte pour qu'un violent ressac n'agite pas les flots sous le promontoire de Stora. Des rochers détachés, qui s'élèvent au-dessus de la mer et semblent le continuer, montrent qu'il sera facile de continuer cette digue naturelle, et de rendre plus vaste et plus sûr le magnifique port dont la nature a fait presque tous les frais. A quelque distance, au nord, vers l'entrée de la rade est un îlot escarpé qui pourra servir à la défense de la grande station que nous aurons dans le nord de la régence. On voit à Stora de belles citernes romaines et une fontaine qui est aussi antique, la maison du commandant, quelques auberges forment le commencement d'un établissement important, mais l'espace située entre la montagne et la mer est si exigu qu'à peine peut-on y construire quelque demeure.

Un chemin, taillé en corniche, sur le flanc de la montagne, comme celui qui mène de Mers-el-Kébir à Oran, conduit de Stora à Philippeville. Il traverse deux petites rivières, un bois de chênes-liéges, s'éloigne un moment de la mer, et, après un développement de 3 à 4 kilomètres, arrive à la ville bâtie au fond de la rade, entre deux montagnes élevées, sur une plage qui s'élève par une pente douce sur une longueur d'à-peu-près un kilomètre. Le terrain s'abaisse ensuite à l'opposite de la mer, vers la vallée de la Zerumna qui va se jeter dans le Saf-Saf, lequel débouche dans la rade au-delà de la montagne de l'est. Philippeville occupe l'emplacement de *Ruscicada*, qui a laissé de nombreux vestiges de la splendeur romaine. Près du débarcadère moderne sont des restes de quais de construction antique; c'était là le vrai port des navigateurs d'autrefois qui tiraient leurs navires sur la plage; j'ai vu pêcher en ce point de nombreuses monnaies romaines, dont j'ai rapporté de nombreux échantillons.

Sur la montagne de l'ouest sont de magnifiques réservoirs qui ont été déblayés, et sont dans un état de conservation étonnant; il semble que les anciens dominateurs aient quitté la ville hier.

Ces réservoirs sont de formes variées, communiquent entre eux, et peuvent contenir 10,000,000 de litres d'eau. On voit les restes de l'aqueduc qui y amenait une petite rivière voisine.

Près de là sont les restes d'un amphithéâtre dans lequel on a trouvé des statues, des colonnes, des chapiteaux en marbre, des inscriptions, etc. Au bas de la montagne, vers le point culminant de la ville sont d'autres citernes, au nombre de cinq, longues de 30 mètres, hautes de 10 à peu près. On les a divisées en deux étages, qui constituent des caves. Au-dessus a été construit un magasin, qui déjà se lézarde. Enfin on rencontre sur la place de la ville des citernes qui contiennent encore 3 mètres de terre et qui sont dans un état de délabrement considérable; elles vont être remises à l'autorité civile. Philippeville est divisée dans toute sa longueur par une rue principale, qui forme le commencement de la route de Constantine. Les rues latérales s'élèvent des deux côtés, sur les flancs de la montagne, en formant un angle droit avec la voie principale. Les maisons modernes sont fort belles, pour la plupart. Sur la montagne de l'est ont été construits de vastes casernes et un fort bel hôpital, et plus bas une église monumentale, bâtie d'une manière si dispendieuse qu'on n'a pu encore l'achever. Par contre, on a terminé une élégante mosquée, qui s'élève sur la montagne de l'ouest, dans laquelle les fidèles musulmans se gardent bien d'entrer. L'enceinte de Philippeville est immense : on a voulu qu'elle ne fût pas dominée et on l'a conduite jusqu'au sommet des deux montagnes, elle est formée d'une muraille crénelée et bastionnée.

Je fus accueilli par le commandant Cartier, le chef de l'autorité militaire, ainsi que par M. de Manche, sous-préfet et par M. le capitaine La Brousse, chef du bureau arabe, qu voulurent bien me guider. J'eus l'agrément de jouir à Philippeville de la fin de l'exposition des produits agricoles qui était faite dans l'amphithéâtre antique, et dans laquelle je remarquai avec intérêt de beaux échantillons de coton blanc et couleur nankin. On l'avait cultivé sur un hectare 1|2 et il avait donné 700 livres par hectare. Les fruits n'avaient pas été négligés et parmi eux on remarquait des poires extrêmement belles.

Le lundi, 24 décembre, j'allai visiter la pépinière, située près de la ville, dans la vallée de la Zerumna ; elle est fertile, bien arrosée, et contient les arbres généralement cultivés en Algérie. Les prairies qui l'environnent sont couvertes de ces narcisses, que les dames cultivent dans leur boudoir (narcissus tazetta); ils sont en pleine floraison, et si nombreux que, en certains endroits, mon cheval ne peut poser le pied, sans en écraser une touffe ; l'air est embaumé de leur parfum.

Je vais voir la propriété de M. Barrot, jolie maison, bâtie sur un plateau adossé à la montagne qui sépare le Saf-Saf du bassin de Bone.

Je visite avec M. Desreumeaux, gérant de M. Barrot, les villages de Vallée et Damremont, qui occupent de belles situations dans la vallée du Saf-Saf ; ils sont bien bâtis, mais un grand nombre de maisons restent inoccupées, et les terres en friche. Puis je me rends, avec M. le sous-préfet, dans la propriété de M. Gourgas, l'une des mieux exploitées de l'Algérie : elle est située dans la vallée de la Zerumna, sur la route de Philippeville à Constantine ; la maison est entourée d'un mur d'enceinte crenelé ; elle a eu à soutenir un siége contre les Kabyles qui habitent les montagnes du voisinage ; ils ont été repoussés avec vigueur.

M. Gourgas a acheté 60 hectares de terre d'une nature un peu sablonneuse, dont une grande partie est en prairies : il cultive blé et orge, alternant avec pâturages non fauchés ; ses jardins contiennent toutes sortes de légumes tels que choux, artichauds, pois, fèves, etc. Les pommes de terre, plantées après les premières pluies d'octobre, ont leur verdure parfaitement belle, elles seront recoltées en janvier. Une luzerne occupant un terrain bas a donné, cette année, 5 coupes, sans arrosement, et s'est conservée tout l'été. Les labours sont bien faits, avec la charrue Dombasle, transversalement à la pente, conséquemment dans des conditions peu rationnelles. Les bœufs ne sont pas attelés par les cornes ; leur joug, selon la méthode arabe, est posé sur le gareau ; il consiste en une simple traverse posée au-devant de la dernière vertèbre cervicale et assujettie par deux attelles réunies au-dessous du cou, par une corde d'alpha qui ne touche pas la trachée artère. Ils vont recevoir des colliers. M. Gourgas a fait de très nombreuses plantations d'arbres fruitiers, poiriers, oliviers greffés, pommiers, etc.; les abricotiers de 5 ans sont superbes ; les orangers de 4 ans sont couverts de fruits ; 1500 mûriers ont été plantés, ils ont réussi partout, excepté dans les terrains argileux ; ils croissent parfaitement dans les terrains humides ; ces arbres, à basse tige, forment des lignes dans les prairies, en haies ils les entourent. Les pieds ont été achetés 0 ^{fr}, 25 à 0 ^{fr}, 50 ; la plantation a coûté 1 fr.; ils sont maintenant âgés de 4 ans, et ont permis d'élever deux onces de semences, qui ont donné 100 k. de cocons, vendus à 4 fr. le k. Les frais de l'éducation se sont élevés à 125 fr.

70 à 80 animaux de toutes espèces sont entretenus sur la propriété. On y fait des élèves de chevaux ; les vaches y donnent par jour de 5 à 8 litres de lait, dont on tire d'excellent beurre, qui est vendu à la ville.

Après avoir étudié en détail cette intéressante exploitation, je visitai la terre de M. Manche qui n'est séparée de celle de M. Gourgas que par l'ancien lit de la Zerumna. Là encore on a exécuté un de ces travaux dispendieux, sans motif sérieux : on a redressé la rivière pour satisfaire à la passion des alignements, et chaque jour, le torrent impétueux, ronge des terres précieuses et tend à reprendre son ancien cours. Les bois de cette propriété ont été rudement atteints par le terrible incendie qui parcourant toute la campagne, en brûlant les herbes sèches, vint envelopper et menacer Philippeville.

En revenant, le sous-préfet recevait les salutations de beaucoup d'Arabes ; ainsi les magistrats civils imposent le respect, et, selon lui, leurs délégués ont une action parfaitement efficace : un gendarme peut aller faire toute réquisition ou une arrestation dans les tribus, pourvu qu'il soit en uniforme. D'après son avis, l'autorité militaire favorise trop les Arabes : si des objets sont volés, elle fait donner la moitié de la valeur à ceux qui aident à les retrouver ; elle a fait porter à 2 fr. la journée des manœuvres indigènes, etc.

Le mardi 25 décembre, je vais avec le capitaine Labrousse visiter le village de S.ᵗ-Antoine situé au-delà de la propriété de M. Gourgas, sur la route de Constantine ; il est entouré d'un fossé en partie rempli par des éboulements et qui forme une enceinte bien peu sûre ; les maisons sont peu nombreuses, et ne sont pas toutes habitées ; les cultures sont excessivement restreintes ; on prend à peine le soin de faucher les prairies.

De S.ᵗ Antoine nous poussons jusqu'à S.ᵗ-Charles ; pour atteindre ce dernier village il faut franchir le faîte assez élevé qui sépare la Zerumna du Saf-Saf. On a le projet d'établir la route de Constantine dans la vallée du Saf-Saf, depuis Philippeville jusqu'à S.ᵗ-Charles : mais tant d'autres voies sont à construire qu'on jugera peut-être à-propos de différer ce changement. On reconnaît en traversant le pays que les vallées sont étroites et les montagnes hautes, la sécurité est conséquemment difficile à obtenir, et l'espace ouvert au travail européen peu étendue.

Avant d'arriver à S.ᵗ-Charles, on traverse le pont de l'Oued Zerga, qui débouche dans le Saf-Saf, et qui avait primitivement donné son nom au village. Celui-ci est entouré d'un fossé ; il n'a qu'une douzaine de maisons, ses cultures sont presque nulles. L'hôtelier, à qui je demande s'il est colon, me répond, avec un accent provençal « *pas si bête.* » Il a en effet un métier plus lucratif, car il rançonne terriblement les voyageurs. M. Fouet, le seul cultivateur sérieux, peut être, me dit que s'il pouvait retrouver le quart de ce qu'il a dépensé, il abandonnerait le pays. Le caïd des tribus voisines a fait bâtir une maison sur les hauteurs qui dominent S.-Charles ; elle lui a coûté 36,000 fr. ; il en possède une autre à Philippeville. C'est un brave soldat, dévoué à la France, dit-il.

Nous allons jusqu'au pont de l'Oued-Amar, qui est en construction, et qui doit remplacer le pont de bois que traversent actuellement les voitures qui vont à Constantine. Une belle carrière a été ouverte et fournit les matériaux de l'utile travail qu'on entreprend. Déjà le pont a été enlevé une fois par le torrent impétueux ; les piles actuelles ne sont pas exactement parallèles au courant ; espérons qu'elles ne seront pas de nouveau renversées.

Près de là est un pont romain, dont il ne reste que quelques assises disjointes. Il est situé sur la voie antique, difficile, raboteuse, qui s'élève sur des hauteurs considérables d'où l'on aperçoit les monts élevés qui séparent le bassin du Saf-Saf de Guelma.

Les lions sont communs dans les montagnes autour de S.t-Charles : un chasseur nous dit en avoir vu un le jour même ; un charretier en a rencontré 3 il y a peu de temps.

Le mercredi 26 décembre, je prends la diligence qui va à Constantine, je constate ainsi que les moyens de communications sont en progrès. Le temps est affreux, tous les ruisseaux sont devenus des torrents terribles. La route est déjà défoncée, bouleversée, perdue en certains endroits ; pourtant les matériaux cassés forment de nombreux approvisionnements sur sa crête. S'ils avaient été répandus à temps on aurait évité d'immenses dégradations.

Au-delà de l'Oued-Amar la vallée s'élargit ; à 2 kilomètres on rencontre Gastonville, j'y retrouve M. Bonnemain. Le pays devient de plus en plus montueux jusqu'à El-Arouch, ancien camp établi sur une colline, entouré de terrains sans broussailles. On y voit des cultures arabes étendues : mais bientôt se montrent les oliviers, ensuite les broussailles ordinaires ; puis le palmier nain couvre la terre ; on commence à gravir par une pente longue et raide les monts qui séparent les eaux du Saf-Saf de celles du Rummel. La route se déploie en lacet sur la montagne âpre, rocheuse, presque semblable au Zaccar ou au Nador, et arrive à *El Kantour*, auberge construite près du col qu'on suit pour passer entre les pics des *Toumiet*. On déjeûne en ce lieu, vers 1 heure. La vue est magnifique, quand le ciel est serein ; mais on ne voit pas à 4 pas devant soi ; les nuages qui vous touchent laissen échapper une neige épaisse.

Après avoir franchi le col on descend, à travers un pays tourmenté, nu, ne montrant pas un buisson, en partie cultivé, er partie couvert d'herbages au printemps ; on franchit plusieurs vallées, et on atteint Smendou, ancien camp, entouré d'une muraille crénelée, bastionnée, défendant quelques maisons ; la terre qui l'entoure est presque sans culture.

La route touche ensuite Hamma, situé dans une plaine basse, cultivée, couverte d'oliviers, de dattiers, d'orangers, de fruitiers de toutes espèces, et de légumes variés qui approvisionnen Constantine.

On passe le Rummel sur le pont d'Aumale construit en bois ; or s'élève ensuite sur les flancs du Coudiat Ati ; enfin on entre dans Constantine ; il est 9 heures du soir quand nous y arrivons.

L'antique Cirta, la capitale des rois numides, la ville restée purement arabe, la grande forteresse africaine qu'on croyait à l'abri de nos coups, et qui coûta cher, en effet, à notre armée. Constantine est bâtie sur un rocher coupé à pic, de 200 mètres de haut, entouré presque dans tout son contour par le Rummel, et ne tenant au Coudiat Ati que par une langue de terre profondémen entamée par un ravin. Le rocher qui forme l'autre rive du Rumme et qui est fort rapproché de celui qui porte la ville est aussi taillé à pic ; il se nomme le Sidi-Missin ; il est séparé aussi par un ravir de la chaîne constituée par le Mansour, et Sidi Mabrouck, monts voisins sur lesquels sont des ouvrages d'attaque qu'on nomme encore *la Batterie des Tunisiens.* Entre les deux rocs immenses entre lesquels le Rummel s'ouvre un passage, sont jetés deux ponts naturels, l'un plus bas, sous lequel s'engouffre la rivière et sur lequel a été bâti le pont (Al Cantara) par lequel débouchait le chemir des Turcs : il est à deux étages, l'inférieur d'origine romaine, est formé d'une arche dont le massif contient une pierre sur laquelle sont sculptés deux éléphants se regardant, et soutenant par leur trompe une sorte de statue. L'étage supérieur est formé de plusieurs arches dont une est de construction romaine ; les autres, reconstruites par les Turcs, sont encore soutenues par leurs étais.

Le deuxième pont naturel, en aval du premier, plus élevé, effrayant de hardiesse, impraticable, ne dérobe pas la vue du Rummel, qui coule rapidement sous son arche, et se précipite au-delà, en une cascade de 50 mètres de haut. En ce point une prise d'eau a été établie par les Romains : construite contre la base du rocher, elle n'est souvent retenue que par quelques madriers. Le génie la remplace par une galerie à travers roc. Elle va alimenter un moulin français et plusieurs moulins arabes ; rien n'est sauvage, terrifiant comme cette étroite vallée dans laquelle nous n'avons pu pénétrer qu'en nous cramponnant aux rochers, en marchant souvent sur nos genoux, risquant de tomber à chaque pas dans le gouffre. Ces immenses murailles de roc qui surmontent le torrent sont pourtant tapissées de cactus, dont les Arabes vont recueillir les fruits, pour lesquels, nous dit-on, ils payent à la ville la somme de 10,000 fr.; nous donnât-on pareille somme, nous ne voudrions pas les aller chercher.

On juge par cette description les difficultés qu'on devait rencontrer pour emporter une pareille position, surtout si l'on n'était pas abondamment pourvu de tous les appareils de siége. La première attaque, celle du maréchal Clausel, eut lieu par l'*Al Cantara;* nos soldats allèrent placer un pétard sous la porte qui fermait l'entrée alors unique, tellement étroite et tortueuse qu'elle était impraticable aux plus petites voitures. La machine de guerre ne produisit aucun effet, et notre armée assaillie par des temps affreux fit la plus pénible retraite. L'attaque du général Danrémont, qui y fut frappé d'un boulet, et qui fut remplacé par le maréchal Vallée, eut lieu par la langue de terre ravinée qui unit Constantine au Coudiat-Ati : là fut pratiquée la brèche ; là fut conduit l'assaut qui nous coûta tant de monde.

Depuis, la brèche a été remplacée par une porte, à laquelle on a donné le nom de Vallée. Selon toute probabilité une entrée a existé autrefois sur le même emplacement, car on voit, dans la ville, très près de là, un reste de porte romaine. Dans le mur d'enceinte se retrouve une tour carrée et un pan de muraille qui paraissent aussi antiques. Le ravin a été comblé, la langue de terre élargie assez pour qu'un marché y soit établi ; sur la pente est un fondouck et une sorte de village arabe. Cette porte conduit au pont de bois du Rummel sur la route qui mène à Philippeville, à la cascade et aux moulins ; dans cette direction on rencontre des thermes de construction fort ancienne : une arcade donne accès à un escalier d'une douzaine de marches qui mène à une salle souterraine voûtée, enfermant un bassin irrégulier, plein d'une eau limpide, dont la température est de 16 degrés à-peu-près : des soldats et des arabes s'y baignaient au moment de ma visite. L'eau qui s'échappe du bassin va former un lavoir sur le flanc de la montagne. Au-dessous de la cascade, la vallée du Rummel est d'un aspect moins sauvage, couverte de nombreux jardins irrigables ; on pourra en utilisant la grande chute répandre fort loin la fertilité.

La ville de Constantine a conservé la plupart de ses anciennes rues, labyrinthe inextricable formé de maisons misérables : dans une des meilleures rues est l'*Hôtel de la République*, assez pauvre auberge. Une rue moderne et une place ont été formées près de la demeure du général commandant.

La Casbah est très forte et très remarquable : d'un côté elle défend la ville, de l'autre elle la domine. On y a réuni une grande caserne, un bel hôpital, la direction d'artillerie, une salle d'arme, un parc à projectiles, etc. Elle est bâtie sur le bord même du rocher perpendiculaire dont la base est lavée par le Rummel. Du côté de la ville elle est fermée par une forte muraille, qui n'est pas encore achevée. L'enceinte de la ville elle-même n'est pas encore complétée du côté qui regarde le Coudiat-Ati. Le terrain de ce côté est extrêmement escarpé, et l'on ne doit guères craindre que de hardis assaillants puissent le gravir ; pourtant il semble que les travaux de clôture doivent être terminés avant tous autres.

Ce que la Casbah renferme de plus remarquable, ce sont les vastes réservoirs romains qui sont restés absolument intacts, et qui ont été utilisés par l'administration militaire : leur muraille fait partie de l'enceinte de la forteresse ; ils sont placés a côté l'un de l'autre, et forment, par leur réunion, un rectangle de 107 m. de longueur et de 37 m. de largeur ; en dedans, leur profondeur est de 12 m. L'eau y est maintenant amenée par un syphon, qui recueille les eaux des sources du Mansour, et des monts plus éloignés. Il descend sur l'*Al Cantara* et remonte pour distribuer les eaux dans la ville et les porter dans les réservoirs de la Casbah. Il ne peut toutefois remplir ceux-ci que jusqu'à moitié de leur hauteur.

Pour utiliser la partie supérieure, une voûte a été jetée au-dessus des eaux et sert de pavé à de nombreux magasins qui renferment blé, farine, légumes secs, approvisionnement de toute nature, des armes, des forges, etc., etc. Au-dessus des citernes, sur leur maçonnerie inébranlable, a été élevée une vaste et belle caserne. Ces constructions éternelles font un contraste singulier avec nos édifices modernes : près de la porte Vallée a été bâti un magasin déjà tout lézardé.

Au dehors de Constantine sont d'autres vestiges de la grandeur romaine : sur le sommet du Coudiat-Ati, sont des réservoirs. Les eaux du Bou Merzou y étaient amenées au dessus de la vallée du Rummel, par un immense aqueduc dont on aperçoit de très-beaux restes, elles pouvaient totalement remplir les réservoirs de la Casbah. On voit en ville quatre grandes arcades, qu'on regarde comme ayant fait partie de l'aqueduc qui partait des réservoirs du Condiat-Ati pour aller à ceux de la Casbah ; mais cela est bien douteux : l'une de ces arcades est isolée et semble une porte ; les trois autres forment les trois côtés d'un carré ; deux d'entre elles sont dans la direction de la Casbah, mais la manière dont elles sont assemblées ne fait pas penser qu'elles soutenaient les conduits d'eau.

Sur le flanc du Condiat-Ati a été élevé un monument au général Danremont, près du lieu où il a été tué, et d'où est partie la colonne qui s'est élancée à l'assaut.

Au bas, à l'entrée de la coupure étroite, à travers laquelle passe le Rumnel, il semble qu'on ait fait autrefois une retenue d'eau ; près de là est la caserne de cavalerie, et le magasin aux fourrages qui vient d'être incendié pour la deuxième fois; non loin de ce point, une mosaïque a été découverte dans une ferme, et expédiée à Paris.

Malgré la neige qui ne cessa presque pas de tomber, durant mon séjour à Constantine, je mis le temps à profit, aidé que j'étais par les généraux Herbillon et Desalle, et je pus recueillir près d'eux les renseignements les plus instructifs.

Le général Desalle, commandant la subdivision de Philippeville, aima à se souvenir qu'il avait été député avec moi, et me reçut avec des sentiments bien affectueux, et des prévenances infinies. Il voulut que sa demeure fût pour ainsi dire la mienne. Il habitait une ancienne maison de peu d'apparence. Là, avec six commis, il expédiait toutes les affaires de la province, avant l'institution de la préfecture. Celle-ci a trente employés, et des auxiliaires militaires sont encore nécessaires : il faut dire toutefois que les affaires s'accroissent sans cesse.

Le général Herbillon, commandant la province, habitait l'ancien palais du Dey : il est bâti comme les maisons mauresques d'Alger, mais les menuiseries, les peintures, etc., sont infiniment plus grossières. En revanche, elle est beaucoup plus spacieuse et se compose de plusieurs cours successives, plus vastes, et plantées d'orangers, de bananiers, etc. Les galeries qui les entourent sont plus larges, portées par une double rangée de colonnes de marbre blanc, à nervures spiralées, octogones, etc. Elles sont fermées par des grillages en bois sculpté, pavées en marbre, tapissées de carreaux de fayence ; tout dans cette belle demeure est disposé pour entretenir la fraîcheur, au milieu des étés brûlants, ce qui paraît un soin bien malencontreux quand le froid est le plus vif et que la neige tombe en abondance. Aussi, le général est-il comme réfugié dans un petit cabinet où l'on avait trouvé moyen d'établir une cheminée; les fenêtres de ce cabinet, comme celles de presque tous les appartements des Maures, sont formées de deux parties une trop haute, l'autre trop basse; cette dernière parfaitement placée pour des gens qui se posent à terre, sur des coussins.

Le général Herbillon revenait de Zaatcha, il eut la bonté de me conter mille détails du terrible siége de cette forteresse fameuse : son enceinte est flanquée de tours très-rapprochées, entourée d'un chemin de ronde défendu par un mur extérieur. Les brèches ont été faites par le canon et la sape ; on est arrivé au mur par des galeries blindées. Les batteries, comme les galeries, étaient formées au moyen de troncs de palmiers. Les assiégés tiraient si bien, que tout ce qui se montrait dans les embrasures était frappé ; ils venaient attaquer nos têtes de sape, incendier les pièces de bois qui les couvraient ; ils inondaient nos travaux par des retenues d'eau habilement faites ; ils montraient le plus grand sang froid dans leur défense, ménageaient leur feu avec beaucoup de soin, et ne tiraient, pour ainsi dire, qu'à coup sûr ; ils s'étaient accoutumés à nos bombes et à nos obus, et se riaient de nos grenades, on les entendait plaisanter quand elles éclataient.

La ville plus basse que l'enceinte, a été prise à la fois par les terrasses et les rues. La colonne qui a suivi cette dernière voie a beaucoup souffert, parce qu'on lui envoyait des balles par toutes les ouvertures ; l'autre a jeté les assiégés dans les rues, a pénétré d'étage en étage, enterré sous les décombres les fanatiques musulmans qui, acculés dans les caves, tiraient encore des coups de fusil par les soupiraux, quand Zaatcha n'était plus qu'un monceau de ruines. On trouva parmi eux plusieurs déserteurs qui avaient éclairé leur défense, et dans leurs mains des fusils de munition qui avaient été rapidement transformés, pour recevoir un silex.

Si le général qui revenait des limites du Sahara me donnait des renseignements précieux sur les oasis, le général Desalle, qui avait étudié profondément toute la province, m'instruisait, avec une complaisance inépuisable, des particularités qui la concernaient et complétait les idées que je recueillais par l'inspection des lieux.

Constantine, située sur le versant sud du petit Atlas, comme Medeah, Milianah, et séparée des vallées maritimes par les crêtes d'El Kantour, comme ces dernières cités le sont par le Zaccar et le Nador, est encore dans un pays très-montueux, mais à quelques lieues de là s'ouvrent des plaines immenses, nues, dans lesquelles s'élève Sétif. Elles s'étendent des frontières de Tunis, aux portes de fer, elles se relient à la Mitidja par l'Hamza et la coupure de l'Harache ; Aumale commande ces communications ; les plaines de Sétif sont à une assez grande élévation ; leur température reste donc propre à la culture des céréales, et elles en produisent effectivement des quantités considérables. Au-delà est le plateau de l'Aurès, habité par une race particulière qui parle une autre langue que les Kabyles et dans lequel on pénètre par des défilés dont le nombre ne dépasse pas trois, et dont le principal est celui de Batna, où nous tenons garnison. Au delà de ce massif est le Sahara, qui s'abaisse insensiblement de manière à n'être plus au-dessus du niveau de la mer : il est parsemé d'oasis qui s'établissent sur les cours d'eau qui descendent de l'Aurès, ou auprès des sources qu'on fait jaillir de puits plus ou moins profonds. Sa haute température et son sol sablonneux le rendent généralement impropre à la culture des céréales, c'est le pays des dattes. Dans ces régions est Biskara où nous entretenons un bureau arabe.

Le dattier, qui exige des soins constants, rend la population sédentaire et industrieuse : elle fabrique des burnous, des tapis, etc.; les nomades parcourent le Sahara pendant l'hiver ; ils se retirent successivement au printemps sur les hauts plateaux, après avoir vendu des laines dans les Oasis dont ils emportent les tissus et les dattes ; durant l'été ils arrivent dans le Tell ; beaucoup y possèdent des terres, ils viennent faire leurs moissons, ou aident ceux du Tell à faire la leur ; ils vendent l'excédant de leurs toisons, les dattes et les tissus des Oasis, et prennent en échange le blé et les produits de l'industrie et du commerce européen.

Constantine est ainsi un grand marché de laines et de blé : en certaines saisons des convois de chameaux y apportent 1,500 à 2,000 quintaux de blé par jour. Les laines qui ne sont pas vendues aux Arabes, sont exportées. Nos négociants en achètent déjà d'assez grandes quantités ; ils vont traiter dans les tribus, et font même des avances. Mais les plus grandes quantités de laines exportées par les nomades s'écoulent vers Tunis, en passant par Tebessa. Elles sont vendues généralement aux Anglais, qui les revendent ensuite à nos fabricants : ainsi Tourcoing achète en Angleterre les laines algériennes qu'il consomme. Un tel état de chose est fâcheux : il tient à ce que les marchandises anglaises données en échange, sont préférées des Arabes à cause de leur prix plus bas, de leur qualité plus loyale, de leur aunage plus sûr.

Constantine est habitée par un grand nombre des chefs de la plaine ; ils facilitent nos rapports avec les tribus et nous servent en quelque sorte d'otages : mais ils tendent à abandonner cette résidence, où l'on prétend les assujettir aux exigences de la vie européenne ; le Musulman ne peut admettre qu'on pénètre dans sa demeure ; notre administration ne respecte pas leurs priviléges, l'huissier veut avoir accès partout, etc. Peut-être aussi, le prix des denrées est pour les indigènes une cause qui les dispose à quitter la ville : à notre arrivée, un mouton y valait 2 fr., aujourd'hui il s'y vend 8 fr. ; le bois que porte un âne de très-petite taille se vend de 3 à 5 fr., etc.

Je me disposais, en quittant Constantine, à me rendre à Bone, par Guelma, en marchant de conserve avec une compagnie de Spahis qui devaient se rendre à ce dernier poste, en campant aux étapes ordinaires. Mais le temps était affreux ; les montagnes étaient couvertes de neige, les ruisseaux transformés en torrents ; les rivières débordées et sans gués. Les avis reçus par le général Desalle lui annonçaient que les chemins étaient impraticables ; il me déclara qu'il fallait renoncer à mon projet, et qu'il ferait passer sa compagnie par El Arrouch, St-Charles et Jemmapes.

Je reprends donc la route de Philippeville le 29 décembre, avec M. Bonnemain. Nous revoyons Hamma, Smendou ; nous repassons les monts, et dînons à El Kantour. L'hiver sévissait autour de nous : la neige couvrait les monts et les vallées, le froid était très-vif, les raffales violentes, c'était une véritable tourmente, dangereuse sur des pentes si abruptes. Sur la descente nous rencontrons des troupeaux de moutons qui gagnent des régions moins élevées et dont le passage est indiqué par les nombreuses bêtes mortes qui restent sur la route. Dans la plaine, la chaussée est bouleversée de fond en comble par les énormes charrettes provençales, dont les roues s'enfoncent jusqu'à l'essieu dans le gravier dont la couche avait été laissée sans épaisseur : je comprends pourquoi on dit vulgairement que *la pierre d'Afrique n'a pas de solidité*. Nous voyons des voitures tirées par dix-huit mulets qui ne peuvent les sortir des ornières ; l'une est brisée et barre complètement le passage : il faut décharger la diligence, et la transporter, pour ainsi dire, au-delà de l'obstacle. Notre voyage devient extrêmement pénible : autant il est facile quand le temps est beau, et le chemin en bon état, autant il est dangereux et difficultueux dans cette saison, quand la chaussée a éprouvé d'énormes avaries. Nous voyons passer un détachement de soldats libérés, sortant presque tous de l'hôpital, s'en allant, par une neige épaisse, se faire désarmer à Sétif ! Ils faisaient ce pénible voyage parce qu'il y a beaucoup de détails à régler, nous dit l'officier ; il faut donner des capotes vieilles à la place de celles qui sont neuves, etc., etc. Certes, l'État perdra plus en journées d'hôpital et frais de route, qu'il ne gagnera à ce changement, et ces pauvres enfants de la France souffriront bien !

Quelques éclaircies nous permettent de profiter du magnifique point de vue dont on jouit de l'élévation d'El Kantour.

Au bas de la montagne, sur l'ancienne route, est une grande habitation entourée de cultures ; au loin, on aperçoit El Arrouch à travers une vallée étroite et contournée ; nous y arrivons le soir ; on nous fait un grand feu, alimenté par des bûches d'olivier, dans une auberge assez bonne.

El Arrouch est bien situé, bien bâti ; il a toutefois souffert beaucoup du choléra ; il a une caserne, une jolie église, des fontaines, qui reçoivent leurs eaux par un très long aqueduc couvert en maçonnerie, l'enceinte est formée d'un fossé avec parapet. Les habitants de la ville ont entrepris peu de cultures ; ils ont vécu longtemps avec le commerce auquel donnait lieu une nombreuse garnison. Il faudra qu'ils changent la direction de leurs affaires.

Nous visitons la maison de M. Ricetti, qui est, avec une belle-sœur, le seul reste d'une famille composée de trois ménages : le choléra a enlevé les autres personnes. Il possède une machine à battre le blé, composée de cylindres qui prennent la paille, et d'ailes tournantes qui la frappent vivement, et un moulin propre à la fabrication de l'huile d'olive, composé d'une meule horizontale sur laquelle roule une meule verticale ; il sert à extraire l'huile des olives sauvages : un quintal de ces fruits produit neuf à dix litres de première expression ; nous l'avons trouvée de très-bon goût. On obtient par une deuxième pression deux à trois litres d'huile à brûler. On évalue ainsi à 12 p. 0/0 le rendement des olives, tandis qu'en Italie, les oliviers greffés donnent vingt litres par quintal de fruits et jusqu'à trente litres dans les années extraordinaires. On achète trois francs le quintal d'olives sauvages ; donc l'huile qu'elles fournissent coûterait vingt-cinq centimes le litre : les frais de fabrication sont évalués au cinquième de l'huile ; au moins quand M. Ricetti fabrique *à façon*, il retient un cinquième de l'huile pour son travail : l'huile revient donc à trente centimes.

M. Ricetti a fait greffer 2,000 oliviers ; 7 à 800 greffes seulement ont réussi ; à la deuxième année elles ont déjà donné quelques olives. Il a eu un grand nombre d'insuccès, parce que les Arabes dépouillent les greffes des chiffons et des ficelles qui les maintiennent, soit pour s'emparer de ces objets, soit pour voir en quoi consiste l'opération, soit enfin pour nuire aux colons : la tribu des Saouedi s'est ainsi vengée parce qu'elle a été condamnée à payer 350 francs pour avoir coupé les mûriers de M. Ricetti, dans le but de faire des verges pour faire marcher les bœufs.

Parmi les végétaux propres à la contrée, celui que je remarque avec le plus d'intérêt, est le lin : il est abondant dans le foin récolté aux environs d'El Arrouch, et y acquiert une belle taille.

Le dimanche 30 décembre, nous quittons cette ville : l'on s'est décidé à mettre des travailleurs sur la route ; ils tâchent de la sauver en la saignant, en faisant couler la boue, en répandant les pierres réunies sur les accotements. On consomme beaucoup de matériaux et de journées, et l'on fait une besogne peu durable. Nous visitons Gastonville, colonie agricole, qui a compté 120 familles et 60 célibataires, formant une population de 540 personnes, que les départs ont réduite à 428. Après le choléra, on ne comptait plus que 22 familles, 11 célibataires et 11 veuves; 199 personnes (62 hommes, 49 femmes et 88 enfants) étaient morts du 8 au 31 octobre. A cette liste funèbre, il faut ajouter 7 ouvriers et 14 Arabes. La colonie est dirigée par un capitaine fort zélé; elle possède 1870 hectares; les défrichements ont été faciles; 300 hectares ont été mis en culture par les colons; la charrue de Grignon a été adoptée, elle est tirée par quatre bœufs; on a ajouté un avant train à quelques-uns de ces instruments, qui alors fonctionnent au moyen d'un attelage de deux bœufs.

On a semé 222 quintaux de blé dur, et on n'a récolté que 220 quintaux, mais on en a perdu 500 quintaux par l'incendie, et par l'abandon forcé des travaux : on battait le grain quand est arrivé le choléra. Le capitaine a soigneusement fait conserver le foin et la paille, au lieu de les livrer aux colons qui les auraient vendus; il a aussi conservé un beau troupeau de porcs pour la commune, pour laquelle il a encore réservé les oliviers. Ces arbres feront la richesse du pays; ils croissent partout, et descendent jusqu'à la rivière. Il a envoyé les olives récoltées à M. Ricetti. L'huile a été distribuée aux colons qui avaient récolté les olives : si l'on admet qu'elle valait 1 fr. 40 le litre, ils ont été payés pour leur travail, les hommes 2 fr. 50 par jour, les femmes 1 fr. 50, les enfants 0 fr. 75.

Les maisons de Gastonville sont faites avec beaucoup de soin; quelques habitants ont construit un plancher pour former une chambre haute. Presque tous désirent cette amélioration. Des clotures et des gourbis sont joints à presque toutes les maisons; on a bâti une belle porcherie, et un hangar pour le troupeau communal.

Le capitaine se charge de faire les fossés nécessaires à l'asséchement ; mais il réclame instamment l'empierrement des rues : rien ne nous semble, en effet, plus indispensable ; elles sont en ce moment des bourbiers impraticables.

Les Arabes ont été associés aux travailleurs européens. On les paie en leur donnant la jouissance d'un terrain égal à celui qu'ils cultivent, et les instruments de travail avec la semence. En somme, cette colonie dirigée avec beaucoup d'intelligence et de dévouement, semble devoir entrer dans la voie du succès.

De Gastonville nous nous rendons à Robertville, village éloigné de la route de quelques kilomètres, et situé au haut d'une vallée large, ouverte, d'un superbe aspect, mais dont le fond est marécageux ; elle pourra pourtant être desséchée. Un charmant bois d'oliviers forme le domaine communal. Je conseille de préposer un homme à sa conservation. L'huile paiera facilement les frais de garde.

Robertville est sous la direction de M. Fontaine, capitaine du génie ; un fossé et un mur l'entourent ; de grands déblais ont été faits pour obtenir des chemins droits ; je ne puis m'empêcher de dire qu'en Afrique celui qui remue la terre, travaille comme le fossoyeur, pour recueillir des morts. Beaucoup de maisons manquent encore de toitures ; les autres sont couvertes en planches ; quelques-unes bâties sur un terrain en pente sont enterrées à l'une des extrémités.

168 familles sont venues dans le village, il en reste 30 ; la moitié du déficit a été fait par la mort, l'autre moitié par le départ des colons. Il reste des veuves ; je conseille beaucoup de ne pas les évincer de leur concession.

Peu de travaux ont été exécutés, et les colons n'ont pas défriché la moitié de leur jardin intérieur ; 50 hectares extérieurs ont été défrichés par les Arabes, les labours s'exécutent au moyen de la charrue de Dombasle attelée de six bœufs. Douze de ces animaux ont été distribués à six familles ; quatorze restent au génie, il n'y a pas d'approvisionnement de fourrages. Les plantations de mûriers faites autour du village, et dans la vallée sont belles. On se dispose à en planter de nouveaux. On a mis, en attendant, les racines des jeunes sujets, dans un ruisseau. J'engage vivement à les retirer promptement. En résumé, Robertville n'a point eu de succès, mais de nouveaux colons arrivent.

La journée a été pluvieuse ; pendant la nuit il a tonné, et continuellement neigé : les rivières sont énormément gonflées, les routes presque impraticables, les montagnes couvertes de neige presque jusqu'à la base. Le général Desalle m'écrit qu'il n'a pu faire partir son détachement de spahis, à cause du temps affreux qui règne dans la province ; il ne pourra quitter Constantine que le 31 décembre, pour passer à Guelma dans les premiers jours de janvier, si cela est possible. Il me fallut donc me résigner à abandonner mon projet de visiter ce point intéressant. Tout ce qu'on pouvait encore tenter, c'était de visiter Jemmapes ; et encore la traversée du Saf-Saf, devenue une très-large rivière, était une entreprise dangereuse. Jemmapes est situé au pied des monts qui séparent la vallée du Saf-Saf de celle du Fondeck ; le point de partage n'est pas fort élevé, et dès qu'il est franchi, en suivant ce dernier cours d'eau qui débouche dans l'Oued-Kébir, on arrive sur le bord nord du lac Fetzara, puis dans la vallée de Bone, sans aucune difficulté.

Quoique Jemmapes soit éloigné de la route de Constantine, il est donc important par sa situation, car il formera le premier jalon de la route indispensable qui établira des communications entre Philippeville et El Arrouch d'une part, Bone et Guelma de l'autre. Le village s'étend sur 20 hectares, il est construit par le capitaine Prévot, du génie ; la muraille d'enceinte a coûté 80,000 francs ! Son territoire est très-beau, et remarquable par ses oliviers. Les défrichements sont à peine commencés ; la population a été décimée.

Le 31 décembre, je prends place dans la diligence de Constantine pour rentrer à Philippeville. Je suis assez diverti dans la voiture des propos d'une vieille femme, qui s'évertue à molester le fils d'un caïd des environs de Saint-Charles, marié à douze ans, et qui s'exaspère contre la loi de Mahomet, qui interdit le paradis aux femmes. L'idée des Musulmans qui veulent trouver des femmes dans le ciel, mais qui n'y veulent pas les leurs, est de nature, en effet, à l'offenser. Je me réunis avec mes collègues dans la soirée, à Philippeville.

La nuit est horrible; les vents sont déchaînés; la pluie tombe par torrents; la grêle lui succède; les éclats du tonnerre ébranlent la maison. Il pleut dans toutes les chambres, tant la tuile romaine est défectueuse.

Pendant les journées du 1er, 2, 3 et 4 janvier, le temps reste le même. La mer est si violemment agitée, que les bateaux qui font le service entre Alger et Bone, entre Tunis et Marseille, ne paraissent point. Nous étions menacés de ne pouvoir quitter l'Afrique et de faire un séjour forcé sur cette terre sur laquelle nous ne pouvions plus faire un pas, contraints de nous renfermer en nos chambres, occupant nos loisirs à lire les ouvrages publiés sur l'importante colonie de la France. Nous portions souvent nos regards sur la vaste rade, dans l'espoir de voir apparaître un navire. Enfin, dans l'après midi du 4 janvier, à l'aide d'une longue vue, j'aperçus à l'horizon, une trainée de fumée. Un vapeur ! un vapeur ! fut le cri proféré et répété. Le navire venait du nord-est ; longue fut l'attente avant qu'il se dessinât, grossît, fût à l'entrée du golfe. Les signaux lui annoncèrent que l'état de la mer ne permettait pas qu'il entrât. Il répondit qu'il amenait 800 hommes, qu'il n'avait plus ni vivres, ni eau, ni charbon, qu'il fallait au moins qu'il débarquât ses passagers. C'était le Sané, commandant Regnault, qui portait des troupes prises à Civita-Vecchia, qui avait passé huit jours en mer, au lieu d'y rester quarante huit heures, et qui était aux abois. On organisa un service de chalands, qui, malgré les vagues énormes qui roulaient jusque dans le fond du port, s'en allèrent successivement chercher nos troupes.

En pleine nuit, par une pluie battante, nous nous mettons en route, malgré l'avis du capitaine du port : nous suivons le chemin difficile de Stora, avec la pensée de nous embarquer. Les chaloupes ne pouvaient approcher des rochers qui forment le quai, elles y eussent été brisées : des Maltais nous prennent sur leurs épaules, et nous portent sur les chalands qui allaient chercher les derniers soldats. La mer est affreusement soulevée, nous sommes forcés d'attendre longtemps, à babord, pendant qu'on chargeait d'autres bateaux ; nous ne pouvions passer à tribord sans risquer d'être engloutis.

Enfin, nous pouvons monter sur le Sané ; le commandant ne veut pas nous recevoir : il n'a rien à nous donner, dit-il, et ne sait comment faire route ; mais nous jugeons qu'il y a moins de danger à rester sur la frégate, qu'à descendre encore sur le chaland, et nous nous décidons à suivre la fortune du navire.

La nuit est terrible et sans sommeil ; on ne peut lever l'ancre qu'à sept heures du matin, l'équipage était exténué. Le Sané se dirige sur Cagliari, où il compte prendre du charbon, cruellement tourmenté toute la journée et la nuit suivante.

Le dimanche, 6 janvier, à 9 heures du matin, nous entrons dans la magnifique rade de la capitale de la Sardaigne, dans laquelle une immense quantité de vaisseaux avaient cherché un refuge. La ville, bâtie sur une colline dont la pente est très-raide, est adossée à des monts assez élevés ; au sud, elle a une plaine basse occupée par des marais salants en exploitation. Elle a une darse ; elle est entourée de fortins à tourelles, et paraît contenir de beaux monuments. De loin, elle nous semble présenter une physionomie sarrasine qui pique notre curiosité. Mais nous ne pouvons descendre ; nous sommes en quarantaine à cause du choléra qui règne en Algérie.

Cette circonstance nous fait désirer de reprendre la mer le plus tôt possible. Mais le Sané et son équipage avaient tellement souffert qu'il lui fallait huit jours pour se remettre en bon état, et faire ses approvisionnements. Heureusement pour lui, il put prendre son charbon, bord à bord, d'un navire anglais, au prix de 30 fr. la tonne : partout où il y a acheteur il y a un anglais qui vend.

Pour nous, nous fûmes également favorisés : sur la rade était, depuis plusieurs jours, le *Christophe Colomb*, qui n'avait pu reprendre sa route, à cause du mauvais temps, et qui devait se diriger vers Civita-Vecchia, le soir même, si la mer le permettait. Quelques signaux amènent à bord le commandant du Christophe Colomb, et il nous déclare qu'il ne peut partir. Le lendemain, il vient dîner avec nous ; le soir, il nous emmène à son bord, et le mardi 8 janvier, à 4 heures du matin, il lève l'ancre. Pendant la journée, le navire serrant de près la Sardaigne, jouit d'une mer assez calme ; mais vers le soir il s'éloigne de terre, et, durant toute la nuit, il est cruellement ballotté : tous les meubles sont culbutés dans les cabines. Le 9 janvier, le temps devient beau, mais nous avons vent debout ; la mer est fort houleuse. Il nous eût été possible d'aller mouiller à Naples ; mais la quarantaine nous en éloigne, et nous continuons à nous diriger vers Civita-Vecchia. Lorsque nous sommes devant ce port sans rade, abrité par une digue placée parallèlement à la côte, le commandant reconnaît qu'il est impossible au navire d'entrer dans les passes : il juge convenable d'aller chercher un abri à *Porto-Herculo*, et nous déclare qu'il ne peut nous débarquer, parce qu'il ne trouverait pas un officier qui voulût conduire le canot. Mais tous s'offrent à l'envi de nous mener à terre. Nous descendons dans le canot major, et bientôt nous traversons l'une des entrées du port construit par Trajan ; enfin nous foulons la terre d'Italie.

La place était commandée par le colonel Ardent, mon ancien collègue à la chambre des députés. L'amiral Tréouard commandait les forces navales de la France. Avec leur concours, il nous est facile de visiter la ville et ses environs. Il ne nous était pas possible d'arriver aux portes de la capitale du monde antique, de la métropole chrétienne, sans la visiter : nous poussons donc vers Rome. Nous y trouvons notre collègue Baraguay d'Hilliers, commandant en chef de l'armée française, occupant et gouvernant les états romains. Nous sommes donc encore, en ce pays, sous la loi française. Le général nous met en rapport avec l'illustre M. Visconti, le *préfet des antiquités* de Rome ; avec l'aide de ce spirituel et savant archéologue, nous parvenons à voir rapidement la grande ville qui résume en elle la civilisation antérieure à notre ère, et celle enfantée par le christianisme, qui montre la puissance de la république et de l'empire romain, et celle des papes qui dirigèrent et formulèrent si longtemps la pensée chrétienne ; nous vîmes avec recueillement les vastes monuments qui attestent les triomphes du peuple roi qui vint s'asseoir aux spectacles du Colysée, et la splendeur de la papauté qui héritait des richesses, des lois, des lettres, des arts de la terre payenne, et recevait les tributs de tous les peuples de l'Europe soumis à la loi du Christ.

Il n'entre pas dans notre plan de décrire les impressions que nous fit éprouver la vue de la ville éternelle ; nous avons voulu seulement indiquer comment peut se lier au voyage d'Algérie la visite des contrées célèbres qui sont en possession d'attirer tous les touristes.

Nous avions tant souffert à la mer que nous aurions voulu rentrer en France par Florence et Gênes, mais la saison était trop avancée, les neiges couvraient les routes des montagnes. Nous allons nous embarquer à Civita-Vecchia, le mercredi 16 janvier, vers le soir. La mer est très-forte pendant la nuit ; au jour, nous voyons Monte-Christo, l'île d'Elbe, et à la fin de la journée, nous reconnaissons de près le cap Corse. La nuit est plus mauvaise encore que la précédente : la vague lave le pont qui est couvert de soldats qu'on ramène en France ; elle roule dans l'entrepont, sans que nos militaires, qui y étaient entassés, perdent un moment leur gaîté. Au jour nous voyons les îles d'Hyères, au loin les sommets blanchis des Alpes, enfin nous sommes dans la magnifique rade de Toulon, et nous entrons dans le port, abritant alors un assez grand nombre de vaisseaux de haut bord, notamment *le Valmy* de 120 canons, qui est tout armé et conserve son équipage au complet. Accueillis par l'amiral Hamelin, nous pouvons visiter en détail l'arsenal, le bagne, le bassin de Chatelineau, la flotte, le lazaret, tout ce que renferme d'intéressant le premier port militaire de la France. Je n'oublie pas de visiter le jardin botanique, jardin d'essai qui précéda celui d'Alger, et j'y vois l'excellent M. Robert, auquel ont tant d'obligations les botanistes qui parcourent les régions qu'il a si utilement explorées. Après avoir donné quelques jours à ces intéressantes études, je reprends le chemin de Marseille, puis celui de Paris, en passant par Aix, Lyon et Bourges dont je voulais voir la cathédrale, et le monument où sont réunis, la mairie, la justice de paix, le tribunal, la cour d'appel, et qui fut jadis la maison de Jacques Cœur, donnant ainsi un dernier attrait à un voyage si intéressant par lui-même.

DE LA COLONISATION DE L'ALGÉRIE.

Après avoir parcouru l'Algérie et apprécié ce qu'a produit une occupation de 22 années, on cherche, avec plus de perplexité peut être que ceux qui ne connaissent cette contrée que par des narrations plus ou moins complètes, si cette terre arrachée à la barbarie pourra entrer largement dans la voie de la civilisation, au grand avantage de l'Europe, si la France pourra tirer profit des immenses sacrifices qu'elle a faits, et coloniser la régence barbaresque, glorieuse entreprise à laquelle elle a été comme fatalement conduite !

Quand sous le règne de Charles X, l'expédition qui devait détruire le pouvoir du dey d'Alger fut résolue, assurément le ministère n'avait pas la pensée de fonder sur la côte septentrionale d'Afrique une nouvelle France agricole et commerciale, assimilée en tout point à la mère-patrie.

Une question de dignité avait déterminé les armements, peut-être une question de politique intérieure se joignait-elle à la nécessité de punir une injure : des ministres qui méditaient de grands changements dans la constitution du pays désiraient s'attacher l'armée, en lui donnant l'occasion de signaler de nouveau son courage par d'éclatants triomphes. Mais ils n'avaient pas conçu le projet d'annexer à notre territoire les plages africaines, et d'introduire la civilisation française au milieu des états barbaresques. Les pièces qui ont été publiées, soit en France, soit en Angleterre, peuvent même faire croire que le projet d'abandonner l'Algérie, après le châtiment du dey, était presque arrêté. Jamais la France ne put accepter une telle résolution.

Elle a voulu garder l'Afrique, elle l'a voulu malgré son gouvernement. Etait-ce par vanité nationale? Etait-ce par le besoin de donner de l'occupation à son activité inquiète? Était-ce la nécessité de reconstituer sa puissance perdue dans la dernière bataille des guerres de la révolution ? Etait-ce la crainte de voir occuper par nos rivaux les contrées conquises par nous, ou l'insurmontable penchant à entreprendre ce qui est utile au monde, ou l'enthousiasme que faisait naître la glorieuse mission de détruire la piraterie séculaire des Algériens? Tous ces sentiments se réunirent peut-être pour dominer l'opinion publique. Une conviction nationale se forma si puissante que nul ne fut assez fort pour la faire reculer.

Mais l'occupation devenait de plus en plus coûteuse ; la guerre que nous faisaient les Arabes, était de plus en plus meurtrière et barbare. Les Musulmans se dévouèrent à la guerre sainte avec un acharnement incroyable. Alger était pris en 1830, et dès l'année 1833, un homme s'était révélé, qui, suscitant le fanatisme et l'antagonisme des races, prétendait constituer la nationalité arabe et s'en donnait pour l'expression absolue.

Abd-El-Kader avait organisé une puissance redoutable ; il avait su nous faire une guerre incessante, atroce, répandue sur toute la surface de la régence ; il portait l'incendie jusqu'aux portes d'Alger; la tête de nos colons et de nos fourrageurs tombait sous l'yatagan jusque dans la Mitidja. On alla pour garder cette plaine qui touche le massif d'Alger jusqu'à imaginer de créer un obstacle continu, un fossé garni de redoutes ; il fut résolu, commencé avec ardeur et conviction. Pendant cette époque, les opinions les plus diverses étaient produites sur l'Algérie, on proposait l'abandon total, l'occupation de quelques points fortifiés sur la côte, l'occupation restreinte du pays, etc.

Ces discussions nous conduisirent au traité de la Tafna signé, en 1837, par le général Bugeaud et Abd-El-Kader. Par cette convention fatale à l'Algérie, on constituait l'autorité de l'Emir : on traitait avec lui de puissance à puissance ; on lui assurait la possession de la plus grande partie du territoire ; on n'attribuait à la France que quelques plaines étroites et les villes du rivage ; on laissait toutes nos possessions dans l'isolement, et on assurait les grandes communications intérieures à notre ennemi ; on lui livrait la domination du sud ; on lui créait des ressources abondantes, et le loisir de lever des contributions de toutes sortes.

Un tel traité, qui avait pour résultat inévitable d'accroître démesurément les forces d'Abd-El-Kader, et d'enfler son orgueil, ne devait durer que le temps nécessaire à notre ennemi pour préparer les moyens d'une attaque plus vive, plus acharnée, plus universelle. Ce temps, l'Emir l'utilisa bien : il créa jusqu'à des ateliers d'armes, des fabriques de poudre, des fonderies de canon ; il organisa des régiments réguliers, et, en 1840, il déclara insolemment la guerre à la France. Il la fit si rude qu'il mit notre établissement en péril.

Le général Bugeaud, qui avait signé le traité, en effaça les funestes conséquences : il reprit le commandement de nos troupes et commença ces campagnes résolues, vigoureuses, perpétuelles qui devaient mettre l'Émir aux abois ; il ne voulut plus de la défensive, il courut sur les rassemblements des Arabes partout où il pouvait les rencontrer ; il comprit qu'il valait mieux organiser une force mobile, capable de transporter une action décisive jusqu'aux confins du désert, que de fortifier et défendre péniblement quelques points isolés, attaqués tour à tour par toutes les forces de l'ennemi. Abd-El-Kader harcelé, épuisé, fut bientôt réduit à toute extrémité. Sa smala, sa dernière ressource, fut prise en 1841 ; les Marocains, devenus ses auxiliaires, défaits à Isly en 1844, signèrent en 1845 un traité qui les obligeait à interner Abd-El-Kader sur leur territoire.

Cette clause ne fut point exécutée ; l'Émir franchit bientôt nos limites ; mais sa puissance était déchue, ses efforts isolés et sans portée ; il fut réduit à demander l'aman le **22** décembre 1847, et fut au pouvoir du général Lamoricière presque immédiatement.

Ce n'est que depuis cette époque que nous possédons réellement l'Algérie, mais cette possession était encore chaque jour inquiétée : des révoltes partielles, quelquefois terribles, éclataient au milieu des populations impatientes du joug. L'armée augmentait avec la nécessité de nous étendre sur le pays et d'en garder les points importants. Nos dépenses s'accroissaient avec le chiffre de l'armée et avec l'obligation de fortifier nos positions. C'est alors qu'on sentit impérieusement le besoin d'obtenir un dédommagement, et de trouver un moyen d'alléger nos sacrifices par l'exploitation de cette terre nouvelle.

Ceux qui ont le mieux connu le pays, qui y ont fait la guerre et qui y ont immortalisé leur nom par d'éclatants succès, ceux là disaient à la France « qu'elle avait immensément à faire chez elle,
» avant de songer à conquérir l'Afrique, qu'elle avait bien des mo-
» tifs pour réserver ses armées et ses trésors, et bien des moyens de
» les employer avantageusement. » (Bugeaud, p. 110.)

Mais la nation comprenait qu'il lui serait toujours possible de perfectionner l'exploitation de son sol, tandis que si elle laissait échapper l'occasion d'occuper des positions formidables, la fortune ne les lui offrirait plus ; elle ne voulait pas se laisser enlever Oran si voisin de Gibraltar, Bone et la Calle placés à l'entrée du canal de Malte, Alger ouvrant sa rade à nos flottes, en face de Toulon et de la Corse. Abandonner l'Algérie fut reconnu chose honteuse et antipathique à l'opinion nationale.

Occuper quelques points de la côte, devait entraîner, sans profits, autant de dépenses que l'occupation entière de la régence : ces points restant sans communication, et recevant successivement le choc de toutes les tribus soulevées, il fallait pour les défendre une armée presqu'aussi nombreuse que pour conquérir l'Atlantide et la garder dans sa vaste étendue.

On se détermina à occuper, à dominer, à cultiver, à gouverner le pays tout entier, et alors se formula cette conviction devenue générale : *Il faut coloniser l'Algérie !*

Coloniser l'Algérie ! Quand la France conçut cette pensée, elle songeait sans doute à la prospérité commerciale de Carthage, à la vaste domination de la Rome antique, qui, devenue chrétienne, comptait 400 villes épiscopales sur la terre d'Afrique ; à l'empire des Maures qui jetèrent un si vif éclat au moyen-âge, dominèrent l'Espagne et firent trembler l'Europe ; peut-être même, elle se rappelait la puissance des grands corsaires d'Alger, Barberousse et Cheraddin, qui furent la terreur des navigateurs chrétiens et dont les successeurs, jusqu'à notre conquête, bravèrent les menaces des nations les plus puissantes de l'occident ; elle prévoyait avec émotion les immenses événements qui se sont accomplis sur la Méditerrannée et dont elle sera encore le théâtre ; elle ambitionnait d'y prendre une part prépondérante. Il fallait de telles préoccupations pour que la France commençât l'œuvre difficile qu'elle voulût entreprendre, et sans doute, quand sa résolution fut arrêtée, elle ne se rendait pas bien compte des obstacles qu'elle allait voir se dresser devant elle.

Lorsque les émigrations européennes s'en allèrent coloniser l'Amérique septentrionale, elles rencontrèrent un climat modéré et sain, une terre fertile et presque partout arrosée, des plaines étendues, des prairies dont on ne pouvait apercevoir la limite, des ports bien abrités, des fleuves immenses ouvrant des communications promptes et économiques, des forêts séculaires en situation de pourvoir sans terme, au chauffage, aux constructions, aux exportations, des chutes d'eau innombrables, moteurs gratuits façonnant les bois pour tous les usages. Elles n'avaient en face d'elles qu'une population sauvage, privée de moyens de défense, vivant exclusivement de la chasse, sans notion d'agriculture, tenant conséquemment fort peu à la terre. Et pourtant, l'histoire du commencement des États-Unis nous a fait connaître combien l'établissement des Européens fut entouré de difficultés, de périls et de scènes lugubres : les premiers émigrants assassinés et scalpés, les habitations dévastées et incendiées, le sort des colonies incessamment compromis ! qu'étaient cependant les difficultés rencontrées dans le nord du continent américain près de celles qui nous assiégent sur la côte septentrionale de l'Afrique ?

Là, point de ports assurés, point de vastes plaines, point de plages accessibles, mais des montagnes sortant brusquement du sein de la mer, point de fleuves navigables, pas de bois dans les régions où nous portions nos premiers pas ; un climat extrême, brûlant durant l'été, très-froid pendant l'hiver dans les lieux élevés, détruisant par la fièvre presque tous ceux qui s'exposent à son influence, ne permettant aucune culture pendant les grandes pluies ni pendant les sécheresses; des escarpements assez hauts pour rendre les communications presqu'impossibles, pas assez élevés pour fournir de l'humidité pendant toute l'année, des pentes si abruptes que les rivières se précipitent et sont sans étendue et promptement desséchées; l'eau est rare presque partout, elle n'a été conduite dans les cités jadis populeuses que par des travaux gigantesques. Enfin pour rendre les difficultés plus insurmontables, le pays nourrit une population nombreuse, brave, fanatique, animée d'une haine héréditaire contre le nom chrétien, conservant les traditions d'une ancienne civilisation, possédant des armes à feu qu'elle manie avec adresse et une race de chevaux rapides et infatigables qu'elle monte et dresse avec une inimitable perfection. Cette race ennemie est à la fois pastorale et agricole, elle s'attache donc inébranlablement à la terre dont elle a besoin pour ses troupeaux et sa culture; elle joint ainsi, pour se déterminer à une guerre acharnée, la crainte de la dépossession aux motifs qu'elle trouve dans sa foi religieuse, dans la douleur de la défaite, dans la différence de mœurs, de lois, de langage, dans la tradition historique.

Comment surmonter de pareils obstacles et fonder enfin sur des bases certaines la colonisation, qui est restée jusqu'à présent à l'état de problème? La première condition à remplir, c'est de bien connaître *le pays qu'on veut coloniser;* la seconde, bien apprécier *ce qu'on a fait ou l'état actuel de la colonie;* on indiquera facilement ensuite *ce qu'il reste à faire, ou l'avenir de la colonie.*

I. Du pays à coloniser.

Si l'on veut avoir une idée nette de la région que nous voulons rendre à la civilisation, il faut connaître sa configuration, son sol, son climat, ses productions. Nous allons présenter quelques aperçus sur la géographie, la géologie, la météorologie, la botanique, la zoologie de cette contrée, nous contentant d'offrir les notions qui sont absolument nécessaires pour arriver au but que nous nous proposons.

Géographie. — L'Afrique septentrionale si rapprochée de l'Europe était naguère à peine connue ; les expéditions de nos armées nous ont enfin révélé les caractères essentiels de cette contrée remarquable ; mais peut-être n'a-t-on pas fait ressortir d'une manière assez vive les conséquences qu'il faut tirer de la configuration générale du pays, pour en assurer la colonisation. Ce large territoire s'avance au-devant de la France méridionale et forme l'un des bords du bassin occidental de la Méditerranée ; il s'étend de l'est à l'ouest mais en s'inclinant vers le sud dans sa partie occidentale ; à l'est, il dépasse le 37.º degré de latitude, à l'ouest le 35.º seulement. Alger placé au centre est presque sous le méridien de Paris (à peu près à 18 lieues à l'est). Cette région est bornée à l'est par la Méditerrannée orientale et plus spécialement par la petite Syrte ; au nord par la Méditerranée occidentale, à l'ouest par l'Océan atlantique, au sud par le Désert, océan de sable qui achève de la circonscrire comme une île interposée entre l'Afrique australe et l'Europe, rattachée à cette dernière contrée par l'Espagne, par les Baléares, par la Sardaigne et la Corse, par la Sicile et l'Italie. Ces relations de l'Europe et de l'Afrique rendent presque semblables les trois grandes formations qui constituent la croûte solide de notre globe : l'une formée par l'Asie, l'Archipel Indien et l'Australie ; l'autre par l'Europe, l'Afrique septentrionale et l'Afrique australe ; la troisième par l'Amérique du Nord, les îles du golfe du Mexique et l'Amérique du Sud, toutes trois etendues du nord au sud, élargies et rapprochées vers le pôle arctique, rétrécies ou interrompues vers le milieu, amincies vers l'extrémité australe qui reste éloignée du pôle antarctique.

La presqu'île dont nous venons d'indiquer les limites et à laquelle on donne généralement le nom de *Barbarie*, qu'on appellerait mieux *Berbérie*, parce qu'elle était originairement habitée par les Berbères, est essentiellement formée par les monts Atlas, ils en sont comme la charpente ; on peut donc l'appeler la presqu'île Atlantique, ou l'*Atlantide*. Ces monts constituent un massif énorme, quadrilatère, qui s'étend généralement dans la direction E. N. E. et présente un immense plateau et quatre versants.

Le plateau qu'on nomme expressement la région des *hauts plateaux*, masse centrale et dominante de l'Atlas, borné par la crête souvent rocheuse des monts, a pour caractère général de ne point déverser ses eaux dans les mers qui environnent l'Atlantide ; elles se réunissent, pendant l'hiver dans de vastes bassins sans issues, se desséchant par évaporation durant l'été. La partie centrale fait à cette loi générale une exception notable que nous indiquerons.

Des quatre versants, l'*occidental* peut être nommé *océanique* : il déverse ses eaux dans l'Océan ; il constitue, avec la vallée de la Mouïa appartenant au versant septentrional, l'empire du Maroc.

Le versant *oriental* peut être dit *Syrtique* ; il perd une grande partie de ses eaux dans les sables qui envahissent la petite Syrte, ou les porte dans la Méditerranée orientale, par la grande vallée de la Medjerdah ; il constitue la régence de Tunis.

Le versant *méridional* sera dit *Saharien*, il envoie ses eaux au désert ou *Sahara* ; elles y vivifient les oasis.

Le versant *septentrional* regarde la France, il laisse couler ses eaux dans la Méditerranée occidentale, dans le bassin entouré par les nations franques ; on peut donc le nommer *franco méditerranéen* ou simplement *Méditerranéen* ;

Toute la contrée comprise entre le versant Océanique et le versant Syrtique, entre le Maroc et Tunis, compose l'Algérie, qui était distinguée des autres versants dès l'antiquité : le Maroc était la Mauritanie Tingitane ; l'Algérie comprenait la Mauritanie Césarienne et Sétivienne ; Tunis était la Numidie.

D'après ce que nous venons d'exposer, l'Algérie se compose de trois régions parfaitement distinctes : le versant méditerranéen qu'on nomme aussi le *Tell*, la région des hauts plateaux ou le *petit désert*, le versant saharien ou le *grand désert*. On réunit souvent ces deux dernières régions sous le nom de *Sahara*.

Le *Tell*, caractérisé par le cours de ses eaux, a une végétation spéciale ; il est propre à la culture des céréales. Mais cette culture, dans l'est, s'étend beaucoup plus au sud, à cause de l'élévation des plaines, de l'abaissement des monts et du rétrécissement des hauts plateaux ; aussi, dans la carte rédigée d'après les indications de M. le g.^{al} Daumas et dans celle de M. Carette, le Tell a une largeur plus considérable dans cette région ; ses limites comprennent le plateau Atlantique, et le massif de l'Aurès qui fait partie du versant saharien.

Le Tell est fortement tourmenté, il présente d'innombrables montagnes, qui s'élèvent jusqu'à la grande masse de l'Atlas, et qui forment par leur ensemble une chaîne spéciale plus ou moins régulière, parfois interrompue, en quelque sorte parallèle à la côte méditerranéenne et à la crête, qui borde au nord les hauts plateaux ; cette chaîne a reçu généralement le nom de *petit Atlas* : par opposition, on donne le nom de *grand Atlas* à la masse montagneuse dont les hauts plateaux sont le couronnement. Quelquefois on réserve ce nom à la crête qui sépare le Tell des hauts plateaux, et que nous nommerons *tellienne* (1), fréquemment à la crête qui sépare les hauts plateaux du versant *saharien*, et que nous appellerons *saharienne*.

Le petit Atlas se courbe à l'ouest vers Melilla et Ceuta, pour former la pointe africaine du détroit de Gibraltar ; à l'est, il se courbe vers le cap Blanc pour former la pointe africaine de l'entrée de la Méditerranée orientale, non loin de l'embouchure de la Medjerdah et des grandes positions de Tunis et de Carthage.

---

(1) Nous dirions tellurienne si le mot Tell dérivait de tellus.

Le petit Atlas constitue à l'est d'Alger la Kabylie qui comprend le Jurjura au sud de Dellys, et les massifs de Bougie, de Djidjelli et de Collo; à l'ouest, il constitue le Dahra, puis les monts abaissés qui vont de Mascara à Tlemcen; au centre il forme le Zaccar, le Goutar, le Nador.

La chaîne qui borde la Méditerranée a deux versants l'un regardant le nord, l'autre le sud; le premier conduit ses eaux directement à la mer; le second les laisse couler dans de grandes vallées situées entre les deux chaînes atlantiques, où elles se mêlent avec celles de la crête tellienne du grand Atlas avant de se rendre à la mer, qu'elles ne peuvent atteindre qu'en franchissant les coupures du petit Atlas.

Très ouvertes dans l'ouest, étroites et difficiles dans l'est, les grandes vallées interatlantiques sont placées comme à la suite les unes des autres, en série dirigée de l'est à l'ouest, et ne sont séparées que par des chaînes secondaires, dont les faîtes sont presque partout peu élevés, et qui ont généralement la direction N. N. E. cette direction est à peu près celle qu'affectent la côte océanique du Maroc et la côte de la régence de Tunis. A l'est et à l'ouest, les longues vallées interatlantiques vont en s'abaissant vers l'Océan et vers la Syrte. Au centre les vallées sont comme interrompues : le grand Atlas, fait saillie au nord, se confond avec le petit, et forme une seule masse derrière Alger et la Mitidja.

A la base occidentale de cette masse, le Chelif se recourbe, et par une exception singulière, envoie ses affluents au sud, à travers les Hauts-plateaux, jusqu'au Djebel-Amour, dont les défilés forment la porte des Oasis. Ainsi le point culminant, adossé à la plaine d'Alger, commande au Tell, aux Hauts-plateaux, aux Oasis; c'est le point stratégique et dominateur de toute l'Atlantide.

Ce que nous venons de dire indique que le Tell, par une division naturelle, se partage en quatre régions parallèles : les deux versants du petit Atlas (nord et sud) le versant nord du grand Atlas et les vallées interatlantiques, interposées entre les deux chaînes. Ces régions méritent que nous fassions sur chacune d'elles quelques observations particulières.

Le versant nord du petit Atlas, généralement abrupt, descend rapidement dans la mer, laissant rarement quelques plaines entre le rivage et la chaîne principale ; il en est cependant qui doivent être remarquées, par exemple celle de la Mitidja près d'Alger. Entre Mostaganem et Oran le petit Atlas s'éloigne de la côte, et le rivage forme une vaste plaine très-élevée qui vient se terminer au bord de la mer par un escarpement.

Sur quelques points, le petit Atlas laisse près de la mer des massifs isolés comme celui d'Alger qui se trouve entre la Mitidja et la Méditerranée ; sur d'autres il offre des dépressions, comme celles de Philippeville, qui semblent des vallées comblées.

Enfin il est sillonné de vallées assez nombreuses, mais sans grande importance : elles sont courtes, étroites, rapides, perpendiculaires à la mer, promptement desséchées, séparées les unes des autres par des obstacles souvent infranchissables. Les principales rivières qui les parcourent sont : près Philippeville le Saf-Saf dans lequel débouche la Zerumna qui peut-être autrefois s'ouvrait un passage dans la direction de Philippeville ; l'Oued-Saboun qui débouche vers le Cap-de-Fer. Dans la Kabylie les rivières qui avoisinent Collo, Djidjelli et Dellys. Près d'Alger l'Arrach à l'ouest, et le Massafran à l'est, courant tous deux dans la plaine de la Mitidja. Entre Alger et Oran, le versant nord du petit Atlas n'a plus que des ruisseaux peu remarquables ; au-delà de cette dernière ville jusqu'à la frontière du Maroc, on ne rencontre plus qu'un ruisseau un peu notable c'est l'Oued Sid'Abdallah (Rio Salado).

Quelques cours d'eau de cette région présentent une disposition remarquable qui rappelle celle des rivières des Hauts-plateaux : ils descendent dans des plaines situées entre la base du petit Atlas et le bord de la mer, et dont la partie centrale est plus basse que le rivage : les eaux sans issue y forment, dans la saison des pluies, de vastes lacs qui se dessèchent pendant l'été, et déposent sur le fond de ces lacs le sel dont elles se sont chargées dans leur cours. Sur le bord, où a séjourné une eau qui n'était point encore saturée apparaissent quelques plantes marines, rares d'abord, puis plus touffues. Ce n'est que dans les parties qui n'ont pas été inondées, qui conséquemment ont été débarrassées par les eaux pluviales de la surabondance de sel qu'elles contenaient que la végétation devient vigoureuse et utile. Les eaux de la plaine d'Oran forment ainsi un lac immense ; elles ont une semblable disposition dans d'autres points du Tell ; ainsi le lac Fetzara près Bone est formé par les ruisseaux qui ne peuvent se rendre à la mer.

Le versant sud du petit Atlas est presque aussi abrupt que le versant nord. Nous avons dit quelles régions on y remarque.

Le versant nord du grand Atlas constitue ce qu'on a nommé *la région des forêts*, à cause de la végétation arborescente qui la distingue. Il comprend à l'ouest l'Ouanseris et la chaîne qui s'étend jusqu'à Saïda, etc., à l'est les monts abaissés qui, dans la province de Constantine, bordent la région des hauts plateaux ; au centre le Kef-el-Akhder ou Kel-Lakdar, qui s'avance vers le petit Atlas et se confond presque avec lui.

Cette région comprend principalement les forêts des Beni-Ournid près Tlemcen, celle de Daya et de Dieffra, au-dessus de Sidi-bel-Abbès, celle du Djebel-Ghessoul près de Tegedempt et Tiaret, celles de l'Ouanseris, les forêts de cèdres de Teniet-el-Had, les forêts de Boghar, d'Aumale, des Bibans. A l'est la richesse forestière est moindre ; il faut remonter jusqu'à l'Atlas saharien pour rencontrer les grandes forêts.

Les *principales vallées interatlantiques* qui réunissent les eaux des deux Atlas sont, de l'ouest à l'est, la vallée de la Tafna qui reçoit la Mouïlah et l'Isser, celle de la Macta formée par le Sig et l'Habra, la longue vallée du Chélif qui reçoit le Hilhil et la Mina, ensuite les vallées de l'Isser qui débouchent entre le cap Matifou et Dellys ; celle du Bou Messaoud qui descend à Bougie, après avoir reçu l'Oued Hamza, les ruisseaux qui traversent les Bibans et le Bou-Sellam ; vient ensuite l'Oued Kebir qui reçoit le Rumnel, enfin la Seybousse qui vient déboucher vers Bone. A ces rivières il faut ajouter les sources de la Mlouïa qui coule sur le territoire du Maroc dans la plaine qu'a illustrée la victoire de l'Isly, et les sources de la Medjerdah qui part du territoire algérien, pour aller arroser le territoire de Tunis, qui forme le versant oriental de l'Atlantide.

Les rivières du Tell dont nous venons de donner la nomenclature sont perpendiculaires à la mer, dans la partie qui traverse le petit Atlas; mais dans leur cours supérieur, elles se recourbent ou vers l'est ou vers l'ouest; souvent par leurs affluents elles embrassent les deux directions, de sorte qu'elles vont à la rencontre les unes des autres et semblent unir leurs vallées: en effet la Mouïlah et l'Isser marchent sur une même ligne, la première de l'ouest à l'est, la deuxième de l'est à l'ouest; elles se rencontrent pour former la Tafna et embrassent tout le pays que domine Tlemcen.

Le Sig, en se portant à l'ouest par Sidi-bel-Abbès, sous le nom d'Oued-Mekera et d'Oued-Mouzzen, se rapproche beaucoup de cette dernière ville et des sources de l'Isser. Le Sig et l'Habra qui forment la Macta ne sont séparés par aucun obstacle sérieux du Hilhil et de la Mina, affluents du Chélif.

Cette rivière, le plus important des cours d'eau de l'Algérie, remonte de l'ouest à l'est pendant 70 lieues, derrière les monts du Darah, jusqu'à Milianah et par ses affluents jusqu'à Médéah, unissant ainsi le centre de la province d'Alger à celle d'Oran, depuis la crête centrale jusqu'à Mostaganem. De l'autre côté de cette crête, l'une des rivières du nom de l'Isser se courbe à l'ouest et s'avance vers les monts d'où sortent les affluents du Chélif.

Le Bou Messaoud se dirige vers l'Isser par son principal affluent l'Oued Hamza, et remonte vers l'est par le Bou Sellam jusque vers Sétif; au sud ses affluents traversent les Bibans ou portes de Fer.

L'Oued Kébir se rapproche des vallées tributaires du Messaoud par ceux de ses affluents qui se portent à l'ouest, par les affluents du Rummel il s'étend à l'est.

Enfin la Seybousse se recourbant vers l'ouest se rapproche des vallées arrosées par ce dernier cours d'eau, et par les ruisseaux qui lui viennent de l'est, elle touche aux sources de la Medjerdah.

Ainsi est constituée cette série longitudinale de plaines, de vallées qu'on peut suivre à travers le Tell, de l'est à l'ouest, interrompue seulement au centre, où le saillant du grand Atlas vient s'unir au petit Atlas. Mais en ce point, la Mitidja peut s'unir sans trop de difficultés avec la série de l'est et avec celle de l'ouest et leur servir de moyen d'union. Au même point s'ouvre la gorge par laquelle débouche le haut Chélif, dont les affluents remontent jusqu'au Djebel-Amour. Ainsi, au pied de l'arête centrale, se réunissent les voies de l'est, de l'ouest et du sud.

Il est utile pour se former une idée exacte du pays de noter la hauteur des principales montagnes que nous avons mentionnées ; le Jurjura s'élève jusqu'à 2,126^m au-dessus de la mer, c'est le point le plus élevé du petit Atlas ; dans la grande Kabylie, on voit se succéder l'Afroun qui s'élève à 1,900^m, le Babour à 1,970^m ; dans le Darah les plus hauts monts, placés au-dessus de Tenès, ne s'élèvent qu'à 1,160^m. Au-delà d'Oran le petit Atlas qui se rapproche du grand s'abaisse jusqu'à 5 à 600^m. Dans la chaîne tellienne du grand Atlas les plus hauts monts qu'on rencontre sont à l'ouest : l'Ouanseris s'élève à 1,800^m ; dans l'est le Mellia qui fait partie de l'Aurès s'élève jusqu'à 2,126^m, mais cette chaîne s'abaisse considérablement ; le Nif-en-Necen a 1,534^m, le Sidi-Reis à 1,028^m, plus loin vers l'Aïn Belbouch les monts s'élèvent à 800^m. Le grand Atlas dans le Maroc atteint une plus grande hauteur que dans l'Algérie : le Miltsin s'élève à 3,745^m au-dessus de la mer. C'est le plus haut sommet de l'Atlantide.

Les plaines environnées par ces monts sont très-élevées et leur température est moins considérable que ne le comporterait leur latitude ; par exemple la plaine de Medjana au sud de Sétif est à 1,000^m au-dessus de la mer, celle de Mascara à 350, celle de Tlemcen à 250, celle de la Mitidja aux Blockhaus de Mered 148. Les pentes de ces plaines et conséquemment des rivières qui les parcourent sont excessivement rapides, même dans leur partie inférieure. La Chiffa dans la Mitidja à 0,008 de pente, la Seybousse 0,0027, le Rummel de Constantine à la mer 0,0025, le Massafran 0,0013, l'Harrach 0,001. La pente de 0,0025, commune en Algérie, est décuple de celle de la Loire entre Orléans et Tours.

Les principales villes du petit Atlas sur le versant qui regarde la mer, en d'autres termes les principales villes du littoral, sont connues de tout le monde : ce sont Nemours, Oran, Mers-el-Kebir, Arzeu, Tenès, Cherchell, Alger, Dellys, Bougie, Djidjelli, Collo, Stora, Philippeville, Bone, La Calle.

Les principales villes du versant sud du petit Atlas sont Sidi-bel-Abbès, Mascara, Mazouna, Medjudja, Milianah, Medeah, Sétif, Constantine.

Dans la série des vallées sont Lala-Maghnia et Tlemcen adossées aux monts qui se rapprochent du grand Atlas, Saint-Denis-du-Sig, Orléansville. Sur le versant nord du grand Atlas est la longue ligne des postes militairement occupés, et siéges pour la plupart des bureaux arabes, Sebdou, Daya, Saïda, Frenda, Tegedemt, Tiaret, Teniet-el-Had, Boghar, Aumale, Bordj-Bouairjdj. Dans l'est nos postes ont été portés au-delà des hauts plateaux : sur la crête Saharienne du grand Atlas, nous occupons Batna, Tebessa qui domine le cours de Medjerdah, et dans les oasis, Biskara.

Les hauts plateaux compris entre les deux crêtes du grand Atlas forment d'immenses plaines séparées par des rangées de collines élevées, parallèles à l'Atlas, arrosées par des cours d'eau torrentiels pendant la saison des pluies, et dont le lit est à sec pendant l'été. Les parties déclives de ces plaines se transforment en lacs, quand les ruisseaux y accumulent les eaux qui n'ont pas d'issue. Elles se sont chargées du sel contenu dans le sol et forment des lacs salés qu'on nomme Chott ou Sebkha. Lorsque les ardeurs du soleil de l'été ont déterminé l'évaporation des eaux et desséché les terrains inondés, ceux-ci se présentent comme des plaines immenses, unies, nues, couvertes de dépôts de sel, ou assez imprégnées de matières salines pour empêcher toute végétation. Elles sont d'un aspect désolé, mais saisissant et plein de grandeur. Nous avons dit que le Tell présente quelques plaines qui ont le même caractère. Pendant l'hiver, les vastes terrains, souvent sablonneux, qui entourent les lacs se couvrent d'herbes.

Une pareille région, desséchée dès la fin du printemps, est impropre à la culture: elle ne permet pas d'exploitation sédentaire: elle offre au parcours des bestiaux de précieuses ressources pendant la saison humide, mais quand arrive la sécheresse, ses habitants conduisent leurs troupeaux dans le Tell; ils sont donc nomades par nécessité.

Nous avons dit que les Hauts-plateaux ne sont point complètement unis, ils sont divisés par des hauteurs en plusieurs bassins. Ces bassins sont les Sbacks, le Hodna, les Zarès, le Sersou, les Chott-el-Chergui et El-Gharbi. Ils ne sont pas sans rapport avec les vallées principales du Tell, comme si les causes qui ont déterminé les mouvements de terrain du littoral avaient eu leur retentissement dans les Hauts-plateaux. Ils sont partagés, par la ligne saillante qui se trouve à l'est du haut Chélif, en deux versants, celui de l'est et celui de l'ouest, et forment un angle ouvert, regardant le sud, parce que le grand Atlas s'avance vers l'Atlas méditerranéen entre Médéah et Aumale.

Les Sbacks comprennent une série de petits lacs salés recueillant les eaux dans les plaines adossées aux montagnes d'où sortent les rivières de la partie orientale du Tell, la Medjerdah qui coule vers Tunis, la Seybousse qui va à Bone, le Rummel et quelques affluents du Messaoud. Les hauts plateaux de cette région sont rétrécis, séparés du Tell par des monts moins continus, de sorte qu'on les comprend souvent dans cette dernière région.

Le Hodna, vaste plaine dont la partie déclive est le grand lac salé de Msilah, est adossé aux montagnes d'où sortent les deux branches de la rivière de Bougie, et les nombreux affluents de l'Isser qui s'en va dans la direction de Dellys; en un mot l'Hodna est placée vis-à-vis la grande Kabylie.

Les Zarès, ou la plaine des lacs de ce nom, correspondraient à la partie centrale de l'Algérie, mais ils s'inclinent au sud comme s'ils avaient été repoussés par la région du haut Chélif.

Le Sersou est la plaine du haut Chélif, dont les affluents remontent à l'ouest jusqu'à Tiaret, au sud jusqu'au Djebel-Amour.

L'immense plaine de l'ouest, comprenant les Chott el-Gharbi et El-Chergui est adossée aux monts où prennent leurs sources les affluents du Sig et de l'Habra qui forment la Macta, ceux de la Tafna et ceux des rivières du Maroc ; ils sont beaucoup plus étendus que ceux de l'est parce que les versants qui les alimentent sont plus développés.

Le principal marché des Hauts-plateaux est Bou-Sada, placé sur la ligne centrale.

La région des Hauts-plateaux trouve sa limite méridionale dans la chaîne parfois rocheuse, souvent très-peu élevée, quelquefois presque effacée, qui forme la crête saharienne du grand Atlas. Là se trouvent encore des défilés qu'il faut traverser pour arriver du sud dans les régions méditerranéennes : Batna est une de ces portes des oasis et du désert.

Au-delà de cette crête est le *versant saharien* ou la troisième partie de l'Atlantide qu'on distingue quelquefois difficilement de la seconde. Dans ces régions lointaines nous occupons un point important : c'est Biskara, où nous entretenons un bureau arabe. Au-delà du Djebel-Amour est El-Aghouat que nos troupes ont plusieurs fois visité (1).

L'eau qui découle des montagnes, celle qui les a pénétrées et qui en sort en fontaines ou qu'on va chercher par des puits artésiens, y permettent la végétation ; au bord des eaux s'établissent des cultures ; le végétal important qui caractérise ces régions et leur donne la vie, le dattier, demande des soins incessants et de longue durée ; il exige un travail sédentaire, il entraîne des habitations fixes ; les oasis ont donc des villages.

La région des oasis est partagée, comme les autres, par une ligne saillante, en deux parties qui s'inclinent l'une à l'orient, l'autre à l'occident ; les eaux de la première sont recueillies par une sorte de rivière qui se nomme Oued-el-Djedi qui descend d'Aïn-Mady et d'El-

---

(1) Le général Pélissier vient de prendre cette ville d'assaut, Décembre 1852

Aghouat, et qui va se perdre dans l'immense lac El-Melghigh; les eaux de la seconde se réunissent d'une manière analogue et se rendent dans des lacs semblables vers le Maroc; mais cette partie est encore inexactement connue. Au-delà de la série des ksours ou villages est le *grand désert*, image de la mer, niveau de la mer, ancien lit de la mer, selon toute probabilité, improductif, inhabité, traversé seulement par quelques caravanes semblables à des flottes, par quelques coureurs, véritables pirates, et semé de quelques archipels d'oasis.

On donne au Tell 1,400 ou 1,300 myriamètres carrés, selon qu'on lui adjoint ou qu'on lui retire la région du Haut Chélif, et des portions des Hauts-plateaux de l'est.

M. Renou attribue 1,400 myriamètres à la partie du Sahara appartenant à l'Atlas proprement dit, et 1320 pour la zone des Oasis qui est à sa base et se termine à Metlili et Ouargla; il lui donne 500 myriamètres carrés de plus si on étend cette dernière zone jusqu'au 30.e degré de latitude, en y comprenant El-Goleah, Oualan, et toute la tribu de Chamba.

Les trois régions dont l'Algérie se compose, le Tell, les Hauts-plateaux et les versants sahariens avec les oasis, sont donc d'une étendue à peu près semblable et ont chacune de 13 à 1,400 myriamètres carrés ou 14,000,000 d'hectares; c'est donc, en tout, une superficie de 4,200 myriamètres carrés, et, si on ajoute les 500 myriamètres de la zone qui s'avance dans le désert, on a 4,700. myriamètres ou 47,000,000 d'hectares, c'est-à-dire une superficie égalant la France, à 1/10 près; mais dans cette immense étendue, un tiers à peine, le Tell, est susceptible de livrer quelques parties à notre colonisation.

Géologie. Le sol de l'Algérie a été fortement soulevé, cependant les roches anciennes ne se montrent pas dans une grande étendue de terrain; elles se laissent apercevoir à la pointe du massif d'Alger et du cap Matifou; ce sont surtout des gneiss et des schistes talqueux qui viennent au jour. Le granit ne se voit qu'accidentellement. Les terrains granitiques ont une surface plus grande dans l'est de l'Algérie ; ils forment la masse du littoral depuis Bone jusqu'au-delà de Collo.

On trouve dans la province de Constantine, du calcaire compacte, à hippurites et dolomies ; mais la plus grande masse de la régence est formée du terrain crétacé inférieur avec un peu de terrain jurassique et de calcaire à nummulites. La pointe de Djidjelli est formée par le grè du terrain crétacé. On trouve dans d'assez larges espaces le terrain tertiaire moyen marin, et le terrain tertiaire moyen d'eau douce, avec des lignites à smendou, le terrain subapennin de formation d'eau douce dans la province de Constantine, de formation marine dans les autres ; enfin dans la province d'Oran, vers Aïn Temouchent etc, on rencontre des basaltes, et de nombreux produits volcaniques. On observe entre Médéah et Mousaïa, entre ce dernier point et le marché de l'arba du Djendel, dans la vallée du Chélif, d'immenses surfaces d'argile plastique qui, s'étendant sur les collines et les montagnes, donnent un aspect particulier au pays. Il est nu, profondément raviné et accidenté, glissant et presque impraticable à la moindre pluie ; cette couche repose sur une assise de grès jaunâtres à grain fin, qui se retrouve aux environs de Mascara et de Tlemcen, Djemila et Mila, entre Sétif et Constantine, à Biskara et dans le désert sur une étendue qu'on ne connaît pas.

La grande quantité d'argile répandue sur la surface de l'Algérie, la rareté des roches cristallisées, les terrains tertiaires et de récente formation, les terrains d'alluvion qui dominent presque partout, ont assuré au sol, d'une manière presque générale, d'heureuses conditions de fécondité. Presque partout il est argilo-calcaire profond, et les proportions des éléments qui le constituent sont assez convenables pour qu'il ne soit pas d'une ténacité trop grande ni d'une légèreté fâcheuse.

Il est cependant des provinces moins favorisées que les autres ; les environs d'Oran ont un sol assez aride et pierreux ; nous avons vu des superficies entièrement couvertes de cailloux à Aïn-Temouchent.

Mais ces circonstances, quoique n'étant pas rares, doivent cependant être considérées comme exceptionnelles. La terre algérienne, devient infiniment féconde lorsqu'elle reçoit l'eau en quantité suffisante ; malheureusement cet élément de toute production végétale est loin d'être surabondant dans l'Atlantide.

Le sol cultivable se rencontre non-seulement dans les vallées, il recouvre les flancs et même le sommet de quelques montagnes. Cela tient à la nature même de la terre, à la modération des pentes de ces monts qui se dressent au milieu des plaines élevées qu'ils dépassent d'une manière peu considérable, aux végétaux doués de racines étendues tels que le chamœrops, le jujubier, le lentisque, etc., qui s'emparent du sol et que la main de l'homme n'a pas attaqués depuis des siècles. Les plaines, à la vérité, ont généralement des pentes rapides, mais si cette condition peut avoir une grande influence sur la quantité d'eau retenue dans les rivières, elle ne suffit pas pour que la terre végétale soit entraînée et la roche mise à nu.

Les produits minéralogiques dont l'industrie et l'agriculture peuvent tirer parti sont nombreux en Algérie, ils ont été mentionnés avec quelque étendue par M. Renou, membre de la commission scientifique de l'Algérie.

On trouve des filons de fer magnétique analogues à ceux de Suède, à quelques kilomètres de Bone et près de Philippeville. Quelques gîtes de minerai existent dans les environs de Bougie mais ils ne paraissent pas donner de fer de bonne qualité ; ils abondent au mont Sommah à 27 kilomètres de Sétif, et près Milianah; il y en a près d'Oran; ceux des environs d'Alger n'ont pas jusqu'à présent paru importants.

Il existe des mines de cuivre à 37 kilom. au sud-est de Constantine, puis sur la pente sud du Mousaïa, où a été fondé le bel établissement que nous avons visité, et à 30 kilom. au sud de Mascara.

Le plomb paraît abonder en Algérie : des mines considérables de ce métal, exploitées par les Kabyles se trouvent au mont Taleb, ainsi que dans l'Ouanseris. Des filons de plomb argentifère et aurifère, peu importants jusqu'à présent, se rencontrent à Bouzaréa, à 4 kilomètres d'Alger. Le plomb se trouve comme le cuivre au sud de Mascara.

La manganèse s'observe à Bouzaréa, mais elle est trop peu abondante pour donner lieu à une exploitation profitable.

On assure qu'on trouve des paillettes d'or dans le Rummel et quelques ruisseaux de l'Algérie, que même on en a lavé les sables avec profit; mais ces faits restent douteux.

Le sol de l'Algérie paraît contenir une grande quantité de sel marin; il existe des mines de sel gemme à 10 à 12 kilomètres de Milah; les Arabes en apportent des blocs au marché de cette ville. Les nombreux ruisseaux et lacs salés qui se rencontrent en Algérie, annoncent que des dépôts de cette substance y existent, mais les gîtes n'en sont pas encore connus. Les lacs salés nous offrent du reste une exploitation naturelle qui satisfait aux besoins de toute la population arabe et qui commence à attirer l'attention de notre industrie : lorsque les chaleurs de l'été les ont mis à sec, on en extrait le sel qui forme une croûte plus ou moins épaisse sur le sol. Nous avons vu à Arzeu-le-Port embarquer le sel recueilli dans le Sebkha placé à quelques lieues du vieil Arzeu. Les autres lacs salés de la province d'Oran ne paraissent pas contenir une si grande proportion de sel. Le terrain du grand lac que nous avons goûté après sa dessiccation n'est pas très-salé.

Dans les Hauts-plateaux et dans les plaines situées au-delà de la crête sud du grand Atlas, les Chott ou Sebkha qui s'emplissent d'eau salée sont immenses. Au sud d'Oran, les Sebkha s'étendent sur une longueur de 245 kilomètres. Au sud d'Alger, les Sebkha de Zarès ont 28,000 hectares et présentent pendant l'été une couche de sel de 30 à 40 centimètres d'épaisseur. Les Sebkha de la province de Constantine sont aussi fort riches.

Les salines qui tirent leurs cristaux de la mer seront plus difficiles à établir en raison de l'élévation générale de la côte. Cependant on en a autrefois établi près d'Alger et d'Oran. Les eaux des ruisseaux salés pourraient aussi fournir des produits, mais ils ne soutiendraient probablement pas la concurrence avec les chott, vastes usines créées par la nature.

Le salpêtre s'effleurit à la surface de quelques terrains disposés de façon que leurs eaux pluviales ne puissent s'écouler, et dans lesquels les troupeaux ont séjourné antérieurement ; mais cette substance est rare.

Le sulfate de magnésie se rencontre sur la surface des terrains dans lesquels ont séjourné les eaux qui s'écoulent des pentes argileuses du Nador, entre Médéah et Mousaïa et de ceux qui ont reçu des eaux de la Mina.

L'asphalte a été rencontré près des Mines de Sigus au sud-est de Constantine, et près de Djidjelli, mais on ne sait pas s'il pourra être exploité.

La houille n'a pas été découverte en Algérie et cet indispensable produit paraît même manquer tout-à-fait au Tell, si l'on en juge par les caractères de sa formation. On n'a pas même d'indices certains qui puissent faire croire à son existence dans le sud.

Le lignite existe à Smendou, sur la route de Philippeville à Constantine ; mais il ne forme qu'une couche de quelques centimètres. On a annoncé que l'épaisseur de la couche augmente dans son inclinaison.

La tourbe forme quelques dépôts près de la Calle, mais précisément dans les lieux où le bois est plus commun qu'en aucun autre point de l'Algérie.

Le gypse, ou pierre à plâtre est répandue à profusion dans l'Algérie, et il a été souvent exploité par les Arabes ; on le reconnaît à la Calle, où la pierre à chaux manque ; à Bône, à Guelma, à Constantine, à Sétif, à Bougie, sur les deux versants du petit Atlas, dans la province d'Alger, en divers points des environs d'Oran, de Mascara, de Tlemcen.

La pierre à chaux existe presque partout ; il serait plus bref de dire les localités qui en sont dépourvues que celles où existe cette matière presqu'indispensable pour les constructions. Jusqu'ici, la chaux hydraulique employée dans les grandes constructions est faite avec la pouzzolane venant d'Italie.

Les pierres de construction sont extrêmement communes en Algérie ; dans presque toutes les localités on a pu bâtir avec des moëllons réunis à très-peu de frais ; mais indépendamment de ces matériaux propres aux constructions de peu de valeur, on rencontre communément des carrières qui serviraient à élever les plus beaux monuments. C'est la pierre calcaire qui domine et qui a servi aux approvisionnements des travaux publics, comme elle avait suffi aux édifices grandioses des Romains, construits généralement avec des blocs considérables. Non-seulement on trouve parmi les calcaires, des pierres durables et d'un beau ton, on rencontre aussi beaucoup de marbres de couleurs variées. Il y a près de Bône plusieurs couches de marbres blancs ; on trouve aussi cette espèce près de Constantine, qui a encore des marbres gris veinés de blanc ; Bougie a des couches d'un noir veiné de blanc qui forment de très beaux blocs ; Constantine a de très-beaux marbres variés, Sétif a des brèches très-solides marbrés de vert, de brun et de blanc ; Alger, du marbre blanc et d'autres couleurs, etc., etc.

La Calle, Philippeville, la province d'Oran, ont des grès exploitables.

On trouve des schistes en quelques endroits : ceux de Blidah ne paraissent pas pouvoir se tailler en lames minces, non plus que ceux de Philippeville et Stora ; ceux qu'on rencontre dans les roches primitives d'Alger se fendent en lames assez minces pour former des ardoises. Si ces carrières étaient exploitables économiquement, ce serait une ressource excessivement précieuse.

Les terrains primitifs ont fourni à Philippeville un gneiss talqueux qui a été employé. L'île de la Galite, à 20 lieues de la Calle, donne de beaux granits ; les roches des environs de Bône pourront être utilisées ; les granits d'Alger sont presque toujours décomposés ou en fragments peu considérables.

Les roches volcaniques anciennes ou porphyres se rencontrent à la Galite ; à Bône on trouve des pierres comparables aux porphyres, d'une grande dureté et remarquables par leurs couleurs. Les porphyres verdâtres de Cherchell fendillés superficiellement, donneraient peut-être de beaux blocs à une plus grande profondeur ; ceux d'un vert sombre semblent moins fracturés ; ceux d'Oran sont fort brisés. Beaucoup d'autres produits volcaniques se trouvent près de cette dernière ville.

Toutes les parties de la régence sont susceptibles d'éprouver des secousses de tremblement de terre ; en 1822 elles ont fort endommagé la ville de Blidah, etc.

Hydrographie. — Les eaux sont la condition la plus essentielle de la richesse sous les climats brûlants, comme celui de l'Afrique : malheureusement elles ne sont pas suffisamment répandues dans l'Algérie. Nous avons fait connaître les principales rivières de de cette contrée. Elles sont nombreuses et leurs affluents très multipliés, mais la plupart n'ont qu'un court trajet à parcourir, de leur source à la mer ; leur pente est excessivement rapide ; on en peut juger par celles des plaines que nous avons fait connaître. Les montagnes d'où elles découlent sont trop peu élevées pour condenser la vapeur atmosphérique, et garder pendant l'année entière, la neige accumulée sur leurs sommets. Les pluies sont abondantes en certaines saisons, mais le temps de leur abondance est de courte durée. Les moindres ruisseaux se gonflent, dans l'espace de quelques heures, en torrents impétueux et infranchissables ; mais leurs flots s'écoulent avec rapidité, et l'on traverse leur lit à gué, même à pied sec, pendant presque toute l'année.

Les eaux souterraines, qui donnent naissance aux sources et qui alimentent les *puits artésiens*, ne paraissent pas être assez abondantes, dans un grand nombre de localités, pour suppléer à l'insuffisance de celles qui coulent à la superficie du sol. On sait qu'on n'obtient les eaux jaillissantes que dans les terrains dans lesquels on rencontre des couches perméables ayant une pente plus ou moins forte et ayant au-dessous et au-dessus d'elles des couches imperméables : l'eau qui pénètre dans les affleurements des premières, sur les sommets ou les flancs des montagnes, s'infiltre à travers leurs bancs ou leurs interstices, et ne pouvant pénétrer à travers les couches inférieures ou supérieures, elle forme un courant souterrain, qui amène l'eau à une hauteur plus ou moins grande, lorsque l'on perce la couche supérieure : le niveau auquel l'eau arrive est en raison de l'élévation du point d'où elle provient.

En Algérie, les terrains primitifs ne laissent pas de grandes chances d'y trouver des eaux jaillissantes. Les terrains jurassiques et crétacés sont très-perméables, mais il n'existe pas au-dessous d'eux de couches d'argile qui retiennent les eaux ; les grès qui recouvrent le terrain crétacé alternant avec des couches imperméables seraient dans de bonnes conditions s'ils n'étaient si brisés par de grands soulèvements ; le terrain subapennin, qui se compose de marnes grises peu perméables, présenterait des circonstances favorables à la création de puits artésiens. M. Renou pense que la belle fontaine d'Oran est née de cette disposition de terrain; il croit qu'autour du lac salé on obtiendrait de belles sources par des forages.

Dans les régions du sud, d'après M. Daumas, on obtient plus facilement des eaux qui s'élèvent au-dessus ou bien près de la surface du sol. La manière dont sont creusés les puits, au moyen desquels sont fécondés certains oasis, démontre qu'ils ont tous les caractères des puits artésiens : on les creuse à une profondeur quelquefois très-grande, sans être incommodé par les eaux ; mais quand on perce une roche spéciale, qui retient captif le courant souterrain, la source jaillit avec une si grande force qu'elle menace la vie des ouvriers ; on est forcé de leur boucher les narines, les oreilles avec de la cire, et de les attacher à une corde pour les retirer avec rapidité, et encore ne sont-ils ramenés à la surface du sol que dans un état d'asphyxie quelquefois dangereuse.

La qualité des eaux de l'Algérie est généralement bonne. En beaucoup de localités cependant elles sont saumâtres. A Arzeu elles ont ce caractère; on est forcé, pour y obtenir des eaux qui ne tiennent pas de sel en dissolution de les faire venir de loin.

Quelques sources et quelques ruisseaux sont salés ; le Rio-Salado doit son nom à cette circonstance. Cependant nous en avons goûté l'eau, elle ne nous paraît pas extrêmement chargée de sel ; le ruisseau des Bibans en contient davantage. Les Chott et les

Sebkha contiennent le sel que les pluies en lavant les terrains ont conduit dans les bas fonds.

L'Algérie a de nombreuses sources thermales : les unes sont sulfureuses, les autres ferrugineuses ; on cite pour leur haute température les eaux de Mérégah et celles de Hammam-Meskoutyn au sud-ouest de Bone : elles ont + 76°. Hamman-Berda, située à 15 lieues de Bone est une source incrustante, elle a + 80° R. Hammam-Staïssa est à 15 lieues de Sétif. On a formé un assez grand établissement de bains sur la route de Milianah à Cherchell. Près de Constantine, sur le chemin qui conduit à la cascade du Rummel, on trouve une grotte de construction romaine, où se réunissent des eaux tièdes, dans lesquelles les Arabes vont se baigner.

Météorologie. — La latitude de l'Algérie indique que cette région doit avoir une température élevée. La partie orientale du Tell s'avance, à la vérité, jusqu'au-delà du 37.ᵉ parallèle : c'est presque la position de la partie la plus septentrionale de la Sicile; mais la partie occidentale est à deux degrés plus au sud. Les Hauts-plateaux s'étendent entre le 36.ᵉ et le 35.ᵉ parallèle dans la partie orientale ; les Oasis commencent au delà et ont aussi dans l'ouest une position plus méridionale.

Toutefois, la température des diverses parties de l'Algérie n'est pas, en raison de leur latitude : leur élévation les rend moins chaudes ; sur le littoral, la température moyenne est de 17 à 18 degrés centigrades. Elle descend très-rarement au-dessous de zéro à Alger ; elle s'élève au maximum à 36°, quand règne le sirocco.

La température moyenne de Mascara, lieu plus élevé, est de 16°; celle Milianah de 15°; celle de Médéah de 14°; celle de Sétif de 13°, etc., etc. Le thermomètre y descend à plusieurs degrés au-dessous de zéro. Nous avons éprouvé un froid très-vif à Philippeville et à Constantine ; nous avons vu la neige y tomber abondamment en janvier. Dans les plaines, elle fond habituellement aussitôt qu'elle est tombée ; rarement elle reste sur la terre pendant plusieurs jours dans les plus froids hivers. Elle séjourne pendant plusieurs mois sur le Jurjura, l'Ouanseris, etc., etc.

La température des Oasis, placées sur le versant méridional du grand Atlas, abritées contre le vent du Nord, s'élève beaucoup, et atteint quelquefois 44° et 46°.

Les saisons de l'Algérie ne sont pas caractérisées comme celles de la France; elles sont au nombre de deux : la saison des pluies et la saison des sécheresses. D'une manière générale, on peut dire que l'automne et l'hiver forment la saison des pluies, le printemps et l'été celle des sécheresses ; mais les pluies commencent plus d'un mois après l'équinoxe d'automne, et finissent après l'équinoxe du printemps : à partir de la fin d'octobre, elles deviennent de plus en plus fortes et plus fréquentes ; elles sont très-abondantes pendant les deux mois qui suivent le solstice d'hiver, puis deviennent de plus en plus rares jusqu'au mois de mai. Après ce temps arrivent les sécheresses absolues. Alors, c'est-à-dire en juin, la végétation est entretenue par l'humidité accumulée dans la terre ; mais durant les mois d'été elle cesse presqu'entièrement. Les végétaux arborescents sont les seuls qui conservent leur verdure. Il tombe à peu près autant d'eau à Alger qu'à Paris, parce que les averses sont continues et fort abondantes : mais toutes les contrées de l'Algérie n'ont pas la même quantité d'eau : il pleut plus dans l'ouest que dans l'est ; le voisinage de l'Océan atlantique est cause de cette particularité. Il est certaines contrées au-delà de l'Atlas saharien dans lesquelles il ne pleut jamais; les nuages que les vents amènent de la Méditerranée et de l'Océan sont arrêtés par les sommets de cette chaîne de monts.

Les vents régnants sont ceux du nord, et ceux du nord-ouest qui amènent les pluies, les froids, les tempêtes. Ce sont ces vents qui causent les désastres des navires dans les ports mal abrités de la côte d'Afrique. Les vents du sud-ouest et du sud sont moins constants. Le dernier, qui a balayé le désert, amène une chaleur suffocante et des nuages d'un sable excessivement fin, qui arrivent quelquefois jusqu'à la côte; il dessèche toutes les plantes. Les vents d'ouest sont les plus rares.

Botanique. — Pour bien apprécier la flore de l'Algérie, il est nécessaire de se rappeler la division que nous avons établie et qui est fondée sur les caractères naturels de cette région : le Tell, les Hauts-plateaux, les Oasis ne se ressemblent pas ; leurs conditions climatériques ne sont pas les mêmes : leur végétation doit être distincte. Il en faut parler d'une manière séparée.

Le versant saharien du grand Atlas et les Oasis qui sont à sa base, sont les seules parties du sud dont nous devions nous occuper: le désert qui s'étend au-delà est presque inconnu et nous intéresse d'une manière secondaire. La chaîne des oasis reste à plus de 10 degrés de la limite tropicale, de sorte que son climat est encore fort différent de celui des lieux où l'on va chercher les épices et ce qu'on est convenu d'appeler les denrées coloniales. Une circonstance spéciale donne d'ailleurs au versant méridional de l'Algérie un caractère propre, et lui enlève une grande partie de la force productive que déterminerait son soleil : c'est l'absence des pluies ; la sécheresse de l'été y est excessive. Les végétaux y seront donc rares, peu variés, d'une croissance difficile ; la végétation d'ailleurs sera souvent annulée par la présence du sel dans cette terre si parcimonieusement arrosée, et dont les cours d'eau n'ont pas d'issue libre. Les cultures ne peuvent se développer que sur le bord des ruisseaux qui descendent des montagnes et autour des sources qui sortent de leur pied ou que l'industrie humaine va chercher dans les entrailles de la terre: elles sont donc concentrées en ces points circonscrits qu'on nomme oasis ; les plantes herbacées ne peuvent prospérer qu'à l'ombre des arbres peu nombreux propres à un pareil climat. L'arbre précieux entre tous, qui est la vie de ces contrées, qui s'accommode bien de sa température et de son sol, qui demande des irrigations mais qui ne craint pas l'eau saumâtre, est le dattier (phœnix dactylifera) qui s'élève en forêts dans les Oasis. Sa présence caractérise essentiellement ces vastes plaines, qu'on nomme proprement le *Pays des Dattes* (Belud Djerid.) On le plante en quinconce ou irrégulièrement, et on l'arrose toujours : on le féconde artificiellement, selon la méthode pratiquée dès la plus haute antiquité. Ce végétal est si nécessaire à la vie que les habitants de ces contrées dans leurs guerres, pour ainsi dire perpétuelles, le respectent presque constamment. Les dattiers sont en nombre considérable ; le seul district d'Ouargla n'en contient pas moins de 60,000 pieds. Il fournit aux habitants un fruit qui est la base de leur nourriture et de leur commerce, et sous son ombrage se cultivent les plantes potagères de toutes sortes, telles que melon, pastèque, concombre, ail, oignon et toutes celles qu'on voit dans nos jardins ; puis des arbres fruitiers tels que grenadiers, vignes, figuiers, pêchers, cactus, pommiers, limons, etc., etc., ce sont les arbres de nos contrées méridionales. On peut dire jusqu'à un certain point que la végétation des Oasis est artificielle, qu'elle disparaîtrait si la main de l'homme ne la défendait : sans les travaux intelligents et persévérants, sans les digues et les murailles que l'industrie humaine oppose aux vagues de sable du désert, sans le soin avec lequel on emménage et on distribue les eaux du sol, sans l'audace avec laquelle on multiplie les sources, en descendant dans la profondeur de la terre, au moyen d'outils et de machines trop imparfaites, le sable aurait bientôt englouti ces conquêtes de l'homme, comme la mer du Nord viendrait couvrir les polders de la Hollande, si des barrières solides ne les enveloppaient ; le vaste Océan aux flots solides, qui s'étend jusqu'au pays des nègres, viendrait baigner le pied même du grand Atlas, le jour où les populations du désert ne s'opiniâtreraient plus à résister aux lois de cette nature austère et inhospitalière. Tout le terrain cultivé est presque exclusivement consacré à l'alimentation, et laisse peu de produits pour l'exportation, excepté les dattes. Ces fruits, on les exporte, parce que seuls, ils ne suffisent pas à la nourriture de l'homme : ils ne contiennent pas tous les éléments réparateurs exigés par notre organisation.

Le désert qui environne les Oasis, n'est pas, comme on pourrait le croire, privé de toute végétation. Les lieux les plus secs produisent des plantes qui sont une ressource pour les bestiaux pendant l'hiver. La flore de ce pays est fort imparfaitement connue, car il a à peine été exploré. Le professeur Desfontaines cite bien dans son *Flora Atlantica* des plantes du désert, mais elles sont peu nombreuses, et paraissent appartenir aux limites des Hauts-plateaux. Les espèces de plantes recueillies depuis dans ces vastes pays, uniformes et soumis aux mêmes influences, sont peu nombreuses. Les plus remarquables de celles qui m'ont été données par les personnes qui ont parcouru ces régions éloignées, particulièrement par le docteur Bonduelle, sont les suivantes : l'illecebrum capitatum, l'hypecoum pendulinum et le procumbens, l'atriplex halimus, le dimorphostegia, plusieurs espèces des chenopodium, de salicornia, de plumbago, une espèce d'erodium, une espèce nouvelle d'hélianthemum, le pimpinella dioica, le sideritis romana, l'atractylis cancellata, le statice pruinosa, qui vient dans les terrains très-salés, au sud de Tedjmouth, le linaria fructicosa, dans les terrains calcaires d'El-Aghouat, le cucumis colocynthis (coloquinte) sur les bords du Mzy, le cleome arabica dans les sables salés d'El-Aghouat, une belle espèce d'euphorbia dans les sables et les terrains calcaires, le fagonia cretica dans les terrains caillouteux, une espèce nouvelle de fumaria, sur les rochers nus qui portent El-Aghouat, le pteranthus echinatus dans les plaines caillouteuses au sud d'El-Aghouat, le lawsonia inermis avec lequel on teint les ongles et les cheveux en noir, le tamarix gallica, le rosmarinus ; plusieurs espèces de truffes. Dans les montagnes de l'Aurès, on rencontre le juniperus phœnicea, le pistacia atlantica, beaucoup plus élevé que le lentiscus qu'on ne retrouve plus dans le Sahara.

Parmi les graminées de ces contrées, on distingue plusieurs espèces de festuca et de brachypodium, mais surtout des espèces à barbes ou arêtes très-velues et élégantes, comme les stipa pennata, barbata et autres, le saccharum cylindricum et une espèce nouvelle de ce genre, l'aristida pungens, le dactylis repens, communs dans les sables de l'Oued Mzaad, l'aristida ciliata dans les terrains schisteux très-arides entre Tedjmouth et El Aghouat, et une espèce voisine mais distincte, l'andropogon lanigerum, qui forme des groupes de souches écailleuses, dans les terrains arides, etc. Cette végétation conserve des rapports avec celle des contrées méditerranéennes placées plus à l'orient.

Les Hauts-Plateaux, comme les parties du désert qui entourent les Oasis ont une végétation pour ainsi dire intermittente : arrosés, pendant l'hiver, par les pluies, ils donnent quelques herbes qui servent d'aliment aux troupeaux ; pendant l'été, desséchés et nus, ils méritent bien le nom de petit Désert, qu'ils ont reçu. Le fond des lacs desséchés par évaporation, est pénétré de sel et reste sans trace de végétation. Autour des parties longtemps inondées, la zone qui a été immergée la première, et qui conséquemment s'est desséchée quand l'eau ne formait pas encore une solution saline concentrée, produit quelques plantes : ce sont des *salsola*, des *atriplex*, des *salicornia* ; le *passerina hirsuta*, plante que le chameau broute volontiers, des *statice*, parmi lesquels j'ai distingué le *S. pruinosa*, et une charmante espèce découverte par M. Bonduelle et que j'ai décrite sous le nom de *statice Bonduelli* (Ann. des Sciences nat.)

Sur les terrains un peu plus élevés, la végétation devient plus variée et les graminées plus abondantes ; celle qui domine, c'est le *stipa tenacissima* que les Arabes nomment *alpha* et qui forme des touffes énormes, à ce point d'embarrasser la marche des voyageurs. Les feuilles de ce gramen, d'une ténacité extrême, servent à faire des nattes, des cordes, des paniers, etc., etc. Elles sont tellement dures qu'elles sont dédaignées par tous les animaux. Cependant nous tenons du général Daumas que la souche de ce gramen, nettoyée, a servi à nourrir les chevaux dans nos expéditions.

Mais bien d'autres graminées recouvrent cette terre : *l'échinaria capitata*, le *dactylis pungens*, d'autres *stipa* comme le *tortilis* et quelques espèces qui paraissent nouvelles, *l'andropogon hirtum*, le *lygeum spartum*, le *kœleria villosa*, le *festuca divaricata*,

divers *brachypodium*, un *poa* voisin de *l'œgyptiaca* qui vient dan
les marais très-salés de Taguine, les *festuca cynosaroïdes
pectinella* et beaucoup d'autres, le *lagurus ovatus*, le *cynosuru
elegans*, le *polyppogon monspelieuse* commun au bord de toutes le
eaux, l'*hordeum crinitum*, le *melica ciliata*, et *l'œgilops squarros*
qui viennent où l'eau a séjourné. Avec ces graminées croissen
d'autres plantes, le *teucrium polium*, *l'aristolochia sempervirens*
une espèce nouvelle de *thymelea*, le *passerina polygalæfolia*
l'*anthyllis tragacanthoïdes*, le *juniperus oxycedrus* qui porte un
espèce de *viscum*, le *paronychia virgata*, le *xeranthemum erectun*
le *telephium imperati*, etc., etc.

Le *Tell*, plus encore que les *Hauts-Plateaux*, a une végéta
tion qui s'éloigne de celle des régions essentiellement chaudes
cela tient à la hauteur des montagnes qui le séparent du sud e
à l'élévation de ses plaines ; sa végétation a d'ailleurs les temp
d'intermittence que nous avons constatés dans les autres région
de l'Atlantide; la sécheresse de l'été empêche le développemen
des plantes qui exigent une grande chaleur. Aussi nous ne trou
vons pas de caractères saillants qui distinguent fondamentalemen
la végétation du Tell de celle de la partie méridionale de l
France et de l'Europe. Les quatre rivages qui ceignent la Médi
terranée occidentale, celui de la France, de l'Espagne, de l'Italie
de l'Atlantide ne diffèrent presque pas par leurs productions végé
tales. Sur 502 genres de plantes décrits dans la Flore atlantique
de Desfontaines (Flora Atlantica) il n'y en a que 48 qui ne soien
pas inscrits dans la Flore française, parmi ces genres, 13 appar
tiennent à l'Italie et à la Sicile, 2 à l'Espagne, 12 ne sont qu
des plantes introduites dans la culture ; 10 croissent sur les bord
orientaux de la Méditerranée ; dans les 11 qui restent, 6 sont indi
qués comme appartenant au désert. Il n'y a donc que 5 genre
propres au Tell qui soient étrangers aux bords méditerranéens
et ces genres ne sont presque tous que des divisions des genre
du Sahara. On peut donc dire que la Flore du Tell est sem
blable à celle des autres rives de la Méditerranée. On va voi

par l'énumération des plantes les plus vulgaires du littoral de l'Algérie qu'elles n'ont aucune analogie avec celles des contrées équatoriales. Les espèces qui lui appartiennent en propre ne lui donnent pas un caractère spécial, elles y tiennent peu de place et n'ont pas de valeur, tandis que la masse des végétaux qui couvrent cette terre est la même que celle qui couvre nos provinces méridionales ; ce sont parmi les végétaux ligneux : les lentisques, les myrtes, les chênes-verts, les chênes-liéges, les frênes, les ormes, les saules, les bouleaux, les platanes, les arbres de Judée, le caroubier, le pistachier, les jujubiers, les peupliers blancs et autres, les micocouliers, les pruniers, les aubépines, les grenadiers, les tamarix, les viburnum, les genévriers, les orangers, citronniers, cédrats, les alaternes, le rhus pentaphyllum, le pin d'Alep, le thuya articulata, etc. Les noyers, les amandiers, les abricotiers, les cognassiers sont cultivés partout ; le cerisier vient assez bien, le pommier, le poirier ne viennent bien que dans les lieux frais; les oliviers, les phyllaréa, les tamus, smilax, sont presque en tous lieux ; dans les terres légères l'arbutus undo, l'érica arborea, etc. ; sur le bord des eaux, le nerium oleander, les tamarix, les ricins en grande abondance. Tous ces végétaux sont les nôtres. Le chamærops s'étend sur de vastes espaces, mais il couvre la Sicile et croît en Espagne et à Nice. Le dattier végète dans le Tell, mais il n'y mûrit pas ses fruits ; il croît avec un peu plus de vigueur que ceux qui sont plantés à Civita-Vecchia, à Rome ou dans le jardin de la marine à Toulon ; mais il n'y est pas à l'état d'arbre utile, il y reste comme étranger.

Parmi les plantes herbacées ou sous-ligneuses, on trouve des genres et des espèces tout-à-fait semblables aux nôtres : le cistus ladaniferus, les genêts, les spartium, les daphne, les thyms, les lavandes, les germandrées, les origans, les atropa, les trèfles, les sainfoin, les orobus, les ornithopus, les psoralea, les silene, les arenaria, les mauves, les lavatères, les sinapis, les violettes, les fumeterres, les réséda, les églantiers, les renoncules, les millepertuis, les scorsonères, les daucus, les bunium, les senecons, les centaurées, les chrysanthèmes, les scabieuses, les valérianes, les globulaires, le trachelium, les verbascum, les scrofulaires, les artichauds qui couvrent de vastes espaces, les anagallis, les echium, la bourrache, l'acanthe, les sauges, les teucrium, les orties, les mélisses, les statice, le plumbago, l'ecbalium, les plantins, les rumex, les atriplex, les salicornes, les narcisses, les asparagus, les iris, les scilles, les asphodèles, les allium, les ophrys, les orchis et autres genres similaires des orchidées européennes. Beaucoup de graminées appartenant à nos régions

Nous n'avons pas besoin de donner une plus longue énumération de plantes, la liste que nous avons présentée suffit pour caractériser le climat. Dans les jardins on trouve tous les légumes d'Europe : choux, oignons, variétés de chicorée, de laitues, navets, asperges, oseille, haricots, fèves. etc., etc. La pomme de terre ne réussit pas dans tous les cantons, la patate donne énormément. Ce qui caractérise essentiellement la végétation du Tell, c'est la production des céréales. Le riz, le maïs, ne réussissent pas sur de grandes surfaces à cause du manque d'humidité, le dernier est fort productif dans les terres arrosées ; le froment, l'orge, l'avoine s'y développent admirablement ; or, ces végétaux ne peuvent prospérer dans les contrées dans lesquelles le thermomètre s'élève à 45°. Cette température détruit dans leurs graines la faculté germinative. Les vastes champs qui se couvrent d'épis déterminent le climat de l'Algérie : elle appartient encore à la zone tempérée, on doit établir ses cultures sur ce fait.

Mais si nos provinces méridionales nuancent leur végétation avec celles des contrées froides et subissent quelquefois les intempéries qui les affligent, l'Algérie est dans une position inverse ; elle nuance sa végétation avec celle des climats plus chauds ; elle ne subit pas les dangers de nos hivers : c'est notre Midi dans toute sa perfection, dans sa splendeur, exempt du souffle glacial qui détruit si souvent en France les végétaux originaires des pays favorisés par une température plus élevée. Le vent du nord, pour arriver sur les plages africaines doit s'étendre sur la Méditerranée dont les eaux l'attiédissent. L'Algérie, c'est donc notre Provence, plus brillante, abritée, sans contact avec la zone septentrionale, développant sans crainte et sans chance funeste sa magnifique végétation. Si des accidents l'atteignent, ce sont ceux du sud, c'est la sécheresse, ce sont les vents du désert et les sauterelles qu'ils apportent. Nous caractériserons par un fait significatif le climat du littoral de l'Atlantique : la vigne, le mûrier, l'olivier n'y gèlent point. L'olivier si frêle, si chétif, si souvent renouvelé à la suite des froids qui le tuent en Provence, prend en Algérie des proportions gigantesques. Les troncs, qui ont trois mètres de circonférence, restent nets, lisses, entiers, sans aucun signe de caducité. Il croît sur cette terre avec une vigueur, avec une force luxuriante ; on voit que c'est un enfant du sol, que ce domaine lui appartient. Ni la dent des bestiaux, ni l'incendie des Arabes, ni la destruction des Européens qui l'abattent comme bois de chauffage, ne peuvent parvenir à le détruire ; il repousse partout pour protester contre les actes de Vandales qui veulent le bannir d'une terre qui est à lui, dont il est le vrai souverain. Dans notre Provence, l'olivier est un hôte qui est venu avec les Phocéens descendus sur les rivages de Marseille, et qui, tous les ans, occupant moins d'espace, semble prêt à retourner, aux bords plus heureux qui l'ont vu naître ; au contraire, en Algérie, sa vraie patrie, il acquiert les proportions les plus vastes et les plus robustes.

Au milieu des oliviers prospèrent aussi avec plus de facilité et de puissance les arbres qui vivent dans nos régions, pêchers : abricotiers, grenadiers, orangers, figuiers, cognassiers, amandiers, etc.

A côté des céréales se placent avec grands profits les végétaux qui, cultivés dans nos contrées, se plaisent pourtant dans la température des contrées chaudes : les sorgho, le tabac, le lin, les melons et citrouilles, le safran, le sésame, etc., etc. Notre colonie algérienne admet encore le cotonnier (gossypium herbaceum ; il y a été cultivé avec succès ; Desfontaines en a trouvé des pieds croissant spontanément, qui, sans doute, s'étaient échappés des jardins, mais qui enfin, s'étaient naturalisés. Le cactus opuntia (figuier de Barbarie) s'y est multiplié largement et y a établi domicile ; les villages des Arabes en sont partout entourés, il couvre les rochers du Rummel, sous Constantine : mais cette plante originaire d'Amérique croît aussi en Provence et même à Angers.

L'Algérie permet en outre la culture de l'indigo, et le cactus nopal (cactus à cochenille) y réussit. L'insecte précieux qu'il nourrit exige pourtant des soins multipliés.

La canne à sucre se trouve dans les jardins ; nous en avons vu dans le jardin d'Alger qui étaient fortes, assez mûres, assez ligneuses, assez sucrées ; mais elles étaient fort loin de pouvoir être comparées aux cannes de nos Antilles. Elles ne différaient point notablement de celles de l'Andalousie que nous avons vues, et n'avaient pu croître que dans une terre très fertile et arrosée avec abondance. La canne à sucre restera donc en Algérie, comme en Espagne, restreinte en sa culture, peu riche en ses produits.

Nous verrons, quand nous indiquerons les essais d'acclimatation des végétaux des pays qui se rapprochent plus ou moins de la zone équatoriale, quelles espérances ils peuvent donner. Nous nous contenterons de dire ici que le bananier (musa paradisiaca) est cultivé avec quelque succès près d'Alger et dans d'autres contrées de l'Afrique, qu'il donne des régimes bien fournis, mais qu'il exige une bonne exposition et des irrigations. Sa culture sera donc circonscrite. Le bananier de Chine (musa sinensis) n'a pas encore réussi complétement.

Nous avons dit que certaines parties du Tell, comme la plaine des lacs salés de la province d'Oran, dont les ruisseaux ne se déchargent pas dans la mer, participaient de l'aspect et de la végétation des Hauts-plateaux ; l'on y voit reparaître comme au bord des Chott, les salicornia, les salsola, les atriplex, les passerina, les statice qu'on voit dans les déserts imprégnés de sel.

Le climat algérien paraît ne pas permettre aux arbres d'atteindre une élévation considérable ; nous avons vu beaucoup de frênes, d'ormes, de peupliers, notamment le peuplier blanc qu'on dit de Hollande, et qui paraît originaire de l'Afrique septentrionale, des chênes de diverses espèces, des pins, etc., et nous avons rarement trouvé leur tronc droit, élevé, simple, propre enfin aux constructions. Nous reconnaissons qu'ils étaient fort mal dirigés et qu'on obtiendrait des résultats plus avantageux par une culture habile; pourtant les défauts des arbres étaient si généraux que nous sommes disposés à croire que des soins bien entendus seraient insuffisants pour corriger tous les effets du climat, et rendre complétement profitable la culture des arbres de haute futaie, plantés isolément ou en simples lignes. M. Hardy suppose que le vent du désert dessèche les sommets de ceux qui ne sont pas abrités et les empêche de s'élancer; on peut penser que la sécheresse du sol et la longue interruption de la végétation pendant l'été suffisent pour nuire à leur croissance, même lorsqu'ils ne ressentent pas les courants du simoun ou du sirocco. Ce n'est que sur les versants septentrionaux de l'Atlas qu'on aperçoit des forêts d'une belle végétation, et dont l'exploitation promette des bénéfices. C'est dans ces localités que croissent en bois touffus les pins d'Alep, le chêne liége (quercus suber), le faux liége (Q. pseudosuber), l'ilex (chêne vert), le quercus coccifera, quercus ballota (chêne à glands doux), le pistacia atlantica qui acquiert de grandes dimensions, le pistacia lentiscus, le thuya articulata, le cyprès, le cèdre, qui n'a point été vu par le savant auteur de la *Flore atlantique*, et qui acquiert de magnifiques proportions à Teniet-el-Had et dans d'autres points de la chaîne qui sépare le Tell des Hauts-plateaux. Nous avons vu à Milianah des tables faites avec des tranches transversales de cèdre qui avaient plus de 1 mètre 60 de diamètre. On m'a dit qu'il y en avait d'un diamètre double. J'ai, sur une table de 1 mètre, compté 384 couches; un grand nombre d'autres étaient enlevées. Cet arbre avait donc vécu plus de quatre siècles. Les arbres de 1 mètre 60 avaient peut-être 1,000 ans.

La richesse forestière de l'Algérie est loin d'être connue entièrement; les principales forêts situées dans la région du littoral sont le bois d'Emsila, à l'ouest d'Oran ; celui de Muley Ismaël sur les collines qui séparent les lacs salés d'Oran de la vallée du Sig, dans lequel sont d'immenses quantités d'oliviers ; les bois qui se trouvent sur les bords du Sig, de l'Habra et de la Macta ; celui de Tenès ; ceux des Beni-Menasser, dans les monts qui sont au sud de Cherchell, ceux de Koresa, des Soumata, de Mouzaïa, de Telarif au sud-ouest d'Alger ; celui de Douaou au sud-est. On a aperçu un grand nombre de bois dans la grande Kabylie, de Dellys à Collo. Près de Philippeville sont les bois de Zerumma et de Filfila; près de Bone, la belle forêt de l'Edough qui renferme de magnifiques chênes-liéges et surtout cette espèce nouvelle de chêne nommée quercus-zéan ; les environs de la Calle et Guelma, jusqu'à de la frontière Tunis, sont couverts de bois.

Nous avons énuméré les forêts qu'on rencontre sur la chaîne du grand Atlas, au nord des Hauts-plateaux.

Dans le grand Atlas, au sud des Hauts-plateaux, on a aperçu d'immenses forêts sur la chaîne du Djebel-Amour, de Senalba, de l'Aurès, et du Bou-Thaleb, sur lequel on retrouve le cèdre.

On est donc assuré, dans les cultures en masse, sur les revers septentrionaux, d'obtenir de beaux bois de construction. Quant au bois de chauffage, il sera abondant dès qu'on le voudra : rien n'est plus facile que de transformer en superbes taillis la plupart des broussailles des cantons montueux.

Zoologie. — Il n'entre pas dans notre plan de présenter une énumération étendue des espèces appartenant au règne animal qui habitent l'Algérie. Nous voulons seulement tirer de la zoologie algérienne les inductions qui peuvent diriger l'élève des bestiaux et la culture de cette contrée. Dans le Tell, les animaux élevés par l'agriculture européenne sont répandus et prospèrent. Les chevaux y sont si excellents, si nombreux, si infatigables, si rustiques à la fois et si légers, qu'on reconnaît qu'ils sont dans leur patrie. Les ânes doivent de même être considérés comme indigènes. Les individus de l'espèce *bovine* y sont énormément répandues; ils ont des caractères spéciaux qui en font une race distincte qui est comme un produit du climat : elle est petite, bien faite, robuste, vigoureuse, très-douce, d'un pelage presque uniforme, noirâtre, grisonnant sur le dos et les membres. On nous a généralement affirmé que les petits bœufs de l'Algérie produisaient un effet utile au moins aussi considérable que ceux d'une taille plus élevée qui viennent des frontières du Maroc. Les vaches africaines ont des mamelles très-peu développées; elles produisent peu de lait; un ou deux litres est la quantité ordinaire, cinq litres forment le maximun de ce qu'elles donnent; elles sont difficiles à traire et l'on ne peut parvenir à le faire qu'en leur donnant d'abord leur veau. Le lait se vend à un prix fort élevé; à Philippeville, le lait fourni à l'hôpital par adjudication est vendu au prix de 39 centimes le litre.

Ces faits prouvent que la race bovine, si elle est largement installée dans le pays, n'a pas reçu les perfectionnements que la culture a donnés aux bestiaux de certaines contrées européennes.

La race ovine est immensément nombreuse ; les troupeaux couvrent les plaines et les montagnes. Les moutons sont de taille assez élevée, robustes, ils donnent une laine rude et assez longue; la toison pèse généralement trois à quatre livres. C'est dans le sud surtout qu'on rencontre des troupeaux innombrables; ils vivent dans le Sahara pendant l'hiver et le printemps ; ils viennent dans les montagnes et dans le Tell pendant l'été.

Les chèvres sont communes; elles sont loin de donner autant de lait que les chèvres maltaises; celles-ci paraissent s'y conserver en bon état, mais elles sont d'un prix élevé. Nous en avons vu à Médéah, Milianah, Alger qui valaient 80 à 100 francs.

Les porcs transportés en Algérie y pullulent; nous en avons vu un beau troupeau de plus de 150 têtes, formé par 15 laies, en moins de deux ans. Il y a cet avantage à les élever qu'ils ne sont pas dérobés par les indigènes : on sait que les Arabes n'admettent pas la chair de porc dans leur consommation.

Ce ne sont pas seulement les animaux domestiques qui ont le même caractère que les nôtres, on voit sur le sol du Tell algérien, une multitude d'espèces qu'on retrouve en Europe, tels sont parmi les mammifères les lièvres, les lapins, les sangliers, etc., etc. ; parmi les oiseaux, les perdrix, les merles, les cailles, les pies, les étourneaux, les vanneaux, etc. etc. Si des classes supérieures, on passe aux classes inférieures des animaux, on constate que la plupart des insectes qui y vivent sont semblables à ceux du Midi de la France ; la faune algérienne est donc, comme sa flore, la même, au fond, que celle de notre côte méridionale.

Cependant, l'Atlantide étant la partie extrême de la région méditerranéenne, se trouvant à l'abri des intempéries qui affligent les autres, n'ayant pas subi les transformations qu'amène la civilisation moderne, elle devra renfermer des espèces à elle propres ; le versant sud du grand Atlas, si différent des autres, sera surtout caractérisé par des animaux inconnus à l'Europe. On trouve dans le Tell des lions ; ils ne sont pas rares près d'Oran. La montagne située entre cette dernière ville et Arzeu doit son nom à la présence de ces terribles animaux ; on en rencontre aussi dans les montagnes voisines de St-Charles, dans la vallée du Saf-Saf etc. D'après les renseignements que nous avons recueillis, le lion, contrairement à l'opinion vulgaire, ne se trouve pas dans le désert.

On trouve des panthères en bien des lieux, à Mousaïa, par exemple ; les hyènes sont communes ; les chacals (canis aureus) sont partout : on les entend la nuit, dans les plaines, pousser des hurlements sans fin ; on les voit à chaque pas dans les broussailles; dans les lieux où l'on a cultivé la vigne, ils ont ravagé le raisin. On rencontre une espèce de vipère (vipera brachyura) près d'Oran, d'Arzeu, de Mostaganem ; sa morsure est dangereuse.

Dans le sud, se voit un animal domestique tout-à-fait spécial qui est merveilleusement adapté à la constitution du pays, c'est le chameau, qui, de temps immémorial, satisfait aux exigences de la vie nomade de ces vastes contrées et les caractérise ainsi que le dattier. Il arrive bien dans le nord, pour effectuer les transports qui sont faits de la région saharienne vers le Tell ; nous en avons vu des troupeaux qui étaient venus durant l'été, et qui, en décembre, n'avaient pas encore repris le chemin de leur pays ; nous avons vu des transports effectués par des chameaux à Philippeville, à Constantine. A l'époque de notre voyage à Tlemcen, plusieurs milliers de ces animaux étaient venus avec les chefs du sud qui avaient fait visite au général Mac-Mahon. Mais déjà dans le Tell, le chameau n'est plus au milieu des circonstances qui lui sont les plus favorables. Par sa nature, il appartient réellement au désert ; son pied large et tendre doit poser sur le sable et les terrains unis. Son organisation lui permet de se priver d'eau pendant plusieurs jours ; sa sobriété est extrême, il se nourrit des plantes les plus dures qu'il rencontre sur sa route. Il remplit dans le Sahara une indispensable fonction que lui seul peut accomplir. Non seulement les habitants l'emploient aux transports, ils mangent sa chair, boivent son lait, utilisent son poil et jusqu'à sa fiente.

D'autres productions du règne animal caractérisent encore le Sahara, ce sont particulièrement les autruches (struthio camelus), les gazelles (antilope dorcas), qui se montrent jusque dans le Tell. On rencontre dans l'Atlas d'autres espèces d'antilope, le bœuf sauvage (bos africanus, Bell.), une espèce de vipère (vipera serastes), le tupinambis nilotica, des gerboises, etc., etc.

Populations. — La vaste contrée constituée par les deux Atlas, semble, quand on la traverse rapidement, fort médiocrement peuplée ; on la dirait même déserte, tant sont peu apparentes les habitations des hommes qui existent sur sa surface ; ce sont des tentes noirâtres, formées de poils de chameau, de poils de vaches, de laine et même de fibres de chamœrops, ce sont des gourbis ou huttes construites de branchages ou bâties en pisé, basses, entourées de cactus, cachées dans les vallées, dans les replis des terrains, au milieu des broussailles, et qu'on ne découvre que lorsqu'on les cherche avec attention. La présence des êtres humains n'est pour ainsi dire annoncée que par les cultures tantôt restreintes, tantôt couvrant des espaces considérables, et par les nombreux troupeaux de moutons, de bœufs et de vaches qu'on aperçoit sur les montagnes. En réalité, la population est nombreuse ; à la moindre cause, on la voit sortir de tous les points ; si la guerre sainte réveille le fanatisme des Musulmans, d'immenses multitudes se forment inopinément dans les lieux les plus distants. Mais on varie beaucoup sur le chiffre exact des habitants de l'Atlantide, parce qu'on a peu de moyens de les recenser, et peut-être parce qu'on ne donne pas les mêmes limites à la contrée dont on veut dénombrer la population. Les personnes qui la portent au plus haut l'estiment à 3,000,000 d'âmes ; mais l'on ne sait pas avec une précision absolue à quelles zones il faut attribuer ce chiffre : selon toute probabilité, c'est aux trois régions réunies et prises dans leurs limites les plus étendues.

On sait que ces populations sont de races distinctes. Deux types principaux se font remarquer, les Kabyles et les Arabes. A ces races il faut ajouter les Maures, les Turcs, les Juifs.

Les Kabyles habitent les montagnes ; ils construisent des villages, sont sédentaires, ont peu de bestiaux, se livrent presqu'exclusivement à l'agriculture, à l'horticulture, à l'industrie ; ils fabriquent des armes, de la poudre, et savent produire le fer et le plomb ; ils semblent les descendants des divers peuples successivement refoulés par les conquérants qui ont envahi tour-à-tour le pays. On retrouve en eux les Berbères, habitants primitifs de cette terre, peut-être quelques Romains, des Vandales qu'on distingue à leurs yeux bleus, à leurs cheveux blonds. Les Kabyles combattent à pied ; ils parlent la langue berbère ; ils professent la religion musulmane ; mais on a remarqué qu'ils ont quelques signes qui rappellent le Christianisme.

Les Arabes, les derniers conquérants du pays, ont des traits plus accentués que les Kabyles ; ils vivent sous la tente, cultivent quelques terres, mais s'adonnent spécialement à l'élève des bestiaux ; ils montent volontiers à cheval, et sont nomades comme dans leur pays natal ; ils sont plus purs musulmans, et parlent l'arabe.

Les Maures, ou les habitants des villes, sont les descendants des hommes qui n'ont point quitté les cités africaines, qui se sont conséquemment mêlés aux divers peuples qui inondaient le pays, qui ont été renforcés des Musulmans expulsés d'Espagne, et des étrangers que le commerce appelle dans les ports, etc.

Les Turcs qu'on distinguait naguères en Algérie, sont presque tous disparus ; campés dans le pays qu'ils dominaient, ils n'y ont pas laissé de traces après notre conquête ; les enfants qui sont nés de leur commerce avec les autres races forment les Coulouglis.

Les Juifs sont nombreux et habitent les villes; ils y sont ce qu'ils sont ailleurs : ils se livrent exclusivement au commerce.

Les Maures ne doivent pas nous occuper ici, non plus que les deux dernières races dont nous venons de parler ; résidant dans les villes, ils vivront facilement sous notre administration ; ils ne seront point choqués de nos usages et se conformeront à nos prescriptions administratives.

Les Juifs ne seront empêchés ni par leur religion ni par leurs mœurs de se conformer à nos lois civiles.

Les Arabes et les Kabyles seuls ont des caractères tranchés qui en font des peuples distincts que leur religion, leur état social, leurs usages, leurs préjugés empêcheront de s'incorporer à nous ; ils ne le pourraient faire sans cesser d'être. Mais il faudra tenter de les rapprocher et de les unir à la population européenne, pour former un même corps de nation avec des éléments qui resteront socialement distincts, mais qui seront politiquement unis.

Le caractère disparate des deux races qui forment la masse de la population se reflète dans la forme du gouvernement qu'elles adoptent. Le Kabyle a des instincts démocratiques, il n'obéit qu'à des chefs désignés par l'élection, renouvelés souvent, restant quelquefois moins d'un an au pouvoir, et contrôlés habituellement par une assemblée populaire (Djemma). Ce n'est pas à dire qu'il n'y ait pas parmi eux des familles influentes dans lesquelles les chefs sont choisis; mais ces familles sont quelquefois nombreuses, et prennent l'autorité successivement, selon les alternatives d'influences. Ces influences sont en raison du nombre de voix dont les familles disposent par leurs membres, leurs alliances, leurs richesses, ou mieux par le nombre de guerriers qu'elles peuvent armer. La puissance se compte moins par les suffrages qu'on peut exprimer que par la quantité de coups de fusil qu'on peut tirer : l'on conçoit que dans une telle organisation, le parti qui compte les fantassins le plus solidement unis par la parenté et les intérêts fait la loi à des partis plus nombreux, mais divisés : c'est en Afrique comme ailleurs. Les tribus ne sont pas habituellement subordonnées les unes aux autres, mais forment des confédérations plus ou moins étendues et plus ou moins fixes. Au milieu de telles institutions, notre autorité ne peut se faire sentir que bien faiblement ; nous devons en quelque sorte nous borner à accepter les agents désignés par le suffrage du peuple, ou les chances des combats, jusqu'à ce que nos progrès nous donnent quelqu'influence dans les conseils. Les expéditions faites en Kabylie en 1851 et 1852, ne peuvent manquer de l'accroître.

L'Arabe a des tendances opposées à celles du Kabyle : ses habitudes sont aristocratiques ; il est parmi les tribus des familles dans lesquelles réside l'autorité de temps immémorial ; elles constituent une véritable noblesse féodale. Tout est subordonné au chef : ses plus proches parents sont ses premiers sujets. L'autorité réside en sa personne et se transmet héréditairement.

Outre les familles nobles, il y a des familles de marabouts ou de religieux qui inspirent le respect et exercent l'autorité. C'est surtout dans la province d'Oran que leur puissance est grande. Abd-el-Kader appartenait à une famille de marabouts.

Tels sont les peuples sur lesquels nous voulons étendre notre domination ; tel est le pays que nous voulons coloniser. Qu'a-t-on fait pour atteindre ce but ? Que reste-t-il à faire pour réaliser les desseins de la France. C'est ce que nous allons examiner !

II. État actuel de la colonisation

ou

ce qui a été fait.

On se plaint généralement en France qu'on n'a presque rien fait encore pour coloniser l'Algérie : on n'a pas assez réfléchi aux obstacles que nous y rencontrons ; on n'a pas assez apprécié le résultat de nos efforts. Aux yeux de ceux mêmes qui mettent le pied sur le sol africain, les difficultés qui surgissent à chaque pas apparaissent si énormes, que le succès leur semble d'abord impossible, que les travaux exécutés, comparés à ceux qui restent à entreprendre, sont considérés comme nuls. Mais, lorsqu'on a dissipé, par l'étude, l'impression qu'on a reçue, on est saisi d'admiration en contemplant l'œuvre immense accomplie déjà par l'armée.

La première condition de la colonisation était la conquête et l'occupation du pays ; à cette condition se joignait l'établissement des routes, la construction des forteresses, des villes, des ports, des arsenaux, des hôpitaux, des ponts, les barrages des rivières, la distribution des eaux, le creusement de canaux de desséchement, le défrichement du sol, le commencement des cultures, l'organisation du peuple vaincu ; tout cela a été entrepris avec un courage surhumain.

Ces travaux préparatoires répondent-ils par leurs résultats à l'énergie qu'on a déployée ? Le mode de colonisation généralement suivi permet-il d'espérer un succès réel et définitif ? Pour résoudre ces questions, il faut examiner sérieusement, impartialement ce qui a été fait. Nous allons en faire l'exposé rapide.

La conquête et l'occupation ont été bien longtemps incertaines et précaires. Deux raisons principales ont retardé ce résultat : la première est la difficulté même de l'entreprise, la deuxième l'absence de tout projet arrêté. La difficulté naissait des obstacles créés par l'implacable opposition des Arabes, par la configuration du sol, la nature du climat, le défaut de connaissance des lieux dont on voulait prendre possession.

En attaquant l'Algérie par la partie escarpée de son rivage, nous nous trouvions dans la situation la plus défavorable : tous les points que nous occupions restaient isolés et ne pouvaient se prêter aucun appui ; l'ennemi, au contraire, possédant les régions du sud, c'est-à-dire la série des vallées interatlantiques, les hauts plateaux, les vastes plaines des oasis, pouvait à chaque instant réunir toutes ses forces sur un seul point et nous accabler, ou s'il éprouvait un échec, il s'évanouissait devant notre poursuite, et ne nous permettait pas de profiter de notre victoire; nous avons fait sommairement connaître les vicissitudes de cette terrible lutte.

Elles furent rendues plus fâcheuses et plus longues par l'indécision du pouvoir, qui trouvait son motif dans les difficultés mêmes qui s'accroissaient tous les jours ; on discutait sans cesse, s'il ne conviendrait pas mieux d'abandonner notre conquête ou de restreindre notre entreprise. Les tergiversations cessèrent enfin ; on reconnut que plus nous limitions notre occupation sur la côte, plus les attaques qu'on dirigeait contre nous étaient acharnées, résolues et puissantes ; plus nous prenions l'offensive, plus nous nous portions en avant, et plus la supériorité de notre tactique retrouvait ses avantages, plus la configuration du pays nous rendait la conquête facile.

Mais ce n'est pour ainsi dire qu'hier que nous avons achevé notre œuvre. On sait qu'Abd-el-Kader ne fut en nos mains que dans les derniers jours de 1847; dans les premiers mois de 1848 éclatait dans la métropole une révolution qui paralysait toutes les conséquences économiques de notre victoire. Nous commençons seulement à pouvoir les envisager dans toute leur étendue.

Aujourd'hui l'arabe est dompté et soumis ; les difficultés inhérentes au sol sont surmontées. Nous tenons dans nos mains les clefs de tout le pays. Nous avons franchi le Petit Atlas, et occupé les points essentiels de son versant méridional : Sidi-bel-Abbès,

Mascara, Medjadjah, Milianah, Medeah, Sétif, Constantine, Tebessa. Nous dominons la longue série des vallées interatlantiques et nous occupons, sur le versant nord du Grand Atlas, les portes des hauts plateaux et des oasis : Lalla Maghnia, Sebdou, Tlemcen, Daya, Saïda, Frenda, Tiaret, Teniet-el-Had, Boghar, Aumale, Batna, Biscara au delà du Grand Atlas ; l'occupation complète, forte, rationelle est achevée.

Toutes les villes du Tell et quelques unes de celles qui sont en dehors de ses limites sont donc tombées en notre pouvoir; plusieurs villes nouvelles ont été fondées ; dans toutes les anciennes cités, on a dépensé des sommes considérables pour les rendre habitables par les hommes appartenant à la civilisation de l'occident.

En 1848, l'assemblée constituante a affecté une somme de 2,000,000 fr. au paiement du capital et des intérêts des deux cinquièmes des indemnités des terrains expropriés ; sur cette somme 1,174,285 fr. ont été payés, un nouveau crédit de 2,000,000 fr. a été ouvert pour cet objet au budget de 1849 ; une demande de 400,000 fr. a été faite au budget de 1850, mais l'Assemblée a suspendu le paiement jusqu'à ce que les questions litigieuses aient été vidées.

Au moyen des acquisitions faites, Alger a été agrandi ; de nombreuses masures ont été abattues et remplacées par des constructions modernes ; des rues larges et bordées d'arcades, des places spacieuses, des maisons élevées sur le modèle européen, des promenades, des fontaines sont venues donner à la partie inférieure de la ville l'aspect d'une cité française.

La vente des terrains, la construction des maisons, a donné lieu à des spéculations et à un agiotage effréné, qui ont contribué largement à déterminer la crise immense qui pèse sur l'Algérie depuis la révolution de février. Mais enfin si des ruines particulières ont été causées par ce jeu effroyable, une ville nouvelle a été construite, et reste acquise à la colonisation.

Dans le massif d'Alger, Koléah a été comme tranformée, en conservant cependant son délicieux jardin qui se cache dans un vallon arrosé ; Douera presque entièrement bâtie, Bouffarick fondée. Blidah, par sa partie nouvelle, enveloppe et fait pour ainsi dire disparaître l'ancienne ville arabe ; à Médéah on a détruit beaucoup de vieilles habitations qu'on remplace par des habitations modernes; Milianah est une jolie ville presque toute neuve avec larges rues, trottoirs, plantations, jardins ; Orléansville est une création française comme Saint-Denis du Sig; Mascara subira aussi l'influence des conquérants ; Tlemcen, la ville des califes de l'Occident, élargit ses rues, prépare de nouvelles constructions, restaure son Mechouar ; Oran est une ville espagnole où les Européens se sont pour ainsi dire isolés des juifs, des arabes et des nègres qui tous ont leur ville spéciale.

Mers-el-Kébir a été fondée sous les forteresses qui défendent son beau port; Arzeu a été bâtie dans une situation analogue, près de la pointe qui défend les *Portus divini*, tandis qu'un village se construit sur les ruines du vieil Arzeu. Mostaganem s'est développée malgré les mauvaises qualités de sa rade ; Tenès a conservé presque son caractère ; Cherchell a pris plus de part au mouvement.

Dans l'est, Dellys, Djidjelli, Bougie, sans communication avec l'intérieur n'ont pu recevoir des accroissements analogues à ceux qu'ont obtenus les villes de l'ouest. Stora a implanté ses constructions peu nombreuses sur la montagne abrupte qui entoure le port et s'est uni par un chemin en corniche avec Philippeville bâtie tout entière sur les ruines d'une cité romaine ; Bone a subi sa transformation ; La Calle, ancienne possession française, n'avait pas à prendre une vie nouvelle ; Guelma et El-Arouch ont succédé à des camps ; Constantine a une place et des rues neuves, mais elle a conservé presque en entier sa physionomie arabe, ses rues étroites, presque couvertes, impraticables à tous les véhicules, et bordées de ces échoppes où s'étalent toutes les marchandises qui plaisent au peuple de la contrée.

La population indigène presque entière vit sous la tente. Si quelques tribus ont des demeures fixes, ce sont de misérables gourbis formés de branches entrelacées et d'herbes sèches, ou es huttes trop petites, trop basses, trop mal éclairées, réunies en amas trop inextricables pour servir à l'habitation des colons uropéens; quant aux villages des Kabyles, ils sont situés dans des montagnes inaccessibles ou dans des régions que nous ne pouvons ccuper. Il a donc fallu fonder toutes les habitations rurales, et ce n'a pas été un des moindres travaux réclamés par la colonisation. es centres de population ont souvent succédé à des camps situés ans des positions importantes; l'autorité militaire les a générale- ent établis dans des points qui servaient d'étapes à nos troupes; lle avait ainsi l'occasion de fortifier des postes qu'il fallait garder; elle réunissait en ces lieux tous les genres de secours et d'abris ont pouvaient avoir besoin nos soldats isolés ou en corps; les garnisons offraient aux premiers colons l'occasion facile de vendre eurs produits et de faire quelques profits. Beaucoup de ces cen- res n'ont dû leur prospérité qu'à cette dernière circonstance, et orsque les progrès de la conquête ont fait porter nos légions en vant, vers le sud, ils ont vu disparaître brusquement la plus bondante source de leurs richesses.

Les principaux villages ou hameaux civils sont :

District d'Alger.

Kouba.
Dely-Ibrahim.
Drariah.
El Achour.
Cheragas.
Ouled Fayet.
Saoula.
Staoueli.
Aïn Benian.
Sidi Ferruch.

Fondouck.
Mustapha.
Birkadem.
Hussein-Dey.
Birmandreis.

District de Douera.

Crecia.
Baba Hassan.
Sainte-Amélie.
Saint-Ferdinand.
Mahelma.

District de Bouffarick.

Soukali.

District de Blidah.

Benimered.
Montpensier.
Joinville.
Dalmatie.
La Chiffa.
Mouzaïa-Ville.
Souma.

District de Koleah.

Douaouda.
Fouka.
N. D. de Fouka.
Zeralda.

District de Medeah.

Mouzaïa-les-Mines.

District de Milianah.

Affreville.

District d'Oran.

La Senia.
Miserghin.
Sidi Chami.

District de Mostaganem.

Mazagran.
Saint-Denis-du-Sig.

District de Philippeville.

Vallée.
Damremont.
Saint-Antoine.
Saint-Charles.

District de Constantine.

Smendou (Condé).
El Kantour.

A ces villages il faut ajouter ceux qui ont été bâtis par l'autorité militaire pour les colonies agricoles, ce sont :

District d'Alger.

Castiglione (Bou Ismael).
Teeschoun.

District de Cherchel.

Zurich.
Novi.

District de Blidah.

El Afroun.
Bouroumi.
Marengo.

District de Medeah.

Lodi.
Damiette.

District d'Orléansville.

Montenotte.
Ponteba.
La Ferme.

District de Mostaganem.

Aboukir.
Rivoli.

Aïn Nouisi.
Tounin.
Karouba.
Aïn Tèdélis.
Souck el Mitou.

District d'Arzeu.

Saint-Leu.
Damesme.
Arzeu (Vieil)
Muley-Magoun.
Kléber.
Mefessour.
Saint-Cloud

District d'Oran.

Fleurus.
Assi-Ameur.

Assi ben Fereah.
Saint-Louis.
Assi ben Okbah.
Assi Bounif.
Mangin.

District de Philippeville.

Jemmapes.
Gastonville.
Robertville.

District de Guelma.

Heliopolis.
Millesimo.
Petit.

District de Bone.

Mondovi.
Barral.

L'assemblée nationale ouvrit pour ces colonies un crédit de 50,000,000 francs; elle leur affecta, en 1848, 5,000,000 francs, en 1849, 10,000,000 francs ; on a demandé pour elles en 1850, le même crédit de 10,000,000 francs, mais l'assemblée nationale l'a réduit à 4,500,000 francs.

14,774 individus y furent installés, parmi eux étaient 6,320 hommes, 4,492 femmes, 3,128 enfants au-dessus de 2 ans, 814 enfants au-dessous de 2 ans.

Par la loi du 19 mai 1849, un crédit de 5,000,000 a été ouvert, par anticipation, pour former douze nouveaux villages. La construction en fut suspendue par la loi réglant le budget de 1850, et par la loi du 20 juillet 1850; mais l'achèvement en fut décrété en 1851, conformément aux conclusions d'une commission dont je fus le rapporteur. Seulement il fut interdit au gouvernement de les peupler aux frais de l'Etat. Ces villages sont :

Dans la province d'Alger, Aïn-Amer et Bou-Rkika sur la route de Blidah à Cherchel; Abd-el-Kader, Bou Metta et Aïn Benian, sur la route de Blidah à Milianah ; Aïn Sultan sur la route de Medeah à Milianah.

Dans la province d'Oran, Bled-Touaria, Aïn Sidi Chérif, Pont du Chélif, et Aïn Bou Dinar, autour de Mostaganem ; Bou-Tlelis près Miserghin.

Dans la province de Constantine, Athmed-ben-Ati et Sidi Nacer sur la route de Philippeville à Guelma.

Plusieurs de ces villages, encore inoccupés, seront habités par une partie des hommes transportés en Algérie après les événements du 2 décembre 1851, par des orphelins et de jeunes condamnés.

Outre les villages européens, des villages arabes ont été fondés avec l'aide de l'administration française ; nous en avons vu un près de Milianah ; 13 étaient commencés dans la province d'Oran. Les chefs ont été encouragés à bâtir des maisons. Nous citerons spécialement celles de Bou Alem et de son frère, bâties dans la vallée du Sig, celle d'un caïd sur la colline qui domine St.-Charles.

Les *ports* et les *travaux maritimes* devaient attirer toute notre sollicitude dès les premiers moments de notre conquête : ce n'était pas assez d'occuper le pays, il fallait le mettre à l'abri des attaques extérieures, il fallait assurer ses communications avec la mère-patrie, d'où il tire ses moyens de défense, en hommes, en armes, en argent, etc. Des batteries furent élevées pour protéger les ports et les côtes ; des jetées furent formées pour assurer l'arrivée des navires en tous temps, et les mettre à l'abri.

La jetée principale du port d'Alger qui, partant de l'ancien môle, s'étend presque parallèlement au rivage, et fait face à la haute mer, était terminée à la fin de 1850 ; elle a une longueur de 728 mètres sur une profondeur qui atteint 25 mètres ; elle abrite une surface d'eau de plus de 80 hectares ; elle donne donc à la capitale de l'Afrique française un port capable de contenir une flotte nombreuse. On va la couronner de batteries. La roche

Algefna, jointe à la côte par une jetée, va recevoir les canons qui défendront l'entrée du port. Les dépenses des travaux maritimes d'Alger se sont élevées jusqu'aujourd'hui à 16,000,000 fr. Il reste à former la jetée de Babazoun qui, partant du rivage, fermera le port et le garantira du ressac. La dépense totale du port doit s'élever à 41,500,000 fr. On projette de fonder plus tard un brise-lame qui abriterait la rade.

La ville, fortifiée selon les règles de l'art moderne et étendue selon les besoins de notre occupation, a son enceinte en voie d'exécution ; elle est, en outre, entourée de forts détachés.

Vers l'extrémité occidentale de la Régence, Mers-el-Kébir, ou le port d'Oran, se fortifie d'une manière formidable. Les batteries sont presque achevées et préparent aux vaisseaux français un abri dans le voisinage du détroit de Gibraltar. Oran lui-même est bien défendu par les forts de construction espagnole et mauresque qu'on a réparés et armés. Mers-el-Kébir est lié par une belle route à Oran ; cet ouvrage remarquable est exécuté sur le flanc des rochers, malgré des difficultés considérables.

Nemours, à la frontière du Maroc, a obtenu un débarcadère.

Arzeu, qui a une grande valeur, est cependant inférieur à Mers-el-Kebir. On y a fait quelques travaux de défense, un petit môle, un phare, etc.

Mostaganem, Tenès, n'ont pas de ports véritables ; Cherchell avait un bassin antique qu'on a en partie déblayé et auquel on a ajouté un bassin nouveau qu'on n'a pu complétement achever, et qui ne nous paraît pas susceptible de rendre de grands services.

A l'extrémité orientale de la Régence, la France possède depuis longtemps le port de la Calle. On y a fait un quai. Ce port est fréquenté par les pêcheurs de corail ; mais parmi eux on ne compte plus qu'un petit nombre de Français.

Le port de Bone a obtenu une petite jetée de 63 mètres ; la rade a bon abri, au fort genois ; mais aucune route carossable n'existe encore entre ce point avancé et la ville.

La rade de Philippeville a un beau port à Stora.

Collo vient d'être occupé; il paraît susceptible de devenir un port fort important.

Djidjelli n'est point abordable dans le mauvais temps.

Bougie a un fort bon abri.

Dellys n'est pas plus sûr que Djidjelli. On n'y a construit que des débarcadères; les travaux des ports de l'Algérie nous ont coûté de 1830 à 1850, la somme de 18,318,000 fr.; les travaux de défense des côtes, non compris celle des places, a coûté 1,024,000 fr.

Les *phares* et feux destinés à l'éclairage de la côte sont le complément de ces travaux; leur construction nous a coûté 231,000 fr.

Les *fortifications intérieures* n'étaient pas moins nécessaires que celles du littoral : s'il fallait se garantir contre les attaques du dehors, il était au moins aussi indispensable de se mettre à l'abri des entreprises de la population indigène. On a fortifié les villes, les villages, les camps, même les demeures particulières.

Beaucoup de villes sont dans des positions très-fortes; Constantine, bâtie sur un roc coupé à pic, ne tenant au Condiat-Ati que par une langue de terre étroite, est pour ainsi dire inexpugnable.

Tlemcen, Médéah, Milianah, etc., etc., bâties sur des plateaux escarpés, au flanc de monts dont le sommet est presque inaccessible, sont des places fort respectables.

La plupart des villes sont entourées d'un mur crénelé, appuyé d'une banquette en terre et bastionnées. Dans presque toutes on a conservé une forteresse séparée, servant à dominer la ville : telle est la Casbah d'Alger, de Constantine, le Château-Neuf et les divers forts d'Oran, le Mechouar de Tlemcen, etc.

Beaucoup de positions, comme celles de Philippeville, d'Arzeu, sont défendues par des blockhaus bâtis en bois ou en pierre, entourés souvent d'un fossé et d'un glacis, ayant habituellement une terrasse crénelée, des parois garnies de meurtrières, et dans le haut, des parties saillantes qui rappellent les machicoulis, et défendent les entrées et les murailles.

Quelques villages sont entourés aussi d'un mur d'enceinte : Jemmapes par exemple; le plus grand nombre, d'un fossé muni intérieurement d'un parapet formé par les terres relevées, couvert d'un glacis planté, et flanqué aux angles de petits bastions formés d'un mur ou d'un fossé semblable à celui des courtines.

Enfin, on trouve des habitations particulières bien closes, crenelées, dont quelques-unes ont des machicoulis comme les blockhaus. Ces dispositions n'ont point été inutiles, car bien des habitations ont eu des siéges à soutenir. Il y avait si peu de sûreté qu'on a songé à fortifier les campagnes. On se rappelle les projets divers pour opposer un *obstacle continu* aux irruptions des Arabes. L'exécution en a été commencée dans la Mitidja. Les murailles de Philippeville, de Dellys, etc., ont enfermé de vastes terrains. Heureusement, ces nécessités des premiers temps sont loin de nous.

Nous avons déjà dit que les places maritimes ont été fortifiées avec un soin particulier. Alger est la grande place de guerre de l'Atlantide. Ses fortifications ont coûté 3,300,000 fr.; les travaux de défense des villes de l'Algérie ont coûté 9,856,000 fr.

Les *casernes* et les *hôpitaux* forment comme le signe distinctif des villes de l'Algérie : au loin, c'est l'immense caserne et le vaste hôpital qui les signalent; c'est une triste nécessité de l'état des populations et du climat. Partout il faut se défendre contre les attaques des tribus, toujours prêtes à se révolter, et contre l'insalubrité dont la barbarie a laissé développer les causes. Ces circonstances pèsent fatalement sur nous; et l'administration militaire a grandement pourvu à ce qu'elles exigeaient; elle a bâti des abris spacieux pour les soldats valides ou malades; leurs salles sont bien éclairées, bien ventilées, sèches, et pourvues des accessoires les plus indispensables.

Les *bâtiments militaires* forment des édifices remarquables : de vastes magasins assurent la conservation des vivres, des armes, des effets de campement et d'habillement, des munitions; des ateliers de confection, des manutentions, etc, ont été construits sur une large échelle, à Alger, à Blidah, à Constantine, à Phi lippeville, dans tous les centres d'action. Les bâtiments militaires ont coûté depuis la conquête 31,638,000 fr.

Les *bâtiments civils* ont dû pourvoir à des besoins fort nombreux :

La *justice* a exigé des tribunaux, des justices-de-paix, des prisons : 817,000 fr. leur ont été consacrés.

L'*instruction publique* a obtenu un lycée à Alger, 14 écoles installées dans les principaux centres de population; ces bâtiments ont coûté 286,000 fr.

Le *culte* catholique a reçu vingt-deux églises ou chapelles et des presbytères; on a bâti, en outre, deux temples protestants, sept mosquées et une synagogue. Ces divers édifices ont coûté 2,348,000 fr.

L'*administration générale*, comprenant préfectures, sous-préfectures, commissariats civils, casernes de gendarmerie ont exigé des constructions dont la dépense est montée à 577,000 fr.

Les *services municipaux*, mairies, marchés, abattoirs, horloges, cimetières, etc., ont coûté 760,000 fr.; les *services hospitaliers*, 994,000; les *services maritimes*, 420,041; les *services financiers*, 890,000; les *ponts-et-chaussées*, 77,000; les bâtiments consacrés à l'*administration arabe*, 169,000; les *caravansérails* et *fondoucks*, 482,000; les *dépôts d'étalons*, 94,000 fr.

Les *maisons* n'existaient pas en nombre suffisant pour satisfaire aux besoins d'une population grandissant chaque jour; on a utilisé dans les villes, les belles demeures des grands dignitaires turcs et arabes. Elles sont devenues les habitations de nos chefs. Mais pour les colons ordinaires des constructions étaient nécessaires. Dans les villes et les villages, les maisons urbaines bâties par les européens ont rappelé généralement les usages de leur pays. Nos mœurs, nos goûts, nos besoins n'ont pas permis d'adopter les modèles arabes mieux appropriées peut-être au pays : leurs ouvertures petites, prenant jour sur une cour fraîche et arrosée, dans laquelle le soleil pénètre difficilement, les toits en terrasses épaisses, le marbre et la faïence prodigués, empêchent l'élévation de la température. Les demeures européennes garantissent mieux contre le froid; elles n'ont pas ces colonnades ouvertes, les pavements et revêtements en pierre, et surtout, elles sont pourvues de cheminées, avantages que ne connaissent pas les Arabes. Les fenêtres adoptées par ces derniers sont souvent partagées en deux parties : la supérieure éclaire l'appartement, l'inférieure les personnes assises sur les coussins qui couvrent le pavé; pareille disposition n'a pu être adoptée par les Européens; les distributions ont dû également changer. Des rues, des quartiers entiers ont été bâtis dans les villes principales, avec cette variété qui convient à notre humeur.

Les maisons consacrées aux exploitations rurales, manquant absolument, leur construction a coûté beaucoup. Nous n'avons pas à parler des bâtiments élevés par les particuliers, ils sont très-variés, généralement plus petits et moins solides que ceux construits par l'État. Quelques fermes, cependant, ont été édifiées sur de vastes proportions. Nous dirons un mot sur les maisons bâties aux frais de l'Etat : elles sont sur un plan uniforme, qui a été adopté après discussion.

Elles n'ont qu'un rez-de-chaussée, et sont composées de deux pièces quand elles sont occupées par un ménage, d'une seule quand un célibataire les habite. Ces pièces ont de 3 mètres 80 à 3 mètres 50 de côté; elles sont hautes de 4 mètres à peu près jusqu'à la naissance du toit.

Ces maisons sont souvent accouplées, afin d'épargner un mur, et disposées sur le bord de rues droites et larges.

Les murs sont bâtis en moellons et terre, avec mortier à la chaux aux angles; ils ont $0^m,50$ d'épaisseur; l'encadrement de la porte et des fenêtres est ordinairement fait en briques; les fenêtres ont un châssis vitré et un volet.

Le toit est formé de tuiles creuses placées, souvent sans mortier, sur des planches plus ou moins bien jointes.

Le sol n'est souvent formé que de terre battue; quelquefois il est pavé en briques ou recouvert de beton. Chaque maison coûte 2,500 fr., en général, et seulement 1,500 fr. dans les villages qu'a fait bâtir le général Mac-Mahon; mais l'élévation des murs est un peu moins considérable, la saillie des toits moins grande, les tuiles sont posées sur des roseaux (*arundo atlantica*), et ceux-ci sont portés par des combles bruts. Cela nous paraît suffisant, surtout si l'on considère que, par des motifs que nous exposerons, ces toits seront démontés.

Les dépendances, comme étables, écuries, remises, etc., sont bâties souvent en clayonnage, par les colons eux-mêmes, près de l'habitation principale. Pour cette raison, on a laissé à chaque maison un terrain de 10 à 20 ares, ce qui donne aux villages une étendue considérable.

Les points d'occupation, les centres d'exploitation devaient être mis en communication : l'administration a décidé l'établissement des lignes télégraphiques, des lignes de paquebots et des routes.

Les *télégraphes* forment une ligne d'Alger à Tlemcen, par Blidah, Milianah, Orléansville, Mostaganem, Oran et Sidi-Bel-Abbès. Elle a 17 postes et une étendue de 552 kilomètres. Elle donne un embranchement de Milianah à Medeah, qui a 84 kilomètres; un autre embranchement, d'Orléansville à Tenès, qui a 50 kilomètres.

Une autre ligne doit lier Alger à Aumale, Sétif, Constantine, Philippeville et Bone, en donnant un embranchement sur Bougie. Cette ligne ne s'étend encore que jusqu'à Aumale; elle a 84 kilomètres et sept stations.

Les lignes télégraphiques, avec les stations fortifiées, installées en certains points, ont coûté 743,000 fr. La télégraphie aérienne a seule été adoptée, jusqu'à présent : on n'a pas cru pouvoir établir encore l'électrographie.

Les *paquebots* à vapeur unissent par des communications régulières la métropole et l'Algérie, et les divers ports de l'Atlantide. Cinq lignes de paquebots unissent les ports de France à ceux de l'Algérie : trois partent d'Alger et vont à Toulon, à Marseille, à Cette; sur la première, les départs ont lieu une fois par mois; sur les deux autres, trois fois par mois; les deux autres lignes partent d'Oran et de Philippeville, pour aller à Marseille, deux fois par mois. Des paquebots partent d'Alger quatre fois par mois pour aller à Cherchell, Tenès, Mostaganem, Arzeu, Oran ; de ce point, un paquebot va à Tanger une fois par mois; d'Alger deux bateaux à vapeur vont trois fois par mois à Dellys, Bougie, Djidjelli, Stora. Cette ligne est complétée par le bateau de Marseille à Stora, qui étend son voyage jusqu'à Bone et Tunis.

Les *routes* sont partout nécessaires ; en Afrique, elles sont indispensables : elles sont un élément essentiel de la défense. Elles permettent de porter rapidement nos troupes et le matériel de guerre sur les points menacés; elles accroissent ainsi la puissance de notre armée.

Les villes de la côte furent longtemps les seuls points occupés par nos forces militaires ; et nous eûmes seulement la voie de mer pour les mettre en communication.

Il fallut protéger ces points par des postes avancés qui défendissent les approches des villes et les premiers colons : des routes s'établirent entre les ports principaux et les camps retranchés dans lesquels s'installaient nos soldats; ainsi furent créées des routes multiples autour d'Alger, d'Oran, et de Bone.

Quand nous fondâmes des établissements dans l'intérieur, on sentit la nécessité de les relier avec les ports, au moyen de routes perpendiculaires, qui s'étendirent d'abord jusqu'au pied de l'Atlas, comme celle d'Alger à Blidah et qui ensuite franchirent ces monts ; à l'origine ce furent des routes muletières, comme celle de Blidah à Médéah par le col de Mousaïa ; mais bientôt on entreprit des routes carossables, comme celle de Philippeville à Constantine, et celle de Blidah à Medeah par la vallée de la Chiffa. La première est la seule qui, avec celles placées dans la banlieue des principales villes, soit complètement achevée, encore ses travaux d'art ne sont-ils pas tous terminés ; la route de Blidah à Medeah est fort incomplète; beaucoup d'autres routes ont été exécutées *en travaux de campagne*, c'est-à-dire que les broussailles ont été enlevées, les obstacles de terrains détruits, et les terrassements les plus essentiels exécutés ; les ponts et autres ouvrages d'art n'ont point été entrepris ; la voie traverse le lit des ruisseaux , et contourne les anfractuosités des montagnes, au lieu de les franchir : telles sont à l'ouest d'Alger : la route de Blidah à Milianah , par la vallée de l'Oued-Djer, qui a été prolongée jusqu'à Teniet-el-Had ; la route de Mostaganem à Mascara, et celle d'Oran à Mascara dont quelques parties sont complètement achevées , et qui se prolonge ensuite jusqu'à Saïda, d'une part, et jusqu'à Tiaret , de l'autre ; la route d'Oran à Sidi-bel-Abbès, prolongée jusqu'à Daya ; celle d'Oran à Tlemcen , par le nord du grand lac, dont quelques parties sont entièrement achevées , mais qui laisse d'immenses lacunes dans lesquelles la route n'est même pas tracée ; celle de Nemours à Tlemcen , prolongée jusqu'à Daya d'une part, et jusqu'à Sebdou, de l'autre.

Dans l'est, on a exécuté la route d'Alger à Aumale , et celle de Bone à Guelma ; la route de Philippeville à Constantine a été prolongée jusqu'à Batna et Biskara. Les villes qu'on ne pouvait encore unir aux ports les plus voisins par des voies perpendiculaires ont été rattachées à celles qui étaient déjà en communication avec le littoral : ainsi Orléansville a été reliée à Milianah d'un côté, et à Mostaganem de l'autre, Sétif a été unie à Constantine ; on a ainsi commencé une voie transversale parallèle à la côte.

Aussitôt qu'on l'a pu, on a tracé les routes plus directes vers la mer : ainsi Milianah a été reliée à Cherchell , Sétif à Bougie, Orléansville à Tenès.

Sur le littoral, on a fait seulement la route d'Alger à Dellys , la route de Mostaganem à Arzeu et de ce port à Oran et Mers-el-Kebir, dont les travaux sont définitifs sur quelques points, et la route de Philippeville à Bone qui n'est pas achevée. On a donc exécuté peu de travaux sur les lignes qui bordent la mer ; dans la série des vallées interatlantiques on n'a ouvert que les routes qui ont été entreprises pour relier provisoirement des villes qu'on ne pouvait atteindre par le littoral. Nous avons vu qu'elles sont importantes dans l'ouest. La ligne qui doit unir les postes du sud n'est qu'en projet. Des projets existent aussi pour multiplier les voies qui suivent le littoral, et pour achever les lignes perpendiculaires à la mer ; quant à ces dernières, celles qui restent à construire sont peu nombreuses ; ce sont celles de Djidjelli à Constantine par Milah, de Dellys à quelques points des lignes transversales comme Bordj-Douairjdj.

Bien des lacunes existent donc encore dans le système des voies de communication, et la plupart de celles qui ont été établies ne sont, pour ainsi dire, qu'ébauchées, mais telles qu'elles sont, elles n'en constituent pas moins un travail gigantesque, qui atteste l'énergie et le dévouement de l'armée : quelques-unes de ces routes ont exigé des efforts vraiment prodigieux : telle est la route de la Chiffa ; on peut juger de la grandeur de l'œuvre commencée, en mesurant la longueur des routes, au moins tracées, si elles ne sont pas encore susceptibles d'être aujourd'hui parcourues.

On compte :

D'Alger à Oran.	410 k.
D'Oran à Tlemcen.	116
D'Oran à Daya par Sidi-bel-Abbès.	152
D'Oran à Saïda par Mascara.	176
De Mostaganem à Tiaret par Mascara.	228
De Cherchel à Teniet-el-Had.	148
D'Alger à Medeah.	90
D'Alger à Aumale.	128
D'Alger à Dellys.	96
De Constantine à Bougie par Setif.	229
De Philippeville à Biskara par Constantine.	319
De Bone à Guelma.	66
Total.	2258 k.

La totalité des routes a coûté 14,329,000 fr. mais elles attendent de bien nombreux perfectionnements.

Les *ponts*, accessoires obligés des routes, ont appelé toute l'attention de l'administration : les rivières de l'Algérie, presque à sec pendant l'été, torrents impétueux pendant la saison des pluies, offraient de bien nombreux obstacles à franchir, 86 ponts ont été construits : 46 sont en bois ; tels sont les ponts placés sur le Rummel en amont et en aval de Constantine ; 16 ont des piles et des culées en maçonnerie. La largeur et la violence des cours d'eau a exigé souvent qu'on construisît des ponts à l'américaine, dont les travées extrêmement larges n'apportent pas d'obstacles à l'impétuosité des eaux : tels sont les ponts du Rio-Salado, du Masafran, du Saf-Saf, etc. 24 ponts sont en maçonnerie : tel est celui de l'Isser, celui de l'Oued-Amar, près Saint-Charles qui étaient en construction quand nous avons traversé ces rivières. Des ponceaux nombreux ont, en outre, été construits. La dépense des ponts, rentrant dans celle afférente aux routes, s'est élevée à 2,045,000 fr.

Les canaux de navigation seront généralement impossibles en Algérie, l'eau y est trop rare ; les pentes trop rapides, le sol trop accidenté, l'évaporation trop considérable. Un seul canal paraît jusqu'aujourd'hui avoir quelque chance de succès, c'est celui qui unirait l'Harrach au Masafran : il servirait tout à la fois à donner à la culture les vastes marais qui sont placés au pied du Sahel, et à former une ligne navigable qui recevrait tous les produits de la Mitidja.

Les canaux de desséchement sont les seuls qu'on ait projetés et commencés jusqu'à présent. Les travaux exécutés dans cette vue ont déjà quelque importance ; mais généralement ce sont plutôt des rigoles que de véritables canaux : ceux de la Mitidja sont un peu plus avancés que les autres : on peut dire cependant que les résultats obtenus ne sont pas en rapport avec les dépenses considérables qui ont été faites : les canaux et rigoles exécutés ont une longueur de 328,841^m. ils ont coûté 2,955,000 fr. et ont servi au desséchement de 7,581 hectares, d'une manière plus ou moins complète, c'est-à-dire qu'ils ont coûté près de 9 fr. par mètre, et que le desséchement de chaque hectare a coûté près de 400 fr.

Les canaux d'irrigations et les aqueducs, dont l'importance a été reconnue en Algérie, dans tous les siècles, sont déjà assez nombreux : nous ne connaissons parmi les aqueducs anciens que celui de Medeah, attribué aux Maures, qui fonctionne encore, et distribue ses eaux à la ville pour laquelle il a été construit. Les grands aqueducs de Cherchel, de Constantine, de Bone, etc., ont la série de leurs arcs interrompue ; les villes pour lesquelles les Romains les avaient construits reçoivent leurs eaux par d'autres procédés. Un syphon d'une grande longueur et des tunnels alimentent Constantine ; des conduits en fonte et des aqueducs en maçonnerie ont été créés pour Bone. Un aqueduc suivant les contours du terrain, conduit les eaux à El-Arrouch, etc., etc. Parmi les prises d'eau qui servent aux irrigations, celle de Constantine, creusée dans le roc, à ciel ouvert ou en tunnel, est une des plus admirables, elle a coûté 120,000 fr. Souvent ce sont de simples rigoles en terre ou en maçonnerie qui détournent les eaux et les amènent dans le centre d'habitations, par exemple à El-Afroun, Marengo, etc.; celle du village de St.-Cloud à une grande section; celle qu'on prépare pour Arzeu-le-Port amènera des eaux salubres pour cette ville qui n'a maintenant que des eaux saumâtres ; au Vieil-Arzeu on a retrouvé et restauré les rigoles qui amenaient les eaux dans les réservoirs romains. Si l'on voulait citer tous les travaux de ce genre, il faudrait mentionner presque tous les villages : la longueur des aqueducs construits dans les trois provinces est de 117,324^m. On calcule qu'ils peuvent débiter journellement 21,600,000 litres d'eau ; ils ont coûté, avec les réservoirs, les égouts, etc., une somme de 4,104,500 fr. Les réservoirs sont indispensables dans un pays où la pluie manque pendant la moitié de l'année ; mais nous n'avons presque rien fait en ce genre; nous sommes restés admirateurs inactifs des Romains ou des Maures : on a retrouvé et restauré les réservoirs ou citernes du Vieil-Arzeu, de Tlemcen, de Stora, de Philippeville, de Constantine qui donnent une si haute idée de la puissance des anciens possesseurs de l'Afrique.

Les barrages des rivières et des ruisseaux sont presque toujours indispensables, pour utiliser les travaux précédents. Quelques-uns, mais peu nombreux, ont été établis, notamment à Alger, Blidah, etc.; mais le plus remarquable de tous est celui du Sig, qui a une hauteur de 9 mètres, une largeur de 42 mètres; il a coûté 289,000 fr.: la dépense des barrages de l'Algérie, avec les canaux d'irrigations, s'est élevée à la somme de 522,500 fr., ils serviront à arroser environ 500,000 hectares; les pépinières sont presque toutes arrosées.

Quelques *puits* ont été creusés, notamment à Mousaïa, aux *six puits* sur la route de Tlemcen au-delà du grand lac salé; des Norias y ont été établis ainsi qu'en beaucoup d'autres endroits. Les forages qu'on a pratiqués à Arzeu, au Figuier, près Oran, à Biskara pour obtenir des eaux jaillissantes n'ont point eu de succès; celui de Smendou a traversé une couche liquide de 0,76 d'épaisseur et une de 0,87 et plus. Ce forage fournit 8 mètres cubes d'eau par jour. Ces créations sont loin d'égaler les besoins.

Des *fontaines*, des *lavoirs*, des *abreuvoirs* ont été établis dans presque toutes les villes, dans les villages, et même en quelques points des routes, par exemple sur celle de Tlemcen, au point où elle s'élève sur les hauteurs qui dominent l'Isser; dans le massif d'Alger près de Ben-Amour, etc., etc.: ce sont ordinairement des monuments simples qui versent l'eau pour les usages domestiques, dans un bassin, dont le trop-plein s'écoule dans deux bassins latéraux : l'un sert à abreuver les bestiaux, l'autre au lavage du linge.

Les eaux thermales ont été respectées, celles de Constantine ont une grotte antique; un établissement moderne d'une assez grande importance a été fondé sur la route de Milianah à Cherchel, etc.

Des *moteurs hydrauliques* ont été établis, par suite de la concession que l'administration a faite de chutes sur le Rummel, sur l'Oued-Kebir à Blidah, sur le ruisseau de Milianah, etc., etc.: ils rendent de signalés services.

L'organisation administrative du pays conquis par tant d'exploits, de travaux, de dépenses, a soulevé des difficultés bien graves : il fallait administrer cette population européenne de plus de 125,000 individus, dont la moitié seulement est française, et dont l'autre moitié appartient à toutes les nations de la chrétienté; il fallait diriger et contenir ce peuple vaincu, composé de races si diverses, si turbulent, si insaisissable, si fractionné, dont la langue et les usages nous étaient si inconnus.

Longtemps l'autorité militaire fût exclusivement chargée de gouverner la conquête qu'elle avait faite, qu'elle était appelée à consolider, qu'elle seule pouvait garder; mais les intérêts civils se développant, le temps était venu de donner des garanties à ce nouvel élément qui, en réalité, était l'espoir de la colonie, le but final de tous nos efforts: on organisa le gouvernement général, tous les services que réclame un grand pays qu'on veut conduire dans la voie de la civilisation, et l'administration des populations diverses, en laissant à l'autorité militaire la prédominance que réclame l'état des populations.

Le gouvernement général, on le sait, est dans la dépendance du ministre de la guerre, comme l'administration des colonies est dans les attributions du ministre de la marine.

Une direction des affaires de la colonisation est instituée au ministère de la guerre ; elle a eu quelquefois à sa tête un administrateur civil ; maintenant elle est confiée à un général qui a servi longtemps et d'une manière distinguée en Afrique.

Un comité consultatif, composé de membres versés dans la connaissance des affaires algériennes donne son avis sur toutes les affaires importantes.

Un gouverneur général est dépositaire de l'autorité du ministre, il commande à l'*armée*, dirige les *services généraux*, préside à l'*administration du pays*. Ces hautes fonctions, jusqu'à présent, ont été confiées à un officier général : les dépenses du *gouvernement général* s'élèvent à 100,000. fr.

L'armée, dont l'effectif s'est élevé à près de 100,000 hommes, a été, après 1848, réduite à 75,000 hommes et 16,000 chevaux, y compris 7,075 étrangers, et 5,560 indigènes qui ont 2,977 chevaux : la dépense de cette armée était, pour les corps européens, de 54,415,437 fr., pour les indigènes 5,829,200 fr., en totalité, 60,244,637 fr.

En 1853, l'effectif de l'armée sera de 70,966 hommes y compris 6,110 étrangers et coûtera. 49,093,017

Les indigènes, au nombre de 6,560 coûteront. 8,626,680

                            Total. 57,719,697

Cette armée comptera 14,615 chevaux dont 3,221 aux indigènes.

Les services généraux placés dans les attributions du gouverneur empruntent, pour la plupart, leurs fonctionnaires aux services analogues de la métropole ; ils sont détachés en Afrique, et désignés par le ministre de la guerre : ces employés ainsi détachés sont particulièrement ceux dont les fonctions exigent des connaissances spéciales comme celles qui ressortissent à la marine, aux finances, à la justice, aux cultes, à l'instruction publique, aux travaux publics; l'inspection des finances, la trésorerie et les postes restent dans les attributions du ministre des finances.

Les services financiers, qui sont *l'enregistrement* et *les domaines* coûtent 338,450 fr., ils rapportent 3,500,000 ; *les opérations topographiques* coûtent 121,000 fr.; *les poids et mesures* 8,000 ; *les poudres* 7,600; *les forêts* 140,000, et leur recette présumée en 1850 s'élève précisément à la même somme de 140,000 fr.; *les douanes* coûtent 715,000, elles donneront avec les sels 3,200,000 fr. Si aux produits que nous venons d'énoncer on ajoute :

Pour les contributions directes. 400,000
— les contributions indirectes. 1,300,000

Pour les postes.	800,000
— les produits divers.	800,000
— les prises sur l'ennemi.	200,000
On a un total de.	10,340,000
L'évaluation des revenus de 1853 ne s'élève qu'à.	8,541,000
Les douanes donneront en moins.	1,000,000
Les contributions indirectes.	200,000
Les postes.	200,000
Les produits divers.	300,000

Le service de la marine comprend les capitaines de port, pilotes, patrons, etc., sa dépense est de 532,000 fr.: des droits de pilotage seront dorénavant payés par les navires. A la somme indiquée ci-dessus il faut ajouter 51,875 fr. pour supplément de solde accordé par le ministère de la marine, les frais d'hôpitaux des marins en Algérie, et la dépense des bâtiments employés au service de la colonie.

Le service sanitaire comprend les capitaines de santé, médecins, gardes patrons, etc, distribués dans les trois provinces: ils entraînent une dépense de 60,000 fr.

La télégraphie coûte.	380,000 fr.
Les interprêtes.	249,900
L'imprimerie du gouvernement.	70,000

La justice est rendue aux européens par des tribunaux analogues à ceux de la métropole. Une cour d'appel siége à Alger; des tribunaux de 1.re instance à Alger, Blidah, Oran, Constantine, Philippeville et Bone; des justices-de-paix à Alger, Blidah, Douera, Coleah, Medeah, Ténès, Oran, Mostaganem, Tlemcen, Saint-Cloud, Constantine, Philippeville, Bone, Guelma. Des tribunaux de commerce existent à Alger et Oran. Le chef de la justice est le procureur-général; les frais de la justice européenne s'élèvent à 623,000 fr.

Le culte catholique est placé sous l'autorité de l'évêque d'Alger. Il est assisté par 4 vicaires généraux et 8 chanoines; les curés, desservants et vicaires étaient en 1849 au nombre de 114. Le séminaire a 60 élèves. Presque tous les villages ont une église ou une chapelle. Le culte catholique est inscrit au budget pour 450,000 fr.

Le culte protestant à un président du consistoire central.

Le culte israélite à un consistoire central et deux consistoires provinciaux, un grand rabbin et des rabbins provinciaux; le nombre des synagogues s'élève à 59.

L'instruction publique est organisée à l'instar de l'Université métropolitaine : une académie et un lycée, 48 écoles de garçons, 21 écoles mixtes et 20 écoles de filles ont été fondés. Des écoles israélites et musulmanes complètent le système d'enseignement ; ces divers établissements coûtent 179,000 fr.

L'administration proprement dite, comme le gouvernement, a été organisée pour la défense : l'Algérie est partagée en trois provinces, celle d'Alger, celle d'Oran, celle de Constantine, et chacune des provinces forme une division militaire commandée par un général.

La *division d'Alger* est partagée en six *subdivisions*, celle de Blidah, celle d'Alger, divisée en deux *cercles* (Alger et Dellys); celle d'Aumale, celle de Médéah, divisée en deux *cercles* (Médéah, Boghar); celle de Milianah, divisée en trois *cercles* (Milianah, Cherchel et Teniet-el-Had); celle d'Orléansville, divisée en deux *cercles* (Orléansville, Ténès).

La *division d'Oran* a cinq *subdivisions*, celle de Mostaganem, formée de deux *cercles* (Mostaganem, Ammi-Moussa); celle de Sidi-bel-Abbès, celle de Mascara, qui a trois *cercles* (Mascara, Saïda, Tiaret); celle de Tlemcen, qui a quatre *cercles* (Tlemcen, Nemours, Sebdou, Lalla-Maghnia)

La *province de Constantine* a quatre *subdivisions*, celle de Constantine, partagée en trois *cercles* (Constantine, Philippeville,

Djidjelli); celle de Bone qui a trois *cercles* (Bone, La Calle, Guelma); celle de Batna qui a deux *cercles* (Batna, Biskara); celle de Sétif qui a trois *cercles* (Sétif, Bougie, Bousada).

Les subdivisions et les cercles sont commandés par des officiers de différents grades.

Les territoires de ces circonscriptions sont divisés en *civils* et *militaires*. Les territoires civils sont ceux qui sont habités par les européens. Les territoires militaires sont ceux habités par les indigènes.

L'administration des territoires civils est confiée à un *secrétaire général* et à un *conseil de gouvernement*, placés près du gouverneur. Le *conseil de gouvernement* est composé des chefs des grands services : le secrétaire du gouvernement, le procureur-général, l'évêque, le contre-amiral, le général commandant le génie, un chef d'état-major, trois conseillers civils, un secrétaire. Ce service administratif coûte 125,300 francs; on y joint une imprimerie.

Le territoire civil de chaque province constitue une *préfecture*; les chefs-lieux de préfecture sont placés à Alger, Oran et Constantine.

Les *préfets* correspondent directement avec le ministre de la guerre ; ils rendent compte périodiquement de la situation de leur département au gouverneur général et au commandant de la province; ils préparent, pour ces derniers, la correspondance relative aux affaires civiles des territoires militaires. Les européens de ces territoires sont ainsi en rapport avec l'autorité civile. Près des préfets résident des conseils de préfecture. Quatre sous-préfectures ont été créées ; leurs chefs-lieux sont Blidah, Bone, Philippeville et Mostaganem.

Des maires résident dans les villes qui ont une population européenne proportionnellement considérable, ce sont Alger, Blidah, Bone, Philippeville, Oran, Mostaganem.

Des commissaires civils, au nombre de douze, sont installés dans les lieux dont la population européenne est moins nombreuse;

ce sont Douera, Bouffarick, Koléah, Médéah, Milianah, Cherchel, Ténès, Arzeu, Mascara, La Calle, Guelma, Bougie. Des bureaux d'administration civile résident près des généraux commandant les provinces, pour gérer les intérêts des populations établies en territoire militaire.

Les frais d'administration provinciale s'élèvent à. 695,300 fr.
A cette somme il faut ajouter pour dépenses secrètes. 200,000

Puis il faut pourvoir aux dépenses municipales et provinciales. Elles ont été couvertes, en 1842, par les revenus et taxes suivants :

Loyers divers.	262,566 fr.
Dixième des impôts arabes.	433,558
Subventions aux chambres du commerce. . .	8,027
Octroi de mer.	3,045,772
Droits de halles.	14,541
— de stationnement.	334,929
Amendes des Arabes. . . , , . . .	738,261
Produits divers.	12,577
Total.	4,894,552

Trois cinquièmes de cette somme sont affectés aux dépenses communales, deux cinquièmes aux dépenses provinciales ou départementales.

Les territoires civils entourent Alger, Cherchel, Ténès, Mostaganem, Oran, Philippeville, Bone, La Calle.

Le territoire civil d'Alger s'étend de cette ville à Blidah et de Koléah à l'Isser ; il a approximativement soixante-quinze kilomètres de longueur sur vingt-cinq de large ;

Il a donc.	1,800	kil. carrés	(187,700 h.)
Le territoire de Cherchel a à peu près	100	Id.	(10,000)
Celui de Ténès.	16	Id.	(1,600)
Celui de Mostaganem. . . .	240	Id.	(24,000)
Celui d'Oran.	675	Id.	(67,500)
Celui de Philippeville. . . .	200	Id.	(20,000)
Celui de Bone.	770	Id.	(77,000)
Celui de La Calle.	90	Id.	(9,000)
Total. . . .	3,968	Id.	(396,800)

On peut ajouter à ces territoires les banlieues des villes intérieures ou plus récemment occupées.

Celle de Bougie a. .	20	kilom. carrés ou. .	200 hect.
— Milianah . .	200	Idem	20,000
— Médéah . . .	200	Idem	20,000
— Mascara . .	50	Idem	5,000
— Arzeu. . .	100	Idem	10,000
— Constantine .	240	Idem	24,000
— Guelma. . .	100	Idem	10,000
Total. .	910	Idem	91,000

Si l'on ajoute ces quantités approximatives à celles ci-dessus indiquées, on a un total de 4,878 kilomètres carrés ou 487,800 hectares qui sont, non dans les mains des européens, mais seulement soumis à la juridiction civile.

Le territoire civil n'a donc pas un vingtième du Tell, un quarantième du Tell et des Hauts-plateaux réunis, un quatre-vingtième du territoire algérien.

L'administration des territoires militaires embrasse toutes les régions habitées par les Arabes. Sous les Turcs, le gouvernement des indigènes était extrêmement simple. Ces conquérants avaient une force militaire qui se recrutait par les enrôlements faits dans les pays mulsulmans, ou par les enfants élevés dans les rangs de la troupe. Cette force était évidemment insuffisante pour dominer le pays et lever les impôts ; mais elle s'augmentait par des auxiliaires choisis parmi les indigènes Certaines tribus, qui constituaient ce qu'on nommait le *Magzem*, étaient exemptes d'impôts et étaient chargées de lever les contributions dues par les autres. On conçoit tout ce qu'un tel système entraînait d'abus, de violences, de guerres. Nous ne pouvions accepter une organisation aussi barbare ; nous avons dû instituer des agents chargés de diriger les affaires des tribus, et de leur servir d'intermédiaires auprès des commandants militaires.

Les *directions* et les *bureaux arabes*, formés d'officiers de grades et d'armes différents, recevant des indemnités indépendamment de leurs appointements, ont toutes les affaires arabes dans leurs attributions ; ils transmettent les ordres de l'autorité militaire aux populations indigènes, surveillent leurs actes, jugent les différents entre les tribus, protégent les propriétés et les personnes des européens contre les entreprises des Arabes, appliquent les amendes aux auteurs des différents délits et prononcent sur les contestations qui s'élèvent entre les Musulmans et les Chrétiens.

La somme affectée aux dépenses des directions et bureaux s'élève à 304,000 fr. ; à cette somme il faut ajouter celle de 357,600 fr. qu'exige l'entretien de 1,165 cavaliers (khiela) et fantassins (askar), attachés aux bureaux arabes et faisant le service de courriers, d'escorte, de gardes de routes, etc. Nous avons dit que plusieurs régiments de fantassins et de cavaliers indigènes sont dans les rangs de l'armée ; nous n'en tenons pas compte ici. Quelques tribus ont encore le caractère du Magzem ; quelques-unes nous envoient, en temps de campagne, des hommes de guerre, qui forment le *Goum*.

Les chefs directs des tribus sont généralement nommés par l'autorité française, ou plutôt reçoivent d'elle leur investiture

Nous ne pouvons les désigner arbitrairement : chez les Arabes, nous devons choisir les chefs dans les familles nobles ; sans cela ils seraient méprisés et sans force. Il arrive que ces chefs commettent mille exactions, et font peser un joug cruel sur ces populations, sans qu'elles s'en détachent ; elles passeraient aux yeux des autres tribus pour des gens de rien, si elles étaient gouvernées par des hommes obscurs.

Les tribus d'origine commune sont généralement subordonnées les unes aux autres ; les fractions reconnaissent l'autorité de celles qui ont conservé les descendants directs des chefs primitifs. Pour obéir aux mœurs qui réclament cette hiérarchie, nous avons institué des kalifas, de bachaghas, des aghas, des kaïds, commandant à un nombre de tribus de plus en plus restreint. Les cheiks sont les chefs immédiats des tribus formées d'un nombre variable de douairs ou réunion de tentes et de gourbis.

Chez les Kabyles, nous ne pouvons que confirmer les chefs démocratiquement élus, mais choisis, quoi qu'on fasse, dans les familles qui disposent du plus grand nombre de fusils ; là les chefs ne sont pas subordonnés ; les tribus constituent seulement des confédérations souvent passagères et créées pour un but déterminé

Les chefs des tribus qui reçoivent directement les ordres des bureaux arabes sont au nombre de 175 dans la province d'Alger, 202 dans celle d'Oran, 240 dans celle de Constantine.

Les chefs de tribus qui obéissent à des chefs indigènes d'un ordre plus élevé, soumis aux bureaux arabes, sont au nombre de 35 dans la province d'Alger, 45 dans celle d'Oran, 200 dans celle de Constantine.

Les chefs des tribus du Sahara et de la Kabylie, qui obéissent à des chefs qui ne sont pour ainsi que nos vassaux, sont au nombre de 52 dans la province d'Alger, 28 dans celle d'Oran, 80 dans celle de Constantine.

Vingt-huit tribus du Jurjura et 80 de la province de Constantine sont indépendantes.

Nous accordons des appointements aux chefs auxquels nous donnons l'investiture ; ces appointements, d'abord assez élevés, sont maintenant réduits, nous avons :

Cinq kalifas à.	12,000 francs.
Cinq bachaghas à	6,000
Deux aghas à	5,000
Cinq à	4,800
Seize à . . . . . . , . . .	3,600
Huit à	2,400
Cinq à	1,800
Un kaïd à	1,500
Vingt-quatre à.	1,200

L'administration arabe, en ajoutant à ces appointements le salaire des agents subalternes, ceux des chefs à la disposition du gouverneur-général, les subsides accordés à certains personnages placés dans nos rangs, nous coûte 330,000 fr. ; les frais d'investiture sont de 30,000 fr.

En outre, les frais de la justice musulmane, administrée par des *Kadis*, s'élèvent à 37,000 fr., ceux du culte exercé par les *Muphtis*, les *Thaleb*, les *Imans*, s'élèvent à 50,000 fr.

L'entretien des prisonniers arabes coûte 178,000 fr., et les secours temporaires sont de 35,000 fr.

Les chefs arabes n'en sont pas réduits aux traitements que nous leur allouons ; la plupart ont des revenus particuliers qui sont considérables ; de plus, ils sont chargés par nous de prélever les contributions que nous imposons aux tribus, et pour remplir cet office nous leur abandonnons le cinquième de la perception. Les impôts que nous exigeons des Arabes sont les suivants :

L'*Achour* ou la dîme sur les produits du sol.

Le *Zekkah* ou l'impôt sur les bestiaux : c'est 1 bœuf sur 32, 1 mouton sur 100.

L'*Hockor* est la rente payée pour la terre, quand elle n'appartient pas aux tribus, mais à l'État.

L'*Eussa* est la taxe payée pour avoir le droit de venir acheter du blé dans le Tell. C'est, si l'on veut, le droit d'exportation du blé du Tell dans le Sahara.

Le *Lezma* est l'impôt établi sur les dattiers ; il est de 0 fr. 25 c. par pied de palmier.

Il y a encore d'autres impôts : par exemple, les chefs paient un droit d'investiture (hac), quand on leur donne le burnous de commandement, et comme l'investiture se renouvelle à des époques fixes, c'est un revenu ; mais il est peu important et presque abandonné. On ne prélève plus de chevaux.

Le produit des amendes infligées par les Bureaux arabes formerait encore une source de recettes, mais il n'en est pas rendu compte. Il sert à couvrir des dépenses diverses.

Les sommes que l'on prévoit devoir être obtenues des impôts arabes, sont portées au budget des recettes de 1850, au chiffre de 4,000,000 ; cet impôt est considéré comme devant s'accroître en 1853. Mais trois dixièmes, au lieu de un dixième, seront affectés aux dépenses communales et provinciales ; de sorte qu'il n'y a pas lieu d'accroître ce chiffre. Avec les impôts dont nous avons énoncé le chiffre plus haut, il forme un total de 14,340,000 fr.

L'impôt n'est pas toujours perçu en argent ; il peut l'être en nature. Mais dans ce cas, l'administration tire rarement un bon parti des denrées qu'elle reçoit ; ainsi nous avons vu des comptes desquels résultait que des bœufs avaient été reçus pour 32 fr., et vendus 9 à 10 fr.

Les sommes perçues sur les Arabes ne représentent certainement pas la somme d'utilité qu'ils retirent de notre administration ; nous les avons débarrassés de maîtres qui les frappaient d'impôts plus lourds et les levaient par des moyens beaucoup plus durs ; qui ne les faisaient point jouir d'une justice aussi impartiale, qui ne leur procurait pas une sécurité aussi parfaite, qui ne faisaient rien enfin pour l'amélioration du pays ; les Arabes profitent autant et plus que nous de tous les travaux que nous entreprenons pour assainir les contrées marécageuses, créer des voies de communications, etc., etc. Leurs denrées ont un prix considérable qu'on peut même dire exagéré ; nous favorisons leur production par nos consommations et l'enseignement de nos exemples ; nos ouvriers leur construisent des demeures commodes, etc.

L'exploitation agricole devait fixer l'attention toute spéciale du gouvernement français. Ce n'est pas assez de conquérir le pays, d'occuper les villes, de bâtir des villages, de tracer des routes, d'armer des forteresses, de creuser des ports, d'élever des hôpitaux, des casernes, tous les bâtiments qui satisfont aux nécessités de l'occupation, de détourner les sources, de barrer les fleuves, d'édifier des fontaines, d'organiser l'administration du pays, tous ces travaux n'avaient pas une utilité propre, ils n'étaient entrepris que pour préparer et rendre possible la culture de la terre conquise, la production par les mains conquérantes, la création de richesses suffisantes pour payer les frais de la conquête et favoriser les échanges entre la métropole et la colonie.

Pour arriver à ce résultat, il faut choisir la région sur laquelle on établira les cultures, distribuer des terres aux immigrants, choisir les végétaux qui donneront des produits convenables, enfin faciliter l'établissement des colons.

Les régions à cultiver ont naturellement été déterminées par la marche de notre occupation. Les centres de population ont été groupés autour des villes qui devaient leur donner un appui souvent indispensable, les approvisionner, et recevoir les denrées qu'ils produisaient, ou bien on les a placés aux lieux des étapes obligées, sur le terrain des anciens camps, ou des postes militaires, sur les lignes ordinairement parcourues par nos troupes. Ainsi les premiers colons se sont établis autour des villes du littoral que nous occupions, c'étaient Alger, Bône, Oran. Quand nos troupes se sont portées en avant, ils les ont suivies, et ont rempli les postes qu'elles abandonnaient ; par exemple lorsque l'armée quittait Douéra et Koléah pour traverser la Mitidja, et prendre position au pied de l'Atlas, à Blidah, etc., les européens se répandaient dans le Sahel, occupaient les camps, où ils avaient vécu du commerce qu'ils faisaient pour l'approvisionnement de nos soldats. Ils suivaient encore les corps militaires quand ils franchissaient l'Atlas et allaient prendre possession de Médéah et de Milianah, ou planter leur drapeau sur les murs de Constantine, s'arrêtant dans les enceintes fortifiées dans lesquelles avaient habituellement séjourné les troupes expéditionnaires. Guelma sur la première route choisie pour aller à Constantine a été un camp; Philippeville fut fondée pour ouvrir une voie plus facile vers la capitale de la Numidie; El-Arouch, El-Kantour, Smendou, furent les étapes établies sur cette route; Milianah, Orléansville, furent des lieux de séjour sur le chemin d'Alger à Oran; Aumale, Sétif, etc., sur celui d'Alger à Constantine; Téniet-el-Had, comme Batna et Biskara sur les voies suivies par les expéditions du Sud.

Les *terres distribuées* aux colons sont encore peu étendues; on les a obtenues avec difficulté. Le gouvernement a établi en principe qu'il respectait le droit de propriété du peuple vaincu: il a admis qu'une longue possession d'un domaine *délimité* équivaudrait au droit écrit de posséder, et jusqu'à vérification de titre, il a laissé la jouissance des terres à ceux qui les occupaient. Il a distribué celles qui constituaient le domaine de l'État et qu'on nomme *terres du beylick;* celles des mosquées et des fondations pieuses, en se chargeant de pourvoir aux besoins auxquelles elles étaient consacrées; celles qui sont restées vacantes par suite de l'émigration de quelques tribus, et qui ont été confisquées; celles qu'ont abandonnées les Arabes pour obtenir des titres qui leur assurent la propriété définitive des espaces sur lesquels ils ont été cantonnés; enfin celles qui, dans quelques cas, avaient été acquises à prix d'argent.

Le tableau suivant indique le nombre d'hectares que l'État avait livrés aux colons dans chaque localité au 31 décembre 1850, le nombre de ceux qui déjà sont mis en culture et de ceux qui restent disponibles :

Province d'Alger. — Territoires civils.

Noms des localités.	Nombre d'hectares concédés.	Nombre d'hectares disponibles.	Nombre d'hectares défrichés.
Médéah.	3,803	47	105
Milianah.	470 72	13	
Boufarick.	1,546		1,410
Cherchel.	2,070	976	495
Fouka.	714 32		313
Dély-Ibrahim.	252		209
Drariah.	497		249
El-Achour.	568		393
Cheragas.	540		298
Ouled-Fayet.	544		280
Douéra.	1,019 33	3	476
Saoula.	403		184
Baba-Hassem.	549 42	18	190
Saint-Ferdinand.	594 52		256
Sainte-Amélie.	621 59		237
Crescia.	375 38	» 7	145
Douaouda.	672 99		200
Joïnville.	396 50		356
Montpensier.	338 91		300
Béni-Mered.	870 08	» 27	840
Mahelma.	567 66		146
Dalmatie.	666		580
Zeralda.	399 45		67
Fondouk.	951 94	115 42	394
Sidi-Ferruch.	30		9
Aïn-Benian.	158		47
Souma.	790 40		700
Mouzaïa.	1,268 94	1 12	450
La Chiffa.	594 24	0 24	300
Affreville.	470		
Arbâ.	355	70	195
Fort de l'Eau.	349	82 30	289
TOTAL.	23,411 37	1,308 93	10,127

Province d'Alger. — Territoires militaires.

Noms des localités.	Nombre d'hectares concédés.	Nombre d'hectares disponibles.	Nombre d'hectares défrichés.
Dellys.	215 71	1 86	223
Orléansville.	813	912	811
Aumale.	556 44	81 56	300
Boghar.			
Teniet-El-Had.	200 50	70	
TOTAL.	1,785 65	1,065	1,334
TOTAL de la province	25,234 02	2,374 35	11,461

Province d'Oran. — Territoires civils.

Oran.	17,845 13	653 76	2,655
Mostaganem.	1,071 44		855
La Senia.	687		520
Misserghin.	911 50	15	405
Arzeu.	867 45	402	290
Sidi-Chami.	709 67		300
Mazagran.	1,152 04	158	832
Valmy.	324 42	16	189
Arcole.	428 62	18 30	240
Aïn-el-Turk.	350 88	674 92	49
TOTAL.	24,348 15	1,938 40	6,425

Province d'Oran. — Territoires militaires.

Saint-Denis-du-Sig.	6,386 36	24 84	1,040
La Stidia.	910	400	220
Sainte-Léonie.	596 36	304	374
Militaires libérés.	382		375
Saint-André.	1,003	80 24	800
Saint-Hippolyte.	168 84	12 06	104
Bréa.	415 22		16
Négrier.	422	25 72	14
Mansourah.	299 34	9 06	13
La Seysaf.	373 72	40 24	21
TOTAL.	10,913 77	896 62	2,977
TOTAL de la province.	35,226 32	2,835 02	9,402

Province de Constantine. — Territoires civils.

Noms des localités.	Nombre d'hectares concédés.	Nombre d'hectares disponibles.	Nombre d'hectares défrichés.
Constantine.	2,459 85	1,204 05	852
Bône.	1,976 73	659 75	165
Bougie.	126 95		105
Philippeville.	1,230 93	1,503 05	475
La Calle.	17 50	–	16
Saint-Antoine.	662 40	20 20	324
Valée.	612	150	485
Damrémont	605	8	316
Guelma.	1,771 87	1,440 21	1,425
Total.	9,463 32	4,985 26	4,163

Province de Constantine. — Territoires militaires.

El-Arrouch.	1,845 85	179	1,000
Sétif.	2,595 57	3,168 66	2,591
Saint-Charles.	926 40	285 60	269
Condé.	391 61	101 38	4
Penthièvre	2,177 77	658 26	
Batna.	8 87	8,693 89	31
Total.	7,945 32	13,086 79	3,895
Total de la province.	17,408 67	18,072 05	8,058
Total des trois provinces.	77,947 65	23,281 42	28,921

Voilà donc 101,229 07 hectares ou concédés aux européens ou disponibles en leur faveur.

Des villages nouveaux ont été fondés depuis ; des concessions ont été faites. Ainsi dans la vallée du Saf-Saf 12,000 hectares ont été concédés ; d'autres terrains ont été distribués en diverses localités, mais l'administration n'en a pas encore fait la récapitulation exacte.

Les particuliers ont acheté directement des terres ; on estime que la quantité qui est ainsi entré dans notre domaine agricole s'élevait pour la province d'Oran à 2,000 h. environ. Si on admet que celle de Philippeville en a acquis autant, et celle d'Alger le double, on aura de ce chef 8,000.

En 1848, quand l'Assemblée nationale eût ouvert un crédit de 50,000,000 fr. pour *les colonies agricoles ou militaires*, 57,000 hectares leur furent assignés.

Voici l'indication des terres qui ont été attribuées à chacun et de celles qui ont été défrichées :

	Nombre d'hectares formant le territoire.	Hectares défrichés.
El Affroun et Bouroumi.	1,311	83
Marengo.	1,922	674
Zurich.	1,170	200
Novi.	1,300	30
Castiglione et Tefeschoun.	1,535	28
Lodi.	1,200	25
Damiette.	1,843	»
Montenotte.	855	29
Ponteba.	1,016	»
La Ferme.	550	»
Aboukir.	1,300	155
Rivoli.	1,400	105
Aïn Nouisy.	1,200	25
Tounin.	1,200	28
Karouba.	600	26
Aïn Tedeles.	2,200	108
Souck-el-Mitou.	2,000	66
Saint-Leu.	376	71
Damesme.	304	43
Arzeu.	117	43
Muley-Magoun.	84	8
Kléber.	1,400	75
Mefessour.	1,000	25
Saint-Cloud.	5,000	101
Fleurus.	1,520	41
Assi-Ameur.	1,040	36

	Nombre d'hectares formant le territoire.	Hectares défrichés
Assi-Ben-Ferah.	1,016	32
Saint-Louis.	2,500	38
Assi-ben-Okba.	930	18
Assi-Bou-Nif.	1,060	20
Mangin.	1,200	17
Jemmapes.	2,400	»
Gastonville.	1,870	220
Robertville.	1,750	331
Héliopolis.	1,843	103
Guelma.	1,216	600
Milesimo N.° 1.	2,450	73
Milesimo N.° 2 (Petit.)	2,080	86
Mondovi N.° 1.	1,656	149
Mondovi N.° 2 (Barral.)	1,613	130
	57,569	3,882

Aux 12 villages de 1849, une superficie de 17,853 hectares a été affectée. Ces villages dont on devait donner les maisons à des colons libres vont recevoir les individus condamnés à la transportation, en vertu des décrets de décembre 1851.

En dehors des centres dont il vient d'être parlé, la colonisation libre s'est étendue, soit par achat de terrain soit au moyen de concessions isolées.

A *Staouéli* les Trappistes ont obtenu une concession de 1,020 hect. Dans le Sahel, notamment à Dely-Ibrahim, Ouled-Fayet et Cheragas, sur le territoire des Beni-Moussa et des Beni-Khelil, occupant les deux rives de l'Harrach, des exploitations agricoles ont été fondées, sur celui des Krachenas 18 fermes sont établies, d'autres ont été fondées dans l'arrondissement de Blidah. Ces établissements occupent 13 à 14,000 hectares. Dans le territoire militaire de la province d'Alger, 310 hectares ont été concédés à Haouch-Kaïd-el-Sebt (subdivision de Blidah), 507 à Haouch-Ahmeda-Nita-el-Habous, 390 à Ben-Meïda, 279 sur la rive droite du Bou-Roumi, en tout 1,486 h. Quelques exploitations particulières seront formées à Medéah, Milianah, Orléansville; dans la banlieue d'Oran, 195 fermes plus ou moins importantes ont été créées, 30 concessions ont été faites dans la vallée des jardins de Mostaganem, plusieurs dans les banlieues d'Arzeu et de Mascara; dans le territoire militaire de la province d'Oran 2,841 h. ont été concédés à un adjudicataire qui s'est chargé de la création de la commune de Sainte-Barbe; des concessions pour 170 familles ont été faites à Christine, San-Fernanda et Isabelle; 3,059 h. ont été donnés à *l'Union du Sig*; la terre domaniale d'Arbal, de la contenance de 940 h. a été donnée à un concessionnaire; de petites concessions ont été faites à des auberges sur la route de Sidi-bel-Abbès, de Mascara, d'Arzeu et du Vieil-Arzeu, 15 fermes isolées possèdent 1,000 h. Des concessionnaires s'établissent dans les environs de Constantine dont la banlieue agricole à 14,000 h. Dans la vallée du Bou-Merzoug, 53 concessionnaires ont obtenu environ 4,000 h. Quelques exploitations existent près Sétif et de Batna; enfin la colonie pénitencière de Lambessa, où sont placés les déportés de juin, possède 3,000 h.

Si on récapitule le nombre des hectares livrés à la colonisation, on trouve qu'il est, en totalité, de 330,000 h.

Il est bien entendu que les forêts, qui doivent former le domaine de l'Etat, ne sont pas comprises dans cette superficie : celles qui ont été reconnues avant 1846 contenaient 368,519 hectares; des appréciations plus exactes et des découvertes nouvelles ont porté ce chiffre à 868,015 h. dont 314,011 h. de futaies.

       250,685 de futaies et taillis.
        93,350 de futaies et broussailles.
        67,600 de taillis.
       118,194 de taillis et broussailles.
        24,175 broussailles.

On ne comprend pas dans ce chiffre sept forêts du Sahara de la contenance de 27,200 h., ni les 104,700 h. de forêts de Batna, de l'Aurès et de Tebessa ; en les ajoutant, on aurait un domaine forestier de 999,915 hect., soit un million.

Les cultures généralement adoptées ont été celles des céréales : celle du blé et celle de l'orge ont prédominé ; celle de l'avoine, quoique productive, a été négligée.

Les prairies naturelles, assez nombreuses en Algérie, ont fourni une exploitation plus facile et plus productive.

Les prairies artificielles, formées de plantes semées, ou croissant spontanément, après les diverses récoltes, ont formé une ressource extrêmement précieuse : le sol de l'Afrique septentrionale est remarquable par la quantité d'herbes et de plantes fourragères qu'il produit sur les surfaces qui ont été labourées ; elles se développent dans la saison des pluies, et croissent avec une telle vigueur qu'elles sont fauchées avec avantage. Les plantes qui sortent ainsi du sol varient selon les années et selon les cantons : tantôt ce sont des graminées, tantôt des légumineuses ; on les voit alterner entre elles : ainsi chez M. Rouzé à Ouled-Fayet, dans le Sahel, tous les deux ans on voit croître l'hedysarum (sainfoin d'Espagne) qui donne des tiges serrées et de plus d'un mètre de hauteur ; chez M. Chuffart, c'est le medicago lupulina (minette) qui couvre la terre en certaines années.

Quelques plantes industrielles ont été cultivées ; le tabac est celle qui l'a été sur la plus grande surface, et dont les produits ont été le plus assurés : nous donnerons plus loin des détails à ce sujet. Le tabac algérien, contenant seulement 4 p. 0|0 de nicotine, n'en contenant même que 1 p. 0|0 quand il est produit par la culture arabe, égale, par cette qualité, les meilleurs tabacs à fumer que nous tirons de l'étranger.

La culture du coton a été essayée sur plusieurs points : nous en avons rapporté des échantillons pris au jardin d'essai d'Alger et à l'exposition du comice agricole de Philippeville qui étaient beaux. Le coton d'Algérie peut être comparé à celui d'Egypte ; mais on ne sait pas quels bénéfices il donnera au cultivateur.

La culture du cactus qui porte la cochenille se fera avec succès. Celle de la canne à sucre n'a guère été tentée.

On a peu planté d'oliviers ; mais le mûrier a été plus répandu : nous avons cité ceux de M. Gourgas, ceux de Robertville, etc.

On cultive le bananier (musa paradisiaca) avec quelque succès, à Alger et dans d'autres cantons. Il donne de bons régimes, mais les soins qu'il exige, l'exposition qu'il réclame, les irrigations qui lui sont nécessaires n'en permettent la culture que d'une manière fort circonscrite ; nous reviendrons sur ces diverses cultures en parlant du jardin d'essai.

Les cultures régulières entreprises en Algérie par les Européens occupent encore des espaces fort restreints : en 1846, les colons civils n'avaient cultivé que 7,338 hectares ; en 1850 le nombre en était arrivé à 28,921 h.; les colonies agricoles fondées en 1848 avaient défriché 3,882 h. quand elles ont été visitées par la commission parlementaire, et 10,491 h. à la fin de 1850.

L'installation des colons a pourtant été l'objet de toute la sollicitude du gouvernement, et il a fait de grands efforts pour la faire réussir. Il est facile de le prouver par l'énumération des travaux exécutés, et des encouragements distribués par ses ordres.

Les défrichements opérés par l'armée ont été nombreux : ainsi à Staouéli, chez les Trappistes, qui doivent plus particulièrement se livrer aux travaux du labourage, nous avons vu des militaires occupés à arracher les palmiers nains. Sur presque tout le territoire des colonies agricoles, la charrue n'a été maniée que par les hommes appartenant à l'armée. Nous avons vu à El-Afroun quatre compagnies de zouaves dont deux étaient occupées à établir la route, et deux à faire les défrichements. Les colons restaient dans l'oisiveté. On leur bâtissait leur maison, ils vivaient sous un abri commode, ils ne cultivaient même pas leur jardin, et le soldat, qui n'avait qu'une tente, était encore obligé de labourer seul le territoire du village, de semer et de récolter. Le courage, le dévouement, l'abnégation de nos troupes sont vraiment admirables.

Des semences ont été distribuées soit à titre gratuit, soit à titre de prêt, ou ont été vendues par l'administration.

Des instruments aratoires ont été mis dans les mains des colons:

on leur a livré des charrues, des herses, etc. Dans l'origine, ces instruments ne fonctionnaient pas avec perfection, ou subissaient promptement des détériorations ; ils ont été perfectionnés. Les charrues de Grignon et de Dombasle sont celles qui sont confectionnées dans l'atelier d'Alger ; malgré leurs bonnes qualités, elles n'ont pas été maniées avec facilité par tous les cultivateurs. Ceux qui étaient inexpérimentés les ont munies d'un avant-train : on doit convenir que si le brabant à sabot est plus simple, plus léger, moins couteux, s'il fonctionne parfaitement lorsqu'il est conduit par des laboureurs exercés, il est plus difficile à diriger, par ceux qui n'ont point un long apprentissage dans l'art agricole.

Nous avons vu de louables efforts pour arriver au meilleur choix des instruments et des méthodes de labour dans les diverses circonstances de sol, de pente, etc. Nous avons dit qu'à Ouled-Fayet on emploie la charrue à deux socs et deux versoirs en sens inverse, inventée dans le *Nord* pour labourer en revenant sur le même sillon. C'est M. Chuffart, cultivateur du Nord, qui a introduit cette charrue en Algérie.

La distribution des bestiaux faite par l'administration a été l'un des secours les plus utiles. Sans animaux, pas d'agriculture possible ; ce n'est que par eux qu'on se procure le fumier nécessaire à la fertilisation du sol ; ce n'est qu'à l'aide des bêtes de trait qu'on peut préparer la terre pour la grande culture. L'agriculture qui se propose de favoriser le développement des végétaux, est tenue d'élever en même temps des animaux, parce que ceux-ci vivent des produits du règne végétal qu'on ne peut transporter, et créent la viande et d'autres substances utiles à l'homme qu'on peut facilement porter au loin ; de plus par tous les actes de leur vie, ils restituent aux plantes les principes qui font la base de la nutrition de ces dernières.

L'administration a donné des bœufs de travail à titre gratuit ; elle a distribué les animaux provenant des impôts ou des razzia; elle en a prêté ; elle a placé chez les cultivateurs les troupeaux conservés pour l'alimentation de l'armée. Elle a souvent mis un bœuf à la disposition de chaque famille, de telle façon que deux familles s'unissaient pour former un attelage.

Les *pépinières* fondées par l'administration ont été d'un grand secours; celle d'Alger, placée à Moustapha, est vaste, son sol est excellent, arrosé par des sources abondantes; sa position au pied du Sahel, sur le bord de la mer, paraît très-convenable.

Le bâtiment qui renferme l'habitation, les collections de graines, l'herbier, etc., etc., est un véritable monument, trop splendide peut-être. Des ateliers divers y sont annexés: on y débarrasse les cotons de leurs graines; on y file les cocons achetés aux colons, et on obtient une soie qui a mérité les plus grands éloges à l'exposition de Londres; des serres et des hangars, des couches pour les multiplications sont répandus dans le jardin, pour la culture des végétaux tropicaux que les hivers et les nuits froides de l'Algérie tueraient.

Les arbres qui sont cultivés pour les distributions sont les fruitiers, tels que poiriers, pommiers, abricotiers, cerisiers, amandiers, jujubiers, noisetiers, noyers, pêchers; plusieurs variétés de cognassiers, par exemple celle de Chine qui donne des fruits énormes; de très-nombreuses variétés d'orangers et de citronniers. Sur le coteau qui abrite le jardin au sud, sont cultivées 500 variétés de vignes dont les fruits sont propres à la fabrication du vin ou sont destinés à la table, à l'état sec ou à l'état frais; 80 variétés de figuiers sont plantées sur le même coteau, au milieu des broussailles qui seront détruites plus tard; des mûriers occupent le bas de la côte.

Le mûrier tient une place considérable dans le jardin; les variétés de cet arbre précieux y sont multipliées, greffées et distribuées, en très-grande quantité; il y croît avec une vigueur extraordinaire.

L'olivier, plus précieux encore, peut-être, n'a pas obtenu autant de faveur. Il n'était pas indiqué sur le catalogue des végétaux qui pouvaient être distribués aux colons en 1849. Il est juste de dire cependant que, si on a négligé d'abord cet arbre, qui doit être l'une des sources de la prospérité de l'Algérie, il a depuis attiré l'attention de l'habile directeur du jardin. De magnifiques semis donnent les plus belles espérances ; les jeunes sujets seront bientôt greffés en couronne ou en écussons, et livrés aux colons. Une école formée des diverses variétés d'olivier fera connaître celles auxquelles il faut donner la préférence.

Le caroubier, arbre de grande utilité, dont les feuilles sont données aux bestiaux, et dont les gousses servent à faire une boisson rafraîchissante, y est de belle venue.

Certains fruits exotiques sont cultivés avec succès dans l'établissement de Moustapha. On peut considérer comme réussissant le bananier (musa paradisiaca), le goyavier (psidium pyriferum), l'avocatier (laurus persea), fruit délicieux des Antilles, le bibanier ou néflier du Japon (eriobotrya japonica), qui fleurit en décembre, et donne ses fruits au premier printemps, l'anone (anona cheirimolia) dont le fruit qui a la forme de celui du pin, a une pulpe intérieure blanche, abondante, fondante, d'un goût excellent ; le bananier de Chine (musa sinensis) dont le fruit est parfumé, ne réussit pas bien.

La culture des arbres de haute futaie a été l'objet de sérieuses études, quoiqu'ils présentassent moins de chances de réussite. Nous avons vu des pépinières d'érables, d'ormes, de frênes, de micocouliers, de platanes, et de peupliers blancs arrachés dans les broussailles et transplantés; des pins sont plantés sur le coteau, au nord-est des vignobles.

Le cassia fistula, le pandanus utilis, le pinus tenuifolia du Mexique, le bombax ceiba, le tamarindus indica ont une végétation assez triste ; les camelia, les rhododendrum, les azalea, les erica ne trouvent pas sur le littoral un climat convenable.

Les plantes potagères d'Europe réussissent bien dans le jardin d'essai : choux, choux-fleurs, raiforts, navets, betteraves, épinards, laitues, pois, fèves, haricots, chicorées, estragons, pimprenelle, les cucurbitacées de toutes sortes y sont cultivés, et fournissent d'utiles assortiments de graines, qui sont distribuées aux colons.

En général, les racines sont peu savoureuses: la pomme de terre ne réussit pas parfaitement ; en revanche, la patate donne par hectare 35,000 kil. de tubercules farineux et légèrement sucrés, et des feuilles que mangent les bestiaux. Le chou-cavalier brave les sécheresses de l'été, et forme une ressource pour la nourriture des ruminants. Le sechium edule, cucurbitacée du Mexique, donne en abondance ses fruits, qui forment un légume très-agréable. L'arum colocassia d'Egypte, et d'autres espèces, fournissent un aliment succulent. Le riz de Java vient bien dans les bassins ; le riz de Chine croît d'une manière satisfaisante quand il est irrigué; un bousingaultia, de deux ans, a donné 44 kilogrammes de tubercules mucilagineux recherchés par les bestiaux.

Le cèdre, qui se plaît sur les versants nord du grand Atlas, ne prospère pas dans la plaine ; le cèdre deodora de l'Hymalaya y vient bien. Le dattier croît, sans mûrir ses fruits ; le latanier a une croissance assez belle.

L'araucaria excelsa végète parfaitement, les autres espèces de ce genre de conifères ne réussissent pas.

Le jacaranda mimosæfolia, qu'on dit être le *palissandre*, et dont les fleurs sont fort belles, le mimosa latifolia, bel arbre de futaie ou de promenade, dont le bois est très-dur et dont le tronc a acquis 35 pieds de haut en sept ans, les mimosa lebeck et falcata, le casuarina indica, quelques eucalyptus, le pinus longifolia de l'Hymalaya, les cyprès qui forment des rideaux impénétrables et donnent un bon bois de charpente, le cœsalpinia sappan que ses feuilles et ses rameaux garnis d'aiguillons rendent propre à former de bonnes haies, le moringa, etc., sont d'une belle croissance ; le quercus robur se développe avec vigueur; mais le quercus fastigiata ne pousse que médiocrement; les quercus annularis, insignis, originaires du Mexique, les quercus alba et coccinea végètent avec peine. En général, les chênes de l'Amérique septentrionale ne s'acclimatent pas. Les cyprès chauves (cupressus disticha) les pins, et les peupliers ont eu leur cime desséchée. Ces faits conduisent à croire qu'en général les arbres de haute futaie réussiront difficilement, si ce n'est sur les versants nord des montagnes assez élevées pour abriter les arbres des vents du sud. Ils ont conduit ceux qui ont réfléchi sur la manière de diriger les végétaux ligneux à tenir les arbres peu élevés ; ils pensent que les fruitiers mêmes doivent être formés *en quenouille.*

On cultive encore différents arbres d'ornement : le cercis, le phytolacca dioica (bellas umbras) dont l'accroissement est si rapide, l'azedarach, des acacias, le broussonetia papyrifera, le sophora japonica ont été cultivés avec succès, et ont peut-être pris trop de place dans le jardin de la colonie. On y voit aussi des gleditschia, le cratægus oxyacantha et autres espèces, les ficus lævis, religiosa, rubiginosa, elastica, bengalensis, sycomorus (le vrai sycomore), l'allamanda verticillata, le cordia domestica, l'hibiscus rosa sinensis, le thespezia populnea, plusieurs cassia, l'astrapæa wallichii, le mimosa bifurcata, les bignonia, les malvacées arborescentes, le grevillea robusta, le cerbera mangas, le jatropa curcas (pignon d'Inde), le citharexylon, le paratropia umbraculifera, le leptospermum, le datura arborea qui forme des haies énormes et embaume tout le jardin ; le budleja glaberrima, le myoporum pictum, des dombeya, le schinus molle que les Maures avaient dans leurs jardins, le magnolia grandiflora, les bambous qui rendront de bons services, les laurus indica et borbonica, le justicia adhatoda, l'erythrina cristagalli, etc.

Les plantes industrielles ont été l'objet de soins tout spéciaux, notamment le *tabac*, qui est définitivement acquis à la culture algérienne, et plusieurs plantes textiles qui donneront de bons produits. Le lin a acquis dans le jardin d'essai 1^m 20 de hauteur, et même 1^m 50. Le *chanvre* (cannabis gigantea) s'est élevé à 10 pieds. Le *phormium tenax* réussit, mais on détruit difficilement la substance glutineuse qui réunit ses fibres ; il paraît, du reste, que ce n'est pas cette plante qui produit la filasse de la Nouvelle-Hollande.

L'agave americana prend de très-grandes dimensions, mais on ne le cultive pas pour en retirer les fibres.

Le *musa textilis* n'est pas à la pépinière, il est trop délicat pour prospérer sans abri.

Plusieurs variétés de coton y sont cultivées ; le gossypium vitifolium (jumelle), le gossypium religiosum (nankin) prospèrent, quand ils sont arrosés, et leurs filaments filés à Lille ont été fort appréciés. Le gossypium arboreum a fleuri, mais n'a pas mûri ses capsules.

Quelques graines oléagineuses ont été fort productives ; le sésame végète facilement ; il a l'inconvénient de mûrir ses graines successivement, mais si on *l'écime*, et si on fait la récolte après la maturité des premiers rameaux, on obtient une maturité moyenne satisfaisante.

L'arachide a donné 30,000 kilog. de graines sur un hectare arrosé.

Le ricin (ricinus communis), qui croît spontanément en Algérie, procurera, sans frais, de bonnes récoltes. Le ricinus americanus produit des fruits, pendant plusieurs années, sans culture.

Le colza et la caméline viennent bien, mais ne paraissent pas devoir donner des produits aussi satisfaisants que les plantes précédentes.

Le pavot (papaver somniferum) permet d'extraire l'huile de ses graines, l'opium de sa capsule ; mais sa culture n'est pas répandue.

Le safran (crocus sativus) réussit parfaitement.

Les indigotiers ne passent pas l'hiver en pleine terre, et ne paraissent pas devoir être cultivés en grand.

Le *cactus nopal* croît admirablement, et la cochenille qui vit sur cette plante se développe et se multiplie convenablement en Algérie. Le jardin d'essai a de très-belles plantations de nopals, disposés en lignes, écartés d'un mètre à-peu-près, et couverts de cochenilles, qu'on abrite par des paillassons pendant les nuits ; les plantes épuisées sont coupées vers la base, et servent à *fumer* le sol ; ainsi traitées elles redeviennent propres à nourrir de nouveaux insectes. Par des soins bien entendus les récoltes sont abondantes et productives ; on peut regarder cette production comme acquise à l'Algérie ; toutefois les soins et les dépenses qu'elle exige empêcheront qu'elle ne forme promptement une branche de culture très généralisée.

La *canne à sucre* croît avec beaucoup de vigueur dans le jardin d'essai ; mais elle reste verdâtre et peu ligneuse.

Le vetiver (andropogon squarrosum) dont les racines odorantes se répandent dans le commerce, et dont les feuilles peuvent servir à faire des paillassons, se multiplie avec une facilité extrême.

Les plantes aromatiques naissent spontanément dans toutes les parties de l'Algérie, et fournissent des essences abondantes; on ne les a pas négligées dans le jardin d'essai.

A tous ces végétaux utiles on a joint une multitude de plantes d'ornement : le strelitzia reginæ, le passiflora alata, le nymphæa cœrulea, l'aponogeton distachyon etc. La plupart des scitaminées, des aroïdées, des musacées fleurissent à l'air libre ; les mimosa sensitiva et pudica, beaucoup d'hibiscus, le vinca rosea, le cardiospermum donnent facilement leurs graines ; les plantes bulbeuses d'agrément s'y multiplient avec facilité ; beaucoup d'espèces d'oxalis, de renoncules, d'anémones, etc., sont cultivées presque sans soins. Nous ne ferons pas de plus nombreuses citations pour indiquer les cultures du jardin d'essai, celles que nous venons de faire suffisent pour les faire apprécier.

Outre le jardin d'Alger, sur lequel nous avons donné quelques détails, parce qu'il est fort important, le gouvernement a établi des pépinières dans les centres de population appelés à un prompt développement comme Bouffarick, Blidah, Medeah, Milianah, Miserghin, Philippeville, etc.

Les travaux de ces établissements coûtent des sommes considérables.

Le personnel seul des pépinières de la province d'Alger est porté au budget de 1850 pour la somme de..... 18,800 fr.
Celui des pépinières de la province d'Oran pour. 11,100
Celui des pépinières de la province de Constantine 14,700
En outre le matériel de ces établissements coûte. 150,000
Les essais de culture................ 40,000

Total pour le service des pépinières..... 234,600

Des dotations véritables ont été faites par l'administration :

elle a concédé des domaines déjà en valeur et qu'elle aurait pu consacrer à des établissements d'une utilité générale, en même temps qu'ils auraient servi à donner de l'extension à la culture du sol. La ferme de Soukati, qui était le baras du dey d'Alger, a été ainsi donnée. Elle a accordé des subsides à des colons, soit à titre de prêt, soit à titre gratuit moyennant quelques obligations imposées. Les *Trappistes de Staoueli* ont reçu en prêt 100,000 fr. (Étab. fr., volume de 1850.)

Les *orphelins de Ben Aknoun* ont reçu des encouragements : on a donné au père Brumeau qui les dirige, un établissement à Bouffarick, et en juillet 1852 on lui a confié 200 orphelins au prix de 80 c. par jour, c'est-à-dire 24 fr. par mois, ou 292 fr. par an, et en outre un trousseau de 40 fr., tandis que les hospices de Paris ne paient que 50 ou 60 c. pour les enfants qu'ils placent à la campagne.

Les *orphelins de Miserghin* ont reçu la caserne des spahis.

Le village fondé par l'association de capitalistes et travailleurs provençaux a reçu une ample concession.

L'*union du Sig* est une sorte de phalanstère qui a obtenu aussi les faveurs du gouvernement ; on n'a voulu écarter aucune des combinaisons qui promettaient de concourir au succès de la colonisation : le champ des expérimentations a été ouvert à tous les systèmes, et le gouvernement a favorisé toutes les créations qui pouvaient donner de l'essor à la colonie, soit en appelant de nouveaux colons, soit en développant la culture, soit en offrant des exemples utiles à la population existante. Nous avons donné dans notre itinéraire des détails sur les divers établissements que nous avons visités : il est inutile d'y revenir.

Des *sociétés d'agriculture*, des *comices*, des *expositions* des produits du règne végétal et du règne animal ont été institués dans les départements de l'Algérie, des primes ont été distribuées. Nous avons assisté avec un vif intérêt à une séance du comice agricole d'Alger, présidée par le préfet, M. Latour Mezeray; nous avons vu l'exposition de Philippeville, dont le programme annonçait la distribution de 5,000 fr. de primes. Des *inspecteurs d'agri-*

culture ont été institués pour constater le progrès de la culture, donner des conseils, veiller à l'emploi des dons de l'Etat, favoriser l'acclimatation des agriculteurs, etc.

Tant d'efforts n'ont pas eu pourtant des résultats bien considérables : la colonisation a fait peu de progrès ; la population ne s'est pas accrue aussi rapidement qu'on le désirait ; la culture n'a pris qu'une fort médiocre extension, et les Arabes ne sont pas devenus plus producteurs. Il ne restait plus qu'une seule chose à demander: l'*installation des colons*, aux frais de l'État, a semblé le seul moyen qui pouvait faire atteindre le but qu'on poursuivait On a cru qu'on n'arriverait à coloniser notre belle conquête que par les efforts directs du gouvernement et l'on a demandé que des colonies fussent établies aux dépens du Trésor public.

Les esprits les plus élevés se sont appliqués à chercher le meilleur système de colonisation par l'Etat.

Le maréchal Bugeaud, les généraux Bedeau et de Lamoricière ont préconisé des systèmes divers : mais ils n'ont point été mis en pratique. Nous n'avons donc pas à en parler ici, nous les apprécierons quand nous rechercherons ce qui reste à faire pour assurer le développement de la colonisation africaine. Nous ne devons indiquer ici que les essais qui, sur la proposition du général de Lamoricière, ont été réellement tentés par l'État, nous voulons parler de *colonies* qu'on a appelées *agricoles*, qui ont été peuplées par des familles appartenant à l'ordre civil, mais qui ont été administrées militairement. Nous avons précédemment fait connaître leurs noms, la population qu'elles ont renfermée, les sommes qu'elles ont coûtées, la quantité d'hectares qui leur a été assignée, celle des hectares qu'elles ont mis en culture. Ces détails ont suffi pour montrer dans quel état précaire elles se trouvent et combien les résultats obtenus ont été peu proportionnés aux dépenses faites. Nous nous contenterons de dire que les rapports de la commission chargée de les examiner, sans condamner le principe qui a présidé à leur établissement, ni la manière dont elles ont été gérées, admet, pour conclusion, qu'il faut s'arrêter dans cette voie, et ne donner aucun développement aux colonies qui ont été fondées.

Les colonies agricoles ont coûté 24,500,000 francs à l'État. Le matériel de la colonisation civile coûte annuellement 1,610,000 fr.; les inspections des colonies, 46,200 fr.; les dépôts d'ouvriers, 14,200 fr.; l'administration n'a donc rien négligé pour favoriser les progrès de l'agriculture.

Le *commerce* a attiré aussi l'attention du gouvernement; en offrant un débouché aux produits agricoles, il développait la colonisation; en facilitant l'importation en Algérie des produits français, il donnait à la métropole une compensation pour ses sacrifices; en achetant les produits arabes, il liait les tribus à nos intérêts; enfin, en favorisant l'établissement en Afrique de négociants achetant les produits du Tell et même du Sahara, et vendant les marchandises européennes aux indigènes, il appelait une population utile, comme celle des laboureurs, et plus facile à installer.

Les *débouchés* que l'administration pouvait offrir aux colons se présentaient naturellement; les divers services ont acheté sur le marché algérien, les laines, les fourrages, les blés, les orges qui leur étaient nécessaires; l'administration a même accordé aux cultivateurs de la colonie des prix plus élevés que ceux exigés par l'étranger et par les Arabes. Mais, même à ces conditions, elle n'a pu obtenir, en quantités suffisantes, les denrées dont elle avait besoin; ainsi, en l'année 1849, les Européens n'ont pu vendre à l'administration que. . 17,283 q.^{x} de blé dur.

13,837 q.^{x} de blé tendre.

Total. . . . . 31,120 q.^{x} de blé.
6,536 q.^{x} d'orge.

C'est-à-dire que le blé vendu a pu être récolté sur 3,112 hectares, et l'orge sur 653 hectares.

Les indigènes ont fourni par l'achour, 10,722 q.^{x} de blé dur.

Par vente, 20,514 id.

Total. 31,236

ou le produit de la culture de 3,123 hectares.

En orge, les Arabes ont fourni par l'achour, 26,842 q.*
Par la vente, 63,724

Total. 97,102

ou le produit de 9,056 hectares.

Ainsi l'administration n'a reçu que les produits de 14,944 hectares.

Elle a dû prendre à d'autres sources 106,394 q.* de blé.
198,458 q.* d'orge.

L'administration a encore acheté aux colons les marchandises qui étaient en trop petites quantités pour appeler les acheteurs, comme les cotons, les cochenilles, les cocons, et surtout les tabacs qui n'étaient pas demandés par la consommation et l'exportation. Le tableau suivant fait connaître la surperficie plantée en tabac, le nombre des planteurs, les quantités achetées aux colons et aux Arabes, et la somme payée par la Régie, depuis 1844 jusqu'en 1851.

	Nombre		Tabacs achetés		Sommes payées.
	des planteurs,	des hectares,	aux colons,	aux Arabes.	
1844	3	1,42	2,007 k.	21,462 k.	20,863 fr.
1845	32	12,28	53,295	35,077	100,920
1846	67	73,45	191,464	71,150	200,308
1847	129	101,98	95,866	120,000	234,041
1848	166	124,94	73,263	118,332	152,950
1849	229	169,72	107,431	65,434	146,363
1850	428	235,10	157,778	93,388	204,703
1851	537	400	232,922	102,832	304,000

On a estimé que la consommation locale de 1851 a absorbé 326,000 kilog. Pour 1852, on évalue à 917 le nombre de planteurs européens, à 1041 hectares la superficie plantée ; la récolte pourra fournir à la régie 900,000 kilog., dont 130,000 kilog. par les indigènes. La consommation et l'exportation absorberont 500,000 kilog., en tout 1,400,000 kilog. En 1853, on évalue que dans la province d'Alger on cultivera en tabac 1,500 hectares, donnant 1,500,000 kilog. Les provinces d'Oran et de

Constantine donneront chacune 300,000 kilog. La production totale serait donc de 2,100,000 kilog.

Le commerce a enlevé certains produits de l'Algérie, et il a apporté des marchandises françaises sur ce marché. Voici les chiffres du mouvement commercial depuis 1841 jusqu'à 1850 :

Valeur des produits Algériens importés en France,		Valeur des produits Français exportés en Algérie,
En 1841,	1,800,000 fr.	— 29,600,000 fr.
1842,	2,500,000	— 33,600,000
1843,	2,200,000	— 41,400,000
1844,	2,300,000	— 63,400,000
1845,	3,200,000	— 89,400,000
1846,	3,800,000	— 94,500,000
1847,	2,700,000	— 83,100,000
1848,	2,200,000	— 72,200,000
1849,	7,100,000	— 78,800,000
1850,	5,200,000	— 75,500,000

Le mouvement du *commerce général* de l'Algérie a dépassé son commerce spécial avec la France d'une somme qui n'est pas sans importance. Son maximun répond à l'année 1846. La totalité du mouvement commercial pour les importations est de 115,900,000, pour les exportations de 9,943,000. Pour cette année, le mouvement de navigation est exprimé par le chiffre de 7,107 navires jaugeant 533,587 tonneaux, savoir :

Navires français.... 2,523 jaugeant.... 247,000 tonneaux.
— algériens... 1,506 — 23,587
— étrangers... 3,078 — 263,000

Le chiffre de l'importation des produits français en Algérie égale le chiffre de l'exportation des produits d'Algérie en France accru des frais d'occupation, en d'autres termes nos frais d'occupation sont à peu près intégralement soldés par des produits français, c'est-à-dire par des valeurs sur lesquelles les producteurs français ont fait des bénéfices. Si dans les années 1847-48 nos importations ont été inférieures à celles des années antérieures, cela tient à la fois, à la diminution de l'armée et à la crise commerciale causée par les événements politiques.

L'exiguité de l'exportation algérienne a conduit à proposer de faire disparaître le reste d'entraves qui s'opposaient à l'introduction en France des produits de l'Afrique française. *L'assimilation des produits algériens aux produits français* a été décrétée par la loi du 11 janvier 1851.

Le commerce arabe a été favorisé comme celui des colons : l'administration a tenté de ramener vers les marchés de l'Algérie les caravanes qui autrefois les approvisionnaient. Pour en faciliter l'arrivée, elle a fait bâtir, à grands frais, des caravansérails à Boufarik, Koléah, Cherchell, Oran et Bône et des fondoucks à Tlemcen, Constantine et Sétif; mais elle a manqué son but; ces bâtiments étaient trop dispendieux et généralement mal placés.

Jusqu'à présent on ne voit pas que le commerce indigène ait pris des proportions considérales : Les produits du pays n'ont fourni à l'exportation qu'une valeur de 3,879,000 fr.

Les plus importants sont les peaux brutes, dont la valeur a été de. . . . . 1,237,000 fr.
Les sangsues. 205,000
Les laines. 369,000
La cire. 131,000
Le corail. 969,000
Les os, cornes, etc. . . . 126,000
Le tabac. 114,000
Les végétaux filamenteux.. 165,000
Les minerais.. 164,000

Ainsi l'on voit que les Arabes n'ont pu nous fournir que deux articles importants, les peaux brutes et les os; et ces marchandises ne proviennent d'aucune culture, d'aucune fabrication.

Les huiles exportées ne représentent qu'une valeur de 3,350 fr.
Les céréales. 14,100

C'est par ces minces résultats qu'ont été payés les immenses sacrifices que la France s'est imposés, et que nous avons successivement fait connaître, en traitant des divers objets qui intéressent la colonisation.

Le *résumé des dépenses faites en Algérie* en 1850 sera mis en regard avec celles qui pèseront sur notre budget en 1853, afin de mieux établir la situation.

Budget de la guerre,	en 1850,	en 1853,
États-Majors, Intendance militaire. . .	1,866,054	2,099,486
Gendarmerie, voltigeurs algériens. . .	725,940	768,427
Justice militaire, etc.	263,529	304,175
Solde.	17,028,347	20,660,666
Vivres et chauffage.	11,380,244	5,544,937
Hôpitaux.	5,711,486	4,942,484
Service de marche.	685,759	1,095,685
Habillement, campement.	3,471,406	2,813,065
Lits militaires.	1,095,259	1,053,677
Transports généraux.	502,828	598,565
Remonte générale.	898,150	919,250
Harnachement.	132,525	120,325
Fourrages.	5,872,810	4,473,315
Dépôt général.	11,000	11,000
Matériel de l'artillerie	470,300	337,958
Matériel du génie.	4,300,000	3,350,000
Administration générale de l'Algérie. . .	771,000	929,300
Services indigènes.	7,460,700	8,626,680
Services maritimes.	532,000	532,000
Administration provinciale.	695,300	729,500
Services financiers.	1,148,160	1,367,375
Expropriations.	400,000	1,000,000
Colonisation.	1,715,000	1,715,000
Colonies agricoles.	4,500,000	»
Établissement des transportés de 1848. .	»	700,000
Idem des transportés de 1851. .	»	1,500,000
Travaux civils.	5,528,660	6,072,040
Dépenses secrètes.	200,000	150,000
Budget de la marine, supplément de solde.	51,875 (1)	51,505
Budget des finances, douanes. . . .	715,000	727,000
Budget de la justice, tribunaux européens	623,000	639,050
Budget de l'instruct. publ. des européens.	179,200	184,200
Budget des cultes catholique et protestant	450,000	544,100
	79,385,432	74,555,715

(1) Indépendamment des frais d'hôpitaux pour les marins, des dépenses de navires affectés au service de la colonie.

La plus grande réduction du budget de 1853 provient de la décision prise de ne pas donner d'extension aux *colonies agricoles*, et de supprimer leurs subsides. Le chapitre des vivres et chauffage paraît avoir subi une grande diminution. Mais elle n'est qu'apparente ; la dépense est reportée au chapitre de la solde, qui est augmenté, malgré la diminution de l'effectif de l'armée.

La France, en compensation de ses sacrifices, fait quelques recettes. En 1846, les recettes montaient à 27,196,171 fr. en comptant les produits extraordinaires ; à 22,914,771 fr. en défalquant ces derniers. Dans cette somme sont comprises les recettes locales qui couvrent les dépenses municipales et provinciales, lesquelles viendraient accroître le budget, si on ne les soldait avec ces fonds. Il faut donc déduire les recettes locales pour connaître celles qui viennent en défalcation de la somme inscrite au budget général. Cette déduction faite, les recettes de l'Algérie s'élevaient à 17,961,346 fr. Mais ce chiffre s'est réduit : en 1849 il n'était plus que de 14,437,971 fr.

L'enregistrement à subi une réduction de. . .   1,100,000 fr.
Les douanes de.   1,600,000
Les postes de.   200,000
Les produits divers de.   2,500,000

Quelques articles se sont accrus : l'impôt arabe s'est élevé de 2,869,000 à 4,854,000.

En 1853, on prévoit une nouvelle réduction. On ne porte au budget que 12,740,000. L'impôt arabe doit s'accroître, mais 3/10 en seront affectés aux dépenses locales ; ce qui restera au Trésor sera diminué de près de. . . . .   600,000 fr.
Les contributions indirectes baisseront de. . .   700,000
Les postes de.   300,000
Les produits divers de.   3,300,000
Les douanes augmenteront de.   1,400,000
L'enregistrement de.   1,200,000

III. Avenir de la colonisation,

ou

Ce qui est à faire.

Nous avons présenté, en résumé, ce qui a été entrepris pour effectuer la conquête, assurer l'occupation, tenter la colonisation de l'Algérie ; nous avons vu que si l'énergie et l'héroïsme de notre armée ont été incomparables, si les travaux préparatoires de la colonisation ont été immenses, ses résultats ont été peu productifs pour notre trésor.

Nous avons à rechercher maintenant si nous ne luttons pas contre des difficultés insurmontables, si nous pouvons donner à l'Atlantide un avenir prospère. Chose redoutable à dire, nos soldats y sont descendus depuis 20 ans, et la colonisation de ce pays est encore presque à l'état problématique ; quand le voyageur studieux qui l'a parcouru remet le pied sur le sol de la patrie, la question, la seule question qu'on lui adresse, est celle-ci : pourrons-nous coloniser l'Afrique ?

C'est à cette question, qui reste en suspens depuis tant d'années, après tant d'examens approfondis et consciencieux, c'est à cette question ardue, dans laquelle la puissance et les finances de la France sont engagées, que nous allons essayer, témérairement peut-être, de répondre.

Nous l'avons dit, devant l'immensité des obstacles nous sommes nous mêmes restés longtemps irrésolus ; notre impression première a été que nous nous épuisions dans une œuvre impossible. Mais, après une étude sérieuse et continue des ressources de l'Algérie, notre sentiment s'est modifié, et maintenant, examinant froidement et pratiquement les choses, sans illusion, comme sans préoccupation, nous croyons pouvoir dire : oui ! la colonisation est possible ; mais elle ne pourra s'achever et devenir une source de richesses et de puissance pour la France qu'à force de persévérance, d'énergie, de combinaisons économiques, et qu'à la condition d'obéir rigoureusement aux nécessités du climat. Bien des choses restent à faire, bien des perfectionnements sont réclamés par les choses déjà faites; nous allons, avec franchise, dire quelles modifications doivent être apportées aux travaux entrepris, quelle extension doit être donnée à ce qui est commencé, quelles méthodes nouvelles il faut mettre en pratique, quelle base d'exploitation il faut choisir. Pour procéder régulièrement dans cette exposition, nous examinerons, dans l'ordre que nous avons déjà adopté, le système d'occupation, les travaux militaires, civils et agricoles, l'installation des cultures et du commerce, sources véritables des richesses, et nous chercherons à apercevoir la compensation définitive des peines, des dangers, des dépenses de l'entreprise mémorable que la France a poursuivie.

La *conquête et l'occupation* sont, pour ainsi dire, achevées. Grande et pénible fut la tâche de la France! Nos succès ont été lents, difficiles, incessamment compromis ; nous avons attaqué l'Afrique comme les Carthaginois et les Romains, par le littoral, par les vallées sans issue et sans liaison : Carthage ne posséda que son territoire, et en dehors de la Numidie, n'eut que des comptoirs sur la côte. Les progrès des Romains furent si lents que ce n'est qu'au temps de Marius que succomba Jugurtha ; ce n'est que sous César que furent conquises les Mauritanies, ce n'est qu'au temps des empereurs que s'y fixèrent les populations romaines, et que la colonisation s'installa sur une large base.

L'invasion des Vandales et des Arabes fut rapide comme la flamme : les premiers arrivaient par l'ouest ; ils voyaient devant eux les plaines de la province d'Oran se succédant sans difficulté, et conduisant dans la vallée du Chélif qui s'élève jusque vers les régions du sud ; aussi, appelés par les ministres du faible Valentinien pour lui prêter secours, ils eurent bientôt asservi et la Mauritanie et la Numidie elle-même. Les Arabes arrivaient par l'est, où les hauts plateaux et les oasis sont si près des Syrtes ; du premier pas, ils pénétraient dans tous les défilés, ils avaient l'accès de toutes les vallées ; ils tombaient sur une proie facile à partager. Quant à nous, nous connûmes tardivement le pays:

ce n'est que la guerre qui a révélé au maréchal Bugeaud le système d'occupation que les enseignements historiques devaient nous indiquer. Il a reconnu, par expérience, que la possession de quelques points de la côte était impossible, ou qu'elle coûterait presqu'autant que celle de toute la régence. Les stations maritimes, les plaines abordables sont isolées, sans communication possible entre elles, si ce n'est par la mer ; les grandes voies de communications sont au sud ; elles s'opèrent par les vallées interatlantiques, par les hauts plateaux, par les plaines abaissées qui sont au-delà du grand Atlas ; se cantonner sur le littoral, et permettre à toutes les tribus de faire une vaste confédération contre nous, ce serait leur donner la possibilité de tomber, à l'improviste, et à telle heure qui leur conviendrait, sur la fraction de notre armée qu'elles choisiraient, alors que nous, habiles dans l'art de la guerre, nous pouvons nous porter en masse sur les points stratégiques, et accabler, tour à tour, les tribus isolées. Nous avons choisi ce dernier parti.

Notre base d'opération est formée par les places du littoral, en communication avec la mère-patrie : Oran, Mers-el-Kébir, Arzeu, Mostaganem, Tenès, Cherchell, Alger, Dellys, Collo, Bougie, Stora, Philippeville, Bône, La Calle, forment nos ports et nos principales places de guerre.

Une deuxième ligne d'opération est établie au cœur du pays, sur le versant sud du petit Atlas, et dans les vallées interatlantiques, elle s'appuie sur Sidi-bel-Abbès, Mascara, Saint-Denis, Orléansville, Milianah, Médéah, Sétif, Constantine.

Puis la troisième ligne des postes est établie aux confins des hauts plateaux, aux portes du Sahara : elle est formée de Lala-Maghnia, Sebdou, Tlemcen, Daya, Saïda, Frenda, Tegdemt, Tiaret, Teniet-el-Had, Boghar, Aumale, Tebessa, et plus au sud encore, Batna et Biskara, puis l'Aghouat.

Par ces fortes positions nous tenons la grande voie intérieure ; nous pouvons établir des communications perpendiculaires avec tous les points du littoral, et les unir entre eux ; nous séparons profondément les tribus de la grande Kabylie et de l'Aurès, celles du Dahra et de l'Ouansèris, etc.; nous maintenons les Arabes du sud écartés de nos possessions; de leurs alliés du petit Atlas; nous avons moyen de faire invasion dans les hauts plateaux; maîtres des gorges du grand Atlas, nous pouvons pénétrer dans la région des oasis, empêcher les peuplades du désert d'entrer dans le Tell pour y faire paître leurs troupeaux, pour y acheter le blé, pour y vendre leurs burnous, leurs tapis, leurs dattes, ou pour se pourvoir des produits que répand le commerce européen.

Nous tenons ainsi dans les mains les sources de la vie de ces peuples, auxquels le climat et le sol imposent un mode d'existence qu'ils ne sauraient changer : le Tell seul produit le blé qui doit alimenter les hauts plateaux et les oasis; les hauts plateaux, pendant l'hiver et le printemps, se couvrent d'herbes, pendant l'été ils sont brûlés et nus : ses habitants sont donc pasteurs et nomades. Les oasis donnent des plantes potagères, des fruits divers, la datte surtout, fruit délicieux, mais insuffisant pour entretenir la vie de l'homme. Leurs cultures exigent des soins assidus et de constantes irrigations : les habitants de cette zone sont donc sédentaires ; ils doivent quitter la tente et bâtir des villages, devenir industriels en même temps qu'agriculteurs, et faire des échanges pour obtenir les objets qui leur sont indispensables. Ce sont les nomades qui sont les intermédiaires de leurs transactions commerciales: ils passent l'hiver sur les hauts plateaux et dans les déserts qui entourent les oasis, dans lesquels beaucoup ont des propriétés, et où ils comptent tous des alliés; au printemps ils emportent les dattes et les tissus de ces contrées lointaines, et s'en vont dans le Tell, où beaucoup de tribus possèdent aussi des terres ou des droits de parcours. Ils y vont faire paître leurs troupeaux, concourir à faire la moisson, vendre les marchandises qu'ils ont prises aux oasis, telles que burnous, tapis, etc.; en retour, ils achètent du blé et des produits européens ; puis l'hiver venu, ils regagnent leurs pâturages, vont déposer leur blé dans les oasis, trafiquent de leurs objets d'échange, et recommencent perpétuellement les pérégrinations qui leur sont imposées par les premières nécessités de la vie.

Ainsi les trois grandes régions de l'Atlantide sont unies par des liens indissolubles. Celui qui règne sur la terre à blé, qui domine les défilés du grand et du petit Atlas, celui-là dispose de la vie des populations qui habitent le pays depuis le bord de la mer jusqu'au fond du Sahara. La guerre nous en a rendus les maîtres. Elle nous a paru longue; mais elle a achevé ce que les autres peuples, placés dans les mêmes conditions, ont mis des siècles à exécuter.

Nous n'aurions accompli que cette difficile entreprise qu'on ne pourrait dire que nous n'avons rien fait pour la colonisation : nous avons conduit à bonne fin la préparation la plus nécessaire, la plus périlleuse, la plus dispendieuse qu'on pût imaginer. Le pays n'était pas vacant comme les régions sur lesquelles se sont répandus les européens; il restait comme inconnu : nous l'avons découvert, conquis et possédé; le voilà dans nos mains, soumis et préparé, non qu'il ne soit frémissant, et tout disposé à se soulever encore; mais nous avons les moyens d'empêcher les barbares de nous entamer; nous avons les moyens de les refouler, de les écraser, de les assujettir au tribut.

L'occupation est donc complète, et fondée sur le système le plus rationnel : nous n'avons qu'à louer les hommes habiles qui l'ont entreprise et conduite à fin. Nous avons seulement à dire qu'il faut la consolider, non l'étendre; qu'autant il était nécessaire de briser la résistance des Arabes quand elle était compacte et générale, autant il faut s'attacher à prévenir les causes de soulèvement quand ils sont soumis; autant il fallait entreprendre résolument la conquête des lignes qui ouvrent, divisent, assujettissent le pays, autant il serait funeste et dispendieux d'envahir des contrées sans valeur politique et disperser nos forces sur des points sans utilité stratégique. L'occupation est achevée par la force des armes, rendons la durable par la puissance de nos établissements, comme par l'habileté de notre conduite.

Les *ports* et les *fortifications maritimes*, bases premières de notre conquête et de notre domination, ont attiré tout d'abord notre attention; l'autorité n'a qu'à poursuivre l'exécution des plans qu'elle a adoptés, pour les mettre en parfait état.

Alger a été choisie comme la capitale de l'Afrique française; elle est bien propre à commander le pays, puisqu'elle en occupe le centre, qu'elle domine une plaine qui conduit au point culminant de l'Algérie, d'où descendent à l'est et à l'ouest les grandes vallées, et au pied duquel s'ouvre la vallée du Haut Chélif, qui va au sud jusqu'aux limites du Sahara.

C'est donc à bon droit qu'on a donné au siège du Gouvernement un système de fortifications solides et considérables, capables de résister aux attaques du dedans et à celles de l'extérieur, et qu'on a construit, avec des dépenses énormes, le grand port militaire qui maintenant est presque achevé. Il faut se hâter de former le couronnement de la digue qui fait face à la mer, de bâtir le fort du Musoir et de former la jetée qui doit partir du fort de Bab Azoun, afin de mettre les navires à l'abri du ressac.

Tout le monde a compris, qu'outre le port d'Alger, il était indispensable d'avoir des abris pour nos flottes, à l'est et à l'ouest, vers le détroit de Gibraltar et vers le canal de Malte. Dans l'ouest, Mers-el-Kébir, près d'Oran, est déjà dans un état fort respectable; il faut désirer qu'on en achève les travaux le plus promptement possible, et qu'on rende ce port tout-à-fait sûr. Nous pensons même qu'il y aura lieu de compléter ce que la nature a fait pour le port d'Arzeu, au centre des belles plaines qui sont le débouché des vallées interatlantiques, et qui peut former un admirable lieu de relâche, sans dépenses fort importantes.

Dans l'est, on n'a rien fait ni pour La Calle, ni pour Bone, ni pour Stora, ni pour Collo que nous venons d'occuper, ni pour Bougie. Le port de La Calle est bon; des travaux d'approfondissement permettraient aux grands navires de s'y réfugier. Il faut les entreprendre. Pour Stora, nous dirons la même chose que pour Arzeu : ce port donne accès à de belles vallées et conduit à Constantine, l'une des positions les plus importantes de l'Algérie. Les dispositions naturelles de la côte permettent de le rendre excellent. Mais, dans l'état actuel, il est exposé, comme tous ceux de l'Algérie, à être le théâtre de grands désastres, quand les vents du nord-est soufflent avec violence. Nous avons eu occasion de le constater quand nous attendions les moyens de quitter Philippeville; tous les marins avaient abandonné les navires à l'ancre. Dans la nuit du 27 au 28 janvier, cinq navires ont été brisés ou fort endommagés dans le port de Stora; neuf bâtiments ont été jetés à la côte dans la rade de Bone, et ont été détruits ou ont subi de grandes avaries. On ne peut hésiter à entreprendre des ouvrages qui préviendront de pareils sinistres, et qui seront utiles à la sûreté de notre colonie dans une guerre maritime.

Le défaut de communications intérieures, dans les premiers temps de la conquête, nous faisait une loi de rechercher le plus grand nombre de points maritimes qu'on pourrait mettre en rapport, par des voies perpendiculaires, avec les villes importantes situées au cœur du pays. Cette nécessité sera moins urgente, quand nous aurons établi les grands chemins qui parcourront, au-delà du petit Atlas, les contrées d'un accès facile; alors il faudra se borner à quelques travaux d'amélioration pour que les rades foraines et les ports de médiocre valeur satisfassent aux nécessités de notre commerce. Mostaganem, Dellys, Djidjelli, Tenès, ne méritent pas des allocations considérables de fonds. Nous ne saurions approuver les travaux qu'on a exécutés à Cherchell; le nouveau bassin, creusé dans le port romain, inaccessible dans les gros temps, n'aurait qu'une utilité bien médiocre, lors même qu'on aurait pu lui donner la profondeur nécessaire pour recevoir les bateaux à vapeur.

Bougie a un excellent abri; Collo paraît susceptible de nous donner un très-bon port; il ne faut pas le négliger. Mais il faut réserver toutes nos ressources pour les grandes positions maritimes. C'est dans les travaux à la mer surtout qu'il ne faut pas éparpiller les ressources; il faut les concentrer sur les points inexpugnables ou de première importance, comme Alger, Mers-el-Kebir et Stora auxquels on peut ajouter Arzeu, La Calle, Bougie.

S'il est malheureusement vrai que les ports algériens laissent beaucoup à désirer, il faut constater que, par compensation, plusieurs sont susceptibles d'une vigoureuse défense, et qu'en même temps, l'escarpement général de la côte rendrait le pays peu abordable et peu exposé aux attaques du côté de la mer. Il est évident qu'un ennemi, même puissant, ne pourrait tenter un débarquement que pendant les mois d'été; qu'il trouverait peu de lieux propices pour l'opérer, et qu'il lui serait, pour ainsi dire, impossible de faire des progrès dans cette âpre contrée, si elle était défendue par des soldats européens, maîtres des grandes positions militaires.

Les fortifications intérieures étaient plus urgentes encore que les fortifications de la côte; nous approuvons de toutes nos forces le soin qu'on a pris de mettre en bon état de défense les villes, les villages, les maisons mêmes, bien qu'à l'époque où nous avons visité l'Algérie, la sécurité était telle que nous avons pu parcourir les plaines désertes, la nuit, sans armes et sans escorte. Il est évident pour tout le monde que cet état peut changer d'un instant à l'autre. Déjà on nous annonce que les assassinats commencent à désoler de nouveau la province d'Oran. Une insurrection a eu lieu non loin de Guelma, en 1852. Un soulèvement presque universel est toujours possible; il faut que tous les Européens soient à l'abri d'une attaque inopinée. La férocité des Arabes peut être assoupie ou contenue : mais elle est toujours à redouter.

Cependant nous croyons que les dépenses qu'on a consacrées à assurer la sécurité ont été parfois exagérées. On a donné à certaines enceintes un énorme développement : celles de Dellys, de Philippeville sont immenses. Nous savons que les règles de l'art militaire exigent l'occupation de certains points éloignés; qu'on doit compter sur l'accroissement rapide de certaines villes; qu'il a fallu enfermer des terrains de culture dans le mur de clôture, pour les mettre à l'abri des vols continuels. Mais si de telles précautions étaient nécessaires dans le principe, on pourra maintenant réduire les travaux dont il est question. A l'origine aussi, on a étendu, outre mesure, le système de défense de certains points ; cela a tenu à la manière dont nous avons procédé dans l'occupation. Nous nous sommes avancés, pas à pas, sans système arrêté ; nous nous installions d'une manière forte et définitive dans des lieux qui, alors avant-postes, devaient être bientôt tout-à-fait intérieurs et sans aucune valeur stratégique. Ainsi, il fut un temps où nous devions nous retrancher soigneusement à Delly-Ibrahim, puis à Douera, à Koléah, puis à Blidah. Maintenant nous sommes aux portes du désert.

Le système qui a été adopté pour défendre les villages, et qui consiste en un fossé garni d'un parapet du côté intérieur, nous paraît essentiellement défectueux, et si, parfaitement étranger à l'art militaire, nous pouvons émettre une opinion, nous dirons qu'il nous semble qu'il devra être remplacé par un autre. Les vices de ce système sont faciles à apprécier ; il cause des remuements de terre très-considérables, et, de l'avis de tous les observateurs, c'est là une cause constante d'insalubrité, dans les pays nouvellement habités ; il permet la stagnation des eaux, circonstance qui détermine les maladies. Le fossé forme une assez bonne défense quand il vint d'être creusé, parceque les bords en sont escarpés ; mais bientôt des éboulements le comblent en partie et forment des rampes qui permettent de le franchir avec facilité. Si les Arabes se sont arrêtés devant cet obstacle, on peut dire que cela tient à une appréciation morale, qui peut changer immédiatement, et non à la force même de la défense.

Ces fossés sont fort dispendieux quand on les fait avec soin ; ainsi, près de Tlemcen, les fossés avec terrassements réguliers, et les angles bastionnés et muraillés ont coûté 20,000 par village. Lorsqu'on se contente de creuser le fossé et de rejeter les terres sur le bord intérieur sans parer le parapet, on peut réduire la dépense à 3,000 fr. Mais la sûreté de la défense est encore amoindrie.

Aux inconvénients signalés il faut en ajouter un autre qui nous paraît avoir une extrême gravité; c'est que l'intérieur des villages est généralement vu de l'extérieur, de sorte qu'en cas d'attaque les communications des maisons entre elles seraient excessivement dangereuses.

Autour de certains villages on a construit un mur d'enceinte : ce système est assurément préférable, mais il est énormément dispendieux ; ainsi le mur de Jemmapes a coûté 83,000 fr. Ce sont là évidemment des dépenses qu'il n'est pas possible d'admettre.

Il est un autre système qui réunit la salubrité, la sécurité, l'économie : c'est celui que nous avons vu mettre en pratique à Mousaïa-les-Mines. Les bâtiments de ce centre d'exploitation sont disposés de telle manière qu'ils forment un rectangle complétement clos, dont les angles sont en saillie, et représentent des bastions dont les faces défendent les courtines ; tous ces bâtiments sont crénelés, ils sont composés d'un rez-de-chaussée et d'un étage ; un corridor règne le long de la muraille dans laquelle sont pratiquées les meurtrières, de sorte que les habitants des maisons qui constituent le périmètre de l'établissement général, peuvent passer de leur lit à la défense, et communiquer les uns avec les autres, à l'abri de tout danger.

On remarquera que ce système de défense n'a rien coûté, puisque ce sont les maisons mêmes qui forment l'enceinte ; elles constituent de véritables places d'armes, qui défient tous les moyens d'attaque des Arabes, et dans lesquelles les colons circulent en toute sécurité.

Les bâtiments de l'Association du Sig doivent être disposés d'une manière analogue à ceux de Mousaïa-les-Mines ; mais ils ne constituent pas encore une enceinte continue, et on a laissé dans les murs de larges ouvertures ceintrées qui sont dangereuses.

On doit noter que les maisons formant une enceinte continue circonscrivent et mettent à l'abri un terrain intérieur plus ou moins étendu, et toutes les richesses agricoles ; que, de plus, ces agglomérations de fermes et d'habitations, si on les dispose d'une manière bien entendue, peuvent défendre tout le territoire d'une commune, comme autant de forts détachés, et donner l'avantage de placer les agriculteurs très-près des champs qu'ils doivent occuper ; tandis que dans le système adopté, on les en tient éloignés de plusieurs kilomètres, et on laisse le territoire d'exploitation exposé à toutes les déprédations. Il faut dire qu'il y aurait peut-être, en certains cas, plus de difficulté pour distribuer les eaux à ces groupes d'habitations ; mais ces difficultés ne seraient pas générales, et certainement les dépenses qu'il faudrait faire pour les surmonter seraient loin d'être égales à celles qu'exige le système de défense adopté. D'ailleurs, la disposition qui nous a frappé n'exige pas nécessairement la dispersion des groupes d'habitation, seulement elle permet de les distribuer selon les nécessités, et c'est un avantage à ajouter à ceux que nous avons énumérés. Nous ajouterons que les groupes naturellement fortifiés pourraient servir à protéger les conduites d'eau, ce qui est quelquefois d'une indispensable nécessité.

Nous pensons donc qu'il y a lieu d'étudier avec soin et impartialité le système de défense des villages : celui qui est adopté a évidemment des vices considérables ; celui dont nous avons trouvé des exemples, nous paraît infiniment préférable.

Les habitations solitaires sont parfaitement sûres, quand elles ont la forme d'un blockhaus : ce genre de construction a rendu les plus grands services. Un blockhaus n'est rien autre chose qu'un bâtiment dont les ouvertures et les parois sont défendus contre l'escalade et contre l'incendie par des parties qui surplombent le rez-de-chaussée, de manière à permettre aux gens de l'intérieur de faire des feux plongeants sur les agresseurs. S'il est construit en maçonnerie, et s'il a un étage couvert d'une terrasse, il est, en quelque sorte, une réduction des tours du moyen-âge, munies de machicoulis, de créneaux et de meurtrières ; les ouvertures, au rez-de-chaussée, doivent être assez élevées, pour qu'on ne puisse venir faire feu du dehors dans l'appartement. Ces petites forteresses peuvent braver tous les Arabes ; jamais ils n'ont pu en prendre une. En réalité, ces constructions ne coûteront pas plus que les maisons ordinaires qui s'établissent sur le sol africain. Il suffit d'ajouter à celles-ci des balcons fermés, placés au-dessus des portes et fenêtres du rez-de-chaussée, et garnis d'un plancher percé d'ouvertures par lesquelles puisse passer le canon d'un fusil. Toute maison isolée devrait être construite d'après ce système; toute exploitation devrait, au moins, avoir un refuge ainsi disposé; sans aucun frais, la vie des hommes serait alors à l'abri de tout événement de guerre.

Les villes ont presque toutes été appropriées à nos usages. Il reste peu de choses à faire actuellement sous ce rapport: peut-être même a-t-on trop fait pour elles, non que nous ne pensions qu'elles ne réclament plus aucun établissement utile, aucune amélioration, aucun embellissement, mais, à notre avis, on a bâti les cités comme si la colonie était faite, comme si elle était grande, prospère, incontestée, comme si elle devait faire naître à l'instant un commerce immense. On a commencé par où l'on aurait dû finir; on a devancé les nécessités, et d'énormes dépenses resteront longtemps improductives.

La spéculation sur les terrains a été effrénée à Alger, même à Oran. Le sol s'est vendu aussi cher dans la première ville qu'à Paris. On voulait créer une capitale, quand les sources de richesses qui devaient l'alimenter n'existaient pas encore, et on la construisait au moyen du crédit. Aussi, quand la révolution de février vint arrêter les transactions, paralyser les affaires, et forcer chacun à liquider sa situation, une crise énorme éclata et vint causer des désastres immenses.

On dit que les individus seuls ont perdu, que les constructions resteront, et qu'en définitive la ville gagnera. Faux calculs! ce qui est funeste aux particuliers, ne peut être utile au public. Si les sommes énormes consacrées aux constructions, qu'on pouvait différer ou réduire, avaient été employées à des travaux immédiatement productifs, ils seraient conservés également, et les malheurs des premiers émigrants ne seraient pas venus effrayer ceux qui devaient les suivre. Il va sans dire que nous ne blâmons que la spéculation sans frein, n'ayant aucun but d'utilité actuelle, mais non celle qui a pour but de satisfaire à des besoins réels.

Des cités nouvelles, prospères un moment, ont vu déjà commencer une période de déclin, telle est par exemple Douera, qui, bien qu'à quelques lieues d'Alger, dans le Sahel, formait un poste-avancé de notre armée, et s'enrichissait des dépenses d'une nombreuse garnison. Elle a été bâtie avec un assez grand luxe, en raison de sa richesse qui chaque jour s'accroissait. Maintenant, la principale source de sa prospérité est tarie, ses constructions sont hors de proportion avec ses besoins actuels ; mais elles ne seront certainement pas toutes perdues. Les idées de ses habitants se dirigent vers l'agriculture. Ainsi, ces trafics qu'on a blâmés, qu'on a considérés au moins comme inutiles à la colonie, ont permis de construire des maisons, de réunir des capitaux, et concourront, en définitive, à faire exploiter le sol. El-Arrouch, qui a subi des dépréciations analogues, devra suivre une voie semblable, pour reconquérir son importance, que l'occupation de Constantine a diminuée momentanément.

Dans certaines circonstances, la valeur des villes a changé, non par la progression de nos établissements intérieurs, mais par le changement des routes qui y conduisent. La première route qui nous mena à Constantine partait de Bone et passait par Guelma ; ce dernier poste avait une haute utilité ; il en eut moins quand les communications se sont établies par Philippeville, bâtie expressément pour faciliter ce changement. La route actuelle passe par Saint-Antoine, El-Arrouch, El-Kantour, Smendou ; ces localités auront une importance évidente. Mais on projette de placer la route de Constantine dans la vallée de Saf-Saf. Ce changement transportera évidemment la prospérité sur la ligne rectifiée. On trouvera peut-être un jour que la meilleure voie serait celle qui suivrait l'Oued-el-Kébir, qui débouche près Djidjelly, et va droit sur Constantine. Alors il y aurait encore de notables perturbations dans les intérêts ; mais ce sont là des accidents inhérents aux sociétés nouvelles, et dont ne sont pas exemptes les plus anciennes.

L'autorité a pu, dans presque tous les grands centres, se dispenser de construire des habitations pour les fonctionnaires. En cela, elle a évité des causes de dépenses souvent considérables ; à Alger, le gouverneur-général, l'évêque, le préfet, l'intendant militaire habitent de belles maisons mauresques ; à Blidah, à Médeah, à Constantine, à Milianah, à Oran, les commandants habitent d'anciens palais ou d'anciennes maisons élégamment construites. Il y a peu à critiquer dans les aménagements qui ont été faits.

Lorsqu'on a fondé des villes sur les ruines des anciennes cités romaines, on n'a pas toujours assez médité sur les dispositions adoptées par ces sages conquérants. Ainsi à Philippeville, les fondations des anciennes constructions attestent que les rues latérales montaient obliquement sur les flancs du coteau. Celles de la ville moderne sont perpendiculaires. Elles perdent ainsi les deux avantages que s'étaient ménagés les Romains : elles n'ont plus une pente adoucie, elles ne s'ouvrent plus en éventail pour recevoir *la brise de mer*. Quand on faisait cette observation au capitaine du génie qui a dirigé les travaux, il répondait : « Les Romains avaient leur système, nous le nôtre, et le nôtre est le bon. » Tout le monde ne sera pas de son avis. L'amour des lignes droites et des angles droits, avec le défaut d'études pratiques, ont produit de bien mauvais résultats dans les créations françaises !

Les *villages* créés en Algérie sont déjà nombreux : les uns bâtis aux frais des colons, sont les *villages civils* ; les autres bâtis aux frais de l'État, constituent les *colonies agricoles* ; enfin les *villages arabes* ont été bâtis par l'autorité militaire aux frais des indigènes. Ces centres de population suffiront à bien des besoins et l'on devra s'attacher à les compléter avant d'en fonder d'autres.

Nous ne saurions trop insister à cet égard, on n'a pas assez apprécié les difficultés qui accompagnent toute fondation nouvelle ; quand des hommes s'établissent sur une terre où tout manque à la fois, où ils ne peuvent espérer ni aide, ni exemple, ni enseignement, ni approvisionnements, ils sont bien vite saisis de découragement, ils ont bien souvent à lutter contre des obstacles insurmontables. Combien il est plus facile de réussir à un individu qui vient se placer près de compatriotes déjà installés, qui peuvent le garantir des écoles qu'ils ont dû faire, leur ouvrir un asile hospitalier, leur prêter leurs bras et leurs machines, leur offrir tous les objets qui s'accumulent dans les lieux où la civilisation à pris pied, et dont la privation se fait si cruellement sentir à l'origine de toutes les entreprises. Sans doute il y a des positions si indiquées, dont l'occupation est si nécessaire qu'il faudra bien édifier encore quelques villages d'étapes ou de défense, mais ils seront très-rarement indispensables pendant quelques années.

Les agglomérations d'habitations ont été, en général, judicieusement établies pour servir aux troupes de lieu de séjour, protéger les relations, tirer parti des richesses du pays, mettre les habitants à l'abri de causes d'insalubrité. Pourtant il est des communes qui ont été littéralement dépeuplées : Bouffarick a renouvelé plusieurs fois sa population ; Zurich, sur 153 familles en a gardé 40 ; Robertville a eu des pertes aussi grandes. Peut-être ces affreux ravages ne tiennent pas expressément à leur position ; pourtant il est vrai que Bouffarick et Roberville sont dans un terrain marécageux, que Zurich, quoique dans une charmante position, est au fond d'une vallée difficilement accessible aux vents du nord ; le général Mac-Mahon nous disait, quand nous visitions avec lui les villages qu'il a fondés et les positions de ceux qu'il projetait, que la facilité de recevoir les brises venant du rivage lui paraissait une condition indispensable. Nous partageons son avis sur les avantages qui résultent d'une telle situation ; mais les exigences de la culture ne laissent pas toujours le choix et exigent impérieusement qu'on se résigne à s'établir dans des lieux moins salubres. Nous n'acceptons pourtant pas, comme certains fanatiques de la colonisation, la nécessité de renouveler deux ou trois fois la population, avant d'avoir créé des colonies définitives ; à ce prix nous aimerions mieux renoncer à l'entreprise. Mais nous croyons qu'on peut, au moyen des précautions que nous indiquerons en parlant de la manière d'installer les cultures, éviter les désastreuses épidémies qui ont sévi si cruellement sur nos colons.

Il faut d'ailleurs s'astreindre aux règles hygiéniques les plus minutieuses pour assurer la santé des habitants, et nous pouvons dire ici que les conditions de salubrité des villages n'ont pas été toujours conservées ; leurs rues le plus fréquemment sont excessivement boueuses, elles ne sont ni pavées, ni empierrées, bien que dans le plus grand nombre des localités, il soit très-facile de trouver les matériaux d'un bon empierrement ; les fossés d'enceinte ont souvent conservé des mares d'eau stagnante ; enfin dans quelques lieux, des déblais assez considérables ont été effectués dans la seule vue d'obtenir des chemins d'exploitation un peu plus courts ou plus réguliers.

Nous avons dit que l'autorité française se charge de faire construire des villages pour les indigènes, qui en paient les frais. Elle les encourage à ces entreprises qui sont faites pour changer les mœurs des peuples vaincus et les soumettre plus facilement à notre loi. Nous avons vu un village arabe en construction près de Milianah ; 13 autres ont été achevés ; il y a un village arabe et un village de nègres près d'Oran. Nous croyons ces constructions très-utiles, mais nous pensons qu'il serait prudent de ne les généraliser que lorsque nous aurons effectivement en notre possession la terre nécessaire à une colonisation européenne vaste et compacte.

Les *maisons* donnent lieu à quelques remarques essentielles. Nous avons dit que, dans les villes, on avait utilisé les grandes et belles maisons mauresques bien appropriées au climat, mais fort peu à nos usages, dont la disposition devait être modifiée, mais non changée totalement ; les constructions modernes ont été faites d'après les idées européennes, les fenêtres sont extérieures, nombreuses et larges. Un toit les couronne. On doit regretter, surtout dans les villes, l'usage des terrasses qui mettent bien plus que les toits à l'abri de la chaleur, et donnent la possibilité de jouir de la brise du soir si salutaire dans ces climats brûlants ; la grandeur des appartements que nos mœurs réclament apporte quelques difficultés à l'établissement de ces terrasses, mais non des obstacles insurmontables ; ainsi, quoique l'ancienne habitation consacrée à la préfecture d'Alger, ait été profondément modifiée, et que les salons qu'elle renferme soient d'une belle étendue, on n'en a pas moins conservé des plates-formes, d'où l'on jouit d'une vue magnifique.

Les habitations des villages civils sont variées dans leur forme et leur distribution, en raison des goûts et des facultés de leurs propriétaires. Généralement elles sont moins grandes, moins élevées, moins solides que celles bâties aux frais de l'État.

Nous avons fait connaître la disposition de ces dernières : elles sont formées d'une ou deux pièces, et ont 3.^{m},50 de large sur 5 ou 6.^{m} de longueur. Les murs sont solidement bâtis en moellons et terre ; dans les angles, le mortier à la chaux est substitué à la terre. Le toit est en tuiles courbes, et s'avance au-delà des murs. 2,157 maisons ont été construites sur ce modèle, 2,345 étaient commencées, quand nous avons visité la colonie.

On leur a reproché de n'avoir pas de carrelage, d'avoir un toit qui laisse pénétrer la pluie et la chaleur, d'être privées d'étage et même de greniers, de caves et des accessoires nécessaires à une exploitation rurale.

Le carrelage est en effet nécessaire pour entretenir la propreté et la salubrité ; le béton dont on recouvre le sol de certaines maisons n'a pas assez de solidité ; il se fend, perd son niveau, se brise, de sorte qu'il cesse bientôt d'être uni et qu'on ne peut plus le laver et le nettoyer facilement ; c'est bien pis lorsque le sol n'est que de la terre battue, qui se charge de boue et s'imprègne d'humidité. Il y a donc lieu de généraliser l'emploi des carrelages ; ce ne sera pas une dépense considérable.

Les toits sont réellement traversés par la pluie, les vents, la chaleur. La commission chargée d'inspecter les colonies agricoles a attribué la filtration des eaux pluviales, à ce que les planches qui supportent les tuiles ne sont pas jointives. Nous ne partageons pas son sentiment. Ces planches sont soumises à de tels changements de température qu'elles ne pourront jamais avoir des joints serrés, et jamais elles ne pourront empêcher l'eau de pénétrer dans les habitations, lorsque les tuiles la laisseront passer. A notre avis, c'est à la forme de celles-ci qu'il faut attribuer l'inconvénient dont on se plaint. Ces tuiles sont celles qui sont employées dans le Midi de la France, où elles semblent en usage depuis la domination romaine. Elles sont disposées à côté l'une de l'autre en rangées parallèles et ont leurs bords recouverts par des rangées dont la courbe est placée en sens inverse.

Ces tuiles n'ont aucun moyen d'attache; pour les empêcher de glisser, on est donc forcé de faire les toits très-plats; de plus, elles touchent les planches par leur face convexe; elles n'ont donc aucune assiette, et se dérangent facilement sous l'action des vents Ces circonstances favorisent singulièrement les infiltrations. On aurait dû ne pas ignorer les perfectionnements admis depuis longtemps en Italie. A Rome, depuis Michel-Ange, et depuis peut-être plus longtemps, les toits sont presque tous formés de deux espèces de tuiles : l'une appliquée sur la charpente est large, plate, âpre sur la surface inférieure, garnie de rebords latéraux sur la face supérieure, rétrécie à la partie inférieure afin qu'elle puisse se loger entre les rebords de la tuile inférieure. L'autre espèce de tuile, courbe comme la tuile antique, sert à recouvrir les rebords des tuiles plates.

Celles-ci serrées l'une contre l'autre ont une assiette parfaite, elles peuvent être posées sur un plan plus incliné; celles qui cachent leurs bords, n'ont peut-être pas encore une stabilité suffisante; mais elles ne recouvrent plus que des joints très-étroits, de sorte que la pluie ne peut plus s'introduire avec autant de facilité. Ce genre de toiture l'emporte évidemment beaucoup sur celui qui est en usage en Algérie.

Il n'est cependant pas aussi satisfaisant, ni surtout aussi économique que la *panne* du Nord de la France. Cette tuile a deux courbures en sens inverses, et l'un des bords recouvre le bord correspondant de la tuile de la rangée voisine. On évite ainsi la rangée de tuiles courbes qui est en recouvrement; la toiture est ainsi plus légère ; elle exige une charpente moins forte, et permet l'emploi de lattes au lieu de plancher. Toutefois il faudrait que la *panne* fût un peu plus solide et mieux assise que celle qu'on emploie généralement dans les campagnes de la Flandre et de l'Artois. On arrivera ainsi à constituer un mode de couvertures préférable à celui actuellement en usage.

Un reproche essentiel qu'on a fait aux maisons des villages algériens c'est de se composer uniquement d'un rez-de-chaussée. Rien n'est plus incommode qu'une habitation dépourvue de chambre haute et de grenier. La commission des colonies agricoles a reconnu la justesse des réclamations qu'on lui a adressées à ce sujet; mais elle a pensé que le chiffre de la dépense occasionnée par cette création nouvelle devait la faire ajourner. Elle évalue à 400 fr. le prix du plancher qui serait nécessaire pour diviser la hauteur de l'habitation. Nous avons vu des colons, à Gastonville, par exemple, qui contraints par la nécessité, avaient construit le plancher d'un étage, formé de planches brutes établies sur des solives écartées de 0.^{m}, 80. ; il leur coûtait 100 fr. ; si les solives eussent été rapprochées, il eût coûté 125 fr. ; si les planches eussent été rabotées, il aurait coûté 6 fr. le mètre carré, ou 136 fr. pour une maison ayant 3.^{m} 80 sur 6.^{m} de longueur.

On voit que les colons obtiendraient un étage à un prix bien inférieur à celui qui serait demandé à l'administration. Nous pensons donc qu'il y a lieu d'adopter un procédé économique de faire un plancher et de créer le bien-être que donnerait une chambre haute. Selon nous, la suppression du plancher du toit, qui peut-être remplacé par des lattes ou même des roseaux dans le système de toiture que nous avons décrit, donnerait presque le moyen de l'obtenir.

Dans l'état actuel des choses, les maisons sont trop hautes ou trop basses : trop hautes si l'on ne divise pas la hauteur par un plancher; un peu trop basses si l'on veut faire l'étage. Le général

Mac-Mahon, reconnaissant la nécessité de construire l'étage postérieurement, à fait donner aux maisons des environs de Tlemcen moins d'élévation ; il a aussi pris des dispositions pour que le toit pût être relevé sans beaucoup de frais. Dans cette vue il a fait établir les tuiles sur des roseaux ; il a donné aux toits moins de saillie au-delà des murs, et a formé les combles en bois bruts, comme ceux des maisons des Arabes ; par ce moyen il a obtenu les maisons à 1,500 fr. quand elles coûtaient 2,500 fr. dans beaucoup d'autres localités. Ainsi la différence des prix ne tient pas essentiellement, comme on l'a cru, à la valeur différente des matériaux dans chaque province, mais à la meilleure entente des constructions.

Il est nécessaire de réduire les prix, parce que, dans le système adopté, les dépenses sont excessives, et que pourtant les habitations n'ont rien encore de ce qui constitue une exploitation agricole : une cave est indispensable pour la conservation des aliments, dans les climats brûlants ; nous avons vu peu de colons qui ne nous aient fait des réclamations à ce sujet, et beaucoup se sont efforcés de suppléer, par quelques excavations grossières, à ce qui leur manquait sous ce rapport. Il serait bon d'encourager les essais économiques qui ont été tentés.

Tous les accessoires d'une ferme doivent être ajoutés aux habitations ; l'administration ne pouvait les prendre à sa charge ; la dépense qu'elle aurait eu à supporter aurait été écrasante. Les 4,500 maisons dont la construction a été entreprise coûteront 9 à 10 millions sans les accessoires, ni les édifices publics. Les colons s'efforcent de construire en branchages, en planches, en pisé, étables, écuries, porcheries, remises, etc., etc. Ils auraient besoin d'être mieux dirigés dans ces constructions, et un peu aidés.

Les *casernes*, *les hôpitaux*, manquèrent dans les premiers temps, et les maladies faisaient d'horribles ravages dans les rangs de notre armée quand nos soldats couchaient sur la terre, sans matelas, sans couvertures, sans abri, et lorsque les hommes attaqués de fièvre et de dysenterie ne pouvaient être recueillis dans des salles fermées. Le soldat a concouru lui-même a inventer les moyens de conserver sa santé : en déployant le sac de toile qu'on lui donnait, en l'unissant à ceux de trois de ses camarades, il a établi, à l'aide de 2 piquets, une petite tente très-aisément emportée par ceux qu'elle abrite. Lorsque le maréchal vit cette heureuse création de l'esprit inventif de nos soldats, il s'écria : « Maintenant rien ne peut plus arrêter notre armée. » Aux toiles on ajoute des couvertures dont les soldats restent munis, même sur les navires, quand ils s'embarquent ; ils sont ainsi préservés du froid des nuits qui détermine tant de maladies funestes. Il est curieux d'observer ces hommes intelligents dans leurs emménagements : vous les voyez se coucher trois à trois sur une couverture étendue, plaçant sur eux deux autres couvertures et parvenant ainsi à conserver une chaleur nécessaire.

De bonne heure on songea à créer des abris solides. Nous avons constaté que dans la plupart des localités importantes, des casernes et des hôpitaux, ces indispensables accessoires de l'occupation, avaient été construits avec tous les développements que réclamaient les besoins de l'armée. Les colons profitent des hôpitaux comme les militaires ; les femmes et les enfants y sont même admis. C'est une heureuse disposition, dont on a eu à se louer beaucoup, dans les années pendant lesquelles une cruelle épidémie a exercé ses ravages dans notre colonie. On a en outre établi des infirmeries dans les villages. Elles rendent de bons services, et il serait à désirer qu'elles fussent mieux installées et mieux fournies. Nous ne pouvons nous dispenser cependant de faire une observation sur la généralisation de ces établissements ; outre qu'ils ne peuvent jamais réunir tous les moyens de traitement obtenus dans les grands hôpitaux, il est une indication à laquelle ils ne satisfont pas : souvent il est indispensable que les malades abandonnent le foyer dans lequel ils ont contracté les affections qui menacent leur vie ; ils ne doivent pas rester exposés aux causes qui agissent incessamment sur leur constitution détériorée. Pour obtenir leur guérison, il faut absolument les déplacer et leur faire respirer un air débarrassé de miasmes. Les infirmeries leur offriront un asile moins salutaire que les hôpitaux.

Ces derniers établissements sont, en général, placés dans les sites les plus salubres et les plus riants ; l'air y est pur, le sol élevé, les points de vue fort beaux, les distributions bien appropriées aux usages auxquels ils sont consacrés ; les accessoires réclamés pour l'utilité et l'agrément des malades n'ont pas été négligés. Les salles sont spacieuses, élevées, éclairées et ventilées convenablement. Quelquefois cependant, il nous a paru que les constructions étaient trop massives : ainsi à Médéah, le plafond des salles de l'hôpital est porté par d'énormes piliers et des arcades en maçonnerie qui divisent la salle en 3 allées, et interceptent l'air et la lumière. On dit que, lorsqu'on a construit cet édifice, les communications étaient si difficiles qu'on ne pouvait transporter des poutres de grande dimension ; on aurait dû alors soutenir le plancher par de simples piliers de bois, comme on l'a fait à Milianah dont l'hôpital est magnifique.

Les hôpitaux et les casernes de certaines localités ont perdu beaucoup de leur importance parce que l'occupation a changé de base. Nous citerons en particulier, ceux de Douéra. Mais les changements de nos garnisons étaient indispensables, et certainement les bâtiments construits ne resteront pas sans utilité. Cela doit être pourtant un avertissement. L'on ne doit, dans une colonie naissante, se déterminer à faire des constructions d'une grande importance qu'après mûr examen et certitude acquise que tous les caractères de permanence leur sont assurés.

Les magasins militaires, manutentions, etc., nécessité première de l'occupation, ont été établis sur de larges bases ; on ne peut regretter les sommes qu'on y a consacrées. Il eut été désirable seulement que les constructions fussent faites avec un tel soin qu'elles pussent pleinement satisfaire à tous les besoins des services auxquels on les destinait. C'est ce qui n'est pas toujours arrivé. Ainsi le magasin situé près la porte Vallée à Constantine semble fléchir quand on emplit ses greniers ; on ne peut charger sans danger les chambres du bâtiment édifié sur les réservoirs de Philippeville. Il est fâcheux de voir des constructions d'hier menacer ruine, quand leurs bases romaines bravent les siècles.

Les églises, les mosquées ont été quelquefois construites avec trop de luxe architectural : le sentiment religieux, dans les sociétés naissantes, ardent et sincère, n'est pas exigeant, il ne demande pas de somptueux monuments. Des localités d'une importance médiocre, Douera, Bouffarick, par exemple, ont été dotées d'églises peut-être un peu splendides; à Alger on a adopté une combinaison doublement malheureuse : au lieu de consacrer au culte chrétien la vaste mosquée, dont la forme est celle d'une croix latine, on a voulu lui donner la petite mosquée remarquable par ses marbres sculptés, et lorsqu'on eût dépensé des sommes importantes pour l'approprier, on reconnut qu'elle était trop petite. Il fallut raser l'ancien édifice, pour bâtir une cathédrale nouvelle, et faire ainsi une dépense double en détruisant un précieux spécimen de l'art algérien. A Philippeville, on a construit une fort élégante mosquée qui n'est pas fréquentée, et, faute de fonds, on n'a pas achevé la belle église dont la grandeur dépasse ce qu'exige la valeur actuelle de la ville.

Dans les villages on construit souvent une église avec deux maisons réunies, et on fait bien. Ce n'est pas quand un centre de population est encore, pour ainsi dire, problématique, qu'il faut songer à des constructions qui n'auront d'utilité que lorsque de nombreux habitants seront installés et promettront une résidence non interrompue.

Les écoles ont parfois reçu une existence prématurée. On veut instruire les enfants, rien n'est mieux, mais il faut d'abord les laisser naître et grandir. Sous un soleil qui ne leur est pas favorable, et au milieu de circonstances qui les vouent à tant de chances de mortalité, ils sont bien loin d'être assez nombreux pour exiger sans délai des établissements spacieux. Il ne faut à l'origine des sociétés que le strict nécessaire ; on ne peut, au jour de la fondation du moindre village, le doter de tous les avantages que réclament en vain toutes les communes de la mère patrie. Il faut consacrer toutes les ressources à ce qui enfante le travail et la production, sans lesquels rien ne peut durer. On a perdu de vue ces principes incontestables en maintes circonstances.

Les caravansérails, construits aux portes de beaucoup de villes donnent une irrécusable preuve qu'on a pu oublier les règles de l'utilité et de l'économie. On avait lu que le commerce de l'Orient se faisait par caravanes. On a pensé qu'il suffisait, pour déterminer leur arrivée et fixer les voies commerciales, d'établir des bâtiments qui les abriteraient. On ne s'est pas inquiété des lois auxquelles le trafic est assujetti ; on a négligé les conditions d'habitude, d'économie, de rapidité et de sûreté de parcours, la possibilité d'écouler les marchandises et de faire les acquisitions qu'on recherche, à des prix acceptables ; on a bâti les caravansérails avec le caractère que notre fantaisie se plaît à donner aux choses de l'Orient. Celui de Bouffarick a coûté 120,000 ; celui de Cherchell 80,000; celui de Koleah 40,000; celui d'Oran est construit avec un grand luxe et a dû coûter des sommes considérables, on en a fait un hôpital, faute d'emploi ; tous les autres sont restés parfaitement inutiles ; dans aucun d'eux ne sont jamais entrés ni un chameau ni un arabe. D'ailleurs on n'aurait pas dû oublier que pour des hommes qui passent leur vie sous la tente, ou sous de misérables gourbis, il n'était pas nécessaire de bâtir des palais. Il suffit pour l'arabe d'un hangar, du plus simple abri, du fondouck même qui abrite ses animaux et ses marchandises. Ce qu'il cherche c'est le bon marché ; il craindra toujours qu'on lui demande un grand tribut pour l'usage d'une chose qui a coûté beaucoup. Voyez ce qui se passe dans les marchés réels : à Blidah, par exemple, les indigènes qui viennent apporter les approvisionnements se retirent dans le bâtiment de la plus chétive apparence. Aux portes de Constantine, ils ont bâti un village qui ne se compose que de cabanes, les plus pauvres qu'on puisse imaginer, et tous les jours elles sont remplies par des troupes nombreuses de marchands. Les grands marchés indigènes, comme ceux de l'arba du Djendel, se tiennent en rase campagne ; les marchandises sont déposées sur la terre ; quelques tentes seulement sont dressées pour les chefs qui règlent les différends et maintiennent le bon ordre. D'immenses transactions s'effectuent ainsi sans appareil, sans construction, sans dépense, mais avec une entière liberté. Si l'on veut faire quelque chose d'utile, il faut construire quelques bâtiments légers et très simples dans les localités consacrées par un usage immémorial, fonder des colonies près des marchés fréquentés de tous temps, y réunir des marchandises de bon aloi, satisfaisant les goûts et les besoins des indigènes ; on donnera ainsi de l'extension à notre commerce. Mais bâtir dans des lieux où aucune habitude n'existe, des monuments d'une grande étendue et d'un grand luxe, c'est dissiper, sans avantage, des ressources que réclament impérieusement des objets de première nécessité.

Les routes de l'Algérie ont reçu un commencement d'exécution : nous avons dit quelles sont les sections qui ont été ou achevées ou entreprises. La manière dont elles sont faites est généralement digne d'éloge. Elles n'ont pas cet excès de largeur qu'on remarque dans beaucoup de contrées de la France et qui entraîne des dépenses inutiles. Mais on a peut-être, dans quelques cas, diminué leur largeur outre mesure : on a été forcé de donner à quelques-unes des gares kilométriques pour le dépôt des matériaux ; ce système nous semble devoir entraîner des difficultés dans les réparations ; il est moins dispendieux de voir les pierres uniformément disposées sur le bord de la route dans un pays où le terrain n'a généralement pas de valeur.

Les parties de chemins achevées sont bien empierrées. On reproche aux matériaux employés d'être trop tendres et de s'user rapidement ; sans prétendre que le reproche soit tout-à-fait immérité, nous devons dire que les dégradations de routes tiennent plus spécialement au mode d'entretien qui est admis, aux lenteurs administratives et au système adopté pour les transports.

Le gros roulage emploie habituellement des charrettes pesamment chargées, traînées par 6 et 7 chevaux ou mules ; ces véhicules fatiguent énormément la chaussée, et la défoncent quand l'épaisseur du gravier est diminuée et que les formalités administratives empêchent de le recharger en temps opportun. Ainsi, sous nos yeux, au retour des pluies, la route de Philippeville à Constantine a été littéralement labourée et retournée par le gros roulage, si bien que 18 et 20 chevaux ou mules attelés à une même voiture ne pouvaient la tirer des ornières dans lesquelles elle était enfoncée; pourtant des pierres concassées étaient rangées sur les bords de la voie, dans toute sa longueur; mais on n'avait pu les étendre pour donner de la solidité à la chaussée, l'autorisation n'était pas venue. Enfin quand la route fut bouleversée et pour ainsi dire perdue, l'ordre de les mettre en œuvre arriva: on peut juger ce que coûtent des réparations faites dans de telles conditions.

Les dépenses improductives des routes ont été augmentées encore par les projets de rectification proposés, et souvent immédiatement commencés. Généralement les voies de communication sont établies pour les besoins d'une expédition ou l'établissement d'un poste permanent. L'armée fait un tracé; elle exécute parfois des terrassements considérables; puis viennent les ingénieurs qui proposent rectifications, redressements, adoucissements de pentes, choix de vallées plus directes ou moins abruptes: un second tracé est adopté; il arrive que lorsqu'il est en partie exécuté, un troisième est proposé. Nous ne faisons aucune difficulté de convenir que, dans la plupart des cas, ces changements ne soient convenables; mais dans un pays qui est presque entièrement privé de voies de communication, tracer de nouveaux chemins vaut souvent mieux que de poursuivre l'entier perfectionnement de ceux qui sont en état de viabilité. Du reste ces changements deviendront de moins en moins fréquents.

Le système des routes tracées et exécutées par notre armée a été judicieusement conçu. Maîtres de la mer, nous devions établir des voies perpendiculaires au littoral, partant des principaux ports et se dirigeant, en traversant le petit Atlas, vers les villes et les postes militaires des vallées centrales du Tell, et des crêtes du grand Atlas, c'est ce qu'on a fait : presque toutes les villes du petit Atlas sont liées a celles du littoral par des routes plus ou moins avancées, Médéah avec Alger, Milianah avec Alger et Cherchell, Orléansville avec Tenès, Mascara avec Mostaganem, Arzeu et Oran, Sidi-bel-Abbès avec Oran, Sebdou et Tlemcen avec Nemours, Aumale avec Alger, Sétif avec Bougie, Constantine avec Philippeville, Guelma avec Bone. Ce système de voies sera bientôt complété : l'administration a le projet d'unir Constantine à Djidjelli, par une route qui suivrait la vallée du Rummel, et à Collo, par un embranchement se dirigeant de Robertville vers ce port, enfin à Bone par une route qui atteindrait Guelma. La grande position de Constantine sera donc reliée à quatre des principaux ports de l'Algérie. Il sera d'une grande utilité d'unir Aumale avec Bougie.

Les villes du petit Atlas communiquent presque toutes avec les postes qui bordent les hauts plateaux : Sidi-bel-Abbès avec Daya, Mascara avec Saïda et Tiaret, Milianah avec Teniet-el-Had. A l'est d'Alger, les hauts plateaux se confondant pour ainsi dire avec le Tell, la limite de cette dernière région n'a point été marquée par une ligne de postes fortifiés ; mais nous nous sommes établis à Batna dans les hauts plateaux, à Biskara sur le versant sud du grand Atlas. D'autres routes ont été proposées pour assurer notre domination dans le sud, ce sont celles de Médéah à Bogar, d'Aumale à Bousada, de Guelma à Tebessa.

Mais si l'établissement des routes perpendiculaires était indiquée par la première nécessité, elles ne nous donnent pas les communications les plus satisfaisantes : la mer n'est pas toujours facilement parcourue ; elle ne permet pas de bien rapides mouvements de troupes entre les postes interatlantiques, puisque, pour passer de l'un à l'autre, nos soldats doivent se porter sur le rivage par la voie perpendiculaire, s'embarquer, gagner le port où débouche une autre voie perpendiculaire, et remonter cette dernière ; la mer, d'ailleurs, peut nous être fermée. Notre système de communication ne sera parfait que si l'on établit des routes parallèles à la mer reliant toutes les .ignes perpendiculaires. Trois grandes routes marchant de l'est à l'ouest, sont indiquées comme urgentes, ce sont celle qui unirait les places du littoral, celle qui unirait les postes du sud, celle des vallées interatlantiques.

La ligne du littoral présentera de grandes difficultés : pourtant elle a déjà été exécutée en certains points ; nous avons indiqué les parties de cette voie qui ont été déjà entreprises. La route d'Alger à Dellys est achevée ; celle d'Alger à Cherchel a encore de longues lacunes. Dans l'ouest, où les grandes montagnes s'éloignent du rivage, on a promptement mis Mostaganem en communication avec Oran ; la route d'Oran à Tlemcen, qui suit la direction de la côte, sur les bords du grand lac, doit être achevée ; des bords de l'Isser, un embranchement s'étendra facilement jusqu'à Nemours, et suppléera longtemps la route qu'on a le projet d'établir sur le bord même de la mer. Un projet d'unir Cherchel, Ténès et Mostaganem a aussi été conçu ; mais les difficultés qu'on rencontrera dans les montagnes du Dahra seront telles que ce projet, qui sera d'une médiocre importance quand Ténès sera uni à Orléansville, sera fort longtemps ajourné. Dans l'est, la route de Stora à Bône sera bientôt terminée ; celle de Bône à la Calle est commencée ; il faudra en pousser les travaux avec activité. La route de Philippeville à Collo est en projet ; entre Collo et Dellys, c'est-à-dire dans la Kabylie, l'établissement de la route du littoral rencontrera autant et plus de difficultés que celle du Dahra ; des travaux plus importants et plus indispensables devront en faire différer l'exécution

La ligne du sud entre Sebdou, Daya, Saïda, Frenda, Tiaret, Boghar, Aumale, les Portes-de-Fer (Bibans), Bordj Douairjdj, Sétif, Batna, est en projet. Mais de nombreuses sections de cette ligne pourront longtemps être suppléées par la grande voie des vallées interatlantiques.

La ligne interatlantique est, sans aucune comparaison, la plus importante des trois routes parallèles dont nous venons de parler : parcourant les vallées qui s'étendent entre le grand et le petit Atlas, et qui sont séparées par des faîtes peu élevés, son exécution ne rencontrera pas de grandes difficultés ; les services qu'elle rendra seront immenses : elle traversera les plaines les plus étendues de l'Algérie, dans lesquelles peut s'établir la plus riche culture ; elle mettra en communication toutes les places du littoral, et tous les postes du sud ; elle permettra de les secourir tous les uns par les autres ; elle suppléera à la mer si celle-ci vient à nous être fermée, et, couverte par l'Atlas, elle se dérobera aux attaques extérieures ; elle séparera les nomades du sud de nos villages, les Kabyles de l'Aurès et de l'Ouanseris, de ceux du Dahra et du Jurjura ; elle constituera ainsi la grande artère qui doit vivifier l'Atlantide, et formera la ligne stratégique qui en assure la possession.

De Médeah, point central et culminant, elle doit descendre dans le Djendel par un des affluents du Chélif, et suivant le cours de ce long fleuve, passer au pied de Milianah, traverser Orléansville et arriver à la hauteur de Mostaganem : depuis Milianah jusqu'à ce point, elle est préparée par des travaux de campagne.

Au-delà de la vallée du Chélif, les vastes plaines de l'ouest se continuent et ouvrent des communications faciles ; déjà la voie du littoral qui s'étend de Mostaganem à Tlemcen et Nemours peut suppléer la voie interatlantique. Une autre voie s'ouvrira facilement au pied du versant nord du petit Atlas ; elle traversera les vallées de l'Habra et du Sig, de l'Isser et de la Tafna ; une autre enfin, qui sera réellement la ligne interatlantique, suivra les vallées supérieures de la Mina et des rivières que nous venons de nommer, et se rendra à Mascara, à Sidi-bel-Abbès et à Sebdou qui surveille l'une des grandes vallées du Maroc.

Dans l'est, presque rien n'a été fait pour la voie interatlantique, c'est celle du sud qu'on emprunte. De Médeah la route centrale doit descendre dans la vallée que domine Aumale ; elle arrivera, sans grande difficulté, dans la plaine du Hamza, grand affluent du Bou-Messaou qui s'élève à l'ouest, et, s'avançant dans la vallée de Bou-Sellam, autre affluent du Bou-Messaou qui vient de l'est, elle atteindra Sétif. Il est absolument indispensable d'occuper le cours de ces deux rivières qui, bordant au sud la Kabylie, marchent à la rencontre l'une de l'autre pour former la rivière de Bougie. Les campagnes de 1851 et 1852 nous en assurent la domination, et la route faite de Sétif à Bougie, suivant le cours du Bou-Sellam, constitue une notable partie de la voie transversale ; il faudra l'achever dans les vallées interatlantiques, au lieu de la faire remonter par les Portes-de-Fer jusqu'à Bordj Douairjdi, comme l'indique le projet tracé sur les cartes nouvelles (tableau des établ. fr. 1846-1849). Cette direction appartient à la ligne des postes du sud. De Sétif à Constantine la route a été tracée dans la vallée du Rummel qui se recourbe à l'ouest. Elle pourra s'élever moins au sud, en suivant un des grands affluents de cette rivière.

En se prolongeant à l'est, la route interatlantique atteindra les sources de la Seybouse, soit par le Smendou, soit par le Bou-Merzoug affluent du Rummel ; les affluents orientaux de la Seybouse conduiront ensuite la route jusque dans la direction de Tebessa qui domine la Medjerdah, la grande rivière de Tunis.

L'intérêt de la défense et de la colonisation exige qu'on se hâte d'établir et perfectionner cette route, et qu'on lui consacre tous les fonds dont le gouvernement peut disposer ; il faudra en même temps perfectionner ses communications, avec les voies perpendiculaires. Parmi ces dernières, la plus importante est évidemment celle qui l'unit à Alger, le centre militaire, administratif et commercial de la régence. Pour atteindre le point qui commande aux vallées interatlantiques, on avait d'abord tracé la route militaire qui passe au col de Mouzaïa et mène ensuite à Médeah ; cette route permettait en même temps, de descendre sur Milianah par le *plateau des Réguliers*. Depuis on a taillé dans les gorges de la Chiffa une route en corniche qui arrive au Nador, le franchit par des rampes en lacet, et descend à Médeah ; mais cette voie de communication étroite, sans parapets, placée quelquefois à des hauteurs considérables, sur un terrain souvent sans solidité, sera toujours difficile.

De la capitale de nos possessions on peut passer avec moins de difficulté dans les vallées de l'est et de l'ouest, en se dirigeant obliquement par la plaine de la Mitidja, dans les deux directions opposées, sans toucher le point culminant : à l'est, la vallée de l'Harrach conduit à Aumale et dans les plaines du Hamza, de Sétif, de Constantine ; à l'ouest, la vallée de l'Oued-Djer se dirige sur Milianah en s'élevant vers le Zaccar. Il serait bien préférable de pénétrer directement dans la vallée de Chélif en perçant le Gontas, comme en France on a percé le Cantal. Le Gontas présente des points qui, au témoignage d'officiers du génie que nous avons consultés, n'ont guères que 4 à 6 kilomètres d'épaisseur ; on arriverait ainsi, sans gravir les sommets qui surmontent Milianah, et sans descendre ensuite des rampes rapides, au point où le maréchal Bugeaud voulait fonder une cité nouvelle, et où il a établi un vaste camp : il sentait que c'était dans la vallée qu'il fallait s'installer.

Cette communication tracée entre les deux Atlas donnerait à notre conquête un tel caractère de grandeur et de puissance, qu'on se prend à demander s'il ne serait pas possible d'établir un chemin de fer au cœur même de l'Atlantide. A notre avis, il faut l'entreprendre, si l'on veut dominer, civiliser, et garder l'Algérie. Le rail-way interatlantique suppléerait à ces grandes voies fluviales, qui appellent certaines contrées de la terre à prendre une large place dans le commerce et la politique du monde ; couvert par l'immense rideau du petit Atlas, il serait à l'abri de toute attaque extérieure ; touchant Alger au centre, communiquant avec Oran, Stora ou Bone à ses extrémités, portant en face de toutes les parties abordables du littoral, vis-à-vis toutes les portes du sud, des convois plus rapides que des navires, chargés d'hommes, d'armes, de munitions, de vivres, il donnerait la possibilité de réunir instantanément la masse de nos forces sur tout point menacé.

Mais ce projet est-il réalisable ? Au premier aperçu on répond promptement par la négative : l'immensité et la difficulté des travaux, l'énormité de la dépense, en raison des profits qu'on retirerait de l'entreprise, l'impossibilité de la conservation, la rareté du combustible, semblent des raisons péremptoires pour écarter une pensée qui serait si féconde. Voyons pourtant si les raisons qui semblent la repousser sont bien fondées.

Les difficultés de terrain ne sont pas considérables : nous nous sommes attaché à montrer que les vastes plaines d'Oran communiquent très aisément avec les vallées du Sig et de l'Habra, affluents de la Macta, avec celle de la Mina, affluent du Chélif, de sorte que le tracé peut être conduit du grand port militaire de l'ouest derrière la Mitidja : au pied de Médeah, jusqu'à la crête centrale de l'Algérie.

Là, deux obstacles sérieux s'élèvent : ce sont le Zaccar et le Nador, monts du petit Atlas, qui se dressent, le premier entre le bassin du Chélif et la plaine d'Alger, le second dont les contreforts, s'unissant au grand Atlas, s'interposent entre les vallées de l'ouest et celles de l'est. Mais nous avons dit qu'on peut s'élever au-dessus du Gontas, ou mieux le percer, sans travaux immenses, descendre dans la vallée de l'Oued-Djer, et arriver jusqu'à Alger par une plaine fort unie ; ainsi la moitié de la voie interatlantique serait complétée.

Quant au deuxième obstacle, il serait tourné et l'on n'en tiendrait pas compte, au moins provisoirement ; on pénétrerait dans les vallées de l'ouest par l'Harrach et ses affluents qui conduiront jusqu'aux plaines arrosées par les eaux de l'Isser. On se dissimulerait en vain que la section orientale du chemin interatlantique ne dût rencontrer des obstacles nombreux si l'on était forcé, comme à présent, de pénétrer dans la province de Constantine par le sud, c'est-à-dire par les Bibans. Mais l'expédition de la Kabylie a eu cet inappréciable avantage de faire reconnaître notre pouvoir dans les longues vallées qui s'étendent derrière les monts énormes qui bordent le rivage depuis Dellys jusqu'à Collo, le chemin pénétrera donc hardiment dans la vallée de la grande rivière de Bougie qui, à l'ouest, se rapproche de l'Isser ; il en suivra le cours jusqu'au confluent du Bou-

Sellam qui, se portant brusquement vers l'est, s'élève jusqu'à Sétif. Au-delà de cette ville, pour atteindre Constantine, le chemin peut suivre les plateaux du sud, ou s'étendre dans les vallées de deux rivières, courant encore l'une vers l'autre, la Djeradna et le Rummel qui s'unissent pour former l'Oued-el-Kébir ; le cours de cette dernière rivière pourrait conduire vers le Djidjelli, mais ce port n'a pas une importance suffisante pour qu'on néglige pour lui les belles stations de Stora et de Bone. Le Smendou conduit tout à la fois au pied des monts qui séparent les eaux du Rummel des sources du Saf-Saf et de celles de la Seybouse. Ce ne sera pas sans des travaux considérables qu'on franchira les faîtes qui séparent ces rivières, mais le chemin aura une grande utilité même avant d'atteindre les deux grands ports de l'est. Déjà d'ailleurs on annonce qu'on demande la concession du chemin de fer de Philippeville à Constantine.

Les dispositions du terrain ne sont donc pas de nature à former un obstacle insurmontable à l'établissement du chemin de fer interatlantique. Il en rencontre un plus sérieux dans l'élévation de la dépense qu'il occasionnera : la France qui fait pour l'Algérie un sacrifice immense, ne consentira pas à l'accroître encore. Celà est vrai, mais si l'on se place dans des conditions raisonnables d'exécution, on verra que la dépense serait loin d'être excessive, et qu'au lieu d'être une charge nouvelle, elle amènerait une prochaine réduction de notre budget algérien.

On a établi, en effet, que les chemins de fer français, à double voie, ont coûté, en moyenne, plus de 300,000 fr. par kilomètre : à ce taux les 1,000 kilomètres que mesurera le chemin interatlantique coûteraient 300,000,000 fr., c'est exorbitant. Mais en recherchant les causes qui ont élevé le prix de nos rails-ways, on acquiert très facilement la conviction qu'on peut le réduire énormément. La cherté excessive de nos chemins de fer a été amenée par la double voie, la valeur des terrains, les conditions fort rigoureuses de courbes et de pentes, la perfection excessive, on peut dire le caractère grandiose des travaux d'art, le luxe du matériel roulant, l'enchérissement des matériaux, notamment du fer et des machines, sur lesquels pèse des droits de douane élevés, enfin le prix de la main-d'œuvre, etc. Ces causes enlevées, nous nous trouverions dans une position infiniment plus favorable, et analogue à celle des chemins américains. Ces derniers ont coûté 111,000 fr. par kilomètre; d'après M. Michel Chevalier, il en est dont la dépense n'a été que de 50,000 fr., et même de 28,000 fr. par kilomètre, quoique la main-d'œuvre coûte en Amérique le double de ce qu'elle coûte en France. Peut-être est-il permis de penser que le chiffre de 50,000 fr. serait celui de l'Algérie.

Effectivement, une simple voie est parfaitement suffisante; avec les gares d'évitement, elle satisfera à tous les besoins du service, soit sous le rapport militaire, soit sous le rapport de la colonisation.

Les terrains seront obtenus gratuitement, et l'on ne rencontrera pas de propriétés bâties, à bien peu d'exceptions près.

On adoptera pour les courbes et les rampes des conditions beaucoup moins rigoureuses : En France on a voulu que le maximum des pentes ne fût que de 5 ou même de 3 millimètres par mètre, que le minimum des rayons des courbes fût de 500 et même de 1,000 mètres. Ces exigences ont déterminé des remblais et des déblais immenses, des souterrains, des viaducs gigantesques, sans nécessité absolue. Quant aux courbes, l'expérience a démontré que les grandes locomotives de Crampton, qui développent une vitesse extrême, peuvent suivre des courbes de 300 mètres de rayon; les locomotives plus courtes, dont la vitesse est bien suffisante, admettent facilement celles de 200 mètres : on aide leur marche, et l'on prévient tout accident, en élargissant un peu la voie dans les courbes, en relevant un peu leur rail extérieur, en modérant la marche du convoi quand il les parcourt; les waggons de M. Arnoux, dont les essieux peuvent cesser d'être parallèles circulent sur des courbes de 50 mètres et même de 25 mètres.

Quant aux pentes on peut, sans inconvénient, admettre qu'elles aient 10 et même 14 millimètres par mètre. En Belgique, près de Liége, on a admis des plans inclinés ; en les adoptant, on obtiendra évidemment toute la vitesse nécessaire. Dans un pays où toutes les communications manquent, une vitesse de 6 à 8 lieues à l'heure paraîtrait admirable, et satisferait, sans nul doute, à tous les besoins.

On a cru qu'on paierait en frais de traction ce qu'on n'aurait pas dépensé en frais d'établissement : il n'en est rien, parcequ'il est de l'essence des chemins de fer de n'avoir pas les convois complètement chargés, et parceque l'on peut, à un moment donné, développer une plus grande puissance de vapeur. Il est donc évident qu'on ne doit pas s'imposer les énormes sacrifices qu'on a subis pour obéir à des lois théoriques, plutôt que pour obtenir des avantages réels.

Les travaux d'art, les stations, les magasins, etc., seront réduits à ce qui est strictement nécessaire ; les matériaux pourront être obtenus à bas prix : la pierre se trouve partout ; le bois des traverses serait obtenu avec facilité, puisque la route approche la région des forêts et que les cours d'eau deviennent flottables en certaines saisons ; le fer et les machines seraient, sans aucun doute, importés en franchise, puisque l'introduction en Algérie des objets servant aux constructions n'a pas été frappée de taxes semblables à celles qui pèsent sur les mêmes objets dans la métropole.

Enfin la main-d'œuvre ne serait pas chère : l'armée qui a donné des preuves d'une si grande énergie et d'un dévouement si soutenu, qui a exécuté des travaux si admirables, serait digne d'elle-même ; elle pourrait être presque complétement employée à l'exécution de la voie ferrée, car la série des vallées interatlantiques forme la ligne sur laquelle elle est concentrée avec le plus d'avantage. Dans certaines régions pourraient être installés, à part, les condamnés. Ces hommes sont à la charge de l'Etat, même lorsqu'ils ne font rien ; il serait donc profitable de les employer à des travaux éminemment utiles. Enfin il faut compter sur le concours des arabes : des corvées doivent leur être imposées pour le travail et les transports ; dans beaucoup de circonstances, ils ont volontairement payé de leurs deniers une partie des travaux publics ; ils feront de même dans cette occasion. Le peuple vaincu a contribué partout aux constructions qui le font parvenir à une civilisation plus élevée.

Quant au matériel roulant, il serait de la plus austère simplicité ; il se composerait exclusivement de voitures de troisième classe.

Ainsi l'on arriverait à réduire, dans des proportions énormes, les sommes exigées pour la confection du chemin de fer ; on les ramènerait à des chiffres immédiatement admissibles. Nous avons dit que le kilomètre pourrait ne coûter que 50,000 fr. ; les 1,000 kilomètres exigeraient donc 50,000,000. En consacrant à cette grande entreprise 5,000,000 par an, en cinq ans on unirait Alger à Oran ; cinq autres années conduiraient à Constantine et à l'un des ports que cette ville commande.

Nous demandons si les avantages d'une circulation rapide et peu dispendieuse ne dépasseraient pas énormément un pareil sacrifice : il obtiendrait d'ailleurs immédiatement sa compensation par les économies qu'on pourrait faire. Il faut considérer que la route interatlantique doit être exécutée, et qu'elle cesserait d'être nécessaire, si l'on construisait le rail-way ; or, dans les conditions énoncées, les dépenses de celui-ci seraient à peine supérieure à la somme qui aurait été consacrée à une voie ordinaire de communication.

Nous ajoutons que l'armée d'occupation serait réduite. Les gens les plus compétents estiment que les troupes établies au cœur de l'Atlantide, trouvant dans un chemin à vapeur le moyen de se concentrer, en quelques heures, sur tous les points menacés, pourraient être diminuées de 20,000 hommes, c'est-à-dire que le budget de l'Algérie pourrait être réduit de 20,000,000 fr., si l'on tient compte de l'économie qu'on opérera sur les frais de transports. Ainsi le chemin serait immédiatement payé : on peut dire qu'il serait fait gratuitement, qu'il produirait une économie.

Mais, dira-t-on, la difficulté n'est pas dans l'établissement du chemin de fer, elle réside bien plutôt dans l'absence de la houille, élément indispensable d'exploitation. Partout où l'Angleterre met le pied, elle a du charbon ; est-ce bonne fortune, est-ce calcul ? nous ne savons ; mais la France est bien peu favorisée sous ce rapport, et l'Algérie est tout-à-fait déshéritée. On n'a trouvé que des traces légères de lignite dans la province de Constantine, et l'on conserve peu d'espoir de rencontrer des gîtes houillers dans les autres provinces. Toutefois il n'y a pas là d'obstacle absolu à l'établissement des chemins de fer : la houille n'est pas plus chère à Alger qu'à Marseille ; on peut même l'obtenir à plus bas prix dans les différents ports de la Méditerranée où elle jouit de l'exemption des droits : ainsi le bâtiment que nous montions, a pris son chargement de combustible sur la rade de Cagliari au prix de 30 fr. le tonneau. Il est donc évident que l'Algérie pourrait acheter son combustible dans de meilleures conditions que la plupart des départements français ; on serait seulement astreint à prendre le soin de faire des approvisionnements, pour le cas d'une guerre générale. En tout état de cause, le service du chemin de fer pourra se faire en employant le bois au chauffage, comme cela s'est pratiqué quelquefois en Allemagne : en emménageant en taillis ce qui n'est maintenant que broussailles, on aura des ressources parfaitement suffisantes en combustible végétal.

Il reste une dernière objection qu'on ne manquera pas de faire contre l'établissement d'un chemin de fer en Algérie. Pourra-t-on le mettre à l'abri des déprédations et des tentatives malveillantes des Arabes. Nous ne pensons pas qu'on puisse avoir de sérieuses inquiétudes à cet égard. A la vérité, plusieurs ponts de bois ont été brûlés dans la grande insurrection de 1845, mais les temps de ces vastes soulèvements sont loin de nous. Le pont de la Chiffa a été la proie des flammes, mais par accident et non par suite d'une pensée criminelle. Nous avons vu sur maintes routes, notamment sur celle de Cherchel à Milianah, une multitude de ponceaux formés de madriers qu'on pouvait déplacer sans effort ; pas un seul n'a été enlevé. Faites bonne garde, réunissez tous vos moyens de surveillance sur la grande voie sur laquelle viendra se réunir la totalité des transports ; placez-y les postes arabes, qui maintenant sont disséminés dans toutes les directions pour la sûreté des voyageurs ; rendez les tribus responsables des dégâts qui pourraient se commettre ; concentrez vos troupes, selon les lois de la stratégie, sur le chemin qui conduit à tous les points de défense et d'attaque; ordonnez que de fréquents convois armés circulent, quand les circonstances donnent quelques inquiétudes ; substituez les communications électrographiques aux communications incertaines que donnent les télégraphes aériens, et fortifiez tous les postes des employés; établissez tous les nouveaux colons sur le bord de la voie, et donnez à leurs habitations la forme de blockhaus; enfin faites de terribles exemples, si, ce qu'on ne peut croire, ils devenaient nécessaires, et vous pouvez être assurés que vous obtiendrez la sécurité la plus complète. Si l'on avait bâti, le long de la grande voie algérienne, les 5,000 maisons des colonies agricoles, on aurait eu un poste armé de 200 mètres en 200 mètres. C'est plus qu'il ne fallait.

Le jour où vous aurez achevé le chemin interatlantique, vous posséderez l'Afrique ; vous aurez mis en communication tous les ports et tous les défilés du grand Atlas ; vous aurez séparé et enveloppé les régions presque inaccessibles, dans lesquelles s'enferment les tribus indépendantes; vous aurez la possibilité de réunir votre armée en une seule masse sur tous les points du littoral, dans toutes les plaines du sud, au cœur de tous les massifs insoumis; vous pourrez défendre la partie centrale de vos colonies, aussi bien contre les ennemis intérieurs que contre les attaques du dehors ; vous serez enfermés dans des vallées dont vous occuperez toutes les crêtes, tous les cols, et qui se défendent à l'ouest, dans la partie la plus ouverte, par la ligne du Chélif et de la Mina. Tout cela vous l'aurez fait, non en vous imposant une dépense réelle, mais en opérant une réduction considérable de votre budget.

Si l'on devait différer l'exécution d'un projet qui réunit de tels avantages, il serait nécessaire de le faire étudier dès à-présent, afin de ne pas laisser à la colonisation la possibilité d'accumuler des obstacles sur son tracé. Il faudrait chercher encore si l'on ne peut employer la méthode américaine, qui consiste à faciliter, par des concessions de terre, la formation des compagnies qui entreprennent de poser des rails dans des contrées privées de ressources. Ces terres, favorisées par des débouchés faciles, ne tarderaient pas à acquérir une grande valeur, et donneraient des ressources qui compenseraient les faibles produits de la voie dans les premiers temps. On développerait ainsi la colonisation, en même temps qu'on créerait les communications qui rendraient notre empire indestructible et qu'on appellerait les gardiens de ces communications.

Les *ponts* sont encore en petit nombre ; il faudrait les multiplier. Beaucoup de rivières sont traversées à gué, mais les pluies grossissent rapidement leurs cours ; en quelques jours elles sont infranchissables.

La plupart des ponts existants sont en bois, et conséquemment sont d'un entretien dispendieux et susceptibles d'être incendiés. Plusieurs sont construits selon le système américain, à très larges travées, afin qu'ils ne soient pas emportés par les eaux torrentielles, tels sont les pont du Rio-Salado, du Massafran, du Saf-Saf, etc.

On a construit quelques ponts de pierre, par exemple, sur l'Isser, au point où la route d'Oran à Tlemcen traverse cette rivière, sur l'Oued-Amar, au point où la route de Philippeville à Constantine le traverse, près Saint-Charles. On voit plusieurs ponts neufs sur la route de Cherchel à Zurich ; nous savons que ces constructions n'ont pas toujours les caractères de solidité désirables, et qu'ils paraissent bien peu durables, à côté des arceaux romains, debout depuis tant de siècles. C'est un devoir de prendre nos devanciers pour modèles.

Les *ponceaux* des chemins, sur lesquels on n'a fait que des travaux de campagne, ne sont habituellement que des madriers jetés sur la partie la plus étroite des ravins qu'on a suivis presque jusqu'à leur origine. Il faudra les remplacer par des ponts solides et rectifier les immenses sinuosités des routes, car en suivant ainsi toutes les anfractuosités des montagnes, on allonge démesurément les distances.

Les *canaux* à creuser sont nombreux et auront des destinations diverses.

Les *canaux de navigation* seront ceux qui auront le moins de développement.

Les *canaux de desséchement* réclament plus impérieusement la sollicitude de l'administration. Ainsi, les marais de la Macta, de la Mitidja, de la plaine de Bone, près de l'Oued-Kébir, de La Calle demandent à être desséchés dans le double but d'assurer la salubrité de vastes contrées, et de donner à la culture des terres extrêmement fertiles. Dans la Mitidja, des travaux ont été commencés pour satisfaire à ces nécessités ; mais le but est bien loin d'être atteint. Cependant aucunes difficultés graves n'existent : Bouffarick, dont le sol est encore marécageux, est à 14 mètres au-dessus des marais du nord-est qui ne sont éloignés que de 2,000 mètres, de sorte que le canal d'écoulement pourrait avoir 0,007 de pente. Ces marais sont à 41 mètres au-dessus de la mer, à 25 mètres au-dessus de l'Harrach, distant de 10 kilomètres. La Maison Carrée qui est le point le plus bas de la plaine est à 6 mètres au-dessus de la mer. Les moindres pentes entre l'Harrach et l'Oued-Kmis, qui parcourt les terrains marécageux, sont de 0,002. Les rivières qui ont de pareilles pentes sont torrentielles. Un canal qu'on entreprendra pour dessécher la Mitidja, sera de ceux qui pourront servir à la fois aux desséchements et à la navigation ; en mettant à sec le lac Halloula et les marais qui se trouvent au pied du massif d'Alger, il doterait l'agriculture des plus riches terrains ; en unissant l'Harrach et le Massafran, il faciliterait le transport de tous les produits du Sahel et de la Mitidja ; il rendrait assurément de très-grands services.

Les marais de La Calle et de Bone semblent d'un desséchement très-facile ; les travaux qu'on a exécutés donnent déjà de bons résultats.

Les marais de la Macta, du Sig et de l'Habra paraissent les plus bas ; ce sont ceux dont le desséchement sera effectué avec le plus de difficultés, mais ils occupent un terrain si admirablement situé, qu'il faudra nécessairement les entreprendre. Nous qui avons vu les Polders et les Watteringues du nord et de la Hollande, dont le niveau est beaucoup moins élevé que celui de la haute mer, et les Moëres, dont la superficie a un niveau inférieur à celui de la basse mer, nous ne comprendrions pas qu'on fût arrêté par les faibles obstacles qu'on rencontrera pour le desséchement des marais de l'Algérie. La plus sérieuse difficulté consistera dans l'insalubrité des travaux ; il ne faudra y employer que des hommes bien acclimatés, des indigènes particulièrement; il faudra prendre les précautions les plus grandes pour mettre les travailleurs à l'abri des causes de maladie, ne point les laisser séjourner, pendant les nuits, sur le bord même des canaux, les faire transporter dans des hôpitaux bien situés aussitôt que la fièvre les atteindra, pourvoir avec un soin extrême aux bonnes qualités de leurs aliments, de leurs vêtements, de leurs habitations.

On devra considérer comme marais et dessécher quelques-uns des lacs intérieurs, formés par des eaux qui n'ont point d'issues. Dans la province d'Oran ils forment un chapelet, depuis les collines qui bordent le Rio-Salado jusqu'à Arzeu. Le plus considérable, nommé le grand lac Salé, à 30,000 hectares de superficie. Les eaux qui s'y rassemblent ne se perdent que par évaporation et déposent sur le sol le sel qu'elles ont dissous dans les terrains qu'elles ont parcourus. Dans le lac d'Arzeu, le sel déposé forme des couches assez épaisses pour qu'on puisse les exploiter fructueusement. Dans le grand lac, il n'est pas en assez grande quantité pour qu'on puisse l'extraire ; mais il imprègne la terre à un degré suffisant pour la rendre totalement stérile.

Pour mettre en culture ces vastes terrains, il faudrait qu'ils fussent lavés par les eaux pluviales, et que celles-ci pussent, en trouvant une issue, emporter les sels dont elles se seraient chargées. On ne peut les enlever au moyen de moulins à vent, comme celles des Moëres ; le fond du lac, à la vérité, est à 50 ou 60 mètres au-dessus du niveau de la mer, mais aussi il est à 60 mètres à peu près au-dessous de la crête qui sépare la plaine du ravin d'Oran. On ne peut songer à élever les eaux à une pareille hauteur.

On ne peut s'en débarrasser au moyen de puits absorbants. M. Renou a établi que les couches de craie perméable, et que le terrain subapennin peu perméable sur lequel elles reposent, se relèvent du côté de la mer d'une manière très-notable. L'affleurement de la couche imperméable est à 80 mètres au-dessus de la mer, point où vient sortir la belle source d'Oran, formée par les eaux infiltrées sur les plateaux et les flancs des montagnes. Le fond du lac est donc à 20 mètres au-dessous du point où sont déversées les nappes d'eau de la craie. Si donc dans la partie déclive de la plaine on enfonçait un puits jusqu'à la craie, au lieu d'être absorbant, il devrait donner des eaux jaillissantes.

On a proposé, pour faire écouler les eaux du grand lac, de creuser un canal qui, partant de l'une de ses extrémités, irait déboucher dans le Rio-Salado, ou dans le ravin d'Oran, à 40 ou 50 mètres au-dessus de la mer. Ce canal d'écoulement aurait une longueur de 10,000 à 10,500 mètres. La moitié à peu près serait à ciel ouvert, l'autre moitié serait formée par une galerie souterraine. M. Renou estime qu'il devrait coûter un million. Le canal souterrain traverserait un terrain plus solide, et entraînerait conséquemment moins de dépenses si l'on voulait jeter les eaux dans le Rio-Salado ; il produirait une chute utile, quoiqu'intermittente, si on le dirigeait sur Oran.

La dépense qu'entraînerait l'exécution de ce projet est trop élevée pour qu'on puisse songer à la proposer actuellement. D'ailleurs, le canal partant du fond du lac d'Oran, porterait ses eaux à la mer, en traversant les couches de craie, puis le terrain sabapennin pour sortir à 40 mètres plus bas que la source d'Oran ; il changerait le régime de cette dernière, il l'abaisserait de toute cette hauteur puisqu'il en entraînerait les eaux, et de plus, il les mélangerait avec les eaux salées du lac.

Ces deux inconvénients très-graves pour les cultures et les habitants feront probablement écarter ce projet. Peut-être on pourra arriver au résultat cherché, par des moyens plus économiques, et dont les conséquences seraient moins fâcheuses. Le but qu'on doit se proposer, c'est d'empêcher l'eau de s'évaporer sur une vaste surface unie, et de déposer conséquemment sur toute l'étendue du sol le sel qui le frappe de stérilité. Pour atteindre ce résultat, il suffirait de creuser un canal qui parcourrait la partie la plus déclive des lacs et les mettrait en communication ; ce canal contiendrait toutes les eaux lorsque l'évaporation en aurait diminué le volume, et qu'elles seraient saturées de sel ; conséquemment, les terres seraient déjà émergées lorsque les eaux seraient encore peu chargées du principe salin qui s'oppose au développement des végétaux. Le lavage des terres serait d'autant plus prompt que la capacité du canal serait plus considérable relativement à la superficie desséchée. Il s'accélérerait si le terrain était entrecoupé de fossés qui recevraient les eaux avant leur concentration, et dont les déblais rehausseraient le sol. Il deviendrait plus rapide encore si les terres extraites des fossés formaient digue autour des espaces cultivés, si des pompes ou des vis d'Archimède, dont le vent serait la force motrice, puisaient l'eau de bonne heure, pour la jeter dans les fossés, et si enfin le sel cristallisé, dans le lit du canal et du lac le plus déclive, fournissait matière à une vaste exploitation, qui ferait extraire chaque année une quantité notable des substances que l'eau peut dissoudre et porter sur la surface arable. Ce système serait complété si l'on pouvait obtenir des eaux jaillissantes qui permettraient de faire plusieurs lavages des terres dans la saison des sécheresses, et qui assureraient ensuite les irrigations. Ainsi, sans de grandes dépenses, on rendrait à la culture d'immenses terrains qui paraissent devoir être féconds.

Les *canaux d'irrigation*, les *rigoles*, les *aqueducs*, qui conduisent les eaux vers les lieux habités et sur les terres cultivées, sont plus nécessaires encore que les ouvrages précédents. Dans le plus grand nombre des cas, on s'est contenté de simples rigoles établies sur le terrain, et en suivant les contours ; ces dérivations sont quelquefois recouvertes comme celle d'El-Arrouch, quelquefois à ciel ouvert comme celle de Saint-Cloud, et quelquefois elles sont en conduits de poterie, ou en maçonnerie.

Les Romains se sont illustrés par les constructions qui avaient pour but d'amener des eaux salubres et abondantes dans les cités populeuses. On voit de magnifiques restes d'aqueducs à Cherchel, à Constantine, à Bone, etc., etc. Tout le monde sait que le système adopté par les grands conquérants consiste en une série d'arcades sur lesquelles est établi un canal qui va prendre les sources à une distance plus ou moins grande, et lui fait franchir, avec un niveau uniforme, les vallées et toutes les anfructuosités du terrain. Nous avons vu un aqueduc, bâti sur ce modèle, fonctionnant encore ; c'est celui qui amène les eaux à Médéah et fait partie de l'enceinte de cette place. Nos ingénieurs ont suivi un autre système, quand il a fallu traverser des vallées profondes, ils ont employé le siphon, fondé sur des données scientifiques ignorées des Romains. Sa construction est infiniment moins dispendieuse que celle des ouvrages auxquels on a donné plus spécialement le nom d'aqueducs. Il a été préféré à Constantine et à Bone.

Le service des irrigations est encore peu avancé. Elles n'ont guère été pratiquées que dans les cultures potagères établies aux environs des villes, dans les pépinières du Gouvernement. Celles de Médéah, de Milianah, de Miserghin, et des villages de Damiette, Saint-Cloud, Affreville, El-Afroun, reçoivent les eaux de sources abondantes ; mais dans un grand nombre de localités, les sources manquent ; il faut y suppléer par des barrages, des réservoirs, des puits.

Les *barrages* des cours d'eau de l'Algérie sont encore infiniment rares. Le plus important est sans contredit celui qui a été établi par le général Lamoricière, sur le Sig, à la sortie de la gorge qu'il parcourt dans le petit Atlas ; ce barrage n'est que la restauration d'un ouvrage construit par les anciens conquérants du pays.

Nous avons dit qu'il aurait pu avoir un niveau plus élevé, et distribuer les eaux dans la partie supérieure de la plaine ; on devrait dès à-présent réglementer les prises d'eau, afin de réserver pour l'avenir le droit de toutes les terres. Cela est d'autant plus facile, qu'en Algérie, par des dispositions législatives nouvelles, tous les cours d'eau appartiennent à l'État.

Le plus grand nombre des rivières qui sortent des gorges de l'Atlas pourront être barrées pour servir aux irrigations de la Mitidja. L'Arrach, et ses affluents comme la Cheebak, le Massafran et ses affluents, comme la Chiffa, le Bouroumi, l'Oued-Djer, etc., rendront alors d'éminents services ; dans l'ouest, le Chélif, l'Habra, le Hilhil, etc., fertiliseront les vastes plaines qu'ils parcourent.

Les réservoirs sont de première nécessité sur une terre où les cours d'eau et les sources sont rares et peu abondants, où les pluies manquent pendant tout l'été ; on a proposé d'en former au moyen de barrages, qui non seulement serviraient à élever le niveau des rivières, mais à faire des emmagasinements d'eau dans les vallées. Il est des gorges étroites, profondes, incultes, qu'on pourra en effet convertir en réservoirs. Mais ces travaux seront à la fois et plus dispendieux et moins productifs, parce que les barrages pour tenir les eaux à une hauteur considérable coûteront des sommes immenses. Les réservoirs créés en France pour l'alimentation des canaux à point de partage, celui du canal de Bourgogne, par exemple, nous offrent des exemples de ces entreprises admirables mais très coûteuses, et en Afrique, l'excessive évaporation qui s'effectue pendant l'été fera évanouir une partie des avantages qu'on s'en promettrait. Nous ne pouvons cependant dire que, dans des circonstances tout-à-fait favorables, on ne pourra tenter ce genre de travaux.

Les Romains ont construit, avec le caractère grandiose qu'ils savaient imprimer à leurs œuvres, de vastes citernes dans lesquelles les eaux des ruisseaux étaient conduites directement ou au moyen d'aqueducs, et dans lesquelles étaient rassemblées les eaux des pluies. Nous n'avons rien bâti dans ce genre ; nous avons seulement restauré et en partie utilisé les travaux de nos devanciers à Arzeu, à Stora, à Philippeville, à Constantine, à Tlemcen. Nous dépasserions l'effet utile des travaux de nos devanciers, si nous fermions les vallées sauvages parcourues par des torrents fougueux.

Les puits creusés en Algérie sont encore en nombre peu considérable. Il faut les multiplier, soit pour suppléer à l'insuffisance des sources, soit pour obtenir une eau de meilleure qualité. Ceux qui ne reçoivent que les eaux qui ont pénétré dans les couches superficielles du sol peuvent souvent suffire aux besoins des centres des populations. Selon la remarque de M. Renou, l'Algérie est aussi riche en eau que le centre de la France. Si dans cette partie de notre pays, on n'avait pris le soin de creuser des puits, les populations n'auraient pu y vivre. Quand les travaux de l'homme auront pu prendre le même développement en Algérie, telle contrée qui n'admet pas d'habitants aujourd'hui se peuplera facilement.

Les puits artésiens, qui vont chercher et font remonter les nappes d'eau situées à de grandes profondeurs, rendront plus de services encore. On peut en établir dans le Sud ; mais nous avons dit que la constitution du sol du Tell ne permettait pas d'espérer qu'on obtiendrait, en beaucoup de lieux, des eaux jaillissantes. Il faudra tenter de les atteindre partout où les connaissances géologiques font supposer qu'elles existent. Le gouvernement doit s'imposer l'obligation de fournir à ce sujet des renseignements précis.

Les puits absorbants, d'un effet inverse, seront établis pour servir aux desséchements, quand des terrains sans écoulement seront séparés des couches perméables par des bancs de glaises, etc.

Les norias, sont l'accompagnement ordinaire des puits, ce sont des roues garnies d'une chaîne sans fin portant des pots, qui à la partie inférieure s'enfoncent dans l'eau, s'emplissent de liquide, qu'ils vont déverser à la partie supérieure. Ce système est généralement mis en mouvement par un manége.

Les vases des norias ont généralement un trou assez grand, à leur fond, pour permettre à l'air de s'échapper quand ils plongent dans l'eau par leur ouverture supérieure: quand le vase remonte, l'eau coule par les trous du fond. On a voulu garnir les trous du fond d'un clapet, pour remédier à ces déperditions, mais ces constructions sont généralement si imparfaites que les clapets laissent perdre autant d'eau que les ouvertures libres. Il y a là quelques études à faire.

Les fontaines, les abreuvoirs, les lavoirs publics, sont des constructions d'une grande utilité; mais parfois, au lieu de bâtir de petits monuments qui ne servent que de décoration, on aurait dû employer les fonds en travaux nécessaires, pour amener l'eau qui manquait dans la localité. Ainsi dans le village de Mousaïa, on a construit une belle fontaine et un lavoir, sur le plan ordinaire, d'autres fontaines sont en projet, mais cette localité n'a pas d'eau courante, elle n'a que des puits. Par contre, on ne voit pas de fontaine à Saint-Denis du Sig qui a des eaux abondantes. Les fontaines avec leurs accessoires coûtent 3,000 fr. et plus.

Les bains thermaux sont des établissements utiles qu'il faut conserver: on pourra former des établissements aux lieux qui ont été indiqués; celui situé sur la route de Milianah à Cherchel a de l'importance.

Les moteurs hydrauliques, ces précieux agents de l'industrie, sont rares en Algérie; l'on ne doit pas désirer qu'ils se multiplient ailleurs que dans les lieux où les cultures ne sont pas possibles, comme dans les gorges étroites et profondes. Hors de là, les eaux sont trop précieuses, sous un climat brûlant, pour n'être pas plus productivement consacrées à favoriser la végétation. Qu'on ne croie pas que l'eau employée par un moulin ait encore toute son utilité: elle ne communique le mouvement à la roue hydraulique qu'à la condition de descendre par une chute à un niveau inférieur ; elle ne peut donc plus être répandue sur la surface du terrain supérieur; l'étendue des terres irrigables est diminuée quelquefois dans une proportion considérable, et la force obtenue est payée bien chèrement. Pour relever l'eau il faudrait une force plus grande que celle qu'on a obtenue par la chute ; ce serait donc un mauvais calcul que de la ramener à son niveau. Du reste pour juger de l'utilité d'un moulin, il faut comparer la valeur de la force motrice à la valeur des terrains irrigables, dans un lieu déterminé. Cette dernière finira par l'emporter en beaucoup de localités ; aussi le gouvernement fait-il sagement de se réserver dans toutes les concessions de forces hydrauliques le droit de disposer des eaux dans un but d'utilité publique et notamment pour les irrigations. Quoi qu'il en soit, la pente des rivières est telle que presque toutes peuvent permettre de créer de nombreuses usines, dont l'eau serait le moteur ; par exemple, la Seybouse entre Guelma et Bone a 240^m de pente sur 60 kilomètres de parcours, non compris les détours ; c'est $0^m,004$ de pente par mètre. En réduisant la pente à 0,001, on aurait, de kilomètre en kilomètre, une chute de trois mètres, qui, fournissant 1 mètre cube d'eau par seconde, donnerait une force de 40 chevaux, et un effet utile de 20 à 25 chevaux. Le Rummel, au-delà de sa cascade, a encore une pente de 400^m jusqu'à la mer; le Bou Sellam a près de 900^m de pente, dans la traversée des montagnes, sur une étendue de 80 kilom.

Dans tous les cas, ce qu'il faut obtenir, c'est la plus complète utilisation des forces hydrauliques; ainsi les moulins placés, à Constantine, près de la cascade du Rummel, qui a 70 mètres d'élévation, sont bien loin de produire tout l'effet dont ils sont susceptibles ; il en est de même de ceux établis sur les chutes de Milianah. Presque partout les constructions des moulins sont imparfaites. Il faut s'attacher à obtenir de meilleurs dispositions.

L'organisation administrative de l'Algérie a soulevé de longs débats. Le caractère presque exclusivement militaire du gouvernement général a suscité les plus vives attaques. Nous avons dit que le gouvernement de la terre conquise est placé dans les attributions du Ministère de la guerre; il délègue une large part de son pouvoir au chef de l'armée; des généraux de division sont à la tête des provinces; les autorités qui administrent les territoires civils sont dans la dépendance des commandants militaires, et toute la population indigène est gouvernée par des officiers constituant les bureaux arabes et transmettant leurs ordres aux chefs immédiats des tribus. C'est à cette organisation qu'on a attribué la lenteur des progrès de la colonisation. Bien des personnes croient que si le gouverneur est militaire, son esprit, son intérêt, sa passion le porteront plutôt à la guerre qu'à la colonisation. La guerre augmente son influence, offre l'illustration à une noble ambition, fait obtenir les récompenses dues aux grandes actions : dans une telle situation les administrateurs militaires recherchent sans cesse des conquêtes nouvelles et non la pacification du pays. Ils emploient volontiers la force à la place des négociations et des moyens de persuasion ; ils indisposent les populations indigènes au lieu de les attirer à nous et de les assimiler. Quant à la conduite de l'autorité militaire vis-à-vis des européens, on l'accuse d'être hautaine, dure, arbitraire; on croit les généraux, qui ont l'habitude de ne donner que des ordres à des subordonnés, peu propres à administrer une population civile, surtout celle de la France constitutionnelle, qui a vécu de la vie républicaine. On a cité des actes arbitraires, qui révoltaient les esprits généreux, des expulsions violentes du territoire, même des dépossessions. Enfin on a déclaré que les chefs militaires manquaient tout-à-fait des connaissances nécessaires à la gestion des intérêts de notre colonie naissante, qu'ils ne pouvaient savoir quelles étaient les mesures économiques et scientifiques qui devaient favoriser son développement.

La conclusion tirée de ces considérations était qu'il fallait remplacer le gouverneur militaire par un administrateur civil, d'un titre quelconque, et comme conséquence, qu'il fallait enlever au Ministre de la guerre l'administration de l'Algérie.

L'armée a trop d'importance en Algérie, son action est trop

indispensable, trop continue, trop décisive, trop mêlée à toute chose pour que le chef de l'armée ne soit pas en même temps le commandant du pays. On ne comprendrait pas que le général, qui commande à une si grande masse de troupes et accomplit une tâche si rude et si vaste, fût subordonné à un homme chargé des intérêts civils, actuellement si peu développés et si petits, si on les compare à l'immense mission de subjuguer un peuple presque indomptable et de conquérir une contrée si hérissée de difficultés.

Les griefs qu'on a présentés contre le gouvernement militaire n'ont pas d'ailleurs toute la valeur qu'on leur a attribuée. Les conquêtes dont on s'est plaint sont bien loin d'être aussi injustifiables et aussi infructueuses qu'on l'a dit. Nous ne soutiendrons pas que l'esprit guerrier n'ait quelquefois entraîné nos généraux dans des entreprises d'une utilité douteuse. Mais, en somme, les expéditions nombreuses, dont on fait la critique, étaient la conséquence inévitable du caractère des populations indigènes, de la configuration du pays. La description que nous en avons donnée a suffisamment fait comprendre que nous ne pouvons atteindre les grandes communications, les plaines cultivables, les lignes stratégiques qui assurent la domination et rendent maîtres du commerce et de l'existence même des habitants de l'Atlantide, qu'en quittant le versant maritime du petit Atlas, en se transportant entre les deux grandes chaînes de montagnes qui traversent l'Algérie, en nous établissant solidement dans les grandes vallées qui se succèdent les unes aux autres et s'ouvrent une issue sur les points importants du littoral, enfin en occupant fortement les crêtes qui s'élèvent aux limites du Tell et les défilés qui conduisent dans le Sahara.

On a essayé de l'occupation restreinte à quelques points du littotal : on n'a fait que créer près de nous un ennemi puissant, nous enveloppant et nous resserrant tous les jours de plus près, et venant enfin nous déclarer insolemment la guerre, incendier les demeures de nos colons et les décapiter jusqu'aux portes d'Alger. La conquête totale des voies du sud était nécessaire. Les règles de l'art militaire nous ont prescrit de porter la guerre chez les Arabes, non de les attendre en restant sur la défensive. Le succès a justifié ce système.

Si, la conquête achevée, on voulait continuer à guerroyer, si on ne profitait pas de l'ascendant que nous donne la valeur de nos troupes et nos victoires, pour régler par les voies pacifiques les différends qui peuvent naître entre nous et les indigènes, si nous ne demandions pas à une bonne politique tout ce qu'elle peut enlever aux armes, le reproche de rechercher les batailles serait mérité. Mais jusqu'ici nous ne saurions qu'applaudir à la manière dont a été conduite la grande entreprise dont nos soldats ont été chargés. La paix est conquise, il faut savoir la conserver; il serait imprudent, nous dirions presque impossible, d'ôter ce soin à ceux qui ont su l'obtenir par la force de leurs combinaisons et leurs périlleux travaux.

L'arbitraire de l'autorité militaire dans la gestion des intérêts civils constitue-t-il une raison suffisante pour la détruire? sans doute des actes absolus, insupportables, ont été commis, mais il faut se reporter aux temps, et comprendre les nécessités d'une société qui se forme au milieu de circonstances si exceptionnelles.

D'ailleurs le despotisme et l'arbitraire ne sont pas indissolublement inhérents à l'autorité militaire; les actes qu'on lui reproche tiennent à l'absence de règle et non au caractère nécessaire des chefs; il faut limiter leur pouvoir, lui imposer un frein, garantir avec soin les droits du citoyen, mais il ne faut pas énerver le commandement, ni le diviser, ni le confier à des mains qui ne peuvent encore l'exercer, quand la force est le principal moyen d'ordre, le seul peut-être qu'on rencontre sur un sol ébranlé, au milieu de populations toujours frémissantes.

L'ignorance des choses civiles dont on accuse les généraux, ne saurait être un motif de les dépouiller des commandements qu'ils exercent. S'il est vrai que leurs études n'ont que par exception été tournées vers l'administration et l'économie publique, c'est précisément à cause de cette circonstance qu'on a placé à côté d'eux des administrateurs civils : il faut bien déterminer les attributions de ces derniers, les étendre, les rendre indépendantes dans tous les cas possibles, localiser les décisions aussi souvent que le permet l'intérêt général ; on arrivera ainsi à une bonne et profitable gestion, en conservant tous les éléments de force que les événements peuvent exiger. Nous ne faisons aucune difficulté d'admettre qu'on pourrait avec un grand succès, mettre à la tête de la colonie un homme sans grade militaire, mais d'un caractère élevé, d'un esprit éminent, d'une grande autorité, unissant à la vigueur de la volonté, le savoir théorique et la connaissance pratique des grands moyens de production, se dévouant tout entier à son œuvre, s'identifiant avec elle, lui consacrant toutes ses facultés et toute sa vie, y attachant son avenir et sa gloire, comprenant bien qu'il ferait plus pour l'illustration de son nom en fondant une société prospère, qu'en livrant quelques combats aux barbares, et en conquérant quelques parcelles de terre inutile; mais un homme de ce caractère peut se rencontrer parmi les militaires comme parmi les personnages civils, et, s'il a conquis les épaulettes de général, il réunira certes une condition de plus pour lutter contre les difficultés de l'entreprise qui lui est confiée et en triompher.

On proposa plus sérieusement de créer un ministère spécial pour l'Algérie. Il y avait là une pensée profonde, qui appréciait l'importance de notre conquête, s'attachait essentiellement à réaliser l'entreprise de la colonisation, et faisait ressortir la nécessité d'en confier la direction à un grand administrateur faisant son unique occupation de cette œuvre compliquée ; mais un obstacle insurmontable s'opposait à la réalisation de cette proposition qui pouvait sous certains rapports être féconde en heureux résultats : la défense du pays était toujours une affaire qui l'emportait immensément sur toutes les autres ; l'armée devait encore avoir une importance plus considérable que les institutions administratives, il était impossible de la mettre dans les mains d'un administrateur civil, de la faire diriger par un ministre étranger à la spécialité des armes, et nommer un nouveau ministre militaire c'était instituer deux ministres de la guerre, c'était partager l'armée, sans pouvoir combiner les éléments des deux portions pour la meilleure défense du pays. On n'admit pas ce projet.

Un autre système a été préconisé : il consistait à reporter toutes les affaires de notre établissement algérien entre les différents ministères, comme s'il ne composait qu'une province de France. C'eût été jeter la colonie dans l'anarchie ; c'eût été en rendre la conservation impossible : au milieu des volontés diverses, toute direction serait disparue, ou plutôt on aurait conservé la même pensée et le même chef, mais en les énervant, en les frappant d'impuissance ; car l'armée n'aurait pas cessé d'être la force prédominante, et conséquemment le ministre directeur aurait été le même, seulement il aurait eu sans cesse à lutter contre ses collègues, et à prendre leur avis quand il aurait fallu agir.

On n'a pas tenté d'opérer cette décentralisation complète, et d'ôter au ministre de la guerre ses principales attributions ; mais on a essayé de lui en enlever quelques-unes; on a voulu rattacher les administrations spéciales aux divers ministères auxquels elles ressortissent: les tribunaux au ministère de la justice, les cultes à l'instruction publique, toutes les administrations financières aux finances. Ces dispositions amenèrent de graves perturbations, car dans un pays dont le gouvernement doit lutter contre des attaques incessantes, il faut que la volonté suprême du commandant soit promptement et énergiquement accomplie ; la sécurité publique exige des décisions rapides et homogènes.

Le gouvernement de l'Algérie devra donc longtemps encore être énergiquement constitué, et les affaires de ce pays concentrées au ministère de la guerre ; il est difficile de se soustraire à cette nécessité. Ce qu'on doit seulement chercher, c'est une organisation de l'Algérie, telle que la pensée colonisatrice devienne prépondérante, et que les résolutions bien méditées soient suivies d'une manière continue et efficace. Pour étudier les systèmes de colonisation, les préparer, les appliquer, conserver les traditions, il faut donner une grande force au comité consultatif établi près le ministère de la guerre, lui accorder une autorité pareille à celle du comité de l'infanterie, de l'artillerie, du génie, de l'amirauté, etc., le former d'hommes éminents choisis dans les sciences, dans le commerce, l'industrie, l'agriculture, l'administration, les corps délibérants, et surtout parmi ceux qui ont étudié pratiquement l'intéressante contrée dont nous voulons ressusciter la splendeur. Un tel comité, sans rien ôter à l'action militaire, sans faire sortir le commandement et l'indispensable soin de la sécurité, des mains du ministre compétent, doit lui donner la connaissance des théories économiques et des pratiques administratives, et perpétuer les saines doctrines d'exploitation. La commission permanente, qu'on avait instituée au sein de l'Assemblée nationale, n'avait évidemment pas le même caractère et ne pouvait le remplacer : cette commission avait un caractère législatif, non une mission administrative ; elle était plus propre à exciter des conflits et troubler l'harmonie des pouvoirs qu'à élaborer les vastes questions qui se rattachent à l'énorme entreprise qu'on indique par le mot colonisation. Ne dépendant pas du ministère, elle devait en alarmer la responsabilité, plutôt que lui prêter aide et concours ; elle n'avait pas, du reste, le caractère de durée qui est indispensable, et le choix de ses membres n'était pas fait dans les conditions les plus profitables, puisque la politique le dominait.

Ou nous nous trompons fort, ou le comité de colonisation algérienne, établi sur les larges bases que nous avons indiquées, satisferait aux besoins de la création de la société européenne sur le rivage de l'Atlantide, et permettrait d'attendre le moment où le développement de la population civile, et la pacification complète de la contrée fera songer à l'organisation définitive d'une région qu'il est dans l'esprit de la France de s'assimiler complètement. Persuadons-nous, d'ailleurs, qu'une bonne direction est compatible avec tous les régimes, et que ce qui est essentiel, c'est de perfectionner l'action gouvernementale en ce qui concerne l'armée, les services généraux, l'administration des territoires civils, celle des territoires militaires.

L'armée ne nous occupera pas ici ; c'est à des gens plus compétents à dire si son organisation laisse quelque chose à désirer. Nous avons dit en traitant des voies de communication, par quels moyens on pouvait diminuer l'effectif ; nous dirons en traitant de l'administration des tribus, ce qu'il faut attendre des troupes arabes.

Les services généraux sont organisés comme en France, nous n'avons pas à nous y arrêter. Les fonctionnaires, qui doivent avoir des connaissances bien déterminées, sont choisis dans les corps spéciaux ; mais pour l'harmonie des décisions, ils doivent être placés sous la direction du ministre de la guerre qui leur donne l'*emploi*.

L'administration des territoires civils doit avoir une influence plus directe sur le développement de la colonisation, nous ferons à ce sujet quelques réflexions.

Si l'on considère les difficultés de l'administration algérienne, on reconnaîtra qu'elle doit être confiée aux hommes les plus distingués : en France, sous les yeux de l'autorité supérieure, lorsque l'on n'a, pour ainsi dire, qu'à laisser à l'activité des citoyens tout son essor, les fonctionnaires d'une capacité ordinaire peuvent remplir leur mission d'une manière satisfaisante; mais dans un pays où tout est à créer, les qualités les plus grandes, le zèle le plus éprouvé sont à peine suffisants. Le choix des préfets et des agents placés sous leurs ordres doit être fait avec le plus grand soin. C'est pour avoir vu à l'œuvre quelques uns de ces fonctionnaires que nous avons pu reconnaître l'immensité de la tâche qui leur est imposée et le dévouement sans borne qu'elle exige.

Leurs attributions doivent être larges ; autant que possible il faut que les résolutions puissent être prises promptement, et en évitant toutes les lenteurs d'une administration trop centralisée ; sur ce point tout le monde est d'accord.

La même unanimité n'existe pas sur le contrôle que doit subir l'autorité civile : bien des personnes émettent l'avis de créer en Algérie des institutions parfaitement calquées sur celles de la France, et de donner à chaque commune, à chaque département, des conseils électifs, ayant les mêmes prérogatives que nos conseils municipaux et nos conseils départementaux. Nous admettons que la libre discussion des intérêts locaux est féconde en bons résultats : mais quand rien n'est organisé, quand les communes et les provinces ne dépensent, pour ainsi dire, que les fonds alloués par l'État, quand les particuliers ne possèdent que ce qui leur a été libéralement concédé, lorsqu'au milieu des plus excellents citoyens sont des aventuriers de toute nation, qui peuvent oublier l'intérêt français, lorsque nous sommes en présence d'un ennemi habile à profiter des divisions qui peuvent naître parmi nous, il est dangereux de procéder à des élections souvent renouvelées, et faites par tous les habitants, sans distinction d'origine ni de situation; il faut se garder d'organiser la lutte et l'antagonisme. Mais, si nous admettons qu'il y a des restrictions à apporter aux droits municipaux des habitants de l'Algérie, et qu'il y a nécessité de donner une grande prédominance à l'action administrative, nous ne pensons pas qu'il y ait utilité à circonscrire si étroitement le champ dans lequel doit s'exercer l'autorité civile, à le restreindre aux banlieues de quelques grandes villes. Nous croyons que tous les centres européens doivent entrer dans le domaine qui lui est réservé ; nous admettons parfaitement que les commandants militaires, dans les cas de guerre, dans les temps de troubles, puissent ressaisir immédiatement toute autorité, et décréter l'état de siége pour les centres de population européenne ; mais ce sont là des circonstances exceptionnelles et transitoires ; dans les temps ordinaires, l'action administrative doit être exercée par des mains civiles dans tout ce qui touche les personnes qui appartiennent à l'ordre civil.

Les raisons qui nous ont fait penser que l'autorité supérieure devait être conservée au chef militaire n'existent plus ici. L'unité de volonté, la rapidité d'exécution sont sauvegardées, si l'action gouvernementale reste entière en ses mains ; il n'est pas nécessaire que des délégués militaires administrent à tous les degrés :

les officiers sont tout-à-fait inaptes à remplir quelques-unes des fonctions qu'on leur attribue, et ils manquent, sans exception, de la qualité principale de l'administrateur, la fixité, et par conséquent l'attachement aux localités et l'étude persévérante de leurs besoins ; tous considèrent leur position d'administrateur comme transitoire ; leur carrière est autre, leur vocation les appelle ailleurs; ils remplissent leur devoir, mais s'en font décharger au plus tôt. Ils n'aiment pas à vieillir dans un emploi qui ne mène à rien, comme ils disent ; un nouveau grade est l'objet de leur ambition.

Une objection se présente pourtant contre l'institution de fonctions civiles, en tous les points habités par des européens : c'est la multiplicité des fonctionnaires, et l'exiguïté de la tâche qu'ils auront à remplir. Cette objection ne serait très fondée que si l'on était forcé de placer, en tous lieux, des agents salariés de la puissance publique ; mais l'autorité peut choisir les fonctionnaires civils parmi les habitants notables ; en recevant l'institution, ils acquièrent un pouvoir suffisant ; leur zèle est assez stimulé par quelques avantages spéciaux.

Si les fonctions administratives ne sont pas confiées avantageusement aux officiers de l'armée, les fonctions judiciaires peuvent moins encore leur être attribuées. Des juges-de-paix et des tribunaux civils doivent connaître de toutes les affaires contentieuses.

On ne manquera pas de dire qu'il est impossible d'établir des justices-de-paix dans toutes les localités, et que si on n'en instituait que dans celles qui ont quelque importance, les justiciables auraient des espaces considérables à parcourir pour faire juger leurs différends. Il faut, au moins, les multiplier dans la limite du possible, et tant qu'elles seront rares encore, les juges peuvent, à des jours déterminés, prendre siége successivement dans plusieurs centres de population. C'était ainsi qu'on procédait à l'origine de l'établissement de l'autorité centrale sur la terre de France : les *missi dominici*, les envoyés du souverain, allaient présider aux décisions de la justice locale. Il en est encore ainsi dans la grande Bretagne ; les juges voyagent : ce ne sont pas les plaideurs ou les accusés qui vont chercher justice, ce sont les juges qui vont à eux ; aussi 12 juges suffisent pour toute l'Angleterre.

Nous insistons beaucoup sur ce point parce que ce que nous proposons est essentiellement praticable : nous connaissons en France beaucoup de juges-de-paix qui ne résident pas au chef-lieu de leur canton, et qui vont y prendre siége à des jours connus ; pourquoi en Algérie n'iraient-ils pas à des jours différents dans des localités diverses ; l'expérience des temps passés et des temps actuels nous montre la possibilité de ces arrangements. Ils nous paraissent devoir hâter plus que toute autre chose l'organisation civile de l'Algérie, et, les frais de prétoire étant faits, la dépense ne sera pas démesurément forte.

L'administration des territoires militaires, c'est-à-dire de ceux qui sont habités par les Arabes a présenté la difficulté la plus sérieuse qui ait été rencontrée dans l'Algérie ; elle est tout entière dans les mains des chefs de l'armée. Nous avons dit que sous eux, des officiers de différents grades constituent les directions et les bureaux arabes, qui sont en rapport immédiat avec les chefs indigènes commandant les tribus.

Les directions et bureaux arabes sont formés par des officiers qui ont été choisis avec discernement : tous ceux avec lesquels nous avons été en rapport nous ont paru avoir un mérite incontestable ; quelques-uns avaient des qualités éminentes.

Les chefs indigènes sont consacrés par notre investiture, mais ils sont désignés par leur naissance chez les Arabes, par les influences qui assurent l'élection chez les Kabyles ; ils exécutent les ordres des chefs militaires, ou rendent au moins hommage à notre autorité ; ils lèvent les impôts qui étaient accordés au temps des Turcs.

Cette organisation simple, par laquelle nous avons rattaché la population indigène à notre gouvernement, était celle qui était exigée par les usages traditionnels du pays. Elle nous a rendu les plus grands services. L'arabe a instinctivement, et à un degré éminent, le respect du pouvoir ; mais pour lui l'idée du pouvoir est inséparable de la force : les militaires sont les meilleurs représentants du souverain. Nous avons vu à quel point on environne de déférence les chefs des bureaux arabes ; ils n'ont pas voulu que le vulgaire leur rendît des hommages publics; mais quand les chefs les rencontrent, ils descendent de cheval pour venir leur baiser la main, comme font les Arabes quand ils rencontrent les caïds, etc. Lorsque les chefs des bureaux se rendent chez les aghas, leur réception est véritablement splendide, et rappelle les démonstrations que les seigneurs, escortés de leurs vassaux, prodiguaient à leur suzerain ; quand les généraux vont visiter les tribus, ce sont des prises d'armes, des fantasia, des cortéges avec déploiement d'enseignes, musique, baise-mains, offrandes du lait à l'entrée des tentes, tout le cérémonial qui, au moyen-âge, signalait l'arrivée des maîtres de la terre. Certes il y a dans tout cet appareil, autant de dissimulation que de véritable soumission; mais enfin il y a respect de l'autorité et appréciation de notre puissance.

L'action des bureaux arabes ne se borne pas à obtenir des démonstrations stériles ; depuis qu'elle s'est généralisée, la sécurité du pays est grande ; on voit peu d'attaques contre les personnes, et les attaques contre la propriété sont le plus souvent punies. Nous avons dit que dans presque toutes les parties de l'Algérie, on pouvait voyager isolément sans danger, et les choses volées sont fort souvent retrouvées et restituées. L'instruction criminelle qui a pour but de découvrir les attentats contre les européens a des résultats souvent plus sûrs lorsqu'elle est confiée aux bureaux arabes que lorsqu'elle est suivie par la justice ordinaire. Il est vrai qu'ils emploient des procédés qui rappellent un peu la justice à la turque ; la bastonnade est administrée aux accusés contre lesquels se réunissent des présomptions graves. C'est, il faut le dire, une sorte de *question* appliquée à ceux qui sont *véhémentement soupçonnés* d'un crime. Mais ce système est accepté par les indigènes ; il ne répugne ni à leur caractère, ni à leur tradition, et, s'il n'était mis en pratique, on courrait risque d'assurer l'impunité au plus grand nombre des coupables ; car, dans aucune cause, on ne peut obtenir le témoignage d'un Arabe contre un de ses compatriotes accusé par les européens.

Il est une autre méthode fort efficace employée pour arriver à la découverte des auteurs de crimes ou délits, c'est d'en rendre responsables les tribus sur le territoire desquelles ils ont été commis, ou celles auxquelles appartiennent les malfaiteurs, quand ils sont suffisamment désignés. On leur inflige une forte amende jusqu'à ce que les criminels soient livrés ou les objets dérobés restitués. Ce procédé a peut-être quelque chose d'excessif ; mais il est indispensable, et le principe en est déposé dans notre propre législation, puisque nos communes sont responsables des pillages, etc. On admet que l'autorité locale a l'obligation et la puissance d'empêcher les méfaits qui s'accomplissent dans sa juridiction. A l'aide de ces moyens, nous le répétons, la sécurité est grande en Algérie, dans les temps ordinaires. Les impôts rentrent avec assez de régularité. Il faut dire cependant que la sécurité que procure l'action des bureaux arabes cesse aussitôt que le fanatisme des populations se rallume, et que des insurrections éclatent sur un point. Pendant et après la guerre de Zaatcha on a commis des assassinats en plusieurs cantons qu'on croyait soumis.

Quoi qu'il en soit, les services rendus par les bureaux arabes sont grands ; nous disons plus, l'organisation qu'on a choisie pour agir sur la population indigène était la seule appropriée au pays et aux mœurs de ses habitants ; elle était la seule possible. Toutefois chaque chose a ses inconvénients, et après avoir rendu pleine justice au dévouement, au courage, à l'intelligence de nos officiers, nous dirons sans crainte ce qui nous semble pouvoir être reproché à l'institution. La première impression que nous avons reçue en l'étudiant c'est qu'elle est comme enveloppée de mystères ; elle n'est connue que de ceux qui en tiennent les fils, ou y prennent une part active ; les chefs des bureaux ont des chaouchs, des cavaliers et des fantassins, qu'ils commandent d'une manière absolue, et auxquels ils donnent des missions. Ils ont des rapports directs avec les chefs des tribus, connaissent toutes leurs affaires, se tiennent au courant de ce qui se passe, perçoivent les impôts, jugent les différends, infligent des amendes, poursuivent les criminels, reçoivent à chaque instant les indigènes qui viennent conférer avec eux sur tout ce qui intéresse les populations placées sous leur autorité, et tous leurs rapports ont lieu au moyen d'agents dont seuls ils connaissent les noms, le mode d'action, le lieu de résidence, les intermédiaires, les affiliations; tout cela fonctionne, en quelque sorte, dans le secret, et presque sans contrôle possible.

Si l'on observe la tendance des bureaux arabes, elle semble peu propre à favoriser la colonisation européenne : leurs chefs, par un inévitable effet de leur position, par le sentiment même de leur devoir, comme par un invincible entraînement de l'homme à favoriser ce qui est sa création, ont une propension à consolider la nationalité arabe. En l'accroissant ils accroissent leur importance et leur sphère d'action. Aussi ils se constituent les défenseurs non toujours impartiaux des droits des indigènes; ils les récompensent quelquefois au détriment de nos compatriotes : par exemple, ils font rétribuer au-delà de ce qui est juste le concours des indigènes employés pour retrouver les objets volés, etc., etc. Ils ne voient qu'avec déplaisir les parcelles du sol enlevées à la possession de leurs administrés ; ils s'opposent en quelque sorte à ce que ces derniers abandonnent leurs douaires et viennent offrir leur travail aux européens; ils maintiennent et consolident par tous les moyens, les tribus et leur organisation : ils font quelque chose d'analogue à ce qu'a fait l'intronisation d'Abd-el-Kader par nos propres mains. Le moyen spécial qu'ils emploient pour arriver à cette fin, c'est d'exiger un fort impôt (60 fr. par paire de bœufs) des Arabes qui exploitent les terres des européens, moyennant un prix de location ou une part de récolte, et d'exiger, en outre, qu'ils paient leur impôt dans la tribu à laquelle ils appartiennent; c'est mettre les Arabes dans l'impossibilité de travailler à nos côtés, et de s'habituer a nos mœurs, à nos pratiques, à notre direction. C'est à se demander quelquefois, si ceux qui gouvernent les populations musulmanes ne se sont pas persuadés que la France a fait la conquête de l'Algérie expressément pour donner de l'extension aux tribus arabes, accroître leur cohésion, les instituer comme corps de nation, et favoriser leur civilisation spéciale et distincte.

Ainsi, tout en reconnaissant les immenses services qu'ont rendus les bureaux arabes, nous ne pouvons dissimuler que leur action exagérée peut amener des résultats contraires à ceux qu'on en attend ; ils fortifient, on pourrait dire plus justement, ils font naître la nationalité arabe.

Cette mission on la concevrait, dans une certaine limite, si l'on pouvait croire que nous arriverons à assimiler les races indigènes à notre grande famille, que les deux nations se confondront sous la même loi pour former un tout politique dont les éléments, fort disparates à l'origine, s'harmonieraient par l'action du temps. Aux yeux de quelques personnes, l'assimilation paraît possible, pour d'autres, elle est restée douteuse, même impossible.

Tout sépare les deux races : l'origine, la langue, la loi civile et religieuse, les traditions, les événements actuels, les intérêts d'avenir. Les Arabes, qui vivent en recueillant, presque sans travail, ce que produit une large surface de terre, sentent que nous touchons à leur vie, en nous installant sur le sol qu'ils occupent ; ils comprennent que nous venons soustraire quelque chose à leur part, et limiter, non seulement leur richesse, mais leurs moyens d'existence les plus strictement nécessaires, car ils ne comprennent pas une transformation de culture. Ils joignent donc à la haine héréditaire du nom chrétien, la douleur de la spoliation commencée, et l'appréhension de la spoliation future. Nous avons interrogé ceux des chefs des bureaux arabes qui se montraient les plus intrépides défenseurs des indigènes, les plus dévoués aux intérêts du peuple vaincu, nous leur avons demandé s'ils croyaient à la sincérité de la soumission des tribus, s'ils pensaient qu'elles resteraient dévouées lorsqu'on viendrait réveiller leur fanatisme, ou la vieille haine contre l'étranger ; il n'est pas un officier qui n'ait répondu qu'il ne fallait compter sur l'amitié d'aucun arabe, pas même de ceux qui se battent dans nos rangs.

Ces causes d'éternelle inimitié ne subsisteraient pas que l'organisation sociale des deux peuples, que la constitution de la famille s'opposerait à toute assimilation. Il faudra deux lois, deux administrations, parce qu'il y aura deux sociétés différentes sur une même terre. Les Maures et les Espagnols restèrent distincts ; les Turcs et les Grecs n'entrèrent dans aucune union ; les Français et les Arabes ne se confondront pas : la religion de Mahomet est la réaction du sensualisme de l'Orient, contre ce que le christianisme avait de trop spirituel pour certains climats, pour certaines races ; les sectateurs du Prophète n'arriveront pas à s'unir avec les adorateurs du Christ, les uns doivent écarter les autres, selon le temps et selon les lieux. L'Arabe abandonnera les rives de la Méditerranée ; il cèdera la place aux peuples qui ont plus de lumière et qui portent en eux plus de puissance scientifique et morale. Descendu dans la barbarie, il ira vivre dans les zones qui semblent créées pour ses mœurs et ses instincts, les pays de parcours, les régions sahariennes ; les bords de cette mer qui fût le centre du vieux monde romain redeviendront le centre de la civilisation moderne.

Mais c'est là l'œuvre des siècles !

En attendant nous devons gouverner ce peuple qui habite une terre que nous avons voulu rendre française. Qu'avons nous à faire dans la situation produite par l'antagonisme des races ? Notre caractère, nos mœurs, la mission civilisatrice que nous avons acceptée et que nous acceptons toujours, sont un sûr garant que nous ne hâterons pas, par la violence, la destruction d'une nation abaissée. Nous sommes plutôt enclins à soutenir et à relever des hommes dont les ancêtres ont été brillants et braves, et qui conservent encore des qualités personnelles remarquables. Nous avons garanti les droits, les propriétés, les croyances ; nous avons travaillé et travaillons à l'amélioration morale et matérielle des vaincus, il faut songer aussi à notre devoir comme nation et travailler au développement de la puissance française. Les bureaux arabes, qui ont rendu de si éclatants services, et qu'on serait dans l'impossibilité de remplacer, doivent modifier leurs erremeuts : Notre politique doit consister à isoler le plus possible les tribus, à abolir successivement les grandes existences, les vastes commandements, les appointements qui se sont élevés autrefois jusqu'à 24,000 fr., et à refuser les vastes concessions comme celle de 1,500 hectares faite au descendant de Sidi-Embarrack, dont la juridiction s'étend de la Mitidja au Chélif. Il faut tendre à diminuer de jour en jour l'autorité des califats, des aghas, etc., et à placer le chef de chaque tribu sous l'autorité directe des bureaux arabes.

Nous devons aller plus loin : nous devons favoriser par tous les moyens, la séparation des individus de la tribu et leur association aux travailleurs européens. Les Arabes, en grand nombre, vivent à l'état de prolétaires, ils ne possèdent point de troupeaux ; ils n'ont pas les moyens de cultiver la terre ; ils travaillent pour les chefs, pour les riches, et la part qu'on leur laisse est bien chétive ; les exactions auxquelles ils sont soumis sont bien criantes ; ils ont une tendance à travailler pour nous, ils ont foi en notre justice, ils savent que les bénéfices que nous leur laissons sont plus élevés. Il faut favoriser cette tendance ; il faut *égrener* la tribu, si nous pouvons parler ainsi : à l'état de nation, au milieu des douaires, sous des chefs intéressés à les tenir isolés, les Arabes resteront nos ennemis ; mais à notre contact, les individus oublieront la tente, les mœurs nomades et leurs anciens compatriotes ; ils deviendront d'utiles travailleurs. Il faut se persuader que le fanatisme n'est pas la cause principale qui nous rend les Arabes hostiles ; c'est la cupidité et l'ambition des chefs qui, le plus souvent, les soulèvent contre nous. Les associer à nos travaux, à nos mœurs, à nos profits, à nos garanties, à nos libertés, c'est accroître notre puissance, c'est diminuer nos dangers. S'il est nécessaire de laisser sous le commandement des bureaux arabes les tribus qui habitent les territoires militaires, on n'a pas les mêmes raisons de maintenir sous les ordres de nos officiers, les tribus qui sont enclavées dans les territoires civils ; rien n'empêche de confier à nos administrateurs la direction de ces tribus isolées, tant qu'elles seront animées d'un esprit pacifique ; on ne les placerait sous le régime militaire qu'autant qu'elles auraient des habitudes hostiles. Nous penchons à croire que, dans les localités voisines de nos centres de population, une gendarmerie intelligente et bien organisée obtiendrait, pour la répression des délits, des résultats satisfaisants. Cette partie de la force publique est fort respectée des indigènes, et le courage ne manque pas aux agents qui la composent : on nous a donné la preuve que des gendarmes s'en allaient quelquefois, au nombre de deux, saisir des coupables au milieu des tribus, et les ramenaient pour les mettre dans les mains de la justice.

Si la gendarmerie algérienne pouvait suffire à cette tâche difficile, il faudrait lui donner l'extension nécessaire, par plusieurs raisons : ce serait d'abord économique, tous les services publics faits par les indigènes coûtent plus que lorsqu'ils sont confiés à nos nationaux. Ensuite on constituerait en Algérie une force vraiment française et un élément de population. On facilitera beaucoup par ces moyens la dissociation et la métamorphose des éléments arabes. L'administration de la guerre est disposée à adopter ces arrangements, il faut la louer.

Elle est, de plus, disposée à étendre une mesure utile qui consiste à soumettre les indigènes des villes à des bureaux civils, qui les rattacheront aux administrations ordinaires; on séparera ainsi plus profondément des véritables nomades, les Maures et les Arabes des cités.

On songera probablement à nationaliser les israélites, dont la loi civile n'est pas en opposition avec la nôtre, et qui auraient tout à perdre à notre expulsion; on pourra, au moins, les rattacher plus étroitement à notre organisation administrative. Sans doute les Arabes qui les méprisent, verraient avec étonnement leur assimilation aux citoyens français, mais il serait facile de faire comprendre aux tribus musulmanes qu'il leur est loisible de se rapprocher de nous plus intimement.

Ce qui peut contribuer le plus directement à établir notre puissance souveraine, c'est la distribution de la justice. Les Arabes préfèrent nos tribunaux à ceux de leurs cadis; ils reconnaissent qu'ils sont plus éclairés, plus impartiaux, plus à l'abri des influences et de la corruption; c'est un sujet d'admiration pour eux de voir le pauvre protégé contre le riche et le puissant. C'est une disposition dont il faut profiter. Il sera utile d'amener progressivement les Arabes à en appeler de la sentence de leurs juges aux tribunaux français : cela deviendrait surtout praticable si les siéges judiciaires étaient institués en nombre suffisant dans toute la zone colonisable. C'est à l'aide des corps chargés de dispenser la justice que le pouvoir central de la France a éteint la juridiction féodale, amoindri la puissance des grands vassaux de la couronne et des seigneurs indépendants, et constitué la véritable force souveraine; par les mêmes moyens, il obtiendra les mêmes succès en Algérie.

La création des écoles, des mosquées, des institutions religieuses, peut concourir à étendre et consolider notre influence. Nous avons l'obligation de les entretenir, puisque souvent nous nous sommes emparés des biens qui avaient été consacrés, par des fondations pieuses, à secourir les pèlerins, les pauvres, les marabouts, etc.; ces institutions habilement gérées, peuvent nous être fort profitables, en faisant apprécier notre esprit de justice et de libéralité; elles seront parfaitement nuisibles si elles sont abandonnées à elles-mêmes, et exploitées par le fanatisme. Elles contribueront alors à perpétuer et constituer plus fortement la nationalité arabe et accroître ses dispositions anti-chrétiennes.

Après avoir laissé tomber en désuétude les habitudes de subordination des tribus entre-elles, il faut surveiller les actes administratifs qu'accomplissent pour nous les chefs indigènes : ils lèvent le tribut, et pour cette fonction nous leur abandonnons, outre leurs appointements, le cinquième de ce qu'ils versent dans nos caisses. C'est déjà beaucoup ; mais il est avoué que cette quotité est la moindre part de ce qu'ils retiennent. Des généraux, des colonels qui ont dirigé des expéditions pour contraindre les tribus récalcitrantes à payer l'impôt qu'elles devaient, nous ont dit qu'en arrivant sur leur territoire, ils les trouvaient disposées à s'acquitter au plus tôt, et même à payer le tiers ou la moitié en sus pour couvrir les frais d'expédition, et quand ils leur demandaient pourquoi elles n'avaient pas évité l'amende, en s'acquittant en temps utile, elles répondaient qu'elles avaient encore du bénéfice à payer ainsi, en nos mains ; les chefs que nous reconnaissons commettent donc des exactions en notre nom, ils y trouvent le double avantage de s'enrichir et de faire détester notre domination.

Une preuve suffit pour montrer combien nous profitons peu des impôts levés sur la population indigène : les Arabes ont payé pour 1850 la somme de 4,000,000 fr. pour les impôts de toute nature ; parmi eux est l'Achour, ou le dixième des produits du sol ; ces produits nous ne les connaissons pas ; mais on évalue à 2,500,000 âmes, au moins, la population arabe ; si chaque individu consomme en moyenne 2 hectolitres de blé par an (nous en consommons 2 1/2), la production doit s'élever à 5,000,000 d'hect. La dîme devrait être de 500,000 hectolitres. La valeur supputée à 10 fr. serait de 5,000,000 fr. pour le froment seul ! L'orge devrait donner davantage, et ainsi du reste. Certes cette dîme est exigée par les chefs, mais elle n'entre pas dans nos caisses.

A en juger par ce que nous tirons des chefs, les populations devraient être bien ménagées, puisque 4,000,000 fr. payés par 2,500,000 individus ne donnent que 1 fr. 60 c. par tête : les plaintes qui nous parviennent nous donnent la certitude que les indigènes ont bien autre chose à payer.

On amènerait facilement les Arabes à comprendre combien il serait avantageux pour eux d'acquitter leurs contributions dans les mains de nos percepteurs ; là où ceux-ci ne pourraient régulièrement s'établir, il faudrait faire bien savoir aux Arabes ce qu'ils ont à payer, ce que leurs chefs versent effectivement en nos mains : on diminuerait ainsi les charges qui pèsent sur les vaincus ; on leur ferait plus aimer notre domination ; on diminuerait la richesse et l'influence des chefs ; on accroîtrait notre prédominance ; l'exercice de la souveraineté passerait en entier dans nos mains ; on ne laisserait, pour ainsi dire, aux chefs indigènes que les fonctions municipales.

C'est ici le lieu de parler de *l'armement* des Arabes. Nous avons dit qu'on a organisé des régiments d'infanterie et des régiments de spahis ou cavaliers indigènes ; les bureaux arabes ont à leur service des fantassins et des cavaliers irréguliers ; certaines tribus forment le *magzem* ; quelques-unes forment un contingent extraordinaire de guerre ou *Goum*.

Les militaires les plus distingués n'hésitent pas à déclarer que les fantassins arabes ne rendent que de bien médiocres services, qu'il n'y a pas la moindre similitude à établir entre eux et l'infanterie française ; ils n'ont pas le même savoir, la même solidité, la même valeur que nos soldats.

Nous ajouterons à ces considérations que les Arabes ne sont point propres à tous les travaux comme nos troupes, et que leur solde est à peu près perdue pour notre commerce.

La cavalerie arabe a généralement mérité des éloges ; sans doute elle ne saurait être rivale de la cavalerie française pour la bravoure, mais elle se bat bien ; elle a une rapidité parfaite, connaît les difficultés du pays et en parle la langue ; elle peut donc rendre de bons services à titre d'éclaireurs et de guides. Mais les bureaux arabes ont des cavaliers qui, sans être enrégimentés, sans être instruits dans la manœuvre européenne, rempliraient les mêmes fonctions. Ils s'en acquitteraient même d'une manière plus utile, puisqu'ils fourniraient des renseignements plus exacts et plus étendus sur chacune des localités auxquelles ils appartiennent. On a conduit des spahis de Philippeville et de Bone à Constantine, et jusqu'à Zaatcha ; quelles notions pouvaient-ils donner sur une région qui leur était tout-à-fait inconnue ?

Il vaudrait donc mieux employer, comme courriers, comme éclaireurs, les spahis attachés aux bureaux arabes, plutôt que d'en faire des corps réguliers et instruits, comme on l'a fait.

En thèse générale, on ne peut dissimuler que ces corps indigènes ne présentent des dangers sérieux ; il est imprudent d'armer des populations d'humeur belliqueuse, nombreuses, toujours prêtes à s'insurger contre nous. Dans une circonstance donnée, elles fourniraient un moyen d'action énergique pour l'ennemi intérieur ou extérieur : on dit qu'enrôler un Arabe c'est se donner un soldat et en enlever un à l'ennemi ; cela serait vrai si l'Arabe était sûr, mais tout le monde s'accorde pour déclarer qu'il faut le tenir pour suspect. Quoi qu'on fasse, pendant des siècles on n'aura pas le cœur des Arabes. Nous avons rapporté le propos que tenait un spahis à un général éminent qui l'engageait à faire entrer son fils dans son régiment : lui qui nous avait donné son corps et son âme, il ne voulait pas nous donner son fils, car il comptait que nous serions partis avant que ce fils ne fût mort, et ne voulait pas qu'il fût en exécration aux siens. C'est là l'expression du sentiment intime de toute la population indigène.

Outre le danger d'entretenir des corps entiers qui peuvent devenir ennemis, il y a de graves inconvénients à renvoyer incessamment dans les tribus, des hommes instruits dans la tactique militaire : les spahis ne veulent contracter d'engagement que pour trois années ; on juge le nombre des hommes exercés qui peuvent retourner dans les tribus.

Le maréchal Bugeaud recommande (*l'Algérie*, p. 30), d'augmenter nos moyens d'action par une bonne composition du *Magzem* ; les cavaliers des tribus qui le composent sont chargés de faire rentrer les impôts, ils accompagnent à la guerre le gouverneur et ses lieutenants, et veillent à l'exécution de tous leurs ordres ; le maréchal conseille de leur conserver la plupart de leurs privilèges, et de leur donner en remplacement de ceux qu'on leur enlèverait une solde mensuelle de **15** fr. par chaque cavalier, qui serait tenu d'être toujours bien monté et bien armé.

Mais en conseillant d'organiser le Magzem, le maréchal, déclarait (p. 31) que cette manière économique d'augmenter nos troupes à cheval, « ne pourra en aucune façon nous dispenser d'avoir une bonne et forte cavalerie régulière. Ne nous faisons pas illusion à l'égard du concours des Arabes : ceux qui nous paraissent les plus dévoués ne viendront accroître nos forces *qu'autant qu'ils nous verront forts et en mesure de nous passer d'eux et de châtier leurs infidélités.* »

Il nous paraît donc évident qu'il faut rester en défiance de tels auxiliaires. On objecte que l'Angleterre domine les Indes à l'aide des Cipayes, que les troupes qu'elle entretient dans ses possessions orientales ne sont qu'une partie presque insignifiante de son armée totale. A la bonne heure ! Mais l'armée indigène qu'elle entretient lui coûte infiniment moins cher que ne lui coûterait des régiments anglais, tandis que les cavaliers arabes nous coûtent plus que les nôtres. Il serait, de plus, impossible au gouvernement britannique de transporter une armée suffisante dans son empire indien, tandis que rien ne nous est plus facile que de faire traverser la Méditerranée à nos soldats.

D'ailleurs les conditions de l'Inde et de l'Algérie n'ont aucune analogie. Les populations indiennes sont douces, non aguerries pour la plupart, sédentaires, industrielles, livrées de toute antiquité à la culture, conséquemment soumises sans efforts ; elles ne sont nullement inquiétées sur la possession du sol qu'elles cultivent, car les Anglais ne font et ne veulent faire, en ces régions, aucune colonisation ; il est interdit aux habitants de la Grande-Bretagne d'acquérir des propriétés dans toute l'étendue des possessions de la compagnie des Indes ; ils n'ont qu'à exploiter le commerce de ces riches contrées. En Algérie, c'est tout autre chose ; nous avons affaire à des peuples guerriers, turbulents, fanatiques jusqu'à la férocité, insaisissables, vivant de peu et ne produisant rien, ayant besoin de vastes espaces pour leurs troupeaux, et voyant d'un œil inquiet les établissements que nous avons formés et que nous avons l'obligation d'agrandir.

Quelle ressemblance y a-t-il entre des positions si différentes, et à quoi peut nous servir l'exemple de l'Angleterre ?

Nous n'allons pas jusqu'à dire qu'il soit sans utilité d'attirer les indigènes dans nos rangs, de les habituer à notre commandement, à nos pratiques, de les compromettre aux yeux des leurs ; de même qu'il est utile de les associer à notre travail, il est avantageux de les faire combattre avec nous ; mais, en présence des faits rapportés, nous dirons qu'il paraît préférable, sous le rapport financier, politique, agricole et commercial, d'employer des Français que des Arabes ; que les conséquences du décret du 13 février 1852, qui augmente les régiments arabes, doivent être suivis avec sollicitude.

Il faudra demander à une expérience assidûment suivie s'il ne faut pas réduire l'instruction militaire des indigènes au strict nécessaire ; s'il ne serait pas moins dangereux de se borner à la formation du Magzem, conseillée par le maréchal Bugeaud ; si les fantassins arabes ne doivent pas être congédiés; si les spahis irréguliers des bureaux arabes attachés à chaque localité, ne rendraient pas plus de services que des corps complètement organisés; si, dans le cas où l'on reconnaîtrait utile de faire entrer les Arabes dans des cadres réguliers, il ne serait pas préférable de les placer dans les rangs mêmes de nos régiments, ou d'en faire seulement des compagnies d'éclaireurs ; enfin, en admettant qu'on reconnût l'opportunité de les constituer en corps distincts, s'il ne serait pas d'une bonne politique de les faire servir en France, et de les tenir plus longtemps sous les drapeaux.

Exploitation agricole. Nous voici arrivés à la partie principale de notre sujet : la production est le but qu'on se propose ; c'est pour elle que tous les autres travaux ont été entrepris ; si elle est féconde, elle paiera, par les bénéfices qu'elle procurera, tant de dépenses, tant d'efforts, tant de sacrifices d'hommes braves et utiles à leur patrie. Malheureusement son succès est encore douteux ; il y a certes, en Algérie quelques champs en bon état de culture, mais je ne sais s'il y a un domaine rapportant l'intérêt du capital qu'il a absorbé, et n'exigeant plus de capitaux pour être mis en valeur. On a donc fait beaucoup de préparations, on n'a pas de résultats assurés. Qu'y a-t-il donc à faire pour arriver à fonder une vaste exploitation agricole ? il faut choisir les régions dans lesquelles doivent s'étendre les champs à cultiver, distribuer aux colons des terres en quantités suffisantes, déterminer les cultures capables de donner des résultats avantageux, installer les colons et les mettre en mesure de travailler.

Des régions à cultiver. Nous avons vu qu'on a été conduit naturellement à livrer aux Européens les terres disponibles aux environs des postes que nous avons fortifiés, d'abord sur le rivage et successivement dans l'intérieur du pays, le long des voies perpendiculaires à la mer, conformément aux règles d'une judicieuse occupation ; en suivant le mouvement de nos troupes, nos établissements agricoles trouvaient une protection nécessaire, et assuraient l'écoulement de leurs produits. Ces points isolés étaient les premiers jalons qui devaient guider notre marche progressive ; mais la possession de l'Afrique ne sera assurée que lorsque nous aurons installé sur cette terre une population dense, bien limitée, et bien agglomérée, formant en quelque sorte un corps de nation, capable de résister lui-même aux invasions des Arabes, occupant un territoire dont toutes les parties communiquent rapidement entre-elles et sont en rapport facile avec les grands ports des trois provinces. Il s'agit maintenant de déterminer l'assiette générale de cette colonisation algérienne, de fixer d'une manière précise ce qui doit former le domaine véritablement européen, ce qui doit rester essentiellement arabe. Nous ne pouvons point prétendre coloniser toute l'Atlantide ; il est des régions auxquelles il faut renoncer tout d'abord : les Hauts plateaux, la grande Kabylie, le Dahra, l'Ouanseris sont dans ce cas. Il en est d'autres qui sont indispensablement destinées à l'exploitation française ; la description du pays, que nous nous sommes attachés à donner, a fait suffisamment comprendre que le véritable champ colonial doit s'étendre dans la grande série des vallées qui séparent les deux Atlas, à l'ouest dans celle du Chélif, de l'Habra, du Sig, qui communiquent sans obstacle avec les vastes plaines d'Oran ; à l'est, dans celles de l'Hamza, du Bou-Sellam et des affluents du Rummel.

Ces contrées sont fertiles, généralement salubres ; elles pourront se rattacher sans peine à toutes les villes populeuses du littoral, à l'ouest à Oran et Arzeu, au centre à Alger, à l'est à Bougie, Djidjelli, Stora et Bone ; elles recevront ainsi les marchandises nécessaires, les troupes et les munitions, en restant cependant à l'abri des attaques extérieures, car les points abordables sont rares et fortifiés d'une manière redoutable. Toutes les sections de cette grande base de la domination européenne seront très-facilement unies entre-elles par des routes qu'on peut dès aujourd'hui rendre parfaitement accessibles, dans tous les temps, aux divers modes de transports. Dans un prochain avenir un chemin de fer pourra la parcourir dans toute sa longueur, en jetant des embranchements vers les grands ports militaires, décuplant ainsi les forces de l'armée qui, du point culminant de Médéah, serait portée instantanément aux frontières tunisiennes et marocaines, et défendrait énergiquement par sa concentration la zone maritime, la limite du sud, et tous les débouchés des hautes montagnes ; cette grande voie remplacerait pour les transports commerciaux, les vastes fleuves qui ont favorisé la colonisation des contrées américaines ; elle serait protégée par la puissante agglomération des européens, défendue par les places d'armes qui s'élèvent sur le versant sud du petit Atlas, sur la longue ligne du versant nord du grand Atlas, et s'interposent entre les Kabyles du littoral et les Arabes du sud, entre le Dahra et l'Ouanseris.

Tant que la colonisation française ne sera pas assise dans cette contrée centrale, elle n'aura ni consistance ni durée. C'est là qu'elle doit avoir son siége, si elle veut prospérer, et défier les efforts de ses ennemis extérieurs et intérieurs.

Nous ne voulons pas dire que pour fonder notre domination il faut que toutes les terres des grandes vallées soient livrées aux Européens ; les Arabes n'en doivent pas être expulsés ; nous croyons seulement qu'on ne fondera rien de véritablement puissant, si nos coreligionnaires n'y sont pas dominants, si une portion considérable de la surface cultivable de cette région n'arrive, par des transactions quelconques, dans des mains civilisées.

Nous ne prétendons pas non plus renfermer absolument nos efforts colonisateurs dans la zone que nous avons indiquée; les vallées et les plaines du littoral, comme celles de la province d'Oran, de la Mitidja, de Cherchell, de Philippeville, de Bone, de La Calle, les territoires qui entourent les points nécessaires d'occupation, ces premiers sièges de nos travaux, les lignes perpendiculaires qui relient la zone interatlantique à la mer compléteront la région qui formera la base de notre domination.

Nous n'insisterons pas sur ces faits, ils nous semblent trop évidents ; la configuration du pays détermine impérieusement le champ ouvert à notre travail, le lieu où doit s'installer l'élément français.

Distribution des terres. Lorsqu'on conçut la pensée de mettre en culture l'Algérie, pour nous indemniser des énormes dépenses que nous y faisions, chacun admit ce projet comme possible, réel, facile même ; on répéta tant de fois : *il faut coloniser l'Afrique,* que sans trop s'inquiéter du moyen d'exécution, on crut que cette entreprise allait s'achever incontinent, et l'on fut étrangement étonné, quand, après vingt ans d'occupation, on vit que la colonisation n'était pas faite, et ne présentait que des commencements si inconsistants que tout pouvait s'évanouir au moindre accident.

Nous avons dit les difficultés énormes qui devaient s'opposer à nos progrès, dans une contrée presque inaccessible du côté de la mer, n'offrant que d'étroites vallées sans communication, tant qu'on n'avait pas conquis les grandes voies du sud, privée de routes et de rivières navigables, dont le sol est calciné pendant l'été.

fangeux durant l'hiver, meurtrier pour ceux qu'assiégent les privations, à tout instant exposé aux incursions de hordes rapides qui, après leurs dévastations, se dérobaient derrière le rideau de l'Atlas et dans l'immensité du désert. Mais lors même que toutes ces difficultés eussent été surmontées plus tôt, il en est une qui eût paralysé nos efforts, même dans les lieux où notre puissance était le plus incontestée. Il nous manquait pour coloniser la condition *sine quâ non !* NOUS N'AVIONS PAS DE TERRES A DONNER ! Nous ne pouvions offrir une superficie arable qui répondît à la grandeur du projet que nous avions formé.

Les nécessités imposées par la politique, la mansuétude de l'administration pour le peuple conquis et tous les jours révolté, l'institution des bureaux arabes défendant les prétentions des indigènes, notre caractère chevaleresque et aussi notre incurie, nous empêchèrent de nous créer un domaine colonial. Nous avons dit qu'en 1850 l'administration n'avait pu distribuer que 137,000 hectares (1), c'est-à-dire moins que le quart d'un département français (2). Pour arriver à ce chiffre, il a fallu faire des efforts inouis, lorsqu'on a voulu installer sur le sol algérien les populations que les événements de 1848 avaient privées de toute ressource.

Le défaut de terrain, non-seulement ne permit pas une grande extension à nos entreprises agricoles, il empêcha même de tirer parti des terres qui étaient réellement disponibles. Nous devions faire subir des lenteurs infinies aux immigrants qui attendaient un champ. Ils tombaient dans la misère la plus profonde avant d'être pourvus, et leurs concessions étaient obtenues à des conditions qui n'étaient pas en rapport avec leur goût, leurs études, leur aptitude, leur capital.

La terre à coloniser étant fort restreinte, l'administration ac-

---

(1) Voir le rapport du Ministre de la guerre au Président de la République (*Moniteur* du 15 septembre 1850).

(2) La France a 53,000,000 d'hectares, ou 616,000 hectares par département.

cordait des lots qui, pour donner l'aisance, auraient dû être immédiatement défrichés et cultivés d'une manière parfaite, couverts rapidement d'habitations et de travailleurs. Dans aucune région, l'agriculture n'a débuté ainsi ; partout on a commencé par tirer parti de la force productive du sol, en établissant des jachères, en conservant les pâturages naturels qui nourrissent les bestiaux, sans travail et presque sans capital. Ce n'est qu'au moyen des économies faites pendant des siècles que l'exploitation rurale est arrivée à ce degré de perfection que nous voyons dans les contrées très-populeuses, très-riches, très-intelligentes, comme la Flandre, par exemple.

L'administration demanda, pour les grandes concessions, une redevance de 2 à 3 francs par hectare, et imposa l'obligation de verser, à l'avance, un cautionnement ; elle n'accorda que des titres provisoires aux concessionnaires, se réservant de prononcer l'éviction, de faire perdre les capitaux dépensés, de confisquer le cautionnement, si les conditions imposées n'étaient pas remplies.

Quand on fait une telle situation aux colons, on n'en rencontre guère. Comparez-la à celle qui est faite aux émigrants qui se rendent en Amérique, terre fertile, parcourue par de magnifiques voies navigables, sur laquelle le travail est facile parce qu'il peut se répartir en toute saison, et où le travailleur n'a plus à redouter que quelques faibles indiens. Dans cette contrée, l'acre de terre se paie de 1/2 dollar à 2 dollars 1/2, en moyenne 1 dollar l'acre ou 10 fr. l'hectare. C'est le chiffre du cautionnement, et le colon américain n'a plus de redevance à payer ; il a son titre définitif ; il fait de sa terre ce qu'il veut ; s'il a la fantaisie de changer de résidence, il la vend, et ne court pas le risque de perdre ses premiers travaux.

Nous sommes persuadés que si, en Algérie, comme dans les contrées vers lesquelles se dirige le courant des émigrations européennes, de vastes terrains eussent été disponibles, et mis promptement à la disposition des arrivants, concédés sans conditions, acquis immédiatement à titre de propriété définitive, avec faculté d'exploiter selon la convenance du cultivateur, de manière à économiser le plus possible et le travail et le capital, la population serait arrivée, et la colonisation se serait faite. Le voisinage des côtes de la France, la beauté du climat, la situation sur une mer qui est le centre commercial du monde, la richesse des produits eussent compensé l'absence des fleuves magnifiques et des forêts vierges, la nécessité de concentrer les travaux agricoles en un temps fort court, et les périls que fait courir le fanatisme d'une race farouche. La colonisation se serait faite par des hommes doués de ressources pécuniaires, qui auraient été travailleurs et propriétaires, et par de grands capitalistes qui auraient installé des fermiers riches seulement de leur vigueur et de leur intelligence.

Quoi qu'il en soit, si l'on ne peut songer pour l'Algérie aux méthodes qui ne conviennent qu'aux pays entièrement inoccupés, au moins faut-il que les terres concédées soient assez étendues pour qu'une colonisation de quelque valeur puisse s'y asseoir, et que les concessions soient faites à des conditions acceptables. L'administration a reconnu tous les empêchements qu'apportaient à la colonisation les règlements qui entravaient la liberté du cultivateur et du propriétaire. Elle les a presque tous annulés. Il lui reste un pas de plus à faire ; elle doit persévérer dans les efforts qu'elle a faits pour livrer une étendue convenable de terrain.

Nous avons à chercher quelle superficie serait indispensable pour constituer une colonie qui puisse défier toutes les attaques, et rendre à la France ce qu'elle lui aura coûté. Pour résoudre ce problème, il faut savoir quel est le minimum de la population européenne qu'il faut installer, et quelle est la quantité de terre qu'il faut lui délivrer. Nous disons qu'il faut établir au moins 100,000 familles, composées de cinq individus chacune, ou une population de 500,000 âmes, et donner à chacune 10 hectares, ou 1,000,000 d'hectares pour toutes. Assurément, ces chiffres sont bien faibles : les Européens ne représenteraient que le cinquième de la population arabe, la population moyenne d'un de nos départements, ou moins que la moitié de la population du département du Nord. Quant à la quantité de terre assignée à chaque famille elle n'est certes pas trop considérable. Le lot de 10 hectares, est celui adopté pour les colonies agricoles; c'était le minimum admis par le maréchal Bugeaud. Une famille peut labourer 8 hectares, selon les calculs du général Lamoricière, et si, ce qui est indispensable, elle laisse des pâturages et des jachères, son lot pourrait avec avantage s'élever à 16 hect. Le général Bedeau, dans son projet de colonisation, demandait pour chaque famille 30 hect., mais il lui permettait d'en louer une partie à des Arabes aidant la famille.

Si l'on calcule quelle superficie est nécessaire pour nourrir les cultivateurs, l'armée et les populations urbaines, alimenter le commerce, qui seul peut procurer aux populations algériennes tous les objets que réclame la vie civilisée, on verra que la quantité d'hectares que nous demandons est à peine suffisante.

En effet, 1 hectare produit 8 quintaux de blé ou d'orge, semence déduite.

Chaque famille, composée de 5 à 6 personnes, consommera 2 quintaux de blé par personne, ou...... 12 quintaux de blé.

Les bêtes de somme et bestiaux consommeront............. 12 q.^{x} d'orge.

Total...... 24 q.^{x} de grains.

Et pour les 100,000 familles.... 2,400,000 q.^{x} de grains.
L'armée est de.......... 75,000 hommes.
La population urbaine de. 75,000 individus.

En tout .... 150,000 individus.
Consommant chacun 2 q^x ou 300,000 q.^{x} de blé.
Les chevaux de l'armée sont au nombre de 18,000
Ceux de la population civile doivent être au nombre de.............................. 6,000

En tout......... 24,000 chevaux.
Qui consommeront 300,000 q.^{x} d'orge

Les villes et l'armée consommeront donc 600,000 quintaux qui, ajoutés à la consommation de la population agricole, formeront un total de 3,000,000 de quintaux, ou le produit de 375,000 hectares produisant chacun 8 quintaux.

Les 100,000 familles n'ont vendu que 600,000 quintaux, soit 6 quintaux pour chacune ; elles n'ont donc obtenu qu'une somme de 60 à 72 fr., tout-à-fait insuffisante pour pourvoir à leurs nombreux besoins. Il faut donc qu'elles cultivent des plantes commerciales. Si l'on admettait qu'elles puissent consacrer à cette culture toujours difficile 1 hectare 25 ares, il faudra 125,000 hectares pour les 100,000 familles ; ce sera donc 500,000 hectares en exploitation. Mais la culture perfectionnée des plantes commerciales ne peut s'effectuer sans bestiaux, il faut des pâturages ; les pâturages, les jachères, les terrains consacrés aux jardins, aux bâtiments, etc., exigent au moins une quantité d'hectares égale à celle qui est mise en culture. On arrive donc au chiffre de 10 hectares par famille ou de 1,000,000 d'hectares pour la population indiquée.

Dans une situation pareille, le sort de la population agricole serait loin d'être bien fortuné, car elle n'aurait pu vendre que 6 quintaux de grains, et les produits commerciaux récoltés sur 1 hectare 25. Son sort ne serait tolérable qu'autant qu'elle joindrait à ces bénéfices, les produits des bestiaux pour lesquels nous avons laissé un espace de terrain.

Nous estimons donc que le million d'hectares que nous avons demandé pour la culture des Européens, en Algérie, est une quantité au-dessous de laquelle on ne peut descendre. Si l'on disait à la France qu'elle doit être le maximum de ce qu'elle peut prétendre, elle prendrait peut-être, après un profond désenchantement, la résolution de renoncer à une entreprise restée si mesquine, malgré la grandeur des efforts qu'elle a faits.

Mais il faut songer que si le Gouvernement arrivait à obtenir le minimum de population et de culture strictement nécessaire pour nourrir l'armée et les habitants des villes et des campagne, et si le travail des colons les enrichissait, des transactions s'opéreraient de gré à gré entre les indigènes et de nouveaux arrivants. L'assimilation plus ou moins complète de certains individus appartenant aux tribus, porteraient au double, ou à 2,000,000 le nombre des hectares soumis au régime de la civilisation, et à 1,000,000 celui des habitants que la mère patrie pourrait adopter.

Dans ces conditions, la France devrait compter que ses sacrifices obtiendraient une notable compensation. Sa dépense était de 84,000,000 francs, lorsque l'effectif de l'armée était de 75,000 hommes; elle est descendue à 74,000,000 fr., lorsque l'armée a été réduite à 70,000 hommes; les impôts levés sur les Européens donnent 10,000,000 fr. et ceux des Arabes 4,000,000. Nous supposerons que si une population d'un million d'Européens était implantée d'une manière compacte au milieu des Arabes, et si les routes étaient dans un état tel que les mouvements de troupes pussent s'exécuter toujours avec rapidité, une armée de 50,000 hommes serait plus que suffisante pour la défense de nos intérêts; la dépense descendrait certainement au chiffre de 66,000,000 fr. On peut d'autant mieux accepter cette réduction que les autres services exigeraient moins de frais, et la colonisation cesserait d'avoir besoin des mêmes encouragements.

Les recettes, au contraire, devraient suivre une progression ascendante : on pourrait admettre que si une population de 175,000 individus donne un impôt de 10,000,000 fr., une population de 1,050,000 individus, avec l'armée, donnerait six fois autant, soit 60,000,000. L'impôt des Arabes devra s'accroître aussi, parceque de plus nombreuses tribus y seront assujetties et parceque la perception sera assise sur de meilleures bases; cet impôt, au lieu de 4,000,000, pourra donner 6,000,000. En tout 66,000,000, chiffre égal à la dépense.

Cette évaluation peut paraître trop élevée, car toutes les recettes ne croîtront pas dans le rapport de l'accroissement de la population européenne ; mais les colons seront plus riches; ils pourront payer la rente de leurs terres ; ils feront de plus fortes consommations, et opéreront de plus nombreuses transactions. L'impôt doit donner plus, par tête, qu'en France, parceque presque tous les contribuables seront propriétaires. Il faut noter de plus, que les terrains domaniaux, par le système de culture que nous proposerons, devront procurer un revenu considérable. Nous croyons donc être dans le vrai, quand nous disons que le territoire colonial dont nous fixons le minimum, et la population qu'il comporte, suffiraient pour affranchir la France de la charge que l'Algérie impose à son budget.

Sachons maintenant si la quantité de terre que nous avons indiquée comme indispensable à la première installation d'une colonie forte, peut être obtenue avec facilité : le versant méditerranéen contient 14,800,000 hectares ; les Hauts-plateaux qui ne portent pas leurs eaux à la Méditerranée et le versant sud du grand Atlas contiennent 14,000,000 d'hectares ; la région des Oasis qui s'étend au pied de cette dernière chaîne, contient 13,200,000 d'hectares, en tout 42,000,000 d'hectares. — Nous ne demanderions donc que 1/42 du territoire total, ou 1/14 du Tell. Les grandes vallées du Tell se composent de 880 kilomètres carrés ; c'est-à-dire, 8,800,000 hectares ; savoir : le bassin du Chélif.   4,500,000
        — de l'Habra et du Sig. .   1,300,000
        — de la rivière de Bougie. 1,000,000
        — de la Tafna.   750,000
        — du Rummel.   650,000
        — de la Seybouse. . . .   600,000

                Total . . . . 8,800,000 h.

On ne doit pas prendre les 2/3 de la terre coloniale dans ces vallées. Ce n'est donc pas le dixième qu'il faut mettre dans la main des Européens.

Pour y parvenir il faut 1.º rechercher avec un soin extrême toutes les terres du Beylick, et celles des fondations de mainmorte dont nous avons les charges. Sous ce rapport, l'action de l'administration est moins impuissante que sous les autres.

2.º Constater la validité des titres, en ne s'en laissant pas imposer par la falsification, et en distinguant surtout ceux qui n'assurent qu'un droit de jouissance de ceux qui forment un titre de propriété réelle.

3.º Cantonner les tribus, qui n'ont qu'un droit de jouissance, dans l'espace qui suffit à leurs besoins et leur donner des titres pour les parties qu'ils occupent, en les faisant renoncer complètement à l'usage des autres. L'administration est entrée dans cette voie, et doit y persister énergiquement.

4.º Priver d'une partie de leurs terres, à titre d'amende, les tribus qui, trahissant leurs promesses, se livrent éternellement à la révolte, et maintenir rigoureusement séquestrés les domaines passés en nos mains.

5.º Ne pas concéder aux Arabes à titre gratuit, la jouissance de nos travaux d'irrigation, de desséchement, de tous ceux, en un mot, qui donnent une plus-value à leurs terres; ils nous doivent une indemnité payable en terres; c'est la loi d'équité, c'est la loi de la France. Tout a pris une plus grande valeur dans leurs mains depuis notre séjour sur leur sol: un mouton qui valait 2 fr. en vaut 6. Une charge de petit bois, qui jadis ne valait rien chez eux, et qui ne vaudrait pas 1 fr. à Paris, se vend 1 fr. 50; c'est duperie que féconder leurs champs sans rien obtenir pour nous. Ils ont assez de fois répété que nous étions des *brebis*.

6.º Il faut dessécher, et faire entrer dans le domaine de l'État les marais et les lacs dont les eaux peuvent trouver une issue.

7.º Enfin, si l'on ne peut faire autrement, il faut arriver à des acquisitions à prix d'argent, suivant le système américain: il est moins onéreux d'acheter que de conquérir; la justice est plus lucrative que la spoliation. Nous sommes en position de ne pas nous laisser faire de conditions trop dures sous ce rapport.

Ces mesures sont de première nécessité : pour fonder une colonie, la première condition c'est d'être maître de la terre.

Cultures. Lorsque la dernière et la plus importante des dispositions qui préparent la colonisation sera arrêtée, lorsqu'on aura enfin acquis le terrain sur lequel elle doit s'installer, le succès de l'œuvre ne se fera pas attendre; toutefois des difficultés nouvelles surgiront, qui ne seront pas sans gravité : il s'agira d'assortir la culture au climat et au sol, de mettre les colons en position de faire une exploitation profitable, et de vendre les produits qu'ils ont récoltés, afin d'obtenir en échange tous les objets dont ils ont indispensablement besoin.

Nous avons dit quelles cultures ont été essayées en Algérie ; nous allons dire quelles sont celles qui nous paraissent devoir être lucratives et conséquemment possibles.

On s'est fait d'étranges illusions sur les cultures qu'on devait acclimater dans l'Afrique septentrionale : beaucoup de personnes ont imaginé que nous allions y transporter les végétaux des tropiques et appeler la côte méditerranéenne à remplacer les colonies équatoriales qui nous manquent. C'est là une erreur fondamentale. Nous avons dit que la région colonisable de l'Algérie, par son climat, appartenait à la partie chaude de la zone tempérée; qu'elle en était la limite, mais qu'elle n'en perdait pas le caractère.

Il faut donc que ceux qui ont cru que l'Afrique allait nous approvisionner de sucre, de café et d'épices renoncent à leur rêve : la canne à sucre végète bien en Algérie, mais elle n'y acquière pas un degré de maturité supérieur à celui où elle parvient en Andalousie. Nous en avons reçu des échantillons de cette dernière contrée, et les avons comparés avec les plus beaux produits du jardin d'Alger, qui réunit les meilleures conditions de culture, nous ne saurions accorder une préférence bien marquée à ces derniers. Or, on sait que la production saccharine d'Espagne est insignifiante. Elle serait aussi restreinte dans le Tell : on y rencontrerait difficilement des terrains tout-à-fait propres à la végétation de la canne. A plus forte raison faut-il cesser d'espérer y produire des denrées qui exigent une chaleur, sinon plus forte, au moins plus prolongée, et non accompagnée d'une sécheresse absolue.

On peut affirmer que l'extrême limite des cultures méridionales seront la patate, l'indigo, le coton, le nopal ou cactus à cochenille. La patate donne des produits énormes : M. Hardi nous a assuré qu'un hectare pouvait produire jusqu'à 45,000 kilogrammes de tubercules. C'est une plante acquise à la colonie, et pour la nourriture de l'homme et pour celle des bestiaux.

Desfontaines a trouvé le coton et l'indigo cultivés, en 1784, mais en petite quantité ; il a même rencontré des cotonniers à l'état sauvage. Il n'est donc pas douteux que le climat ne convienne à cette plante ; les essais faits dans le jardin d'Alger et sur le terrain de plusieurs concessions, ont confirmé ce fait; nous avons vu à l'exposition des produits agricoles de Philippeville et à l'exposition de Londres de beaux échantillons de coton. Le coton algérien a été filé à Lille et à Rouen, et les manufacturiers l'ont déclaré d'une valeur égale au coton jumel produit par l'Egypte. L'indigo souffre pendant les saisons froides, et sera fort peu productif. Le cactus nopal prospère dans le jardin d'essai d'Alger, et la cochenille qu'il nourrit donne des résultats satisfaisants, quoiqu'elle exige de très-grands soins. La cochenille est récoltée avec avantage en Espagne, aux Canaries. Il n'y a aucune raison pour qu'elle ne le soit pas en Algérie. On ne peut donc pas contester la possibilité d'y obtenir au moins trois des produits commerciaux que nous venons de nommer ; mais y seront-ils récoltés en quantités assez considérables pour enrichir une grande colonie ? personne assurément ne peut le dire. Ils viendront, selon les espérances conçues, accroître le bien-être des colons, mais dans l'état des choses, ils ne peuvent servir de base à la création même de notre établissement en Afrique.

Quelques fruits ont été cultivés avec succès, le bananier, le néflier du Japon, le goyavier, l'avocatier, l'anona réussissent. Ce sont là des résultats acquis. Mais ces cultures seront nécessairement restreintes. On en retirera quelqu'agrément, mais c'est tout.

Le bananier par exemple ne réussit que par le choix d'une bonne exposition et par des soins bien entendus; ses produits restent à un prix fort élévé; un régime de bananes coûte à Alger de 8 à 15 fr. ce fruit ne peut donc entrer dans la consommation vulgaire. Le bananier de Chine, dont le fruit est parfumé, n'a pas encore pleinement réussi.

Le sud nous donnera la datte, véritable article de commerce, auquel il faut attacher une grande importance : mais il sera l'objet de nos transactions avec les oasis, il ne sera pas un produit de notre travail ; il n'ouvre pas carrière à la culture colonisatrice.

Ce simple exposé suffit pour prouver qu'il faut tenir comme non avenue la prétention de tirer de l'Algérie les denrées qu'on est convenu d'appeler *coloniales* et qu'on va chercher dans les régions qui avoisinent l'équateur ; ce qu'elle peut donner ce sont les *fruits du midi*.

Si nombre de personnes se sont bercées d'illusions à ce sujet, il en est d'autres qui affirment que la terre africaine ne produira jamais rien, qu'elle restera stérile, malgré nos efforts, nos dépenses et nos sueurs. Nous savons que l'expérience a presque donné raison a cette cruelle affirmation. Notre conviction cependant est que les mauvais résultats sont dus, non à la nature du sol, mais à la manière dont on a tenté d'en tirer parti. Cela nous semble devoir ressortir des faits que nous allons présenter. Rappelons d'abord quels sont les végétaux qui prospèrent dans l'Atlantide. Il est un arbre qui y croît spontanément avec une vigueur exceptionnelle, qui s'empare en quelque sorte de la terre, couvre les plaines, les coteaux, les montagnes, et acquiert partout des dimensions colossales, qui résiste à toutes les causes de destruction provenant de la nature et des hommes, qui donne des fruits abondants, d'où l'on extrait un produit précieux, facilement exportable, recherché de toutes les nations, d'un prix élevé. Cet arbre c'est l'olivier ; l'huile qu'il produit est l'une des denrées commerciales les plus précieuses et dont le placement est le plus sûr ; la France n'en fabrique pas une quantité suffisante pour sa consommation et les besoins de son industrie, et il est remarquable que les nations civilisées sont en grande partie situées sous une latitude qui ne permet pas la culture de l'arbre qui la fournit. Elle peut donc être importée en France sans détriment pour son agriculture et au grand avantage de son travail industriel. Elle peut faire l'objet d'un commerce extérieur considérable ; nous pouvons, en possédant l'Algérie, vendre de l'huile à toutes les nations du monde, comme nous leur vendions du sucre lorsque nous possédions Saint-Domingue.

Or, chacun sait quel est le produit de l'olivier. En Espagne il est des arbres qui rapportent 154 kil. d'huile; en Corse il en est qui rapportent 150 k. d'huile sans culture, et le gazon restant sur le sol ; beaucoup rapportent 64 kil.; mais les mauvais soins et les accidents de la récolte sont tels que l'on peut réduire à 10 kil. d'huile la production moyenne de chaque arbre ; d'après M. Mohl, les arbres sont à 15.^{m} de distance, à peu près et sont au nombre de 45 par hectare. C'est donc 450 k. d'huile, à 0;90.^{c}, ou 378 fr., par hectare.

Dans le département des Bouches-du-Rhône, d'après M. Gasparin, la plantation d'un hectare en oliviers âgés de 14 ans, et au nombre de 400, c'est-à-dire placés à 5 mètres de distance, coûtera 519 fr. 90.

Dès la 2.e année les arbres produiront des fruits. Pendant les 10 premières années, ils donneront, en moyenne, 6 décigrammes d'huile, soit par hectare 240 k. d'huile, à 1 fr. 55, ou 372 fr.

Les frais de culture et de fabrication, y compris les intérêts de la somme dépensée pour la plantation, s'élèvent à 240 fr. ou 1 fr. par litre d'huile. Il reste donc une somme de 132 fr. par hectare, c'est-à-dire, plus de 25 pour 100 de la première mise, dont l'intérêt a, du reste, été compris dans les frais de culture annuelle. Le prix de location de la terre est payé par la culture faite sous les oliviers.

Dans la 2.e période décennale, les arbres donneront en moyenne 1 k. d'huile, soit 400 k. par hectare. Les frais de culture augmenteront absolument parce que le fumier, la cueillette, la fabrication couteront plus ; mais relativement la dépense sera moins élevée ; elle ne sera que de 0f,96 par kilogr. d'huile ; il restera donc 0f,59 de bénéfice par kilogramme d'huile, qui se vend 1 fr. 55.c; cela donnera un produit de 236 fr. par hectare.

Dans la 3.e période décennale le produit moyen sera de 2 k. 50 par arbre ou 1,000 par hectare, les frais seront de 0,76 par kilogramme d'huile ; il restera donc 0,79 cent. par kilog. d'huile, ou 790 fr. par hectare.

En donnant plus d'engrais aux arbres, on obtiendrait plus d'huile, et on l'obtiendrait plus vite. M. Bousquet en fournissant à ses arbres 75 k. de fumier, leur a fait produire 2 k. 50 d'huile après 15 ans de plantation. M. Gasparin admet qu'en multipliant les engrais, on pourrait obtenir jusqu'à 12,000 kilog. d'huile sur un hectare; les frais alors ne seraient que de 0f,65 par kilogramme, le bénéfice conséquemment de 0f,90 par kilogramme ou 10,800 fr. par hectare. Mais pour obtenir un tel résultat, il serait impossible d'employer le fumier : la terre serait trop soulevée ; il faudrait des engrais riches, comme les tourteaux, etc.

Nous ne pouvons établir nos calculs sur de telles données. Nous reconnaissons qu'on ne pourra en Afrique accorder aux oliviers tous les soins nécessaires, mais dans un pays où les arbres n'ont aucunement à souffrir des gelées, il faut admettre la possibilité d'obtenir sans culture ou à l'aide d'une culture médiocre, un produit supérieur à celui acquis en Provence, par une culture avancée, ou en Corse par une culture presque nulle. Or, il est établi que l'hectare peut donner en Provence 1,000 k. d'huile, ce serait un produit de plus de 1,000 fr. par hectare quand la fabrication de l'huile sera perfectionnée. Cette évaluation serait fort peu élevée; nous avons vu que dans la Corse, beaucoup de pieds donnaient 64 k. ; les arbres sont plantés à peu près à 15 mètres, ce qui peut donner 49 pieds par hectare et 3,136 k. d'huile par hectare A la vérité, par la perte de récoltes cette quantité se réduit à 10 k. d'huile par arbre ou 490 par hectare. Mais M. Gasparin pense qu'en raison de la hauteur du soleil en Algérie on peut planter les pieds à 7.^m 50 de distance sans que l'ombre des uns nuisent aux autres; on aurait ainsi 169 pieds par hectare, ce qui donnerait, même à 10 k. par pied, 1,690 k. d'huile qu'on peut évaluer à un franc. Cette quantité nous paraît devoir être considérée comme un minimum.

Le mûrier doit concourir, avec l'olivier, à la splendeur de la colonie. De vieux pieds de ces arbres témoignent qu'ils végètent en Algérie d'une manière luxuriante; mais ils ont été plantés par la main des hommes. On ne les voit pas partout, s'emparant du sol comme de leur domaine, et s'élevant malgré tous les obstacles. Ils ne réussissent pas dans les terrains argileux ; ils aiment un sol frais, léger, même sablonneux, pourvu qu'il soit mis à l'abri des excessives sécheresses de l'été. On ne peut tirer un bon parti de cet arbre qu'au moyen d'une population déjà nombreuse; il ne peut rien donner qu'autant qu'on en cueille les feuilles, qu'on élève des vers à soie, et qu'on récolte les cocons. Ces soins demandent le travail de beaucoup d'hommes, de femmes et d'enfants. Pourtant comme l'opération qui emploie le plus d'hommes est la cueille des feuilles, que tout individu, Arabe ou Européen, est propre à ce travail, nous pensons que le mûrier, qui réussit à merveille dans de très-nombreuses localités, pourrait couvrir bientôt de vastes espaces; il rendrait des services d'autant plus grands que ses feuilles, même quand elles tombent, sont recherchées par les bestiaux. Les avantages de la plantation du mûrier ont été bien reconnus : c'est l'arbre qui est le plus communément distribué aux colons. Cette préférence tient sans doute à ce qu'il croît plus rapidement que l'olivier, et que si l'utilisation de la feuille exige une main-d'œuvre considérable, elle est peu coûteuse, et n'entraîne pas l'établissement d'usines comme la fabrication de l'huile ; les cocons sont facilement transportables, et le jardin d'essai les achète et prend soin de filer la soie.

Les produits des mûriers sont considérables ; nous devons à M. Hardi les éléments des calculs suivants : il suppose la plantation faite dans un terrain couvert de broussailles; les pieds, écartés de 5 mètres, seront au nombre de 361 par hectare, si on laisse une demi-distance sur la lisière ; ils seront plantés dans des trous de 1 mètre 60 de côté, et de 1 mètre de profondeur.

Ces trous coûteront 1 franc 25 centimes l'un, total par hectare. 451 25
   Le pied 0   50. . . . . 180 50
   Frais de plantation. 0   50. . . . . 180 50
   Arrosage 1   00. . . . . 361 »
Culture pendant 6 ans, et défrichement successif de tout le terrain, chaque année 0^f,50^c par pied. . . . 1,083 »

                                                     2,256 50

En ajoutant l'intérêt au capital dépensé, on arrive à 2,733 fr.

A la sixième année, chaque arbre donnera 30 kilog. de feuilles ; l'hectare donnera donc 108 quintaux de feuilles à 4 fr., ou 432 fr.

Les 108 q.^{x} de feuilles nourriront les vers de 340 grammes d'œufs, qui donneront 640 k. de cocons à 3 fr. le k., ou . . . . . , ... 1,980 fr.
   Les frais d'éducation sont de. 770

Il reste donc. 1,250

C'est 55 p. 0/0 du capital engagé.

Cependant tous les frais ont été portés au taux le plus élevé ; les arbres de M. Gourgas n'ont coûté que 0,50 c. pour la plantation, trous compris ; ils n'ont pas exigé de frais de culture, ni de défrichement, ni d'arrosages, parce qu'ils ont été plantés dans des prairies fraîches. En tout état de cause, il ne faut pas porter la dépense du défrichement au compte des plantations, puisqu'on peut cultiver sous les arbres. Enfin, les feuilles ont pu être cueillies dès la quatrième année, et les cocons se sont vendus 4 fr.

Sans tenir compte de ces derniers avantages, on trouverait que 361 mûriers, ayant coûté 1 fr pour achat et plantation, ou

361 fr. par hectare, et avec les intérêts 451 fr. 25 c., produiraient 1,210 fr., après la cinquième année, et qu'ils donneraient conséquemment un intérêt de près de 300 p. 0/0 de la somme dépensée.

La vigne doit obtenir autant d'attention que le mûrier; elle peut venir partout : nous en avons trouvé des pieds dans les haies, et à la lisière des bois. Nous avons dit que de vieux vignobles existent, que les nouveaux réussissent, quand, au moyen de précautions convenables, on met les jeunes pieds à l'abri des sécheresses. Le raisin peut servir à la table, à l'état frais ou sec, et peut être employé à la fabrication du vin.

On doit croire que les vins obtenus seront très-variés, en raison de la différence que les localités présentent dans leur exposition et leur élévation. Tout fait penser qu'on pourra récolter des qualités précieuses. Le vin de Médeah a un goût de terroir qui rappelle un peu celui du vin du Rhin. Dans des situations plus chaudes on obtiendra des vins liquoreux, analogues à ceux d'Espagne; il est toujours certain que partout la vigne donnera aux colons une boisson salutaire, à bas prix. Mais c'est surtout pour faire des raisins secs qu'il faut cultiver la vigne en Algérie; il nous semble que les meilleures espèces y peuvent être obtenues; elles alimenteront un commerce d'exportation considérable.

Les orangers ne viendront pas dans toutes les localités : ils doivent être plantés dans des terrains arrosés, bien abrités et peu élevés : ils donneront de magnifiques produits. Les oranges de Blidah sont célèbres; elles sont très abondantes, de grosseur modérée, mais très sucrées. Celles du beau jardin de Coléah ne sont pas moins bonnes. Alger en produit aussi d'excellentes; les oranges de Tlemcen sont petites et un peu acides; la situation de cette ville est trop élevée. Nous avons vu chez M. Gourgas des orangers de quatre ans couverts de fruits. L'oranger sera donc une ressource pour l'Algérie.

Le citronnier y vient plus facilement que l'oranger.

Le figuier s'y développe vigoureusement et donne des fruits

abondants. Les figues qu'on récolte actuellement sont petites et peu sucrées, mais nous avons la conviction que les plus belles variétés réussiraient.

L'amandier vient partout et avec une grande facilité.

L'abricotier est magnifique dans presque toutes les localités. Ses fruits nous ont paru quelquefois avoir un goût peu agréable ; il faudra changer peut-être les variétés.

Tous ces arbres peuvent donner des produits d'exportation.

Le poirier et le pommier croissent avec une grande vigueur, dans les terrains frais.

A la culture des arbres, il faut ajouter celle des plantes industrielles qui nous semblent les mieux appropriées au climat, et pour lesquelles il n'y a point d'essais à faire ; ce sont les suivantes :

Le tabac qu'on a déjà cultivé sur une assez grande échelle donnera des produits assurés et propres à être *fumés;* c'est précisément cette qualité qui manque à la France : les feuilles cultivées par les Européens contiennent 4,07 pour 100 de nicotine; mais celles cultivées par les Arabes, c'est-à-dire sans engrais, ne contiennent que 1,03 pour 100 de nicotine, c'est-à-dire moins que les tabacs du Maryland et de la Havane, qui sont renommés pour la douceur de leur parfum, et qui contiennent pourtant 2 et 2,29 pour 100 du principe âcre et vireux.

Le lin croît naturellement dans les prairies, et est cultivé en certaines localités; il réussira. Le climat exigera seulement qu'on en modifie la culture : dans le Nord on sème cette plante en mai et en mars ; le lin de mai a à craindre la sécheresse de l'été ; le lin de mars est souvent châtié par les froids du printemps. En Algérie, les chaleurs sont mortelles pour cette plante, mais en revanche, les gelées printannières ne la menaceront pas ; il faudra le semer de très bonne heure.

Le chanvre acquerrait en Algérie les dimensions qu'il a dans la Syrie, l'Asie-Mineure, l'Inde, etc., c'est-à-dire 3 à 5 mètres mais il ne peut réussir que s'il est bien arrosé ; la culture n'en pourra donc être adoptée que dans certaines localités.

La sésame, au contraire, pourra se répandre partout ; il vient fort bien dans les terrains secs ; il suffit que les pluies arrivent dans la quinzaine des semailles pour en assurer la réussite. Cette plante a un inconvénient : elle mûrit ses graines successivement, de sorte que pour en tirer tout le parti possible, on doit faire des cueillettes multipliées. Mais si cette main-d'œuvre coûtait trop, ou était impossible dans la situation de la population, on pourrait prendre une époque de maturation moyenne ; on perdrait une certaine quantité de graines, mais on éviterait les frais. Quoiqu'il en soit, on est assuré de trouver dans cette culture des profits asssz considérables.

Le ricin, qui croît naturellement dans les lieux humides, donnera une huile qui se placera bien ; le colza et quelques autres plantes oléagineuses sont susceptibles de réussir. Il nous semble cependant qu'il faudra leur préférer d'autres cultures.

La garance réussira en Algérie, mais il lui faut des arrosages.

Le pavot fournira un opium de bonne qualité ; les plantes aromatiques, des essences estimées ; mais ces cultures exigent des soins qu'il sera bien difficile d'obtenir dans les premiers temps.

La pomme de terre vient bien. Nous en avons vu en décembre, chez M. Gourgas, en pleine verdure ; elles avaient été plantées après les premières pluies d'octobre, et devaient être récoltées en janvier. On s'accorde à dire que la quantité des tubercules que cette solanée produit en Algérie est médiocre.

Les patates donnent des récoltes fabuleuses, 45,000 k par hectare, dans le jardin d'Alger. Son tubercule sucré est d'un goût qu'on trouve fort agréable lorsqu'on y est habitué.

Les fèves sont très productives ; les Arabes en font une grande consommation.

Je ne parlerai pas des plantes potagères, telles que pois, lentilles, pois chiches. Cependant ces plantes pourront former de bons fourrages ; elles croissent admirablement.

Les racines nous paraissent de qualité fort médiocre en Algérie ; carottes, scorsonères, panais, nous ont semblé insipides.

Les artichauts y croissent avec une facilité prodigieuse, leur goût est peut être trop prononcé. Les choux-fleurs y deviennent énormes.

Bien que beaucoup de plantes potagères ne puissent pas être cultivées en grand, il est cependant certaines localités du littoral qui pourront produire avec beaucoup d'avantages des primeurs qui s'exporteront en France, quand les voies ferrées s'étendront de Paris jusqu'à Marseille.

Les céréales compléteront la série des plantes herbacées profitables à l'Algérie.

Le blé et l'orge y donnent de superbes moissons : c'est le blé dur qui est habituellement cultivé, le seul qui soit produit par les Arabes ; mais nous avons vu de magnifiques blés tendres récoltés en diverses localités ; il paraît que la semence dégénère, mais il suffirait de la renouveler. Nous sommes d'ailleurs convaincus qu'une bonne culture conserverait au blé ses qualités, et convertirait même le grain dur en grain tendre.

Quant à l'orge, c'est la plus belle que nous ayons jamais vue. L'avoine est peu cultivée, mais elle réussit admirablement, et ce grain donne aux chevaux une grande vigueur. Peut-être les exciterait-il trop dans un pareil climat, mais on peut le mélanger avec l'orge, au moins pendant l'hiver, et nous croyons qu'il serait fort utile aux chevaux de trait.

Les plantes fourragères sont abondantes en Algérie : les prairies naturelles sont magnifiques sur les bords des cours d'eau ; les terres qui ont été labourées se couvrent d'herbes, de légumineuses, etc., dès que les pluies d'automne viennent les humecter.

Rien ne manque donc à l'agriculture algérienne ; il faut en tirer parti par un système de culture approprié aux exigences du climat et aux facultés des colons.

Nous avons dit que les colons européens ne pourront pas se livrer à l'agriculture pastorale, qui consiste fondamentalement à tirer profit de vastes espaces, nourrissant de nombreux troupeaux, sans dépenses et sans travail excessif : les terrains manquent. Ce mode d'exploitation ne serait d'ailleurs qu'une introduction à d'autres systèmes.

La grande culture sera pratiquée sur les concessions étendues, au grand avantage des fermiers que les capitalistes y installeront, car c'est une opération plus lucrative de tenir à bail une vaste terre dont les produits naturels sont abondants et qui est munie des agens de production, qu'à féconder péniblement un champ restreint dont les produits ne s'obtiennent qu'à force de sueurs : un homme qui obtient la moitié des récoltes de 100 ou 200 hectares couverts de bestiaux a plus de profits que celui qui possède dix hectares qu'il laboure avec peine et sans moyen de les féconder.

Mais l'administration disposant de terres d'une étendue trop restreinte, et convaincue que le riche climat de l'Atlantide peut donner immédiatement sur une petite surface d'abondants et riches produits, n'a pas généralement fait de larges concessions, et a imposé aux concessionnaires des conditions en concordance avec cette pensée. Elle n'a donné, comme nous l'avons dit, que des concessions provisoires, non susceptibles d'être hypothéquées ; elle a exigé une redevance élevée et un cautionnement ; elle a imposé l'obligation de bâtir des maisons capables de loger un nombre de familles déterminé ; elle a fixé la quotité d'hectares à défricher chaque année, etc., etc. ; toutefois, elle a compris plus tard que la nécessité la plus urgente était de fonder la propriété, de laisser le cultivateur libre dans son travail, de ne pas lui enlever sous forme de cautionnement le capital dont il avait si grand besoin ; elle a aboli les conditions les plus onéreuses qu'elle avait imposées. Par cette résolution, si l'administration parvient à obtenir des terres en quantités suffisantes dans la grande région interatlantique et le long des routes stratégiques, elle parviendra à développer une colonisation compacte et fructueuse. Lorsque les fermiers se seront enrichis, que la population se sera accrue, la terre sera divisée et pourra être cultivée d'après des méthodes de plus en plus avancées.

Mais jusqu'à présent, on a dû procéder, dans les cas les plus ordinaires à la culture immédiate des lots restreints, si hérissée de difficultés à l'origine. C'est donc de ce mode d'exploitation que nous devons nous occuper spécialement. Il a peu réussi jusqu'aujourd'hui. Les causes de cet insuccès ont été appréciées : la guerre, le climat, l'absence de voies de communication, le caractère des populations qui se sont donné rendez-vous en Afrique, la pénurie des capitaux ont formé d'immenses obstacles à nos progrès. Ces causes générales sont en partie disparues. Mais il en est d'autres non moins funestes, dépendant de notre volonté, qu'il faut faire disparaître de même. Essayons de dire ce qu'il faut faire pour empêcher le travail de rester stérile.

Nous supposons les colons pourvus de leurs lots, qu'on a reconnu devoir être de 10 hectares au minimum. Tout n'est pas fait : si on suit les errements adoptés, si on se contente de demander à chaque famille la culture des céréales sur quelques hectares, il est impossible qu'elle atteigne l'aisance. Nous avons dit que chaque hectare pouvait produire net 8 quintaux de grains, qu'à peine la moitié du lot pouvait être mis annuellement en culture. Voilà donc 40 quintaux de grains obtenus, desquels il faut déduire 24 quintaux pour la nourriture des hommes et des animaux ; il en restera donc 16 disponibles ; si on les vend à 10 fr. c'est un revenu de 160 fr. que chaque famille obtient.

Admettez, si vous voulez, un prix un peu supérieur : cette famille n'en restera pas moins dans un état bien triste, si elle ne succombe pas, et pourtant nous avons supposé toutes les circonstances favorables ; nous n'avons pas tenu compte des terribles maladies qui laissent souvent une maison sans chefs et sans travailleurs. Dans l'hypothèse la plus avantageuse, le sort des colons sera pareil à celui des Arabes, mal vêtus, mal nourris, marchant pieds nus, privés de tous les objets que la civilisation a rendus nécessaires à ceux qui ont habité l'Europe ; évidemment, si les

Européens produisent les mêmes objets, s'ils ont à soutenir la concurrence avec des hommes qui se contentent de si peu et qui abaissent les prix de leurs denrées au niveau de leurs besoins, ils devront être aussi dénués que leurs concurrents ; nous disons plus, ils le seront davantage : les colons n'ont que leur faible lot de terre et un très petit nombre d'hectares cultivés en blé ; l'Arabe a pour lui l'espace et avec l'espace une culture plus facile et de nombreux troupeaux. Il est donc infiniment plus riche que nos cultivateurs qui n'ont que le champ arrosé de leurs sueurs.

On a, nous le savons, entrepris d'autres cultures, on a encouragé surtout celle du tabac, et l'administration a acheté toutes les récoltes qu'on lui a présentées. On entre là dans une voie qui nous paraît la bonne, d'autant meilleure que le tabac sur une terre peu engraissée, s'il rapporte des quantités moindres, donnera des produits plus précieux. Mais le tabac seul ne peut suffire à améliorer la position des colons, et la culture des autres plantes commerciales et industrielles sera impossible dans les commencements : elles exigent des travaux multipliés, des avances, et surtout des engrais que les colons ne sont pas en mesure de fournir : elles produiront bien une première récolte, mais ce sera souvent au détriment de la terre, et l'on ne pourra pas les maintenir dans l'assolement. On ne pourrait les intercaler entre les céréales, et les substituer aux jachères que si l'on prodiguait à la terre les principes fécondateurs que lui enlèvent les végétaux épuisants : la production des plantes industrielles appartient aux contrées dont l'agriculture est très avancée, et la terre fécondée par des engrais longtemps déposés dans son sein et sans cesse restitués ; elle n'est pas propre aux régions dont la culture est nouvelle, à moins qu'elles soient dans des conditions de fertilité spéciale, qu'une végétation luxuriante y ait formé des couches profondes de terreau, que des alluvions y aient amené un humus abondant, que des sécheresses immenses n'aient point fait évaporer les gaz qui forment la base de la nutrition des végétaux, ou que la quantité des terres disponibles soit telle qu'on puisse, en quelque sorte, promener la culture sur leur surface ; ces conditions n'appartiennent généralement pas à l'Algérie, la pauvreté menace donc les petits cultivateurs.

Des fanatiques de culture, peu touchés de la misère des immigrants, nous disaient, dans leurs missions officielles, le colon n'a pas d'argent, mais il ne doit rien acheter, il doit tout tirer de la terre. Singulière hérésie économique ! ceux qui prononcent de telles assertions ne savent donc pas où conduit la division du travail ; ils ignorent combien il est impossible à ceux qui ont joui des fruits admirables de cette division, de satisfaire à leurs propres besoins par leurs seuls efforts : ils ne sauront produire les plus vulgaires objets, ceux qu'on distribue au plus bas prix, une aiguille, une épingle, un couteau, dont l'usage est pourtant si indispensable. Il faut les demander aux arts perfectionnés des peuples civilisés. L'Arabe, lui-même, dans ses mœurs à peu près sauvages, sent la nécessité de se livrer aux transactions commerciales et d'acheter des métaux, des épiceries, des teintures, des drogues, des tissus, de la mercerie et de la quincaillerie, etc., etc., et vous voulez que le colon algérien tire tout du sol ! c'est impossible, il faut qu'il achète et conséquemment qu'il vende.

Jamais une grande colonisation n'a pu s'effectuer, dans les temps modernes, sans que le pays qui en a été l'objet n'ait fourni de nombreux objets d'échange : nos colonies tropicales ont donné le sucre et le café, qui se consomment par centaines de millions de kilogrammes ; les îles de l'archipel indien ont donné les épices ; l'Amérique du Nord a fourni le coton, la farine, qu'une terre fertile, des chûtes d'eau, les plus belles voies fluviales du monde lui ont permis de livrer à bon marché, les suifs, le saindoux, les cuirs qu'un bétail élevé sans soins et sans frais lui procure dans les meilleures conditions. L'Algérie ne prospèrera qu'autant qu'elle trouvera une source d'exportation abondante et lucrative ; c'est là un arrêt économique dont il n'y a pas à appeler.

Si la culture persistait dans les errements qu'elle a suivis, si le colon restait aussi mal pourvu qu'il l'est maintenant, la colonisation s'arrêterait. On ne s'expatrie pas pour obtenir une pareille situation, mieux vaudrait assurément cultiver le sol de la patrie que d'aller affronter une acclimatation difficile et les périls qu'on rencontre sur une terre ennemie : on peut souvent tirer moins de fruits d'un sol obtenu gratuitement que des terres de la métropole, pour lesquelles on doit payer loyer, car le loyer n'égale pas toujours le bénéfice qu'on trouve dans les facilités de transports, d'approvisionnements et de ventes qu'on rencontre dans les contrées civilisées ; ainsi il peut y avoir plus de profit à louer 40 à 45 fr. l'hectare, comme dans le centre de la France, qu'à cultiver sans redevance les champs de l'Afrique. Pour sortir de la position dans laquelle se trouve le plus grand nombre des colons, il faut donc modifier profondément l'exploitation adoptée jusqu'à présent.

Le système de culture qui convient à notre colonie est facile à déterminer ; ce que nous avons exposé suffit pour l'indiquer. C'est la culture des arbres qui donnera les produits susceptibles de former la base de grandes transactions commerciales ; elle est facile en Algérie, elle est même exigée par le climat : les végétaux ligneux, qui étendent leurs fortes racines dans les couches profondes du sol, peuvent seuls utiliser, pendant toute l'année, la terre, l'air, le soleil de ces régions, dont la surface est desséchée durant l'été ; ils profitent des engrais déposés profondément, tandis que les cultures sans ombrages sont privées par l'évaporation superficielle de ceux qui sont à leur portée. Ils ne demandent pas un travail qui doit être commencé et achevé pendant les premières pluies, sous peine d'être infructueux. Ils ne sont pas exposés, comme les plantes annuelles, aux accidents qui menacent souvent les moissons de l'Atlantide, le vent du désert, les sécheresses prolongées, les sauterelles. Ils protègent les cultures herbacées elles-mêmes, et en assurent le succès quand ils sont suffisamment espacés ; ils ne demandent à l'homme que le travail qu'il peut donner dans les contrées brûlantes, celui qu'il veut donner quand il est libre.

L'une des erreurs qui a le plus contribué à rendre nos efforts stériles, a été de croire que nos cultivateurs, transportés sur le sol africain, pouvaient s'y adonner à un labeur soutenu, comme dans les fraîches campagnes de la Flandre. Les climats chauds demandent une action corporelle moindre, conséquemment, une autre culture que les climats tempérés. Il est remarquable qu'à mesure que la civilisation a exigé de l'homme un travail plus énergique et plus continu, elle l'a conduit dans des régions plus froides. Dans les premiers temps historiques c'est dans les latitudes des Indes et de l'Egypte, même de l'Æthiopie qu'elle s'établit; puis dans celles de l'Asie-Mineure, de Tyr, de Carthage, de la Grèce, de la Sicile, plus tard en Italie, enfin en France, et déjà elle se porte plus au nord. Au siècle où nous vivons, il n'existe plus de civilisation en progrès, que dans les empires dont une partie au moins est au-delà du 40ᵉ degré de latitude boréale, on pourrait même dire du 45ᵉ degré. Ces contrées, où le travail a toute son activité, donnent l'impulsion; les autres prodiguent volontiers les fruits, aux principes fortement élaborés, que les arbres, sous un soleil ardent, donnent presque sans travail.

Le mûrier, la vigne, l'oranger, le citronnier, le figuier, l'amandier, l'abricotier, qui forment la couronne des plus beaux climats, seront répandus sur le sol arabe. Il n'y a pas là d'essais à faire, il ne faut pas pour eux se servir de moyens artificiels et dispendieux; il n'y a pour ainsi dire qu'à les abandonner à la nature. Le plus précieux de tous, l'olivier, réussira, pourvu seulement qu'on ne s'attache pas à le détruire.

C'est donc la culture des arbres qu'il faut adopter de suite, sans délibération et sans délai, il faut planter immédiatement, même avant le défrichement. Plus tard, successivement, on enlèvera les broussailles qui se trouveront entre les arbres espacés, et bientôt grandis et puissants. Si depuis 20 ans que nous sommes en Afrique, si depuis 10 ans qu'on a pu songer sérieusement à la colonisation, on avait planté ou greffé des oliviers, la richesse du pays serait déjà une réalité.

C'est surtout l'olivier, le joyau de l'Afrique, qui doit fixer le choix des cultivateurs, bien que ses produits se fassent beaucoup attendre. Le mûrier assure de plus prompts bénéfices ; on doit l'entremêler avec l'olivier, ainsi que les fruitiers que nous avons désignés. Les hautes futaies ne prospèrent pas dans les plaines africaines ; nous avons vu que même dans le jardin d'Alger, beaucoup d'espèces ont eu leurs cîmes desséchées ; il faut préférer aux arbres qui ne donnent que du bois, ceux qui donnent de riches produits sous un petit volume. Les grands arbres seront réservés pour les régions montagneuses, et surtout pour les versants nord. Les fruitiers seuls feront la fortune du Tell.

Mais les arbres ne produisent pas rapidement ; la plupart des colons ne peuvent en attendre les fruits ; il faut planter pour l'avenir, mais il faut des produits dans le présent : c'est aux cultures herbacées qu'il faut les demander.

Pour les obtenir les colons algériens doivent suivre la marche qui a été suivie par les habitants de toutes les contrées : ils doivent adopter, pour des lots restreints, comme pour les vastes concessions, des cultures lentement progressives ; peu nombreux, privés d'auxiliaires et de ressources considérables, ils doivent profiter d'abord de ce que donnent les forces productives de la terre, et la féconder ensuite par le travail, par les engrais, et les capitaux que le sol lui-même a fournis : la terre doit créer les moyens d'accroître la fertilité de la terre. Pour adopter une autre méthode, il faut des sommes immenses, qu'on ne possède pas, qu'on ne voudrait pas consacrer, si on les possédait, à une opération périlleuse, et qui, certainement, ne rapporterait pas un légitime intérêt : la fécondité de la terre ne s'achète pas avec profit ; elle s'obtient par une lente accumulation des éléments producteurs, créés sur place, et recueillis avec entente et vigilance.

Pour arriver à ce résultat, il faut élever des bestiaux et les élever aux moindres frais possibles ; conséquemment il faut de l'espace. Il est nécessaire de réserver au bétail la moitié, au moins, du lot concédé, cinq hectares sur dix, et chercher à agrandir encore la superficie qu'on peut lui livrer. On y arrivera en laissant à chaque village la jouissance d'un domaine communal. Si l'administration parvient à se procurer, sans délai, la plus grande partie des terres qui sont nécessaires à la colonisation, les colons n'arrivant que successivement, de larges pâturages communaux devront à l'origine, alors que le besoin en est plus urgent, être livrés aux troupeaux de chaque habitant.

Ce sera encore augmenter en quelque sorte la superficie des herbages, que de pratiquer des irrigations, car on en doublera, on en triplera la production. On obtiendra de plus la faculté de nourrir les animaux utiles durant la saison des sécheresses, sans prendre le soin de faucher et de conserver les fourrages. On devient alors facilement propriétaire de bestiaux, car, on le sait, durant l'été, quand les Arabes ne peuvent plus trouver sur la terre desséchée le moyen d'alimenter leurs troupeaux, ils les vendent à vil prix.

Il est nécessaire d'élever d'abord les animaux qui coûtent le moins et rapportent le plus vite. Nous avons vu avec quelle facilité se crée un troupeau de porcs, c'est par eux qu'il faut commencer.

Avec le prix de leur vente, le cultivateur obtient bientôt des vaches, des bœufs et des moutons ; dès lors, il est dans l'aisance, il a du lait, du beurre, de la viande, de l'argent pour acheter ce qu'il ne peut et ne doit pas produire. Il a des bêtes de trait, n'eût-il que des vaches, pour labourer, faire les transports, élever l'eau des irrigations ; il a des engrais. Il peut donc opérer avec succès une culture complète.

Le choix des denrées à produire n'est pas difficile à notre avis: la majorité des colons n'a pas le moyen de tenter des essais ; il faut qu'ils se contentent de cultiver les végétaux dont le parfait développement est assuré sous le climat algérien ; ils cultiveront donc, sur les espaces qui ne sont pas laissés aux fourrages, les céréales pour la nourriture des populations rurales et urbaines, pour l'armée, pour les animaux qui font le service des troupes et de l'agriculture ; ils auront ainsi leur pain et de l'argent.

Les colons cultiveront de plus les plantes qui, en donnant des moyens d'alimentation plus abondants pour les hommes et les animaux, permettront un meilleur assolement, en rendant la terre plus meuble et mieux nettoyée ; ce serait la pomme de terre, la patate, les navets, les betteraves, les fèves, les choux, les légumes de toutes sortes.

Ils se livreront à la production des plantes industrielles comme le tabac, le sésame, le colza, le lin, le chanvre, la garance, dans quelques localités le cotonnier, le nopal, mais d'abord sur un petit espace.

La condition essentielle pour obtenir le plus sûrement les meilleurs résultats, c'est de n'étendre sa culture que sur la quantité de terre qu'on peut facilement labourer, nettoyer et fumer d'une manière parfaite. On obtient ainsi les plus riches récoltes avec le moins de travaux et de frais possibles : cultiver incomplètement de vastes étendues, c'est multiplier sa peine et diminuer ses profits.

Pour arriver au succès, par un travail relativement peu considérable, il sera éminemment avantageux que le laboureur européen s'associe l'Arabe. Nous avons dit quels seraient les bons effets politiques de cette association, qui serait facilitée par les dispositions des indigènes qui apprécient notre justice. Les résultats économiques de l'association ne seraient pas moindres ; le taux minimum de la part à concéder aux Arabes est un cinquième de la récolte pour son travail : les quatre autres cinquièmes représentent la terre, les bœufs, les instruments, l'habitation. Si le colon ne livrait que la terre, il n'aurait donc que 1/5. Il faut qu'il arrive à ne demander à l'Arabe que son travail, et à ne lui laisser conséquemment que 1/5 ou 1/4 de la récolte.

Par ces arrangements, le colon peut facilement prospérer : une large surface est laissée aux bestiaux, qui donnent des produits indispensables à l'alimentation et en même temps d'une vente facile ; des engrais abondants sont créés ; une riche culture concentrée sur une superficie restreinte, mais fumée, nettoyée, ameublie, ombragée, fournit des récoltes abondantes ; l'hectare qui donnait 8 quintaux de grains en donnera 25 ; la terre, qui ne pouvait se couvrir que de moissons sans valeur, enfantera des produits commerciaux d'un grand prix, et le rude labeur sera évité. Le colon n'aura à faire que les efforts qu'on peut demander à l'homme de la race blanche dans les contrées méridionales, et le travail peu étendu pourra s'accomplir, dans le laps de temps laissé par un climat exceptionnel.

Enfin les arbres auront développé leur couronne; ils élaboreront, d'abord avec parcimonie, puis avec abondance, les plus précieux principes ; ils n'éprouveront aucuns dommages des cultures superficielles, si par des labours de plus en plus profonds on a forcé leurs racines à s'étendre dans les couches inférieures du sol.

Ainsi, par une production graduelle, proportionnée aux facultés des colons, trouvant sa cause et sa facilité dans l'accumulation successive des agents fertilisants, on peut rendre au sol algérien son antique splendeur. On peut sans capitaux considérables, arriver à une culture perfectionnée et lucrative

Toutefois, il faut le déclarer, quelques ressources qu'on trouve dans le système que nous conseillons, encore faut-il certaines avances pour le mettre en pratique : il faut des semences, des instruments, des bestiaux, une maison, des vêtements, des vivres, etc., jusqu'à ce que les produits arrivent ; il faut parer aux accidents et aux besoins des maladies. Pour déterminer l'arrivée des colons dans un pays que les relations n'ont pas décrit sous un jour avantageux, il faut donc encore un peu d'aide et d'encouragement. Il en est que le gouvernement peut donner ; tels sont les défrichements, les semences, les instruments, les arbres, etc.

Les défrichements, qui rendent la terre susceptible de culture, sont quelquefois si difficiles, dans un pays où les broussailles et surtout le palmier nain (chamærops humilis) se sont emparés du sol, qu'ils sont presque toujours au-dessus des forces individuelles des colons; ils ne peuvent être obtenus par leurs ressources pécuniaires. L'État les fait entreprendre avec assez de facilité par les soldats ; leur concours sera donc utile, souvent indispensable aux colons ; on ne peut pas donner à ceux-ci un secours plus profitable, et qui tourne mieux à l'avantage de l'État lui-même.

La distribution des semences peut se faire aussi avec avantage par l'administration. Souvent elle n'a qu'un prêt à faire pour obtenir des résultats très heureux, mettre les colons en mesure de tirer parti de leurs terres, améliorer les espèces, répandre des cultures plus lucratives.

La distribution des instruments aratoires est chose utile, l'administration fera bien de donner, de prêter, d'entretenir ces instruments ; pour leur fabrication le grand atelier fondé près d'Alger présentera des avantages ; mais quant aux réparations, nous ne pouvons nous empêcher de remarquer qu'il peut y avoir des inconvénients à faire arriver au même point des instruments qui ont servi dans toutes les régions de la colonie. Des établissements centraux sont indispensables à l'origine ; mais il faut tendre à les remplacer par des artisans dispersés dans les centres de population.

Quoiqu'il en soit, on doit s'attacher à suivre les modèles les plus simples et les plus généralement adoptés, proscrire absolument les mauvaises constructions, fabriquer toutes les pièces d'après un type uniforme, pour que les réparations et les remplacements, si difficiles dans un pays non peuplé, puissent se faire sur place, avec promptitude et économie.

Ainsi, pour les charrues, il faut prendre le modèle dit *Brabant* ou de *Grignon*, bannir les charrues en fonte, qui sont fragiles et trop lourdes, arriver à fabriquer ces instruments en fer, à bas prix, en commandant les pièces dans les grandes forges, vendre des pièces de rechange de dimensions constantes.

Nous devons noter ici qu'il est nécessaire d'avoir des charrues de plusieurs grandeurs : on ne peut, en effet, se servir des mêmes instruments pour les défrichements et pour la culture des terres déjà ameublies et nettoyées. Il serait utile de placer dans chaque village les grandes charrues qui servent à entamer le sol depuis longtemps inculte ; elles seraient prêtées aux colons, car ceux-ci ne peuvent acheter des instruments qui bientôt ne leur seront plus nécessaires.

Il est bon de disposer les charrues de manière à recevoir un avant-train : il est des cultivateurs dont l'inexpérience exige cette combinaison. On adoptera enfin un modèle de soc travaillant dans les deux sens, pour les circonstances nombreuses où cette disposition est réclamée.

Quant aux autres instruments, tels que herses, bineaux, rouleaux, etc., l'administration s'en tiendra à ceux qui sont vulgairement en usage dans les pays de bonne culture.

Elle favorisera l'établissement d'une machine à battre le blé dans les grandes communes. Sous le ciel de l'Afrique, l'on peut toujours séparer le grain de la paille, en plein champ, au moyen des animaux ou par le secours d'un rouleau; mais la machine augmentera la récolte du grain et facilitera la conservation de la paille.

La distribution des bestiaux est surtout profitable et doit être continuée, parce que le bétail est le plus indispensable auxiliaire de l'agriculture : c'est peut-être aussi le secours que l'administration peut offrir le plus facilement : par les impôts elle reçoit des bœufs au prix de 32 fr., elle ne peut souvent les vendre que pour la somme de 10 à 12 fr.; par les razzia qu'elle est forcée d'infliger aux tribus rebelles, elle conquiert des troupeaux qui sont en grande partie abandonnés aux goums des tribus amies.

L'administration a quelquefois donné des bœufs aux colons ; quelquefois elle les leur a prêtés. Si, ce qui est le cas ordinaire, les dons sont impossibles, les prêts rendront de grands services, et c'est à ce système qu'il faut s'attacher, parce qu'on pourra par là aider un plus grand nombre de cultivateurs. Malheureusement les secours de ce genre ont été bien souvent insuffisants : on n'a pu mettre à la disposition d'une famille, qu'un bœuf ; il fallait que deux familles s'unissent pour mener une charrue. C'est trop peu dans un pays où les travaux de l'agriculture doivent être achevés dans un temps très court, et cette dépendance des colons cause les plus redoutables inconvénients.

Le système d'attelage des bœufs est généralement très vicieux ; on les soumet au joug placé à la base des cornes : ainsi assemblés, gênés dans leurs mouvements, tirant d'une manière tout-à-fait défavorable, ces animaux perdent plus de 50 p. 0/0 de leur force.

Le joug arabe qui se place sur le garcau est beaucoup plus avantageux. Rien n'est plus simple : une traverse est posée sur le saillant du col ; elle porte deux attelles qui descendent perpendiculairement jusqu'au delà du conduit respiratoire, et sont unies par une corde d'alpha ; c'est sur cette sorte de collier, qui trouve son point d'appui en arrière, sur la dernière vertèbre du col, que sont attachés les traits.

L'usage du véritable collier serait encore beaucoup plus avantageux ; il coûte un peu plus ; mais la force utile qu'on obtient, en l'employant, est infiniment plus considérable : l'administration devrait en favoriser l'usage.

Elle devrait surtout répandre les vaches qui sont la fortune du cultivateur par le lait, le beurre, le fromage qu'elles donnent, les élèves qu'elles créent, le fumier qu'elles fournissent, et même le travail qu'elles font. Quoique la besogne qu'elles accomplissent soit beaucoup inférieure à celle du bœuf, il vaudrait mieux les multiplier que de persister dans l'emploi exclusif d'un animal stérile. On ouvrirait ainsi aux cultivateurs la voie de la prospérité et du bien-être ; on les affranchirait de la dépendance qui les lie à leurs voisins ; on leur donnerait le moyen d'entretenir à toujours et d'agrandir leur étable. Malheureusement ces vérités ont été absolument méconnues. Nous avons vu fort peu de vaches en parcourant toutes les colonies agricoles. C'est là une des causes essentielles de leur misère.

Une mesure qui était excellente, était de placer chez les colons, les troupeaux de l'armée : cela ôtait à l'administration le soin de les nourrir, et donnait aux fermes une immense valeur. Sans doute l'approvisionnement de l'armée eût subi quelque préjudice si les bêtes, mal soignées, eussent été rendues chétives et maigres; mais on avait remédié à cet inconvénient en livrant le troupeau au poids, en le reprenant de la même manière : le cultivateur profitait de l'accroissement du troupeau ou payait le déficit. On est sorti de cette voie en accordant aux instances de l'industrie particulière le soin de fournir la viande à l'armée. Mais comme il y a infiniment plus de personnes qui ont besoin de troupeaux, qu'il n'y en a qui peuvent en vendre, nous pensons qu'on reviendrait avec avantage aux mesures antérieurement adoptées : nous ne saurions trop le répéter, dans la multiplication du bétail est le sort de la colonie.

L'établissement des pépinières, la distribution des arbres utiles sont choses indispensables : les cultivateurs ne se décideront à planter que s'ils ont à leur disposition des espèces bien choisies, promettant de bons fruits, dans un avenir prochain.

L'administration a satisfait en partie à cette nécessité en fondant les pépinières d'Alger, de Blidah, de Bouffarick, Médeah, Milianah, Miserghin, Philippeville, etc., etc. Ces établissements ont rendu de grands services; cependant ils ont causé des dépenses considérables, et n'ont peut-être pas toujours favorisé la colonisation autant qu'ils auraient pu le faire.

Nous concevons que le jardin central de l'Algérie puisse à bon droit entraîner des frais élevés : sa destination est très haute et complexe. Il doit :

1.º Créer les végétaux qu'on veut répandre dans la colonie ;

2.º Essayer la culture de ceux qu'on se propose d'acclimater ;

3.º Expérimenter les meilleurs systèmes de culture et de multiplication des végétaux appartenant déjà à l'Algérie, et de ceux qu'on veut y introduire ;

4.º Réunir les diverses variétés des espèces utiles, les étudier dans leurs rapports avec le climat, répandre les bonnes, écarter les mauvaises ;

5.º Multiplier les végétaux qu'on se procure difficilement en France, soit pour les établissements scientifiques, soit aussi pour les cultures plus générales, produire les graines de ceux qui fructifient mal dans les climats européens ;

6.º Exercer les diverses industries agricoles qui ne peuvent encore prospérer dans les mains des colons, à cause de leur inexpérience et du défaut de machines, telles que le dévidage de la soie, l'égrenage du coton, etc. ;

7.º Former enfin des hommes habiles pour la direction des pépinières et des établissements agricoles de l'Algérie.

Telles sont les principales nécessités auxquelles on a voulu satisfaire en créant le jardin d'Alger dans une magnifique situation ; il remplit dignement sa destination, sous l'habile direction de M. Hardy, et l'on ne doit pas regretter les sommes considérables qui sont consacrées à son entretien. Peut-être seulement la création des végétaux les plus utiles a été un peu négligée : par exemple, nous ne voyons pas un pied d'olivier dans la liste des arbres à distribuer en 1850. Par contre, on a donné trop de soins aux espèces d'une utilité bien douteuse comme le melia azédarach, le phytolacca decandra, etc., etc. Pour être juste cependant il faut dire que le jardin d'Alger, institution centrale et réellement scientifique, a dû, jusqu'à un certain point, se croire moins obligé que les autres à s'occuper des végétaux vulgaires et par cela répandus facilement, sans sa coopération : on y a commencé d'ailleurs les semis d'oliviers ; ils ont parfaitement réussi, et des pieds de ces arbres précieux seront répandus aussitôt qu'ils seront greffés.

Les autres pépinières doivent être renfermées étroitement dans l'obligation de faire des distributions abondantes, toujours renouvelées, de végétaux dont les qualités sont bien constatées. Sous ce rapport, elles laissent peut être quelque chose à désirer, et dans tout état de cause, elles ne peuvent satisfaire à tous les besoins de la colonie : elles sont trop éloignées des établissements agricoles répandus sur la surface de l'Algérie : le choix des espèces est impossible aux cultivateurs, leurs demandes arrivent tardivement, les expéditions éprouvent des délais extrêmement préjudiciables. Nous sommes montés à bord d'un bâtiment transportant des arbres d'Alger à Philippeville ; ils avaient sans doute été déplantés plusieurs jours avant leur embarquement ; ils ont subi pendant une mauvaise saison, une traversée fort longue ; ils ont ensuite séjourné plusieurs semaines sur le quai de Philippeville, puis expédiés à une distance plus ou moins grande. Dans de telles circonstances, la réussite nous paraît bien compromise, et beaucoup de frais auront été faits en pure perte.

Nous pensons qu'il serait bien plus avantageux d'avoir des pépinières plus nombreuses et moins étendues, placées pour ainsi dire dans chaque village, réduisant leurs frais aux sommes les plus faibles, circonscrivant leurs cultures aux végétaux partout admissibles. Il faudrait accorder des encouragements à tous les individus qui fonderaient des pépinières dans les communes rurales ; nous avons communiqué ces pensées au préfet d'Alger ; elles nous ont paru être accueillies par lui.

Mais quelque soin qu'on prenne pour que les distributions d'arbres soient faites dans les meilleures conditions, les plantations ne réussiront pas si les colons eux-mêmes ne les dirigent avec sollicitude ; il faut que les trous qui reçoivent les arbres soient larges et profonds, que la terre qui entoure les racines soit meuble et de bonne nature, que des irrigations abondantes soient pratiquées durant les premières années dans les sols glaiseux qui, par l'action de la chaleur, se fendent à de grandes profondeurs. Alors les racines sont desséchées et déchirées ; c'est sans doute une des causes qui ont fait disparaître les végétaux ligneux des vastes coteaux glaiseux qui forment le versant sud du petit Atlas : la dent des bestiaux et l'incendie qu'emploient les Arabes pour faire leurs coupes de bois ou nettoyer la terre ont préparé la destruction ; la sécheresse a fait le reste.

Les dotations et les subsides divers qui ont été accordés ont pu accélérer le mouvement colonial ; mais si l'on doit approuver beaucoup les distributions de semences, d'instruments, de bestiaux, qui sont faites aux colons, dans les limites des ressources de l'État, peut être ne doit-on pas louer sans restrictions tous les dons qui ont été faits à des particuliers ou aux institutions diverses qui ont été fondées en Algérie. Ce n'est pas qu'ils jaient été faits sans utilité : tout ce qui fait naître une culture européenne sur le sol algérien est utile ; mais on pouvait quelquefois obtenir des avantages plus grands et plus généraux. *Des domaines déjà productifs* ont été cédés à titre gratuit, *des sommes* d'argent ont été prêtées, et mêmes abandonnées pour favoriser l'établissement de grandes exploitations ; les *fermes* cultivées par l'armée, les *jardins* des garnisons et des camps ont été livrés à des personnes plus ou moins capables de les faire fructifier : il eût été vraisemblablement plus profitable de les faire servir à des institutions d'utilité publique que nous indiquerons. Les *mines* ont été libéralement concédées ; on a même accordé des bois pour le traitement des minerais de fer, de cuivre, etc. ; c'est là un concours profitable.

Nous croyons devoir dire un mot sur les établissements qui ont été le plus fortement encouragés.

Le couvent des Trappistes à Staoueli est un fort bel établissement, et la description que nous en avons donnée doit suffire pour faire comprendre qu'il constituera une exploitation agricole très remarquable. Il a obtenu une concession énorme et un prêt considérable, pour le remboursement duquel le gouvernement se montre peu exigeant ; il pourra former une ferme modèle qui secondera puissamment l'essor de l'agriculture africaine. Mais il ne nous semble pas avoir une utilité aussi immédiate qu'un établissement destiné spécialement à recevoir les arrivants, à les acclimater, et à contribuer pour sa part à accroître la population active, ou à l'élever.

L'établissement de Miserghin, qui reçoit les orphelins, peut rendre les plus grands services et mérite les encouragements qu'on lui a donnés : il formera des agriculteurs instruits, moraux, laborieux, acclimatés, qui contribueront largement à l'extension de la colonie.

Les établissements de Ben Aknoun et de Bouffarick qui reçoivent en pension les enfants abandonnés sont aussi de ceux qui font naître le plus d'espérances ; malheureusement la somme exigée de chaque élève est trop élevée pour que tous les départements français, à la charge desquels sont les enfants trouvés, puissent facilement les confier aux pères de la société de Jésus. Ceux-ci ont dû acquérir, à titre onéreux, leur établissement de Ben Aknoun, et le développer à leurs frais ; ils ont donc dû exiger un prix de pension assez élevé. L'institution de Bouffarick n'a pas été dans les mêmes conditions ; on doit donc espérer que ses exigences seront moindres ; on élèverait alors une population nouvelle sur la terre algérienne, au moyen de sacrifices que les ressources départementales pourraient supporter. Un orphelinat pour les jeunes filles a été établi et rendra de grands services.

Les pénitenciers, qui doivent recueillir les jeunes condamnés, et dont la fondation est poursuivie par le respectable abbé Brumault, ont formé avec les précédents établissements un des moyens les plus précieux de colonisation.

Les pénitenciers consacrés aux condamnés politiques, à Lambessa, et dans les villages dont on a achevé la construction en 1851, pourront aussi accélérer le mouvement colonisateur. Si, par des raisons que nous allons bientôt développer, il n'est plus possible de fonder des villages aux dépens du trésor public, on ne peut faire les mêmes objections contre la fondation des institutions dont nous venons de parler : l'État, les départements ou les communes, ont l'obligation de pourvoir à l'entretien des jeunes gens des deux sexes, placés dans les catégories qui viennent d'être indiquées ; il ne leur en coûtera pas davantage de les faire vivre dans la colonie, et là ils seront plus utiles à la société, puisqu'ils concourront à la prospérité d'un établissement nécessaire à la grandeur de la France. Ils auront eux-mêmes une situation meilleure : leur travail sera plus lucratif, plus moralisateur, et pourra les conduire faci lement à l'obtention d'une propriété susceptible d'acquérir une grande valeur ; ainsi leur établissement n'occasionnera pas une nouvelle dépense, s'il est rationnellement opéré, et aura l'avantage de laisser développer sur une terre féconde une génération qu'il est si difficile de faire prospérer sur le sol de la mère-patrie ; on ne peut donc trop applaudir aux essais qui ont été faits ; on doit désirer que des mesures soient prises pour que la presque totalité des enfants trouvés et des jeunes condamnés soit placée en Algérie, où ils seront instruits dans toutes les parties de l'art agricole, en même temps qu'ils recevront les connaissances générales qui leur sont utiles.

L'instruction générale et l'instruction agricole favoriseront à un haut degré la colonisation ; par elles on donnera plus de valeur à la génération qui s'élève ; par elles on appellera une plus nombreuse immigration. Les hommes qui quittent un pays comme la France, sont préoccupés surtout de savoir si, dans leur nouvelle résidence, ils trouveront le moyen de développer l'intelligence de leurs enfants, et d'en faire des hommes dignes de leur patrie, en position de s'y montrer avec honneur, si les circonstances les y rappelaient. L'administration a donc accompli un devoir essentiel en fondant des écoles dans les centres de population, et un collége à Alger. Il faut seulement ne pas devancer les besoins, et laisser se créer la véritable colonie, avant de prodiguer les moyens de l'instruire.

L'enseignement pratique de l'agriculture mérite une attention particulière dans un pays qui doit être spécialement agricole, et qui ne peut prospérer qu'à l'aide d'un travail perfectionné. Nous regardons comme un moyen d'instruction les sociétés d'agriculture, les comices, les chambres consultatives qu'on vient d'instituer : les hommes en se rapprochant, en se communiquant leurs observations, en profitant de l'exposition des produits et des instruments aratoires, apprennent plus que s'ils suivaient un cours théorique. Les encouragements, les primes, les récompenses magnifiques excitent le zèle et font avancer dans la voie des perfectionnements. Cependant il faut une mesure dans les encouragements ; il est arrivé que les récompenses données avaient presque la valeur de tous les objets admis aux concours.

Les inspecteurs d'agriculture rendent de bons services, en répandant les vérités utiles, en s'enquerrant des besoins de chacun, en suivant l'emploi des secours accordés par l'État, et en veillant à la conservation des propriétés et de tous les objets qui lui appartiennent ; mais c'est à la condition qu'ils seront parfaitement initiés aux connaissances pratiques et théoriques de l'art au développement duquel ils travaillent, et qu'ils consacreront leur temps plutôt aux inspections qu'au travail de bureau.

Mais quelle que soit l'utilité réelle de toutes les institutions créées sur le sol africain, au moyen des sacrifices faits par la France, elles ont paru tout-à-fait insuffisantes pour favoriser les progrès de la colonisation. On n'a rien trouvé de mieux, alors, pour les hâter, que d'installer les colons aux frais de l'État.

L'installation des colons, par le gouvernement lui-même, a paru chose si naturelle qu'elle a fait la base de toutes les discussions. Mais si l'on a été d'accord pour grever le trésor public des frais d'établissement des Européens dans l'Atlantide, il y a eu peu d'unanimité sur les moyens à employer pour obtenir la réussite la plus complète avec la dépense la plus faible. Divers systèmes ont été proposés pour atteindre le but. Les hommes les plus éminents de l'armée d'Afrique ont exposé leurs projets, et des sommes considérables ont été consacrées à la réalisation de quelques-uns. Nous allons dire un mot sur chacun de ceux que les noms de leurs auteurs ont recommandés à l'attention publique.

Le plus célèbre est celui du maréchal Bugeaud. Il a proposé, dès 1842, dans sa brochure intitulée de *l'Algérie*, d'établir aux frais de l'État des militaires qui ont servi en Afrique ; il pensait alors, et il faut penser encore, que le premier intérêt est celui de la sécurité, et que les anciens soldats sauraient mieux se défendre que les colons civils. Il ne repousse aucun des modes de colonisation ; mais il croit qu'on reconnaîtra vite que la colonisation civile, si elle est prévoyante, deviendra très militaire, de même que la colonie militaire deviendra vite civile. En 1847, dans sa brochure portant pour titre *De la Colonisation de l'Algérie*, il est revenu plus spécialement sur le système des colonies militaires. Il a pensé que le soldat, habitué au climat d'Afrique et aux rudes travaux de la guerre, surtout s'il est né dans les champs, formerait le meilleur colon, celui qui est tout-à-la-fois capable de défricher le sol, et de le défendre contre les incursions toujours menaçantes des Arabes : il voulait que les hommes qui ont encore quelques années de service à donner à l'État, fussent autorisés à se marier, et fussent dotés d'un petit lot de terre et de la somme nécessaire pour le féconder. Il estime que les frais d'installation d'une famille s'élèveraient à 2,600 fr.; il les porte à 3,000 fr. à cause des dépenses imprévues. Dans ses calculs il n'évalue qu'à 600 fr. la dépense de la maison, parce qu'il ne fait payer par l'État que le bois et le fer ; la main-d'œuvre était faite par l'armée. Le chiffre de trois mille francs est donc un minimum ; à ce compte, 100,000 familles coûteraient 300,000,000 fr. Ce système conduit donc l'État à des dépenses excessives auxquelles il ne saurait pourvoir ; il est d'ailleurs fondé sur une méthode de culture qui exigerait trop de travail, trop de ressources et donnerait des résultats trop éloignés ; il réussirait donc difficilement.

Le général Bedeau a présenté un projet de colonisation spécialement applicable à la province de Constantine. Il admet la colonisation civile, en acceptant cependant dans chaque commune l'installation de cinquante à soixante soldats, auxquels l'État accorderait un subside de 800 francs ; selon lui, la colonisation doit avoir sa base à la mer, le saillant à l'intérieur ; elle doit commencer dans le rayon des grandes cités : autour de celles-ci doivent être disposés des bourgs principaux, situés à 30 ou 40 kilomètres les uns des autres et formant un polygone dont le centre serait occupé par les villes ; le territoire enfermé dans le polygone serait concédé aux villages qui seraient successivement construits. Ultérieurement seraient construits les villages de grandes haltes sur les lignes qui uniront les divers polygones entre eux.

Pour arriver à la distribution et à la culture des terres, le général Bedeau pose comme base essentielle de respecter les propriétés particulières des Arabes ou les terres dites *Melk*. Il ne concédera aux Européens qu'une partie des terres domaniales et des *arches* ou terres dont les Arabes ont la simple jouissance ; il voudrait concéder aux Arabes une partie des terres domaniales, leur accorder la propriété de ce qu'on leur laisserait des arches et les exonérer de l'hokor ; il estime que les terres domaniales de la province de Constantine s'élèvent à 160,000 hectares ; selon lui on pourrait rendre seulement 37,000 hectares disponibles, et concéder 30 hectares à chaque famille.

Enfin, pour accélérer la culture et assurer l'aisance des colons, il tolérerait et même encouragerait l'association des Européens et des Arabes, et permettrait aux Européens de louer aux Arabes 20 hectares sur 30, ce qui donnerait à chaque famille un revenu de 500 francs.

Quant aux dépenses laissées à la charge de l'État, il n'admet que celles qui sont relatives 1.° à la sécurité, comme celles qu'exigent l'établissement des enceintes fortifiées ; 2.° à la salubrité, comme celles qu'exigent les desséchements, les conduites d'eau, etc. ; 3.° aux communications, comme celles des routes, des ponts, etc.

Il estime que les travaux de la première catégorie s'élèveront à 553,000 fr. ; ceux de la deuxième catégorie, à 2,200,000 fr. ; ceux de la troisième catégorie de première urgence, à 1,112,000 fr. ; ceux de deuxième urgence, 1,162,000 fr. ; en tout, 5,027,000 fr.

Si le général Bedeau donne à chaque famille 30 hectares, ses 37,000 hectares disponibles ne doteront que 1,233 familles, ce qui porte la dépense pour chacune d'elles à 2,625 francs, et conséquemment pour 100,000 familles, l'État dépenserait 262,500,000 francs. C'est presque le chiffre du maréchal Bugeaud. Quant au nombre des hectares exigés pour ces familles, il serait de 3,000,000.

Ces conditions sont irréalisables, cependant il faut reconnaître que le plan du général repose sur des idées vraies : il a reconnu la nécessité de ne pas mettre les colons à la charge et sous la conduite de l'État, de leur accorder de grandes surfaces de terre ; enfin d'associer le travail arabe au travail européen, et de créer aux colons un revenu indispensable ; mais la quantité de terres qu'il demande sera réputée introuvable, s'il s'agit d'une grande colonie, et les dépenses publiques resteront énormes si elles ne s'appliquent qu'à un petit nombre de familles.

Le général Lamoricière, qui a gouverné la province d'Oran, s'est préoccupé d'une seule pensée, en présentant un plan de colonisation : il a voulu fonder une colonie qui pût se nourrir, nourrir les habitants des villes et l'armée. Pour arriver à ce résultat, il établit que pour défendre notre conquête, 25,000 hommes et 6,000 chevaux sont nécessaires dans chacune des trois provinces : l'armée devrait donc se composer de 75,000 hommes et de 18,000 chevaux. Il admet que les habitants des villes sont en même nombre, soit 75,000 habitants, pour les trois provinces et qu'il y a 2,000 chevaux pour leur service dans chaque province, soit 6,000. Cela posé, il cherche si le territoire de la province d'Oran présenterait une superficie disponible, suffisante pour nourrir cette population ; il établit qu'on obtiendrait dans le territoire civil d'Oran. . . . . 25,000 hectares.

Dans celui d'Arzeu. 1,000

Les terres du Beylick donneraient. . . . 2,365

Les terres dites *Melk* ou propriétés des Arabes dont on pourrait faire l'acquisition. . . . 11,400

Les terres dites *Sabega*, dont les Arabes n'ont que la jouissance. 56,000

Terres à l'ouest d'Oran, partie *Melk*, partie *Sabega*. 8,000

Total. . . . . . 93,765 hectares.

Cette superficie nourrirait une armée, une population urbaine et une population rurale, composée chacune de 25,000 individus, plus 6,000 chevaux appartenant à l'armée, et 2,000 à la population urbaine; en effet, 5,000 familles composées de cinq individus chacune, possédant 16 hectares, en tout 80,000, ensemenceraient chacune 8 hectares en céréales, orge et blé.

Chaque hectare produit huit quintaux, après la semence déduite; donc, les huit hectares donneront 64 quintaux de grains, 32 quintaux de blé et 32 quintaux d'orge.

La nourriture de la famille et des animaux quelle possède exige 12 quintaux de blé, 12 quintaux d'orge, reste 20 quintaux de blé et 20 d'orge. Les 5,000 familles pourront donc vendre 100,000 quintaux de blé et 100,000 quintaux d'orge, quantités suffisantes pour nourrir 25,000 soldats, 25,000 citadins, 6,000 chevaux appartenant à l'armée, 2,000 appartenant à la population civile.

En appliquant les mêmes calculs aux trois provinces, on trouverait que 15,000 familles établies sur 240,000 hectares nourriraient l'armée et la colonie.

Le général réduit les dépenses à faire au strict nécessaire, c'est-à-dire qu'il charge l'État de mettre seulement les cultivateurs en possession de la terre, de leur fournir l'eau, de leur assurer la sécurité au moyen d'un fossé ou d'une enceinte; il reporte à l'époque où les colonies auront une vie assurée la construction de l'église, de l'école, etc. La subvention qu'il demande pour établir d'abord 2,322 familles, est de 200,000 francs, c'est-à-dire 86 francs par famille. Mais dans ces frais ne sont pas comprises les sommes exigées pour créer les communications, assainir les terres actuellement impropres à la culture, etc., etc. Quant aux frais de construction des habitations et à ceux de premier établissement, le général a cru qu'on pourrait les faire supporter par des capitalistes auxquels on ferait concession de toutes les terres, et qui se chargeraient d'installer les travailleurs. A cet effet on concèderait les villages par adjudication publique.

On a procédé à ces adjudications; mais, ou il ne s'est pas présenté d'entrepreneurs, ou ils n'ont pas eu de succès; on n'a donc pu poursuivre l'exécution de ce plan; d'ailleurs, le général Lamoricière lui-même a proposé, fait adopter et mis en pratique, un système qui est diamétralement opposé à celui dont nous venons d'indiquer les points essentiels : c'est celui des colonies agricoles. Ce système a consisté à réunir les ouvriers des villes que les circonstances laissaient sans travail, à les transporter en Afrique, à les installer dans des maisons construites aux frais de l'État, sur des terres généralement défrichées et ensemencées par l'armée, à les munir d'instruments aratoires et de bœufs de travail, à leur délivrer des vivres pendant trois ans, à leur accorder même une solde pour leur permettre d'acheter les objets que le sol ne pouvait produire. Ces colonies étaient conduites par des officiers de différentes armes et administrées militairement. Ce régime était nécessaire : l'État distribuait tout, il n'avait de garantie contre les abus que dans une action énergique et une discipline sévère. Les cultures se faisaient sous le commandement des officiers et comme par corvées ; tantôt elles s'appliquaient à la propriété désignée pour chaque colon ; tantôt elles s'appliquaient au domaine commun de chaque colonie, les directeurs trouvant un meilleur emploi des forces des hommes et des animaux de trait, en formant de tout le territoire une sorte de communauté provisoire.

Ces colonies avaient les inconvénients du système du maréchal Bugeaud, sans avoir aucun de ses avantages. L'illustre gouverneur de l'Algérie établissait au moins des hommes habitués au climat, sachant faire la guerre, et endurcis aux travaux des champs. Dans les colonies agricoles on a envoyé, avec autant et plus de dépenses, des hommes non acclimatés, parmi lesquels la mortalité a fait d'énormes ravages, nullement aguerris, parfaitement indisciplinés, pour la plupart impropres aux travaux de l'agriculture ; c'étaient des artisans de différentes professions, doués de beaucoup d'intelligence, mais incapables d'efforts musculaires, et ne pouvant se promettre d'acquérir jamais cette constitution vigoureuse, cette fibre rigide que doit avoir l'homme qui supporte le poids du jour, surtout sous le ciel d'Afrique.

La culture est ruineuse si on la fait avec indifférence et négli gence ; elle ne peut devenir productive que si on y apporte une constante étude, une infatigable persévérance ; elle n'est en définitive qu'une affaire d'économie journalière. Comment des individus vivant aux dépens du trésor, ayant leur pain assuré, s'y consacreraient-ils ? Les chefs, militaires instruits, dévoués, mais transitoirement hors de leur carrière, sans but marqué, sans pratique, ne connaissant l'agriculture que de renom, comment pourraient-ils créer et développer une immense exploitation agricole, celle de 1,000 à 1,200 hectares et plus, sur lesquels doivent vivre une ou plusieurs centaines de familles ? cela est impossible. D'ailleurs les ressources affectées par le gouvernement à la fondation des villages agricoles, tout énormes qu'elles fussent, ne pouvaient suffire. Quelques hectares défrichés, des semences, et une charrue avec une paire de bœufs pour plusieurs familles, ne sont pas des éléments capables de faire fructifier une exploitation, si on n'y ajoute un capital, le moyen de multiplier des bestiaux et de payer la main-d'œuvre.

De ce que nous venons d'exposer, il résulte évidemment que les exploitations faites aux frais de l'État, sous la direction de gens non intéressés à l'entreprise, ne sont pas un bon système, et que le plus mauvais, au point de vue de la production, est celui qu'on a adopté finalement, celui dans lequel l'État entretient tous les colons intelligents ou ineptes, actifs ou paresseux, débiles ou robustes, de bonne volonté ou résistant à toutes les règles, celui dans lequel la culture est entreprise, avec les fonds de l'Etat, par une administration indifférente au succès, nullement préparée à l'œuvre à laquelle elle se consacre, et manquant souvent des premières connaissances qu'exigent les exploitations agricoles.

Pourtant il reste vrai qu'il y a nécessité d'appeler des colons sur la terre d'Afrique, et qu'il y a pour eux impossibilité absolue de s'installer sans un capital; outre les instruments, les semences, les bestiaux, il faut une maison, des vêtements, des vivres, etc., en attendant que la prospérité de la colonie y attire les hommes qui possèdent des ressources plus ou moins étendues. Il est donc important que l'État y favorise l'installation des travailleurs, et il ne nous paraît pas démontré qu'il ne puisse fonder, à ses frais, des établissements dans lesquels seraient reçus certaines catégories d'individus déterminés, qu'il ne puisse ouvrir des ateliers agricoles qui auraient pour but, non de substituer l'action administrative à la vigilance de l'intérêt individuel, non de diriger l'ensemble de la production coloniale, non d'entretenir ceux qui ne veulent pas travailler, et de solder ceux qui ne produiraient rien, mais d'offrir du travail aux ouvriers qui débarquent, et de permettre à ceux qui ont de l'intelligence et de la bonne volonté de constituer un capital.

Il est évident d'abord qu'il y a profit à installer sur le sol algérien les individus que nous avons indiqués comme étant à la charge du trésor public, par exemple les orphelins, certains condamnés. De nombreux orphelins ont déjà été dirigés vers les établissements privés fondés pour recevoir les enfants auxquels l'État doit sa sollicitude; mais bien que préférables aux maisons dirigées par l'administration, ils sont trop peu généralisés et imposent des conditions trop onéreuses pour qu'ils puissent satisfaire à toutes les nécessités. L'État devra faire des efforts pour que ces établissements puissent rendre tous les services qu'on attend d'institutions si utiles, ou leur préparer lui-même des asiles. Dans le rapport que nous avons rédigé pour demander l'achèvement des villages de 1849, nous avons exprimé le vœu que plusieurs réunissent des orphelins et des jeunes détenus. Nous persistons à penser que ce serait une heureuse destination.

Quelques uns des douze villages, dont nous avons demandé l'achèvement en 1851, seront peuplés par d'autres transportés sur lesquels n'ont pas pesé les mêmes condamnations! ainsi seront utilisées les constructions de 1849, qu'on n'avait entreprises que pour donner de l'extension à un système qu'on a dû abandonner.

L'État pourrait faire plus que recueillir les individus qui sont obligatoirement à sa charge ; il lui serait facile de fonder des établissements qui, en lui procurant un revenu, lui donneraient un moyen facile et immédiat de recueillir les colons dénués de capitaux. Évidemment, si on allait établir des *fermes écoles* comme on a fait en France, on dépenserait beaucoup et on recueillerait fort peu ; on sait que l'Etat est mauvais producteur. Toutefois en Afrique, il est dans une situation exceptionnelle ; il tient dans les mains les éléments de la production ; il n'a pas à les acheter, il peut donc produire à bas prix ; de plus n'obtînt-il pas de bénéfices, son but serait encore atteint : il ne s'agit pas principalement pour lui de créer des produits, mais d'attirer, de former, d'installer des producteurs qui bientôt sortiraient de ses mains, pour entrer dans une vie indépendante. En tout état de cause, il est bien évident que mieux vaudrait encore qu'il exploitât un peu chèrement, que de donner tout ce qu'il possède pour rien, afin qu'on lui revende ce qui était à lui, heureux quand on ne détruit pas la richesse qu'il a livrée, quand on ne lui demande pas des primes pour la production et des priviléges pour la vente.

Malgré ces considérations, nous n'aimerions pas de charger directement l'État des entreprises de culture, nous voudrions seulement qu'il utilisât les instruments de travail dont il dispose, et qu'il s'associât des travailleurs intéressés. Les institutions que nous proposerons à cet effet, ne sont rien autres que la mise en pratique des pensées du maréchal Bugeaud, qui se distingua par une si juste appréciation des nécessités du pays et de l'intérêt de la France.

L'armée d'Afrique a besoin de céréales, de viande, de fourrages, de chevaux et autres bêtes de somme ; les corps de troupes doivent entreprendre des cultures diverses pour améliorer leur régime alimentaire. On a donné aux régiments des terres à cultiver, et ils ont obtenu des résultats fort satisfaisants ; on leur a même donné des fermes à créer, ils l'ont fait avec beaucoup de succès ; des fourrages ont été récoltés par différents corps avec des avantages divers ; l'administration militaire a entretenu des troupeaux qui provenaient des contributions, des razzia, des acquisitions, etc., et qui servaient à l'alimentation des troupes; tout cela a été abandonné. Le maréchal Bugeaud avait proposé la création de grandes fermes, dans lesquelles les corps de cavalerie s'occuperaient de l'élève des chevaux nécessaires aux remontes. Ce projet n'a pas été mis à exécution. L'administration forestière est chargée de reconnaître, d'emménager, de repeupler, d'exploiter le vaste domaine des forêts. Il y a là une source féconde de travaux qu'il faut utiliser; il faut faire revivre toutes les exploitations qu'on a abandonnées, tirer un plus grand parti de celles qu'on a été forcé d'entretenir.

Nous voudrions donc qu'on créât, ou qu'on maintînt les institutions suivantes :

Les fermes régimentaires ;

Les établissements de remonte ;

Les établissements d'arboriculture.

Les fermes régimentaires étaient constituées par des terres concédées à des régiments et cultivées par les soldats qui profitaient des produits. On a obtenu par ce moyen des défrichements importants et des cultures bien entendues. Ces établissements ont cessé d'exister : 1.º parce que, dans l'état de guerre qui s'est perpétué, les troupes étaient trop mobiles, trop occupées pour se livrer assidûment à des cultures continues ; 2.º parce que les terres défrichées et bien préparées faisaient envie à beaucoup de personnes et ont été concédées ; 3.º enfin, parce que les travaux n'étaient pas organisés de manière à produire tous les avantages qu'ils pouvaient donner.

La pacification semble consolidée; les troupes pourront bientôt être définitivement cantonnées ; elles devront alors se livrer à la culture. Ainsi ont fait les Romains dans les Mauritanies. On peut donc reconstituer les institutions que la guerre avait fait abandonner, et leur donner un caractère d'utilité plus générale. Pour acquérir ce caractère, les fermes régimentaires doivent rester propriétés de l'État, être remises aux divers corps de l'armée, être situées dans les localités qu'ils sont chargés d'occuper et défendre, être exploitées par les soldats payés chacun pour le travail qu'ils font, la haute paie étant prise sur les produits qui appartiendront aux corps, sauf peut-être un prélèvement fait au profit du trésor ; enfin ces fermes doivent recevoir des travailleurs civils, contractant un engagement de travail, qui seront mis en subsistance dans les corps, et associés aux travaux des militaires.

Par la réunion de ces conditions, l'État pourra transmettre les fermes aux différents corps qui se succèderont dans les diverses localités puisqu'il est propriétaire; le travail sera fructueux, parce qu'il sera intéressé ; la production coloniale s'accroîtra, puisque les cultures se développeront. La prospérité commerciale en suivra les progrès; les exemples d'entreprises agricoles lucratives encourageront de nouveaux colons à se fixer sur un sol dont la fertilité sera prouvée ; les meilleures méthodes de cultures applicables à l'Afrique seront expérimentées et celles dont les produits se font longtemps attendre, mais qui seules peuvent enfanter la richesse de la colonie, acquerront de l'extension.

Les soldats et les cultivateurs civils pourront amasser un pécule qui leur permettra, à la fin de leur engagement, de former un établissement personnel; et l'État, s'il participe aux bénéfices, trouvera ses charges allégées, et pourra donner des subsides aux émigrants. Mais même sans cette condition, il aura atteint son but principal : Il aura la possibilité de placer les arrivants dans des centres déjà assainis, défrichés, approvisionnés, au milieu d'auxiliaires et d'amis expérimentés, de sorte que, par un travail modéré, ils seront assurés de pourvoir à leurs besoins, et d'accumuler le capital nécessaire pour se livrer individuellement à une exploitation agricole.

Enfin, quand la colonisation sera avancée, les fermes régimentaires pourront être successivement louées, sans aucune lésion pour personne, puisque les travailleurs auront été payés de leurs travaux effectifs, et que d'ailleurs les premiers créateurs auront quitté les drapeaux et le pays, ou seront devenus propriétaires par des concessions qui leur auront été faites.

Les établissements de remonte ne diffèrent pas essentiellement des fermes régimentaires ; ils s'appliquent seulement à un ordre particulier de production parfaitement en harmonie avec les conditions du climat et propre à satisfaire l'un des besoins les plus impérieux de l'armée.

L'Afrique a des paturages fertiles ; elle produit une race de chevaux éminemment propre au service de la cavalerire légère : il est donc profitable d'en entreprendre la multiplication. Certains cantons, par l'étendue de leurs herbages et la facilité de leur protection, se prêteront à la création de vastes haras, où les chevaux seront élevés en liberté et à peu de frais, comme dans quelques contrées du Brésil, de la Russie, de la Hongrie ; bien des vallées, facilement closes, pourraient être consacrées à cet usage. L'État pourrait même mettre facilement en valeur des plaines qui offriraient toutes les ressources exigées pour des établissements de remonte. Si, par exemple, il desséchait le grand lac salé de la province d'Oran, il aurait un immense terrain sur lequel se multiplieraient presque sans soins les élèves que réclame sa cavalerie, et qui seraient enfermés par les seuls fossés de desséchement.

On a toutefois présenté une objection contre la proposition du maréchal Bugeaud : on a trouvé qu'il y aurait impossibilité de confier ces établissements aux régiments de cavalerie, attendu que les besoins du service peuvent exiger le déplacement des troupes et laisser les cultures et les animaux sans soins et sans gardiens. Mais chacun reconnaîtra qu'il n'est pas de regiment qui puisse quitter son cantonnement en masse et entraîner avec lui tous ses cavaliers, ses ouvriers, les chefs de dépôt, les recrues, etc. D'ailleurs, ces fermes régimentaires, pour acquérir toute leur utilité, doivent, selon notre proposition, recevoir des émigrants qui veulent s'instruire, s'acclimater, constituer un capital nécessaire à leur établissement, ou réparer leurs forces épuisées par les maladies, etc. Les Arabes qui ne sont que serviteurs de leurs compatriotes s'uniront, comme d'utiles auxiliaires, aux travailleurs Européens, quand les circonstances l'exigeront. L'administration pourra donc toujours trouver des aides : de sorte que les fermes, en aucun cas, ne resteront sans direction, sans gardiens, sans travailleurs. L'exploitation se restreindra, les progrès pourront être suspendus un instant, mais ce qui a été entrepris pourra toujours être conservé.

Les établissements d'arboriculture sont, de toutes les créations que l'Etat doit favoriser pour obtenir des produits, donner des exemples et attirer des travailleurs, celles qui méritent le plus l'attention et qui, en même temps, peuvent se développer le plus aisément. Une administration puissante est chargée de la conservation des immenses forêts de l'Algérie. Pour assurer l'exploitation des bois, le ministre de la guerre a ordonné la formation de compagnies de *bucherons* prises dans les rangs de l'armée ; pour reconstituer la richesse forestière, si compromise par les dévastations, il vient de constituer des compagnies de *planteurs* chargés de reformer les futaies, qui fournissent les bois de construction, si précieux pour la colonie. L'administration doit faire plus. Elle ne doit pas se borner à emménager les terrains qui donnent des essences forestières, elle doit organiser les moyens de récolter des produits infiniment plus précieux ; elle doit étendre sa sollicitude sur les arbres qui donnent des denrées commerciales, sur l'olivier particulièrement, l'arbre que le ciel a donné à l'Atlantide pour sa prospérité. Peu de choses sont à faire pour obtenir d'immenses résultats : l'olivier croît partout, végète sans soins et sans frais, il compose des forêts entières ; il y en a à Guelma, à l'origine de la vallée de la Chiffa, à Mousaia, etc. La forêt d'Ismaël, dans la province d'Oran, en contient un nombre immense ; dans la vallée du Saf-Saf, etc., cet arbre descend du flanc des collines jusqu'au bord de la rivière ; il ne faut que le défendre et l'exploiter pour recueillir des richesses considérables, maintenant négligées, perdues, détruites. Dans la Chiffa, nous avons vu des tuileries qui n'alimentent leurs fourneaux qu'avec des troncs de cet arbre précieux.

Le moyen d'organiser cette vaste et productive exploitation est trouvé, il suffit que l'administration donne de l'extension à ses *compagnies de planteurs,* qu'elle les charge de s'occuper, à la fois, des végétaux qui ne donnent que du bois, et de ceux qui donnent des fruits et conséquemment des profits annuels, qu'elle mette à la tête des planteurs des hommes intelligents et pratiques, qu'elle les installe dans les localités convenables, qu'elle appelle encore l'intervention des travailleurs qui se préparent à devenir des colons libres, et des Arabes qui se détachent des tribus, qu'enfin elle les intéresse tous au succès, en leur laissant une part des bénéfices; ces associations seront fixées dans les cantons où l'olivier pullule déjà, où il forme des forêts étendues; elles grefferont les arbres âgés, soigneront et dirigeront les jeunes, planteront les espaces vides, accroîtront le nombre et la qualité des fruits par une culture fertilisante, abattront les troncs dont on ne peut plus tirer parti, afin de faire sortir des souches des jets vigoureux, susceptibles de recevoir facilement la greffe et de donner des produits dix ans plus tôt que s'ils étaient venus de graines ou de boutures; elles formeront des pépinières dont les plants seront distribués dans tout le pays, et, finalement, elles exprimeront l'huile des fruits récoltés.

Ces travailleurs expérimentés ne se contenteront pas de se livrer à la culture sur les domaines qui leur seront assignés, mais ils iront faire les plantations sur les concessions particulières et en assureront le succès. Par ce moyen, on ne fera plus une multitude de tentatives de plantations vaines et improductives, soit parce que les arbres expédiés des pépinières lointaines ont été à l'avance frappés de mort, soit parce qu'ils ont été mis en terre sans les soins requis, soit parce que leur culture a été négligée, leur greffe mal opérée, etc. Les ouvriers instruits et associés pourront garantir le succès; cette manière de procéder est la seule qui puisse satisfaire les propriétaires, les exciter à la dépense, et donner enfin à la colonisation tout son essor. Elle a déjà réussi: M. Ricetti d'el Arrouch a fait marché pour faire greffer ses oliviers ; il a payé 10 cent. par greffe réussie, et a obtenu ainsi une très-belle olivette.

On fera des objections contre ce système : on dira que l'Etat sera conduit à faire des dépenses considérables, et que les produits des arbres se feront longtemps attendre. Mais dans les systèmes qu'on lui a proposés, on lui a fait donner la terre, les bestiaux, les outils, les maisons, les semences, les vivres, les secours de toute nature, enfin la totalité de ce qui est nécessaire à la production ; il a fait tous les frais, et le domaine public n'a rien conservé. Malgré ces sacrifices, les donataires ont été dans une situation telle qu'ils n'ont rien produit. Dans le système que nous indiquons, l'Etat ne fait que diriger convenablement des domaines dont il doit prendre soin ; il ne fait que donner de l'extension à une exploitation qu'il doit entreprendre ; il prépare des propriétés productives dont il garde le revenu ; il assure une position aisée et un avenir certain aux travailleurs qu'il emploie.

Est-il vrai d'ailleurs, que les produits des arbres se feront longtemps attendre ? Il n'en est rien ! Nous avons dit qu'en certaines localités, des oliviers d'une grande taille constituent des forêts entières : celle de Guelma a huit lieues de longueur. Ces arbres produisent, même sans être greffés, des fruits qui peuvent donner une huile excellente. Nous avons parlé de la fabrique que MM. Ricetti ont établie à el Arrouch, et des résultats qu'ils ont obtenus en retirant l'huile des olives sauvages : un quintal de ces fruits, coûtant 3 fr., leur a donné 12 litres d'huile ; c'est 25 cent. le litre. Le travail de l'expression est payé par un 1/5 de l'huile ; le prix d'un litre d'huile s'élève donc à 30 cent.

A ces produits se joindront les bénéfices faits sur les jeunes pieds fournis aux concessionnaires divers, sur les travaux entrepris dans leur intérêt, etc.

Enfin à l'arboriculture se joindront très-facilement la culture des jardins, celle des céréales, des plantes fourragères et bientôt celle des plantes industrielles. Ces cultures, promptement développées, permettront de pourvoir abondamment aux dépenses de celles dont les produits se font longtemps attendre et exigent de grandes mises de fonds, et quand toutes ces cultures, qui se prêtent un mutuel appui, seront installées, on trouvera à affermer les terrains mis en valeur à des producteurs habiles, surtout à ceux qui ont concouru à les fertiliser par leur travail.

Nous nous trompons fort, ou en adoptant ce système, l'Etat trouverait le moyen de se créer des capitaux considérables, des revenus assurés ; il installerait sur le sol algérien des colons laborieux, intelligents, sains, vigoureux, entourés de compagnons qui leur donneraient exemple, aide et gaîté ; il les ferait arriver bientôt à une position aisée, même à la fortune. Il ne courrait pas le risque d'être forcé de remplacer deux et trois fois les habitants de certaines localités, de voir les horribles douleurs et les désastres qui affligent les émigrants qu'on place dans les plus mauvaises conditions.

Dans notre opinion, ces établissements de culture créés et fécondés par l'armée, produisant des céréales, des fourrages, de la viande, s'appliquant à l'élève des chevaux, à la culture des arbres et notamment à celle de l'olivier, recevant des Européens et des Arabes, les admettant comme ouvriers d'abord, comme associés en participation ensuite, enfin comme fermiers et même propriétaires, seront les institutions les plus propres à tous égards à implanter sur le sol algérien de vigoureux cultivateurs auxquels manquait le capital indispensable, et attirer par de beaux succès ceux qui ont des ressources disponibles.

Quand les travailleurs auront réussi, les fermiers capitalistes s'en mêleront, et tel qui n'aurait pas voulu courir les risques d'une création, prendra volontiers à bail, pour un terme plus ou moins prolongé, une propriété qui est en plein rapport ; on aura ainsi amené à se fixer sur la terre algérienne une population appelée en vain par de simples promesses.

Cependant, il faut le déclarer, tous ces moyens de favoriser la production de nos provinces africaines resteraient stériles, si l'on ne s'appliquait à leur donner un complément indispensable : *la certitude de vendre les produits à des prix rémunérateurs*. Si le producteur ne trouve pas de débouchés, si le commerce ne vient pas lui acheter ses denrées, il se consumera en efforts impuissants.

Le commerce algérien a excité vivement la sollicitude de l'administration : elle a reconnu que le colon ne pouvait avoir une vie supportable s'il n'obtenait tout ce que crée une industrie perfectionnée ; qu'il ne pouvait acheter les produits manufacturés, s'il ne trouvait le placement des fruits de sa culture ; elle a compris que la France ne serait payée de ses sacrifices que si elle fournissait à une terre peuplée de ses enfants, les marchandises qui surabondent sur son sol, en lui demandant en échange des matières premières et des objets de consommation. Il est difficile d'adopter des mesures plus favorables à nos possessions africaines que celles qui ont été proposées par le Gouvernement et décrétées par les pouvoirs publics ; elles ont même excité des alarmes. Nous avouons que nous ne saurions les partager, et si nous ne donnons pas une entière approbation à toutes les mesures qui ont été prises, nous applaudissons de grand cœur au système général qui a dominé.

Les débouchés offerts à nos colons ont été de plusieurs sortes. Alors que les quantités produites étaient si faibles qu'il n'y avait pas de marché créé, alors que les routes étaient si peu frayées que les transports étaient impossibles, l'administration crut avec raison devoir acheter elle-même les produits des cultivateurs : elle donna un bon prix de leurs tabacs, de leurs cocons, de leurs cochenilles, de leur coton, de leur blé, de leur orge, de leurs bestiaux.

L'achat des tabacs algériens nous semble une chose juste et productive. La régie ne fait que demander à l'Atlantide des qualités que ne peut donner le sol de la France ; ce sont celles qui, par la proportion des principes actifs et la douceur de leur parfum, sont propres à être *fumées*. Le perfectionnement de la culture les améliore d'année en année. Il y a avantage évident à acheter ce riche produit à nos colons plutôt qu'à des étrangers ; aucune contestation ne peut s'élever à ce sujet : ce sera pour l'Algérie une fortune qui ne coûtera rien aux cultivateurs métropolitains : la France importe 10,000,000 de kil. de tabac par an ; l'Algérie ne lui en a encore livré que 326,000 kilog. Les progrès de notre colonie ne peuvent donc exciter aucune appréhension. La seule chose qu'on soit en droit d'exiger, c'est que, bien qu'elle soit considérée comme française, ses tabacs, qui ne sont pas assujettis aux mêmes conditions que ceux produits par la métropole, ne diminuent pas les quantités achetées à nos agriculteurs, mais seulement celles demandées aux contrées étrangères. Les prix accordés par l'administration des contributions indirectes sont plus élevés que ceux donnés aux cultivateurs français, mais les qualités ne sont pas les mêmes ; il faut veiller seulement à ce que les prix ne dépassent pas ceux des tabacs étrangers.

L'achat des cocons obtenus en Algérie est aussi bien justifié ; dès l'origine, les cultivateurs ne peuvent les dévider et vendre leur soie ; ils manquent d'expérience, ils n'ont pas de machines, les quantités qu'ils produisent sont trop peu considérables pour qu'il se présente des acheteurs. Il est donc utile que l'administration achète les cocons, et charge un établissement central, comme le jardin d'essai d'Alger, de les soumettre à l'opération du dévidage.

Les mêmes raisons doivent conduire l'administration à acheter les capsules de coton, et à charger le jardin d'essai de séparer les filaments des graines.

Rien n'est mieux aussi que prendre aux colons le blé, l'orge, les fourrages qui sont nécessaires à l'armée ; mais ce que l'on ne saurait approuver, c'est de donner pour le blé et l'orge produits par les colons, un prix de 3 et 4 fr. au-dessus des cours réguliers. La culture des céréales n'est pas une de celles à laquelle on doive accorder des primes, car elle n'est pas destinée à servir de base à la production coloniale, et accorder des prix exagérés pour ces denrées, c'est tout simplement faire peser indirectement sur le Trésor, les frais de la colonisation qui n'est entreprise que pour diminuer les charges du Trésor. C'est en même temps ouvrir la porte à toute fraude, car quelque mesure qu'on prenne, on ne pourra empêcher les hommes de mauvaise foi de présenter comme produits de leur culture des grains achetés aux indigènes, et de palper ainsi des primes illicites. Il aurait fallu faire plus encore si l'on avait voulu contenter les colons : ils demandaient que l'administration achetât sur place et fît les frais des transports. Ces exigences sont vraiment exorbitantes.

L'obligation qu'on a voulu imposer à l'administration de la guerre d'acheter les fourrages indigènes à des prix supérieurs aux cours, a eu aussi des inconvénients sérieux : on a vu les colons obtenir gratuitement les prairies, employer aux transports les bœufs prêtés par l'administration pour faire les labourages, venir exiger des prix plus élevés que ceux accordés aux fourrages importés de l'étranger. Ce n'est pas là de la colonisation utile, et l'administration fait bien de résister.

Pour les bestiaux, elle a cédé : elle possédait des troupeaux provenant ou de l'impôt, ou des razzia; elle les entretenait et les faisait servir aux distributions de l'armée. La spéculation a voulu se réserver la fourniture de la viande consommée par nos soldats; l'administration n'a plus entretenu qu'une réserve, pour le cas où les fournisseurs particuliers ne pourraient accomplir leurs engagements. On a cru favoriser ainsi la multiplication du bétail par les colons; c'était, selon nous, une erreur : les bestiaux seront achetés sur les marchés arabes, le cultivateur ne recevra aucun encouragement; les bœufs que l'administration reçoit des tribus, au prix de 32 fr. par tête, seront vendus par elle au prix de 10 fr., comme cela a été fait en mainte circonstance, puis on lui fournira la viande à un prix excessif. Il eut été bien préférable qu'elle gardât ses troupeaux et les plaçât chez les cultivateurs, en les livrant et les reprenant au poids, tenant compte aux nourrisseurs du plus ou du moins. C'était là le plus grand encouragement qu'on pouvait donner à des colons, qui souvent n'ont pas un capital suffisant pour acquérir le bétail, cette condition première d'une bonne culture. La mesure prise paraît contourner seulement au profit de quelques marchands, au détriment de l'État et de la culture.

Tous les achats faits directement par l'administration ne pouvaient évidemment offrir un débouché suffisant à une puissante colonie. De bonne heure on a reconnu la nécessité d'accorder aux produits algériens une faveur qui leur permît l'accès du marché de la France ; mais la diminution des droits de douane ne rendit pas les importations de l'Algérie fort considérables ; on en peut juger par les tableaux que nous avons donnés, et si le chiffre de l'importation des marchandises françaises en Algérie fut assez élevé, on doit l'attribuer principalement à la consommation de l'armée et de toutes les personnes vivant de l'armée, de l'administration, des travaux publics.

En présence de ces faits, l'administration jugea que les faveurs accordées étaient insuffisantes ; elle prit une résolution décisive : elle présenta un projet qui avait pour base l'assimilation complète des produits algériens aux produits français, la suppression de toutes les taxes qui pesaient sur eux, à leur entrée en France, à leur sortie des ports d'Afrique.

Cette mesure excita une très vive émotion ; elle alarma beaucoup d'intérêts : on dit que l'agriculture de l'Algérie écraserait celle de la Métropole courbée sous le poids de l'impôt, que surtout la production des Arabes, encore ennemis de la France, ferait une concurrence illégitime aux travailleurs français, enfin, que les produits étrangers s'infiltreraient en Algérie, dont les frontières ne sauraient être gardées, et seraient ensuite exportés, sous le nom algérien, jusque sur nos marchés.

Il faut oser aborder ce grave sujet en face, et ne pas se laisser effrayer par des appréhensions qui ne sauraient se justifier. Nous remarquons d'abord que lorsqu'on veut pénétrer dans cette grave question, on s'avance au milieu des contradictions : on ne veut pas admettre sur notre marché les produits algériens, en franchise, on craint que leur bas prix ne consomme la ruine de nos cultivateurs ; puis, quand on demande de protéger au moins les producteurs algériens contre la concurrence des étrangers, on repousse cette demande sous prétexte que si les denrées étrangères n'approvisionnaient pas notre colonie, le prix des subsistances y deviendrait excessif : on forcerait ainsi d'augmenter le budget de l'armée ; on éloignerait l'arrivée des ouvriers de toute sorte. Recherchons le vrai au milieu de ces contradictions, et sachons nous défendre de toute exagération.

On a à se demander s'il est possible, en principe, de séparer la France et nos possessions d'Afrique, par une ligne de douanes; si, en fait, la suppression de toute entrave douanière pourrait nuire à la production de la Métropole. Pour répondre à ces questions que j'ai déjà traitées, je me contenterai de transcrire ici ce que j'ai dit, sur ce sujet, au Conseil général de l'agriculture, des manufactures, et du commerce, réuni au Luxembourg, en 1850, et consulté par le gouvernement sur le projet de loi qu'il se proposait de présenter à l'Assemblée nationale, afin d'arriver à la suppression des droits qui frappaient les produits algériens à leur entrée en France ; j'adoptais ce projet, et, pour le soutenir, je m'exprimais ainsi : (1)

« ..... Je suis partisan zélé du système protecteur, je l'ai toujours défendu dans les discussions économiques auxquelles j'ai été appelé à prendre part ; ma conviction est fondée sur une raison bien simple, elle est unique, mais elle est bien forte : il faut que le travailleur français soit défendu contre le producteur étranger, parce que l'existence et la richesse du travailleur français, c'est la force, c'est la puissance de la France ; les richesses des pays étrangers, de l'Angleterre, de la Belgique, par exemple,

---

(1) Moniteur du 26 avril 1850, page 1372.

ne concourent pas à notre grandeur, elles peuvent menacer notre sûreté. Voilà la seule raison du système protecteur.

» Cette raison peut-elle être donnée pour limiter nos échanges entre l'Algérie et la France ? Est-ce que la population qui habitera la côte africaine ne sera pas française ? ne défendra-t-elle pas l'honneur, l'existence, l'intérêt, la politique de la France ? Limiter sa richesse, c'est donc limiter la nôtre, c'est un non-sens. L'Algérie est française, elle doit l'être, ou il faut abandonner l'Afrique ; si vous la conservez, si vous voulez qu'elle soit partie de la République française, il faut qu'elle soit traitée comme toutes les autres parties de son territoire.

» J'ai compris qu'on ait repoussé l'assimilation douanière entre la France et la Belgique, celle-ci devant rester séparée de la France, étrangère à notre fortune et à notre politique ; mais qu'eût-on dit si on eût décidé la réunion absolue de cet état à la France, si on l'eût incorporé comme avaient fait la première République et l'Empire ? Eût-on dit qu'il fallait séparer les deux pays par une ligne de douane ? on eût proposé un non-sens ! Je ne crains pas de dire qu'il faut appliquer la même expression à la proposition qui a pour but d'arrêter ou de menacer la production d'une province que nous voulons conserver sous notre loi, pour laquelle nous dépensons tous les ans 80 millions et employons une armée de 80,000 hommes, qui sera pour nous une charge tant qu'elle restera improductive, qui sera pour nous un élément de force, quand elle sera féconde et prospère. En vérité, cela a un tel degré d'évidence que je ne crois pas utile de m'y arrêter plus longtemps. Si l'Algérie développe sa production, elle consommera ses produits, elle nous en vendra une partie, elle consommera les denrées sorties de notre sol, elle sera dans la situation des autres parties du territoire français : la situation de notre agriculture ne sera pas plus modifiée que si un département nouveau était annexé à la France.

» Je pourrais me borner à fixer les principes incontestables qui doivent régir, j'allais dire notre colonie, ce serait une expression impropre, j'aime mieux dire notre possession, j'aime mieux dire la France africaine. Mais je veux démontrer que l'invasion des produits algériens est une chimère, une illusion malheureusement complète. Je veux prouver qu'ils n'envahiront pas, qu'ils ne peuvent envahir notre marché. Quels sont les produits qu'on redoute le plus? les céréales, les laines, les huiles!

» Les céréales ne sont pas produites, ne peuvent être produites et ne pourront être produites en quantités suffisantes pour donner lieu à des exportations importantes.

» Aujourd'hui l'Algérie ne peut satisfaire à ses propres besoins. J'ai là, en main, des pièces qui prouvent que la culture européenne et la culture arabe réunies n'ont pu fournir à l'administration militaire la moitié de ce qui était nécessaire pour nourrir l'armée. Le général Lamoricière a démontré que, pour nourrir 25,000 soldats et 6,000 chevaux, 25,000 habitants et 2,000 bêtes de trait, il faudrait 93,000 hectares, nombre qu'il faut tripler dans un assolement régulier : eh bien, l'administration n'a pu disposer pour la colonisation que de 100,000 hectares, et le quart de ce nombre n'est pas en culture régulière. Or nous avons déjà une armée triple et une population quadruple de celle qui serait nourrie par 300,000 hectares. Non! la culture européenne n'est pas en mesure d'exporter des céréales; elle ne le pourra jamais; ce n'est pas cette culture qu'elle doit, qu'elle peut adopter. Si elle s'y livrait, elle arriverait évidemment au même degré de bien-être que possèdent ses concurrents, les Arabes, qui marchent pieds nus, s'abritent sous une pauvre tente, se couvrent d'un lambeau de laine, se nourrissent d'un peu de farine et boivent de l'eau. On ne quittera pas le sol de la patrie pour obtenir un pareil sort, et encore nos compatriotes n'auraient-ils pas la situation des Arabes, qui ont pour eux l'espace, et par conséquent la possibilité d'entretenir des troupeaux.

» Si ce n'est la culture européenne, ce sera peut-être la culture des Arabes qui viendra inonder nos marchés? Ah! Messieurs, si vous connaissiez la grossièreté des procédés agricoles des tribus, si vous saviez combien les terres à blé sont bornées, relativement aux populations qu'elles doivent nourrir, vous auriez bien peu d'appréhension. Les plaines étroites du Tell, de la région méditerranéenne, de la zone du littoral, peuvent seules produire du blé ; elles doivent nourrir les régions montagneuses, les Hauts-plateaux, tout le Sahara, qui sont quatre fois plus étendus. Un commerce indispensable unit les populations du Tell avec les régions sahariennes ; les tribus nomades viennent annuellement apporter aux Arabes les produits que nous ne saurions leur fournir, et emporter leurs approvisionnements de blé. A quelque prix que ce soit, il faut qu'ils l'obtiennent. Nous osons dire que, s'ils ne pouvaient l'acheter, ils viendraient le prendre à main armée. On ne procède pas aux limites du désert d'après les usages des peuples civilisés ; quand la nécessité parle, on lui obéit ; et ici la nécessité la plus inexorable force toutes les populations du sud à prendre dans le Tell le blé dont elles manquent.

» Cette nécessité est si fortement sentie, qu'il y a alliance intime entre les populations sédentaires et les populations du sud ; les tribus nomades ne sont qu'un démembrement des tribus du Tell, et sont pour ainsi dire la même famille. Les gens du Sahara sont souvent propriétaires dans le Tell, viennent cultiver et récolter dans cette région, puis conduisent leurs troupeaux dans les pays de parcours. Et vous pensez qu'on peut venir leur acheter leur blé à bas prix, pour le conduire sur nos marchés et le mettre en concurrence avec nos produits agricoles ! Vous pensez que les frais de transport ne viendraient pas apporter obstacle à ces exportations ! Quand on a vu ces contrées et réfléchi sur leur situation, on n'hésite pas un instant à dire que c'est là une impossibilité absolue.

» Passons aux laines. Oui, l'Algérie produit beaucoup de laines et la produit à bas prix, mais aussi les populations en consomment de très grandes quantités : leur habillement, leur logement, leur ameublement se composent exclusivement de laine ; c'est avec cette matière qu'elles tissent leurs burnous, leurs tentes, les tapis qui forment leurs lits, leurs siéges, leurs tables ; elles pourraient néanmoins en fournir une certaine quantité; mais cette quantité est restreinte ; pourront-elles l'augmenter sensiblement? Nous ne le croyons pas : toute l'Afrique possède, ou possédait avant la guerre tout ce qu'elle peut nourrir de troupeaux, et les quantités de laines vendues ont été fort limitées. Le climat s'oppose à l'extension indéfinie des troupeaux ; pendant quatre à cinq mois de l'année, la terre est brûlée ; les animaux ne trouvent plus un brin d'herbe; on est obligé de les conduire dans les montagnes, dans quelques parties privilégiées ; aussi, à cette époque, tous les animaux sont-ils à vil prix et périssent en grand nombre. Leur multiplication est donc nécessairement bornée. Les Arabes modifieront-ils leur culture, faucheront-ils des herbes pour conserver des fourrages dans la saison des chaleurs ? Non, les Arabes ne sont point novateurs. S'ils changeaient leurs méthodes, s'ils voulaient s'astreindre à un travail assidu, ils préféreraient d'autres cultures, et d'ailleurs croit-on que les pâturages susceptibles de donner du foin soient bien communs en Afrique ? Ne voit-on pas que la culture européenne tendra toujours à diminuer les terres vagues et conséquemment les troupeaux ? En tout état de cause, si l'agriculture change sur le sol algérien, les frais qu'elle aura à sa charge seront plus grands aussi, et les produits des animaux se vendront beaucoup plus cher. Ni pour le présent, ni pour l'avenir, on n'a à redouter l'avilissement des prix. Si nous demandions pour 4 ou 5 millions de laine à l'Afrique, la valeur de cette marchandise hausserait d'une manière démesurée, et qu'est-ce que cette quantité, comparativement à celle que tous les ans nous achetons à l'étranger? Nous en importons tous les ans pour plus de 40 millions (1); nous introduisons en France de très grandes quantités de laines communes et essentielles au bien-être des populations pauvres. On vient de remettre en mes mains une lettre d'un fabricant de couvertures, qui prouve que les 2/5 des laines

---

(1) Importation de 1849 : 40 millions ; de 1850 : 47 millions.

qu'il emploie sont achetées au loin, en Syrie, en Perse, etc.; ne voulez-vous pas qu'on les prenne dans une contrée qui doit être française ? ceci ne peut donner matière à un doute.

» J'arrive aux huiles et aux soies qui seront obtenues en Afrique. Le dernier produit ne donne lieu à aucune réclamation : je ne parlerai que des huiles. Il est vrai que l'Afrique peut se couvrir d'oliviers, c'est la terre natale de cet arbre ; il y végète avec vigueur, avec luxe, avec exubérance; nous avons mesuré des troncs qui avaient plus d'un mètre de diamètre, nous pourrons donc obtenir en grande quantité le riche produit qu'il promet. Mais ces espérances ne se réaliseront pas avant vingt ans ; ainsi pas de craintes sérieuses avant cette époque. Et quel tort la culture de l'olivier peut-elle faire à la France? Nous achetons à l'étranger, tous les ans, pour plus de 25 millions d'huile d'olive (1), et tous les ans la culture de l'olivier est plus compromise sur notre sol, et se restreint, parce que les conditions climatériques de la France sont changées. Cet arbre, que nous ont apporté les Phocéens, semble vouloir quitter notre terre, et retourner aux lieux qui l'ont vu naître ; cette terre c'est l'Algérie. La fortune et la puissance de cette contrée tiendront à la multiplication de cet admirable végétal que les Grecs portaient partout avec eux. Ne nous en plaignons pas, applaudissons au contraire. Cet arbre nous donnera un produit dont nous manquons, et dans lequel nous trouverons un moyen propre à alimenter notre commerce, car le monde entier est tributaire des rives de la Méditerranée pour ce produit ; il ne croît que sur ses rivages et dans une zone très étroite. La France sera heureuse si elle obtient l'exploitation de cette immense source de richesses.

» Je ne veux pas cacher que les graines oléagineuses, le sésame en particulier, ne doivent être produites par l'Afrique, et produites en quantités grandes ; mais aussi nous achetons de ces

---

(1) Importation de 1849 : 25 millions.

graines pour 40 à 50 millions par an (1). C'est encore demander à des mains françaises ce que nous recevons des mains étrangères. En présence de pareils chiffres, on peut croire que la production algérienne ne pourra faire abaisser notablement le prix. Si elle portait préjudice à notre culture, si l'on avait à se plaindre que notre possession, exonérée des charges qui pèsent sur la Métropole, peut produire à trop bas prix, un moyen bien simple existerait pour rétablir l'équilibre : on imposerait les terres algériennes; on étendrait sur elles, si elles devenaient riches, notre système de contributions; il n'y a pas une concession qui ait été faite, sans que, parmi les conditions, on n'ait introduit non seulement la stipulation de payer une rente à l'Etat, mais la déclaration que cette rente était indépendante des contributions que le gouvernement jugerait utile d'établir sur les terres de la régence. La réserve que M. de Romanet veut introduire dans le projet de loi est donc faite ; il n'y a rien à craindre pour les productions de la Métropole ; on procéderait par voie d'impôt. Mais établir une ligne de douane entre les provinces d'un même empire, arrêter par un système de soupçons les capitaux qui se disposent à féconder une terre nouvelle, empêcher par menace la production de se développer sur une terre qui est française, qu'on doit considérer comme française ou qu'on doit abandonner incontinent, c'est détruire tous les principes économiques, c'est adopter l'anomalie la plus étrange, c'est s'obstiner à dépenser des sommes énormes pour atteindre un but, et s'attacher avec soin à rendre le but inaccessible. Vous n'entrerez pas dans une pareille voie. Je vous demande de repousser la proposition qui vous est faite. »

Ces considérations nous semblent établir nettement qu'il faut traiter l'Algérie comme française. Nous ajouterons seulement un mot à ce que nous avons dit sur le blé, contre l'affranchissement duquel on a fait surtout des objections : nous voulons indiquer son

---

(1) Importation de 1847, graines oléagineuses, 38,800,000 fr.; arachides, etc., 10,300,000 fr.; suif, saindoux, 4,800,000 fr.; total, 49,900,000 fr.

prix afin de calmer toutes les inquiétudes. Les prix paraissent quelquefois si bas, lorsqu'on les considère superficiellement, et sans prendre en considération les circonstances dans lesquelles ils se présentent, qu'ils semblent menaçants pour notre industrie agricole. En 1849, après la récolte, le prix du blé dur, à Constantine, était de 12 fr. la charge de 160 litres, soit 7 fr. 50 l'hectolitre. Mais ce prix, pour ainsi dire accidentel, tient à la difficulté que rencontrent les Arabes de faire des approvisionnements : en janvier, à l'époque où nous étions dans cette ville, le blé dur valait 10 fr. l'hectolitre ; le blé tendre valait 13 fr., mais il s'en rencontrait des quantités extrêmement minimes. Nous sommes convaincus que quelques achats auraient produit une hausse considérable. A la même époque, le blé dur se vendait à Alger 14 fr. 40, et jusqu'à 16 fr. 80 l'hectolitre ; le blé tendre 17 fr. 60 à 19 l'hectolitre, pesant 80 k. C'est certainement le prix minimum auquel on pourrait obtenir des quantités notables dans les ports d'embarquement. Si à ces prix on ajoute le frêt d'Algérie en France, on atteindra le prix de 20 à 21 fr., qui est celui auquel se vendent les blés de Bretagne à Marseille, dans les années de chèreté. A la même époque le blé de Bretagne valait 16 à 17 fr. Nous répétons que le commerce ne pourrait dans ces conditions faire de grands approvisionnements ; c'est donc bien à tort qu'on appréhende une baisse énorme dans la valeur des blés français. Nous dirons de plus, que la France vend du blé en Angleterre, que conséquemment l'Algérie porterait ses froments dans cette dernière région, si elle en avait à vendre.

Peut-être quelques autres produits algériens exciteront-ils les appréhensions des défenseurs de nos intérêts agricoles : les lins et les chanvres seront-ils placés dans cette catégorie ? L'Algérie n'en produit point encore, et la France demande à l'étranger pour 24 millions de lin, valeur actuelle, et pour près de 2 millions de chanvre. Quant aux bestiaux, nous en demandons pour 6 millions aux marchés étrangers ; nous leur fournissons pour 7 millions de chevaux. La soie, les peaux brutes, etc., ne sauraient exciter la moindre alarme; la production étrangère nous livre pour 93 millions de soie, pour 29 millions de peaux brutes. Les tabacs, ne peuvent être l'objet d'une réclamation, car l'entrée n'en est point libre, la régie achète les quantités dont elle peut avoir besoin et prohibe l'excédant. D'ailleurs nous avons vu que l'Algérie ne nous a pas vendu la vingtième partie de ce que la France demande aux marchés étrangers.

Les craintes manifestées par les adversaires de l'assimilation douanière de l'Algérie pouvaient donc passer pour chimériques. Voyons ce qu'ont dit les faits : la proposition de supprimer les droits de douanes qui pesaient sur les produits algériens a été convertie en loi le 11 janvier 1851. Il ne faut pas le cacher, l'importation des produits algériens s'est accrue depuis d'une manière notable: en 1849, elle était de 7,000,000; en 1850, de 5,000,000; en 1851, elle s'est élevée à 16 millions, valeur actuelle ; l'augmentation est de 9 et 11 millions. Mais il faut dire aussi que l'exportation des produits français pour ce pays s'est accrue d'une manière encore plus considérable. Pour le commerce spécial, elle était, en 1849, de 78,800,000 fr. ; en 1850, de 75,500,000 fr. ; en 1851, elle a été de 94,200,000 fr., valeur officielle. On notera que la valeur actuelle de l'exportation est moindre que la valeur officielle : elle n'est que de 60,900,000 fr. ; mais cela ne change pas la proportion de l'accroissement; il a été de 15 et de 18 millions. Si l'on proposait une union douanière avec une nation qui achèterait pour 61,000,000 de nos produits, tandis qu'elle ne nous vendrait que pour 16,000,000, c'est-à-dire qui prendrait quatre fois autant qu'elle ne nous livrerait, on se hâterait de conclure le traité; comment se ferait-il qu'on repoussât l'Afrique qui se présente dans cette situation, et qui de plus, nous donne en entier et exclusivement tous les avantages politiques de sa position.

Pour montrer par les détails les plus complets que les produits algériens introduits en France n'ont pu nuire à la production de la métropole, nous donnerons le tableau des marchandises qui alimentent l'importation et l'exportation ; le voici :

1851. — COMMERCE SPÉCIAL. — IMPORTATIONS D'ALGÉRIE EN FRANCE.

Désignation des marchandises.	Quantités.	Valeur actuelle.
Huiles d'olive.	73,210 quint.	7,174,597 fr.
Laines en masse.	24,205 id.	2,372,196
Céréales.	120,817 hect.	1,466,692
Peaux brutes.	9,669 quint.	1,578,909
Bestiaux.	27,699 têtes.	728,534
Tabac.	2,307 quint.	191,448
Cuivre de première fusion.	1,445 id.	310,613
Minerai de plomb.	5,771 id.	173,144
Tissus de coton.	183 kil.	1,043
Antimoine (minerai).	5,170 quint.	206,813
Suif brut.	3,686 id.	287,534
Os, sabots, cornes.	9,792 id.	229,781
Feuilles de palmier nain.	167,459 kil.	167,459
Cire jaune et brune.	59,382 id.	184,084
Citrons, oranges, etc.	2,530 quint.	75,909
Tissus de laine.	1,838 kil.	14,702
Sparte en tige.	63,973 id.	7,767
Chevaux entiers.	160 têtes.	120,000
Racines médicinales.	26,937 kil.	53,874
Drilles.	6,489 quint.	64,887
Autres articles.	»	871,180
Total des importations.		16,280,476

EXPORTATIONS DE FRANCE EN ALGÉRIE.

Désignation des marchandises.	Quantités.	Valeur actuelle.
Tissus de coton.	2,674,762 kil.	15,592,563 fr.
Vins.	403,364 hect.	8,807,473
Tissus de lin ou de chanvre.	399,652 kil.	2,015,988
Effets à usage.	»	4,679,678
Tissus de laine.	159,196 kil.	3,813,538
Sucre raffiné.	27,625 quint.	1,934,472

Tissus de soie.	24,692 kil.	3,008,717 fr.
Peaux ouvrées.	127,124 id.	2,350,020
Céréales (farines).	80,524 quint.	2,142,214
Eaux-de-vie, esprits et liqueurs.	17,873 hect.	1,860,969
Poteries, verres, cristaux.	19,124 quint.	1,070,531
Acide stéarique ouvré.	238,472 kil.	524,638
Carton, papiers, livres, gravures.	520,518	931,515
Outils, ouvrages en métaux.	8,249 quint.	1,135,749
Huile d'olive et de graines grasses.	446,592 kil.	389,662
Mercerie, boutons.	135,212 id.	1,323,674
Peaux préparées.	236,316 id.	1,195,454
Café.	48 id.	64
Savons.	1,294,577 id.	776,746
Légumes secs, pommes de terre.	29,379 quint.	480,400
Soie, bourre de soie.	5,488 kil.	241,200
Céréales (graines).	338 hect.	4,434
Tabacs fabriqués.	51,443 kil.	59,159
Graisses, saindoux.	2,253 quint.	178,740
Fromages.	472,271 kil.	472,271
Fruits de table.	441,519 id.	319,942
Fils de toutes sortes.	49,536 id.	257,722
Fers et aciers.	4,940 quint.	184,537
Médicaments composés.	37,428 kil.	170,822
Orfévrerie, bijouterie.	3,312 hect.	229,032
Parfumerie.	33,223 kil.	232,561
Bois communs.	»	103,687
Huiles volatiles, essences.	1,549 kil.	9,294
Viandes salées.	258,873 id.	207,098
Beurre.	1,191 id.	192,940
Meubles.	»	149,977
Autres articles.	»	3,832,837
Total des exportations.		60,880,878

Ce tableau, tout d'abord, prouve ce que nous avançions, savoir : que l'accroissement de l'importation porte principalement sur l'huile d'olive, denrée dont la France manque, et dont elle ne peut accroître la production sur son sol : nous avions importé d'Algérie pour 3,350 fr. d'huile d'olive; en 1851, nous en importons pour 7,174,597 fr. Les peaux brutes forment toujours un des articles principaux de notre importation ; nous en achetons pour 1,578,000 fr., mais nous vendons pour 2,350,000 fr. de peaux ouvrées. Les céréales semblent importées en quantités plus considérables ; nous en achetions, en 1850, pour 14,100 fr., et en 1851, pour 1,466,092. Toutefois, il n'y a pas là de quoi effrayer notre agriculture : cette quantité va à Marseille, où le prix est plus élevé qu'en aucune localité de France ; et ce n'est pas tout : on peut dire que la quantité importée n'est qu'apparente, car on voit au tableau des exportations, que nous expédions à l'Algérie pour 2,142,214 fr. de farines et 241,200 fr. de grains, en tout pour 2,383,414 fr. de ces denrées alimentaires, c'est-à-dire, que nous lui en vendons pour 1,917,322 fr. de plus que nous lui en achetons. C'est nous qui concourons à son approvisionnement. Si nous lui achetons des blés, ce sont des blés durs propres à la fabrication des pâtes dites d'Italie, que la France ne produit pas ; mais nous lui revendons des blés tendres, et surtout des farines. L'intérêt de notre agriculture qu'on invoquait pour s'opposer à l'union douanière est donc loin d'être compromis. L'importation des laines qui était de 369,000 fr., a atteint le chiffre de 2,372,000 fr. ; mais, nous l'avons dit, nos achats à l'étranger se sont élevés en 1849 et 1850, à 40 et 47,000,000 fr. (valeur officielle), et nous ajoutons que si nous achetons à l'Algérie pour 2,272,000 fr. de laines brutes, nous lui vendons pour 3,813,000 fr. de tissus de laine ; notre malheur n'est donc pas grand. L'importation des bestiaux algériens acquiert quelque importance, elle s'élève à 728,000 fr. ; nous en achetons à l'étranger pour 5,000,000 ; et les bestiaux algériens sont transportés en Provence, qui ne peut fournir la quantité de viande que réclame sa population. Notre agriculture est donc réellement désintéressée dans cette question. Le tabac ne l'affecte pas davantage, puisque la quantité introduite vient en déduction du tabac exotique que nous recevons, et que d'ailleurs, cette substance n'est pas comprise parmi celles qui entrent en franchise. Les autres articles d'importation sont sans aucun rapport avec notre production ; de la soie, du lin, du chanvre, des graines oléagineuses, nous n'en recevons pas la plus minime quantité ; loin de là, nous portons en Algérie pour 389,662 fr. d'huile d'olive et de graines grasses.

En présence de ces faits, on ne peut nier que c'est avec raison qu'on conseillait aux grands pouvoirs de l'Etat d'abaisser les barrières qui s'élevaient entre l'Algérie et la mère-patrie ; ceux qui défendaient cette mesure appréciaient avec justesse les besoins du pays ; ils avaient le sentiment de ce que réclamaient la prospérité et la grandeur de la France. Ils faisaient ce qui était urgent dans le présent, et ne compromettaient pas l'avenir, car si les productions algériennes portaient atteinte à la prospérité métropolitaine, on ferait peser sur elles des impôts qui rétabliraient l'équilibre et viendraient en aide au trésor public.

Il est une mesure qui semble la conséquence indispensable de l'admission en franchise des produits algériens sur le marché français : c'est l'application à l'Afrique française des droits que notre tarif fait peser sur les produits étrangers. Si, en effet, à leur entrée, ils n'y payaient pas les mêmes droits qu'en France, ils iraient faire escale en Algérie, s'y nationaliseraient en quelque sorte, et seraient ensuite rapportés sur notre marché. Nous admettons que des exceptions sont nécessaires pour les objets qui servent aux constructions, mais elles doivent être temporaires.

On a fait de vives objections contre la taxation des céréales étrangères importées en Algérie : on a dit que si elle favorisait la production algérienne, elle accroîtrait la dépense de l'armée et hausserait le prix de la main-d'œuvre en faisant hausser le prix des subsistances. Nous ferons remarquer d'abord que si les céréales de l'Algérie ont besoin de protection, leur introduction en France n'est pas fort redoutable, et quant aux deux objections présentées, nous dirons d'une part, que si la différence des prix était considérable, le ministre de la guerre n'en pourrait pas moins faire ses approvisionnements à l'étranger : il acquitterait les droits et augmenterait son budget ; mais la douane ferait une recette qui formerait une exacte compensation. D'autre part, nous dirons que le prix des subsistances ne pourrait être accru notablement, et le prix de la main-d'œuvre fort augmenté ; en effet, les droits d'entrée ne pourraient faire hausser les prix que dans les villes du littoral, là où les blés indigènes arrivent avec des frais considérables, et où les blés étrangers sont facilement apportés ; à l'intérieur, les deux produits sont dans une situation inverse ; les ouvriers y seraient donc nécessairement nourris des produits du sol ; mais dans les villes du littoral, le développement de la production indigène appellerait le développement de la minoterie. Cette circonstance ferait baisser le prix du pain beaucoup plus que ne le ferait enchérir le droit protecteur. Aujourd'hui la minoterie de Marseille exerce un véritable monopole. On affirme qu'elle s'est, en quelque sorte, emparée des boulangeries des villes ; elle fournit les farines ; elle est maîtresse de la manutention ; elle devient régulatrice des prix du pain. Ce serait là, dit-on, la source de l'opposition très active qu'a rencontrée le projet d'assujettir à l'échelle des droits l'introduction des grains en Algérie. Quoi qu'il en soit, il est évident que le prix du pain dans les villes de la côte, serait plus bas sous un régime régulier, qu'il ne l'est actuellement, et l'on ne pourra se refuser à l'adoption des mesures qui dérivent naturellement de l'assimilation de l'Algérie à la France, sous le rapport douanier.

Le commerce arabe, comme celui que la France fait avec les colons européens, mérite notre attention. Il doit nous lier avec les populations musulmanes, ouvrir des débouchés à la France, fixer en Afrique des négociants européens, qui formeront un élément de population qu'il ne faut pas négliger ; conséquemment toutes les mesures efficaces qui sont nécessaires pour le reconstituer et lui donner de l'extension doivent être prises.

Autrefois de grandes caravanes apportaient dans la régence d'Alger les produits du Sahara, et emportaient les marchandises variées qui se trouvaient en entrepôt dans les villes du littoral.

Les remarquables études de M. le général Daumas, ont fait connaître toute l'importance du trafic qu'elles faisaient ; il a indiqué les routes qu'elles suivaient pour transporter les denrées coloniales et les produits manufacturés, à travers les Hauts-plateaux, dans les Oasis, et jusqu'au cœur de l'Afrique, par delà le désert. Les caravanes ont suivi d'autres voies : les laines sont particulièrement portées par la route de Tebessa à Tunis, où les Arabes s'approvisionnent de marchandises anglaises. On a proposé, pour changer ce courant commercial, d'empêcher les caravanes qui exportent des produits algériens ou importent des marchandises étrangères de traverser Tebessa que nous occupons. Cette mesure n'aurait d'autre résultat que de forcer les caravanes à suivre des voies peut-être moins faciles, mais qu'elles n'hésiteraient pas à pratiquer. Pour les ramener en Algérie, il faut détruire les causes qui les en ont éloignées : ces causes sont les guerres, les habitudes commerciales de nos négociants, la qualité de nos marchandises et leur prix.

Les guerres ont cessé, ou ne tarderont pas à devenir plus rares qu'elles ne l'étaient parmi les tribus, sous le régime des Turcs. Tous les jours notre puissance deviendra plus incontestée, la pacification de l'Atlantide en sera la conséquence.

Les habitudes de notre commerce ne sont pas toujours très louables ; on a reproché à quelques-uns de nos négociants de tromper sur l'aunage de leurs étoffes, et de fournir des marchandises de mauvaise qualité ; en France, lorsqu'il s'agit d'exportation, il semble qu'on peut expédier les produits les plus défectueux. Nos rivaux procèdent d'une manière toute différente. Il est urgent de faire disparaître les abus qui ont été signalés par les marques de fabrique, et un contrôle sévère des aunages et des qualités de nos tissus. Il faut qu'on se persuade bien que pour attirer le commerce, il ne suffit pas de faciliter l'arrivée des caravanes, il faut qu'elles trouvent dans nos ports et dans nos villes à acheter des marchandises à de bonnes conditions. Si sous ce rapport les Arabes n'ont pas eu confiance, ils n'hésiteront pas à se transporter à de grandes distances pour faire leurs emplètes. C'est à ce point qu'on les a vus apporter leurs marchandises à Alger, se faire payer en argent, prendre des traites sur Tunis, et aller faire leurs acquisitions dans ce port.

Le prix de nos produits est généralement supérieur à celui des produits anglais. Cette circonstance, jointe au doute qui s'est élevé sur notre loyauté commerciale, a éloigné les traficants du Sahara. Il nous est possible cependant d'empêcher les grandes caravanes de fréquenter exclusivement les états musulmans qui bordent notre frontière à l'est et à l'ouest : si la probité de notre commerce devient complète, nous pourrons compenser par certains avantages l'élévation des prix des objets fournis par notre industrie : nos routes seront plus faciles et plus sûres, la sécurité des transactions plus garantie que chez les puissances barbaresques. Enfin, en occupant plus complètement les portes du Sahara, nous pourrons percevoir avec plus de rigueur et de certitude les droits sur les marchandises étrangères, et frapper d'un droit la sortie des marchandises algériennes. Il faudra toutefois que les droits soient assez faibles pour qu'ils n'engagent pas les Arabes à suivre des routes plus longues et plus difficiles. Les frais de transport des indigènes sont peu élevés parce qu'ils font paître leurs chameaux dans les lieux qu'ils traversent et qu'ils ont l'obligation de se déplacer en certaines saisons pour assurer la nourriture de leurs troupeaux : souvent les transports se font par des tribus qui se relaient, afin de ne pas sortir des contrées qu'elles ont l'habitude de fréquenter.

Par les dispositions que nous recommandons, on assurera à la France le commerce de l'Afrique centrale, immense région presque inconnue, soustraite à la civilisation; on complétera les mesures qui faciliteront la vente des produits de l'Atlantide, qui en faciliteront conséquemment la création ; ainsi nous achèverons notre glorieuse entreprise.

Pour rendre cette œuvre digne de notre nation, de gigantesques efforts sont encore nécessaires. Nous avons dit quel but ils devaient se proposer, quel succès on pouvait en attendre ; nous avons essayé de faire connaître l'Algérie, et d'indiquer ce qu'on en pouvait faire. Nous résumons en quelques lignes nos pensées.

Résumé. — Lorsqu'après avoir étudié l'Atlantide dans ses détails, on la considère dans son ensemble, et comme de loin, qu'on cherche ce qu'elle est, ce qu'elle vaut pour notre patrie, ce que nous avons fait pour la lier à notre vie politique, ce qu'il reste à accomplir pour achever la tâche immense que notre place dans le monde nous a imposée, on sent qu'on peut, en quelque sorte, affirmer sa destinée. Cette terre qui s'étend en face des côtes de France, enferme, avec notre littoral méditerranéen, l'Espagne et l'Italie, cette mer centrale, qu'au grand temps de l'empire, on a pu, sans trop d'orgueil, appeler un lac français, qu'on peut sûrement et toujours appeler la mer des races latines : elle la domine dans sa plus grande largeur.

Constituée par l'Atlas, massif énorme quadrilatère dont la partie centrale forme d'*immenses plateaux*, elle a quatre versants qui s'inclinent vers des mers différentes : le versant oriental ou *syrtique* regarde les Syrtes et les mers de l'Orient ; l'occidental ou *océanique*, borde l'océan auquel l'Atlas a donné son nom ; le méridional ou *saharien*, fait face au désert, océan desséché ; le septentrional, *franco-méditerranéen*, descend vers la Méditerranée occidentale, et semble s'avancer vers la France. Le versant syrtique, c'est la régence de Tunis ; l'océanique, c'est l'empire du Maroc ; le versant septentrional, c'est le *Tell*, qui, avec les hauts plateaux et le versant saharien, constitue l'*Algérie*.

Le long rivage algérien, ouvre son port central vis-à-vis notre principal arsenal maritime ; il a de vastes et magnifiques rades à l'ouest, à l'entrée de l'Océan, et à l'est, à l'entrée de la Méditerranée orientale ; cette ligne redoutable d'attaque et de défense, repaire inaccessible d'une piraterie séculaire, borde la grande voie commerciale des temps antiques, qui devient celle des temps modernes depuis que la France a affranchi la chrétienté des tribus d'or et de sang qu'elle payait aux barbaresques.

Interposée entre le Maroc et la régence tunisienne, tôt ou tard l'Algérie les entraînera dans sa sphère d'action ; elle surveillera le détroit océanique aussi bien que Gibraltar, les Dardanelles et Suez, aussi bien que Malte.

Adossé aux contrées sahariennes, le Tell en garde tous les chemins ; il leur vend le blé dont elles ne peuvent se passer, il achète leurs dattes et leurs laines qu'elles ont en surabondance, les tenant ainsi dans les liens d'une double dépendance : l'achat de leurs produits d'exportation, la vente de l'aliment le plus indispensable à la vie, et assurant le monopole du commerce des hauts plateaux, des oasis, des contrées qui s'étendent par delà le désert.

La configuration de cette contrée en a rendu la conquête difficile ; par cela même, elle en assure la possession durable : parcourue dans toute sa longueur, parrallèlement à la grande masse Atlantique, par le *petit Atlas*, qui semble sortir du sein des flots, son rivage est presque partout inabordable. Entre les deux chaînes de monts règne une longue série de vallées, dont les eaux se rendent à la mer par les étroites coupures du petit Atlas ; et que la barrière infranchissable des deux rangées de montagnes met à l'abri des attaques. Ces vallées interatlantiques, séparées par des contre-forts peu élevés, s'abaissent à l'est et à l'ouest depuis le point où le grand et petit Atlas se confondent, derrière la Mitidja, au lieu même où le Chélif se recourbe au sud pour aller, à travers les hauts plateaux, jusqu'aux portes des oasis ; elles forment ainsi de longues voies qui donnent aux armées la faculté de se porter en face de toutes les ouvertures du rivage ou des défilés du sud, et de se placer entre les Kabyles du Jurjura et ceux de l'Aurès, entre ceux du Dahra et ceux de l'Ouenseris.

Le versant de l'Atlantide, qui constitue le *Tell*, permet les plus riches cultures ; son climat chaud, mais fort différent de celui des régions tropicales, convient encore aux races caucasiques ; ses montagnes, comme les immenses plateaux, nourrissent de nombreux troupeaux, et ses vallées perpendiculaires à la mer, comme celles qui courent entre les deux Atlas, produisent les céréales, et en même temps des denrées d'un placement universel : l'huile d'olive et la soie, les raisins, les figues, les amandes, les oranges, les citrons, le tabac, le sésame, la cochenille, le coton, la garance, le chanvre, le lin, etc.

Telle est la terre que la fortune a donnée à la France pour la gloire et le profit de la civilisation ; tel est le champ qu'elle a ouvert à sa conquête, au moment où les grandes nations de la race japhétique sont comme en état d'expansion, et s'apprêtent à asservir le monde sous les efforts de la science, et du travail industriel.

La France n'a point reculé devant la tâche qui lui était donnée, tâche bien rude ! Des points isolés du rivage, elle s'est avancée sur cette terre inculte, rendue insalubre par la barbarie des hommes, hérissée de montagnes abruptes, souvent inaccessibles, dépourvue de routes et de rivières navigables, desséchée durant l'été, défendue par des populations errantes, fanatiques, belliqueuses, montées sur des coursiers rapides, et maniant le fusil avec habileté.

Par vingt années d'une guerre incessante, nous avons vaincu ces tribus nomades, abattu les chefs qui prétendaient créer et représenter une nationalité rivale et ennemie de la puissance française, assujetti à l'impôt les Arabes du Tell, dompté ou contenu les Kabyles, fait sentir notre influence au cœur des Hauts-plateaux et jusque dans la région des oasis; nous avons occupé et fortifié les points les plus importants de la côte, entrepris la création des grands ports d'Alger et de Mers-el-Kébir, entouré d'une enceinte les villes de l'intérieur, établi nos troupes dans les principales étapes des voies stratégiques, d'abord à Médéah point dominateur adossé à la Mitidja, et se dressant à l'origine des grandes vallées de l'est et de l'ouest, et de celles du Haut-Chélif, puis successivement dans toutes les villes du Petit Atlas et des vallées interatlantiques, dans tous les postes qui gardent les gorges de la crête tellienne du Grand Atlas, et jusque dans les défilés de sa crête saharienne. L'armée a accompli des prodiges ; elle ne s'est pas contentée des campagnes audacieuses, des victoires continues et chèrement achetées ; elle s'est dévouée aux travaux de la paix avec un infatigable zèle : il n'est pas une grande entreprise dont elle n'ait eu l'initiative, ou qu'elle n'ait contribué à faire réussir. Dans tous les centres d'occupation nous avons créé des casernes, des hôpitaux, des magasins, des manutentions ; nous avons fondé des villes nouvelles, ou des villages dans les points qui avaient quelque valeur, renouvelé et fortifié les antiques cités. Nous avons créé des routes importantes de la mer aux villes principales du Tell, ébauché le système des voies transversales, établi des services de paquebots entre les ports, des lignes télégraphiques entre les provinces, construit des ponts, fait des barrages, des aqueducs, tenté des desséchements. Le pays a été doté d'une administration civile dans les lieux où la population européenne se développe, d'une administration militaire où vivent presque exclusivement les peuplades indigènes ; le système d'impôt a été établi et rendu productif; la colonisation a commencé; des terres ont été distribuées, des défrichements opérés par les soins de l'armée, des instruments, des semences, des bestiaux donnés ou prêtés aux colons, des pépinières, des jardins d'essai, des sociétés d'agriculture, des comices institués, des travailleurs installés; leurs principaux produits ont été achetés ; enfin la liberté des échanges entre la mère-patrie et la France atlantique a été décrétée, sans crainte de porter préjudice à la production métropolitaine ; car l'établissement des impôts en Algérie rétablirait l'équilibre si la production de cette contrée menaçait nos industries ; on a de plus tenté de renouer les relations commerciales établies de temps immémorial entre l'Algérie et le Sahara, que la guerre avait interrompues ; mais l'œuvre n'est qu'ébauchée.

Pour conduire à fin cette gigantesque entreprise, il est nécessaire d'achever le port militaire d'Alger, les vastes ouvrages de défense qui couvrent ce point central de notre domination, les formidables batteries de Mers-el-Kebir qui nous donnent un sûr abri dans le voisinage de Gibraltar, créer dans l'est, vers les mers dont Malte garde l'entrée, un port capable de recevoir nos flottes, se borner ainsi à fonder quelques établissements inexpugnables et ne point éparpiller les ressources du Trésor dans les petits ports intermédiaires, aussi longtemps que les progrès de la colonisation n'auront pas rendu les améliorations lucratives.

A l'intérieur il faut terminer exactement les fortifications des villes et de leur Casbah, assurer la défense des villages, mais sans dépenses et par la seule disposition des habitations, s'abstenir de donner trop d'extension aux établissements que les progrès de la conquête doivent réduire à une moindre importance, suivre dans le choix des emplacements et le tracé de nos cités les exemples donnés par les Romains, ces conquérants civilisateurs, et ne pas mépriser l'expérience des indigènes; ne pas bâtir de nouveaux centres de population sans utilité urgente, proscrire les monuments fastueux, surtout quand ils sont inutiles, comme les caravansérails, ou les mosquées que ne fréquentent pas les indigènes, ne rien donner au luxe, sacrifier peu à l'utilité lointaine, comme lorsqu'il s'agit d'églises monumentales et d'écoles trop spacieuses, se garder de renverser avant de s'être assuré qu'on peut se dispenser de reconstruire.

Il faut perfectionner, autant que possible sans accroître les dépenses, le système de construction des maisons, modifier leur toiture, les doter d'une cave, d'un étage, d'un grenier, de dépendances agricoles.

Il ne faudra pas rendre plus nombreux, nous l'espérons, les bâtiments consacrés aux casernes, aux hôpitaux, aux magasins militaires; l'armée plus mobile diminuera son effectif, les travaux productifs pourront ainsi recevoir plus d'extension : au premier rang seront placés ceux qui ont pour but l'utilisation des eaux que la nature a versées d'une main avare sur l'Algérie : les rivières et les ruisseaux, à peu d'exception près, recevront des barrages, qui en modéreront le cours torrentiel, et les rendront propres à alimenter les fontaines, les abreuvoirs, les bains, les rigoles d'irrigation, les canaux de navigation dans les rares localités où il sera possible de les établir, les moteurs hydrauliques, quand les besoins de la culture et des populations le permettront. Les puits, sans lesquels de vastes contrées seraient inhabitables, recueilleront les eaux des couches plus ou moins profondes de la terre, quand la surface en sera dépourvue.

Après ces soins matériels, l'organisation administrative du pays contribuera puissamment aux progrès de la colonisation, consolidera le pouvoir, en assurera l'unité ; on consacrera l'autorité militaire, qui a tout fait pour le pays, sans négliger les intérêts des citoyens : tous les centres de population européenne seront administrés par des fonctionnaires de l'ordre civil, toutes les personnes qui les habitent seront justiciables des tribunaux ordinaires. L'administration des Arabes, si heureusement confiée aux officiers de l'armée, poursuivra sa mission dans l'avenir, animée de cette pensée que le gouvernement des races indigènes n'est pas le but exclusif de nos efforts, que l'immense surface du pays ne doit pas rester en leurs mains, que leur incorporation dans la famille française n'est pas possible dans leur état de cohésion : les grands commandements des Arabes seront supprimés, les tribus nombreuses fractionnées, celles qui habitent nos villes et nos villages, soumises à l'autorité administrative, ou à des bureaux civils, les familles et les individus qui s'en séparent accueillis, encouragés, protégés, associés à nos travaux et confondus avec nos travailleurs. La nationalité arabe, qui n'existe pas, ne doit pas être créée par nous, les agglomérations, qui existent, doivent marcher vers le fractionnement.

Les encouragements donnés à l'agriculture continueront à favoriser ses progrès ; les semences, les arbres, les instruments, les bestiaux seront distribués, selon les besoins ; les défrichements seront entrepris par les troupes ; ce sont là les seuls secours profitables. Il faudra renoncer tout-à-fait aux systèmes de colonisation par l'Etat : il ne faut transporter en Afrique, aux dépens du Trésor public, que les individus qui sont à sa charge sur le sol métropolitain : les orphelins, les jeunes détenus, les condamnés pour certains délits : ceux-là, sans dépense nouvelle, formeront d'utiles colons.

La production coloniale sera favorisée par l'achat des produits dont les quantités sont petites, ou qui sont nécessaires à l'armée, par la libre exportation en France des denrées algériennes, par la protection contre la concurrence étrangère, par l'établissement de maisons commerciales en Algérie. On étendra le commerce, on habituera les Arabes à s'approvisionner dans nos ports en procurant la sécurité la plus complète, en garantissant la loyauté des transactions, la qualité des marchandises et des mesures, en étudiant les goûts et les besoins des peuples africains, en formant des approvisionnements aux lieux habituellement fréquentés par les indigènes, en établissant des fondoucks, simples hangars, pour abriter les hommes et les animaux, en assurant la facilité et l'économie des transports, choses absolument nécessaires.

Mais entre toutes les mesures qui contribueront au développement de la colonisation, il en est quatre qui en assureront le développement rapide, et la fonderont sur des bases inébranlables ; ce sont l'établissement de voies de communication, la distribution des terres, le choix des cultures et la formation de grands établissements qui, restant lucratifs pour l'État, puissent servir d'asile temporaire aux ouvriers immigrants.

Les routes sont le premier besoin du commerce, la condition indispensable de l'exploitation agricole, l'irrésistible instrument de domination ; elles permettent l'exportation des produits, l'approvisionnement des colons, le transport rapide des troupes, des vivres, des munitions, du matériel de guerre ; elles décuplent notre force. Il faut donc, et sans délai, appliquer toutes nos ressources à la création de la grande voie interatlantique, se reliant par des voies perpendiculaires aux principaux points du littoral, aux défilés des Hauts-Plateaux et des Oasis, et si l'on veut implanter en Algérie la civilisation, y fonder la domination française d'une manière indestructible, il faut que cette voie soit un chemin de fer ! parcourant l'Atlantide dans toute sa longueur, abrité derrière la chaîne fortifiée du Petit-Atlas, transportant toute l'armée en un instant sur tout point menacé du littoral ou de la limite du sud ; il rendrait vaines toutes les attaques extérieures, écraserait toute résistance intérieure, faciliterait la réduction de l'effectif des troupes dans une énorme proportion, et trouverait conséquemment son revenu dans la seule économie qu'il procurerait. Il favoriserait l'établissement de la télégraphie électrique dont l'action sans interruption forme un nouvel élément de domination. Il suppléerait aux grands fleuves, moyens de prospérité dont manque l'Algérie. L'établissement en sera peu dispendieux, si on obtient, par les moyens administratifs, les terrains qui porteront les rails et les zones qui toucheront les bords du chemin, les bois qui croissent à proximité de son parcours, l'emploi de l'armée et des corvées arabes pour l'exécution des terrassements, les fers, les machines, les voitures en franchise de droits. Il sera suffisamment protégé si l'armée presque tout entière forme ses cantonnements sur cette ligne stratégique, si les maisons des cantonniers, les stations, les magasins, les postes télégraphiques sont en état de défense, si les maisons des colons, qui viendront exploiter les zones concédées, sont construites comme des blockhaus, si de terribles châtiments frappent ceux qui tenteraient d'interrompre la circulation. Tout convie donc la France à se préoccuper de cette création, qui sera la force et la richesse de l'Atlantide, conséquemment une source de puissance et de splendeur pour la métropole.

La distribution des terres, cette condition première de toute entreprise coloniale, jusqu'à présent incomplète, doit être faite dans de larges proportions, sans conditions onéreuses ni gênantes, en toute propriété, et conformément aux règles d'une installation rationnelle. Le tracé d'un chemin de fer indiquerait la situation qu'elles doivent occuper ; elles seront assez étendues pour nourrir la population agricole, l'armée, les populations urbaines, les animaux consacrés au service des troupes, des industries, de l'agriculture, et pour fournir les denrées qui solderont les marchandises d'importation. Ces terres seront obtenues par la revendication de celles qui appartenaient au Beylick, de celles sur lesquelles les indigènes n'ont qu'un droit de parcours et qui ne leur sont pas indispensables, de celles qu'on peut obtenir d'eux en leur octroyant des titres de propriétés individuelles, ou en améliorant par des desséchements ou des irrigations celles qui leur resteront, enfin par achat, ou par confiscation dans les cas d'incorrigibles révoltes et d'attentats sanguinaires. Aussi longtemps qu'on n'aura pas ouvert un vaste champ au travail européen, la colonie n'aura pas de base.

Ce champ, il faudra ensuite le féconder par un choix de culture qui n'exige de l'homme que le travail possible sous un soleil ardent, qui soit en relation avec les exigences d'un climat sous lequel la terre est brûlée durant l'été, travaillée difficilement durant les pluies, et privée de ses récoltes par des causes nombreuses ; cette culture est celle des plantes fourragères qui croissent spontanément et alimentent des bestiaux, car ceux-ci fournissent des produits alimentaires, des vêtements, des marchandises d'exportation, des bêtes de travail, des moyens de fertilisation. Il faut y associer les arbres qui, enfonçant leurs racines dans les couches profondes du sol, continuent leur végétation pendant toute l'année, protégent les herbages ainsi que les animaux et produisent les denrées commerciales du placement le plus facile : parmi celles-ci se signalent par excellence l'huile et la soie. A ces végétaux qui forment la base de la culture, viennent se joindre les céréales, pour l'alimentation de l'homme et les bêtes de trait qui sont ses auxiliaires, plutôt que pour la vente, et comme annexes les plantes commerciales, au premier rang desquelles se trouve le tabac.

Enfin, pour compléter ces éléments de succès, suffisants lorsqu'on possède un capital d'exploitation, il est nécessaire d'ajouter les moyens de donner au travailleur privé de ressources la facilité de créer une exploitation, et de devenir propriétaire, sans demander à l'État de faire les frais de son installation.

La fondation des grands établissements agricoles recueillant, instruisant, aidant les ouvriers, les mettant en position de former un pécule et d'exploiter fructueusement une concession, remplira ce but. Au nombre de ces établissements seront les fermes régimentaires, les dépôts de remonte s'occupant de l'élève des chevaux, les écoles pratiques d'arboriculture, dirigées par l'administration forestière, prenant pour auxiliaires des compagnies de bûcherons, des compagnies de planteurs chargées d'emménager les forêts qui fournissent les bois de constructions, mais surtout de cultiver, greffer, multiplier et répandre l'olivier et les arbres qui donnent des produits commerciaux.

Ces créations loin d'être onéreuses à l'État, mettront ses domaines en valeur, et lui créeront des revenus ; ces combinaisons assureront alors la sécurité, la salubrité, la facilité du travail. La terre de la conquête se cultivera, se peuplera, s'enrichira, cessera d'être une lourde charge pour la France ; elle sera pour ses producteurs un immense débouché, pour ses populations malheureuses un asile assuré, pour certains de ses condamnés un moyen de moralisation, pour la France entière un formidable élément de puissance et d'action sur les mers qui vont devenir le centre de la vie des peuples civilisés et le théâtre des plus grands événements politiques.

Déjà la situation de la colonie, au commencement de 1852, était faite pour nous donner de fermes espérances : la population européenne était de 131,283 individus, dont une moitié est d'origine française et dont l'autre appartient presque exclusivement aux races latines (1). La population nomade, en face de laquelle se trouvent les chrétiens dans le Tell, n'était que de 1,843,338 âmes(2) L'effectif de notre armée était descendu de 71,496 hommes

---

(1) On comptait 63,044 Français, 6,974 Maltais, 41,525 Espagnols, 7,361 Italiens, 2,660 Allemands, 1,221 Suisses, et 3,959 individus de nations diverses ; en 1849 la population était 112,607 ; en 1850 de 125,748 âmes.

(2) Le dénombrement de 1844 avait fait supposer que la population des tribus était de 2,938,338 individus, soit 3 millions ; mais des relevés plus exacts faits en 1851 ont montré qu'elle ne se composait que de 2,323,855 individus, dont 1,843,087 habitent le Tell, 480,768 habitent le Sahara.

à 65,598 ; notre milice avait dans ses rangs 14,374 hommes. On ne comptait plus dans le Tell qu'une vingtaine de tribus insoumises, et ce nombre sera réduit par les expéditions en Kabylie,

3,752 maisons ont été bâties par les colons, et partout des travaux ont été entrepris pour leur procurer l'eau, cette première nécessité de la vie : 200,000 mètres de canaux, débitant 24,108,310 litres d'eau, et 600 puits, ont été creusés ; 500 norias ont été établies.

En 1852, dans les lieux occupés par les Européens, la culture s'est étendue sur 155,508 hectares, qui ont produit 1,643,000 hectolitres de céréales, d'une valeur de 15,771,000 fr. Sur cette étendue, 47,891 hectares étaient cultivés par les Européens, 26,287 en territoire civil, le reste en territoire militaire. 107,617 hectares étaient cultivés par les indigènes.

En 1851, la France a expédié en Algérie pour 60,880,878 fr. de marchandises françaises (1), pour 5,447,416 de marchandises étrangères sortant de ses entrepôts.

L'Algérie a reçu en outre de l'étranger pour 10,682,846 fr. de marchandises. (2). Elle a livré à la France, pour 16,280,476 fr. de produits (3), et à l'étranger, pour 1,712,704 fr. (4). C'est un mouvement commercial de 95,004,310 fr.

Après avoir examiné dans son ensemble la question algérienne, nous aurions à résoudre les questions spéciales que nous devions étudier ; les solutions qu'elles doivent obtenir sont données par les discussions qui précèdent, et nous pouvons les formuler en

---

(1) Tableaux publiés par l'Administration des douanes. Le tableau publié par le Ministère de la guerre ne porte qu'à 47,777,000 fr., la valeur des marchandises françaises.

(2) Tableau publié par le Ministère de la guerre.

(3) Tableau de l'Administration des douanes. Le tableau publié par le Ministère de la guerre porte l'exportation de la France à 18,081,000.

(4) Tableau publié par le Ministre de la guerre.

quelques mots : ces questions avaient trait à l'acclimatation des cultivateurs du Nord, à l'introduction de la culture des plantes industrielles, au commerce des laines. On nous engageait à y joindre l'étude des plantes nouvelles qu'on pourrait acclimater en Algérie :

1.º Les conditions climatériques de la zone colonisable de l'Atlantide ne s'opposent pas à l'installation, dans cette contrée, des Français du Nord. La température du Tell n'est pas extrême ; l'influence de sa latitude est atténuée par le rideau de l'Atlas, par l'élévation de la plupart des plaines, par le voisinage de la mer. L'été est infiniment plus chaud que celui de nos régions tempérées, mais la durée des grandes chaleurs n'est pas telle que les habitants des départements septentrionaux ne puissent les supporter, dans la plupart des localités. Évidemment ils s'acclimateront avec un peu plus de difficultés que les hommes qui sont nés dans notre zone méditerranéenne, mais il n'y a pas d'obstacle sérieux à ce qu'ils deviennent d'utiles travailleurs dans l'Afrique française.

2.º La plupart des cultures industrielles du département du Nord, pour ne pas dire toutes, peuvent réussir dans le Tell. Le tabac, le lin, le chanvre, la garance, les graines oléagineuses prospèrent sur la terre atlantique. Quelques-unes de ces plantes, notamment le tabac, y acquerront des qualités nouvelles qui les rendront plus propres à des usages spéciaux. D'autres, comme les graines oléagineuses, seront utilement remplacées par des succédanées donnant, comme le sesame, l'arachide, des produits plus estimés. Les plantes à racines charnues paraissent devoir être moins productives que dans les zones tempérées ; la betterave, selon toute apparence, ne servira pas en Algérie aux usages industriels auxquels on la consacre dans le Nord ; la pomme de terre sera quelquefois délaissée ; on lui substituera souvent, d'une manière plus utile, la patate. Enfin quelques cultures toutes nouvelles, comme celles du nopal et du coton pourront s'introduire, et bien que n'entrant pas dans les assolements du Nord, elles prospéreraient certainement si elles étaient confiées à l'aptitude des cultivateurs les plus experts de la France. Mais, s'il est vrai que nos cultures industrielles peuvent trouver place sur le sol africain et occuper les bras des colons du Nord, il est parfaitement certain que les conditions du travail en Algérie empêcheront que les plantes industrielles forment la base générale et essentielle de la culture dans notre colonie. L'exploitation agricole sera nécessairement modifiée par la brièveté des saisons pendant lesquelles la terre peut être travaillée, et pendant lesquelles la végétation des plantes herbacées peut avoir lieu, par l'impossibilité de se livrer à un travail assidu et prolongé dans un pays dont la température est élevée, par le manque de capitaux, et par l'absence d'une population expérimentée, enfin, par le défaut d'engrais et par l'état de la terre, dans laquelle une longue culture n'a pas déposé les principes fécondants en surabondance. Les plantes industrielles viendront successivement prendre place dans l'assolement, mais ne peuvent être considérées comme devant immédiatement former l'élément le plus important de la culture. La plantation des arbres et l'élève des bestiaux seront la source des plus grands et des plus prochains profits ; mais il ne sera pas difficile aux cultivateurs des contrées du Nord de modifier leurs travaux assidus, et de modérer leurs efforts selon les exigences du climat.

3.º Le *commerce des laines* est fait pour attirer toute la sollicitude du Gouvernement ; il sera une source de prospérité pour la colonie, et d'avantages pour la mère-patrie. L'Algérie doit nourrir de nombreux troupeaux. Sans doute les Arabes emploient une quantité considérable de toisons à leurs usages, mais la production dépassera leur consommation, aussitôt que les guerres et les razzias ne viendront plus détruire les ressources du pays, et surtout lorsque les indigènes auront assez de prévoyance pour conserver les moyens de nourrir leurs animaux pendant la saison de sécheresse et des très grandes pluies. Il faut admettre pourtant que les quantités des laines exportées ne s'accroîtront jamais au point d'inquiéter la production métropolitaine ; elles pourront à peine remplacer les quantités que nous achetons maintenant sur les marchés étrangers. Les qualités que l'Algérie produit aujourd'hui sont généralement communes ; mais elles pourront être facilement améliorées. L'Espagne paraît avoir reçu ses mérinos de la côte africaine, et certainement les laines les plus fines seront obtenues, dans ces beaux climats, par des soins bien entendus. Les prix de la laine, sans être aussi bas qu'on l'annonçait, promettent des bénéfices à la spéculation. Les documents que nous avons recueillis mettent hors de doute que le commerce des laines sera pour la colonie une source de richesses, et qu'il donnera au travail national une matière première nécessaire. Déjà les renseignements que nous avons fournis à plusieurs négociants des grandes cités industrielles du nord, les ont engagés à visiter les marchés de l'Algérie, et à faire acheter des toisons pour des sommes fort importantes.

4.° Nous avons été invités à apporter notre attention sur les plantes nouvelles qu'on naturaliserait avec utilité en Algérie. Le temps que nous pouvions consacrer à notre voyage ne nous a pas permis de nous livrer à une étude suffisante à ce sujet ; mais il est resté évident pour nous que cette contrée n'a pas besoin de végétaux étrangers pour acquérir une immense prospérité ; que les premiers colons gagneront plus à recueillir les richesses végétales prodiguées sur cette terre admirable qu'à tenter des essais dispendieux, et qu'on s'est fait la plus étrange illusion, quand on s'est figuré que le versant septentrional de l'Atlas, la seule région vraiment colonisable, était propre aux cultures tropicales.

Telles sont les vérités qui nous semblent ressortir de l'étude générale que nous avons faite. Les observations auxquelles nous nous sommes livrés ont pour but d'en faire ressortir l'évidence, et de les mettre hors de contestation ; nous pensons donc devoir ne pas donner plus de développement au simple résumé que nous venons de faire.

TABLE ANALYTIQUE.

	Pages.		Pages
Introduction.	3	Aïn-Benian	54
Mission.	3	Sidi-Abd-el-Kader Bou Medfa.	54
Itinéraire.	6	Marengo.	54-94
Chemin de fer.	6	Lac Halloula	56
Dijon.	6	Bourkika.	56
Châlons.	7	Ameur-el-Aïn.	56
Saône	7	El Afroun.	57-96
Mâcon.	7	Mousaïa (village).	57
Lyon	8	La Chiffa (village).	58
Rhône.	8	Koleah.	60
Avignon.	10	Douera.	61-97
Chemin de fer.	10	Delly-Ibrahim.	61-97
Marseille.	11	Ben Aknoun.	61-97
Traversée.	13	Cherchel.	63-81
Alger.	16-62	Ténès.	63-92
Moustapha	17	Mostaganem.	63
Sahel	26-29-59	Arzeu (port)	63
Staouéli.	26-96	Vieil-Arzeu.	64
Sidi Ferruch.	26-96	Saint-Leu.	65
Saint-Ferdinand.	26	Damesme.	66
Sainte-Amélie.	26	Négrier.	66
Ouled-Fayet.	26-97	Mefessour	66
Birmandreys.	29	Saint-Cloud.	66
Birkadem.	29	Oran.	67
Bouffarick.	29-96	Mers-el-Kebir.	69
Soukali.	30	La Senia.	70-71-86
Souma.	32	Valmy (figuier).	70-86
Dalmatie.	32	Mangin.	70
Blidah.	32-58-96	Sidi Chamy.	70
Montpensier.	35	Maison-Carrée (Dar-Beida).	71
Joinville.	35	L'Etoile.	71
La Chiffa (vallée).	35	Miserghin.	72-90
Médéah.	39	Bredia.	72
Damiette	36	Grand lac.	72
Lodi.	40	Six puits.	73
Mousaïa-les-Mines.	41	Aïn Témouchent.	75
Djendel.	42	Camp de l'Isser.	76
Milianah.	49	Tlemcen.	76
Oued-Djer (vallée).	54	Saf-Saf supérieur.	82

Négrier	76-82	Damrémont	104
Bréa	82	Saint-Antoine	106
Bois d'Ismaël	86	Saint-Charles	106
Sig	87	Oued-Amar	106
Saint-Denis-du-Sig	88	El-Arouch	107-117
Union du Sig	88	El-Kantour	107-116
Zurich	93	Smendou	108-116
Plaine des Hadjoutes	56-95	Hamma	108-116
Beni-Mered	96	Constantine	108
Brescia	96	Gastonville	107-118
Bab-Hassin	96	Robertville	119
El-Hachour	96	Jemmapes	120
Tombeau de la Chretienne	97	Cagliari	122
Abian	97	Civita-Vecchia	123-124
Dellys	101	Rome	123
Bougie	101	Toulon	124
Djidjelli	101	Marseille	124
Stora	101	Aix	124
Philippeville	102	Lyon	124
Zerumna (vallée)	102-104	Bourges	124
Vallée	104		

COLONISATION DE L'ALGÉRIE	125	Tell	133
I. *Du pays à coloniser*	131	Petit Atlas	133
Géographie	131	Vallées interatlantiques	134-136
Grand Atlas	132	Région des forêts	136
Hauts plateaux	132-139	Oasis	141
Versant occidental	132	Désert	142
—— oriental	132	Géologie	142
—— méridional	132	Hydrographie	148
—— septentrional	132	Météorologie	150
Maroc	132	Botanique	152
Tunis	132	Zoologie	162
Algérie	132	Population	165

2e. partie pages.		3e. partie, pages.	
II. *État actuel de la colonisation*	169	III. *Avenir de la colonisation*	225
Conquête	169		226
Occupation	169		226
Ports	176		230
Fortifications maritimes	176		230
Fortifications intérieures	178		232

(391)

	2e. partie, pages.	3e. partie, pages.
Villes	171	236
Villages	172	238
Maisons	180	240
Casernes	179	244
Hôpitaux	179	244
Magasins militaires	179	246
Manutentions	179	246
Eglises	180	247
Mosquées	180	247
Ecoles	180	247
Caravansérails	180	248
Télégraphes	182	
Paquebots	182	
Routes et Chemins de fer	183	249
Ponts	186	263
Canaux de navigation	186	264
—— de desséchement	186	264
—— d'irrigation	187	268
Aqueducs, rigoles, réservoirs	187	268-269
Barrages	188	268
Puits	188	270
Fontaines	188	271
Lavoirs	188	271
Abreuvoirs	188	271
Eeaux thermales	188	271
Moteurs hydrauliques	188	271
Organisation administrative	189	272
Armée	190	279
Services généraux	190	279
Administration des territoires civils	193	279
Administration des territoires militaires. (Bureaux arabes)	195	282
Exploitation agricole	200	295
Régions à cultiver	200	296
Distribution des terres	201	298
Cultures	208	309
Défrichements	209	329
Distribution des semences	209	330
— des instrum. aratoires	209	330
— des bestiaux	210	331
Pépinières	211	333
Dotations	216	335

	2e. partie, pages.		2e. partie, pages.
Orphelinat.—Pénitenciers.	217	....	336-337
Instruction générale et agricole............	217	....	338
Installation des colons....	209-218	....	339
Système de colonisation :			
—du maréchal Bugeaud..	218	....	339
—du général Bedeau.....	218	....	340
—du général Lamoricière.	218	....	342
Colonies agricoles........	207-218	....	344
Fermes régimentaires....		....	348
Etablissements de remonte		....	350
Etablissements d'arboriculture............		....	351
Commerce........	219	....	355
Débouchés........	219	....	355
Commerce arabe........	222	....	372
Recettes et dépenses.....	223	....	304
Résumé............		....	375

ERRATA.

Page. Ligne.

41 31 *exploitée*, lisez : exploité.
43 28 *extérieur*, lisez : extérieure
54 1 *aire*, lisez : faire.
56 19 *Alloula*, lisez : Halloula.
— 21 *Adjoutes*, lisez : Hadjoutes.
63 20 et l. 34, p. 64, l. 34, *Arzen* lisez : Arzeu.
65 1 et p. 66 l. 4. *Damême*, lisez : Damesme.
66 2 1 fr., lisez : à 1 fr.
66 24 *tamarins*, lisez : tamarix.
78 12 *grades vallénes*, lisez : grandes vallées.
80 19 *not*, lisez : ont.
82 15 *que*, lisez : à ce que.
83 17 *roncs*, lisez : troncs.
93 24 *où*, lisez : ou.
94 9 *ses*, lisez : les.
98 33 *elles*, lisez : ces charrues.
101 19 *puisqu'il*, lisez : puis qu'il.
102 6 *continuer*, lisez : compléter.
102 8 *le nord*, lisez : l'est.

Page. Ligne.

134 5 *Gontar*, lisez : Gontas.
135 1 et p. 136, l. 9, *abrupt*, lisez : abrupte.
137 20 et p. 138, l. 14, *Darah*, lisez : Dahra.
138 8 et p. 139, l. 6, *Seybousse*. lisez : Seybouse.
139 18 *de*, lisez : de la.
139 15 *Bouairidj*, lisez : Douairjdj
145 4 *la*, lisez : le ; *elle*, lisez : il.
147 16 *marbrés*, lisez : marbrées.
156 2 *cynosaroïdes*, lisez : cynosuroides.
157 34 *senecons*, lisez : seneçons.
162 13 *de la*, lisez : la.
176 1 *Abd-el-Kader, Bou Mefta*, lisez : Sidi Abd-el-Kader Bou Medfa.
187 23 *pour*, lisez : dans.
188 25 *Ben-Amour*, lisez : Ben Aknoun.
205 13 *Affroun*, lisez : Afroun.

Lille-Imp. L. Danel